Defense Ideas
and Expert Comments

辩护思路与专家点评

田永伟 / 编著

IDEAS
AND
COMMENTS

北京大学出版社
PEKING UNIVERSITY PRESS

图书在版编目(CIP)数据

辩护思路与专家点评／田永伟编著． —北京：北京大学出版社，2023.7
ISBN 978-7-301-34135-3

Ⅰ．①辩…　Ⅱ．①田…　Ⅲ．①刑事诉讼—辩护—案例—中国　Ⅳ．①D925.215.05

中国国家版本馆 CIP 数据核字(2023)第 108999 号

书　　　名	辩护思路与专家点评 BIANHU SILU YU ZHUANJIA DIANPING
著作责任者	田永伟　编著
责 任 编 辑	陆建华　陆飞雁
标 准 书 号	ISBN 978-7-301-34135-3
出 版 发 行	北京大学出版社
地　　　址	北京市海淀区成府路 205 号　100871
网　　　址	http://www.pup.cn　http://www.yandayuanzhao.com
电 子 信 箱	yandayuanzhao@163.com
新 浪 微 博	@北京大学出版社　@北大出版社燕大元照法律图书
电　　　话	邮购部 010-62752015　发行部 010-62750672 编辑部 010-62117788
印 刷 者	北京中科印刷有限公司
经 销 者	新华书店
	650mm×980mm　16 开本　22.25 印张　355 千字 2023 年 7 月第 1 版　2023 年 7 月第 1 次印刷
定　　　价	78.00 元

未经许可，不得以任何方式复制或抄袭本书之部分或全部内容。
版权所有，侵权必究
举报电话: 010-62752024　电子信箱: fd@pup.pku.edu.cn
图书如有印装质量问题，请与出版部联系，电话: 010-62756370

序

　　田永伟律师的《辩护思路与专家点评》一书即将付印出版,应邀为本书作序,我感到十分荣幸。现在,律师出版以本人所代理的案件为内容的书籍已然成为一种时兴之举,这些作品既是律师业务经验的总结,同时又对读者具有一定的专业启发,因而颇有市场。本书与同类型的作品相比独具特色,因而使其成为一部既具有专业性,又具有参考性的律师业务书籍,值得推荐。

　　律师根据其所从事的业务性质,可以分为诉讼律师与非诉律师。诉讼律师主要从事的是诉讼活动,也就是通常所说的打官司,因而其活动的主要场所是法庭。而非诉律师的业务则是公司上市、兼并、破产、重组等,基本上不涉及诉讼。由此可见,律师的诉讼业务与非讼业务之间还是存在较大差异的,这也就决定了两者之间工作性质的不同。应该说,诉讼活动更符合社会公众对律师形象的定位,也是律师的主要业务。其中,刑辩业务又是诉讼业务中最具挑战性的业务之一。刑辩律师受犯罪嫌疑人或者被告人及其家属的委托,为犯罪嫌疑人或者被告人提供以刑事辩护为主的法律服务,维护委托人的合法权益,因此其重要性不言而喻,刑辩活动也受到社会的广泛关注。刑辩律师在从事业务活动过程中会积累大量的案件,全程参与这些案件的诉讼过程,或者说,这些案件中饱含了刑辩律师的心血,因而成为一笔宝贵的财富。尤其是一些辩护结果较为成功的案件,其中的事实梳理、证据确认和法律适用,都对此后处理同类案件具有重要的参考价值。将这些案件编辑成书予以出版,是办案律师个人成果的展示,也对其他律师具有启迪效果。在这种情况下,田永伟律师的《辩护思路与专家点评》一书的出版,对于提升律师刑辩业务水平具有一定的意义。

在《辩护思路与专家点评》一书中，田永伟律师精选了 31 个具有代表性的案例，这些案例涉及刑法的各个方面，有危害公共安全犯罪的案例、渎职犯罪的案例等，几乎涵盖了刑法分则的各类犯罪，这展示了田永伟律师办理刑事案件的广泛性。本书所选案例都属于刑法中的疑难案件，也就是所谓难办案件。实践中，刑辩律师对所办案件并不具有绝对的选择权，因而所办理的案件既包括简单案件，也包括复杂案件。简单案件属于易办案件，而复杂案件则属于难办案件。相对来说，经验丰富的资深律师办理的难办案件数量较多，因为办理复杂案件的能力，才是考验一个律师业务水平的主要指标。对于办案律师来说，既涉及事实与证据的复杂疑难，又涉及法律适用的复杂疑难。在本书的精选案例中，也同时涉及这两个方面，但主要还是法律适用的复杂疑难。

在本书中，对于案件的精释最有价值的还是辩护思路解析。例如，解某某涉嫌非法储存爆炸物罪一案中，涉及非法储存爆炸物罪的司法认定问题。根据我国《刑法》第一百二十五条的规定，非法储存爆炸物罪中的非法储存，是指明知是爆炸物而予以非法存放的行为。因而储存就是一种存放行为。但是，在生产、生活中都具有存放爆炸物的必要性，因而并非只要存放爆炸物就一概以本罪论处，关键在于如何认定这种存放爆炸物行为的非法性？对此，田永伟律师将本案中所涉的存放爆炸物的非法与违规加以区别，并认为这是本案辩护的焦点问题。田永伟律师认为，非法储存爆炸物罪的行为人是为了逃避公安机关对爆炸物的监督管理，采用私藏、非法持有等手段隐匿爆炸物。而在本案中，煤矿在地下临时存放点发放炸材和储存未使用完的剩余炸材，无论是在客观上还是主观上都是为了生产需要。因为地面材料库距离井口约 2 公里，如要求矿工每天将未用完的炸药运回地面，中间安全较难保障，才决定修建地下临时发放点。由此可见，本案被告人不是为了储存而存放，是为了生产而在生产现场的临时存放。笔者认为，以上无罪的理由是十分充足的，并且也有司法解释佐证。从本案辩护思路解析可以看出，一个案件能否辩护成功，最为重要的是找到合理的辩点，发现案件的突破口，这是律师水平的根本所在。

《辩护思路与专家点评》一书的特色还表现在类案资料的收集与整理，这在以往的同类书籍中是没有的，也反映了田永伟律师与时俱进的写作精神。类案是指相同类型的案件,类案检索是指在处理案件的时候,对相同类型的案件进行检索,最大限度保证同案同判,以此维护司法公正。2010年,最高人民法院发布了《关于案例指导工作的规定》,标志着我国案例指导制度的正式建立。2020年,最高人民法院又发布了《关于统一法律适用加强类案检索的指导意见(试行)》,将案例指导制度提升到统一法律适用的高度,为实现类案同判,推进案例适用。正如国内有学者指出:"检索类案的目的在于统一法律适用,实现类似案件类似处理。通常,只有在疑难案件中,法律裁判尺度不统一的情况下,法官才有检索类案的必要。案件从理论上被分为简单案件和疑难案件,实践中法官对于二者的界限会有具体的把握,只要对法律适用或裁判结果持有疑义,事实上都有必要去检索类案,研究类案中既已确立的裁判规则,来指导眼下待决案件的裁判。"[①]随着类案检索制度的推行,刑辩律师在从事辩护业务的过程中也应当娴熟地掌握类案检索的方法,从而为刑辩活动提供强有力的法律支持。本书的程某某涉嫌危险驾驶案,是一起酒驾案件,此类案件在整个刑事案件中占有较大的比重,大部分酒驾案件都是简单案件,不仅法律适用简单,而且事实与证据也极为简单,因而争议不大。但在酒驾案件中还是存在某些疑难案件,例如程某某涉嫌危险驾驶案中涉及的证据提取过程中的违法问题。正如辩护意见指出,在危险驾驶类案件中,确定行为人是否系醉酒驾车时,血液中酒精含量的检测必不可少,而该检测作为专业性、技术性较强的手段,它不仅要求检测人员应根据行业规范检测、储存检材,同时也要求执法人员严格遵守法律关于抽取程序、送检时间等方面的强制性规定,若因上述行为违法导致提取到的检材被污染,则据此得出的司法鉴定意见不得作为定案依据。在此基础上,田永伟律师在本书中梳理了类案检索资料。例如,经检索案号(2017)浙0881刑初283号祝某某危险驾驶案[②]的【裁判要旨】指出:"血液中酒精含量的鉴定意见是认定醉驾类案件的关键证据,在鉴定程序严重违法、侦查机关无法作出补正或合理解释的情况下,鉴定意见应予排除;由于排除后的在案证据无法证实行为人具有呼气酒精含量可作为定案依据的情况,故亦不能以呼气

---

① 刘树德、孙海波主编:《类案检索实用指南》,北京大学出版社2021年版,第59页。
② 案件来源:裁判文书网。

酒精含量作为定案依据。"可以说,通过检索获取的祝某某危险驾驶这一类案的裁判理由对于处理类似案件,也就是程某某涉嫌危险驾驶案,具有重要参考意义。因此,本书中类案资料的检索与收集,为本书案例的辨析与论述提供了丰富的资源,使得本书的案例精释的深度与高度大为提升,这是本书的一个闪光点。

《辩护思路与专家点评》一书的点睛之笔在于专家点评,这是同类作品中所没有的,也是本书的精彩之所在。虽然田永伟律师长期从事刑辩业务,在刑辩领域耕耘多年,颇有心得,并且对各类刑案的疑难问题具有自己的独到见解;但是田永伟律师为了进一步提升本书的学术质量,多方邀请我国刑法学界的著名专家学者对本书的案例精释进行点评。这些专家学者包括:清华大学法学院的张明楷教授、周光权教授,北京大学法学院的王新教授、车浩教授、江溯副教授,华东师范大学法学院的钱叶六教授,中国社会科学院大学法学院门金玲副教授,南开大学法学院朱桐辉副教授。例如王新教授对非法吸收公众存款罪素有研究,对本书的刘某某涉嫌非法吸收公众存款罪一案进行了十分到位的评论:"本案辩护意见正是从非法吸收公众存款罪所保护的法益出发,辨析犯罪的本质,避免将此类犯罪扩大化。辩护意见首先从案件证据上入手,得出证据达不到刑事定罪标准的结论;其次,从罪刑法定的角度出发,厘清了'许可'和'批准'的区别,以免扩大打击范围;再次,阐述了'存款人'的定义以及刘某某并非违法所得的最终受益者;最后,重点论述刘某某在本案中没有危害行为,也无危害的主观意志,其行为不符合非法吸收公众存款罪的该当性。综上,辩护意见立足于罪名本质,将犯罪构成进行拆分辨析,后又进行重点论述,将法理、法律、司法解释结合运用,从而使得辩护意见完整且充实,具有较强的说服力。"通过专家学者的点评,我们从对具体案件具体问题的理解升华到对抽象问题的理论分析高度,其意义超出了个案的解读,胜于一堂内容丰富的理论课。

除了专家学者的点评,田永伟律师还邀请知名律师对本书的案例精释加以点评。这些知名律师包括:北京市紫华律师事务所的钱列阳律师,北京市尚权律师事务所的张青松律师、毛立新律师,安徽金亚太律师事务所的王亚林律师。这些律师办理了各种疑难案件,积累了丰富的刑辩经验,在刑辩界颇具影响。由这些知名律师对本书中的相关案例进行点评,可以说是同行之间对刑辩业务的一种磋商和交流，因而具有可信性。例如本书中的王某某涉嫌诈骗案，骗取的是新农合补偿金和新农合商业保险补偿金（大病补偿金）。这是一种新类型的诈骗案，对此类案件如何认定，是个较为疑难的问题。对于本案的精释，钱列阳律师首先对律师的辩护思路做了评价，认为本案中辩护人从构成罪名内在原因入手，深入分析新农合商业保险补偿金（大病补偿金）之含义，并从相关机构信息对接的角度充分论证行为人无罪的原因；其次又在程序上从自首角度分析强制措施的符合性与行为人自首的自愿性；通过以案释法充分论证其辩护观点的合理性，同时在法律的边界范围内，辩护人以新农合商业保险补偿金打入王某某账户是否具有合法性、王某某主观上是否具有非法占有的故意、是否具有政策上的问题以及对于证据收集过程而言是否具有客观性等层面，论证王某某是否具有诈骗行为，整个辩护过程体系完备，结构完整，辩护思路逻辑严密，论述深刻。与此同时，钱列阳律师还对刑辩律师的职责做了以下颇具气概的论述："纵观案件，我们作为律师是一个持法律之枪维护委托人合法权益的战士，任何时候都要把武器用到极致，一方面要维护司法公正，另一方面要维护当事人的合法权益，所以摆在我们面前的是一个无止境的、高不见顶的山峰，大家需要共同去攀登。"这既是对田永伟律师的鼓励，也是对所有刑辩律师的共勉。

著书立说是每个人的梦想，对于各行各业的精英翘楚来说，这不仅是经验总结，也是自我价值的实现。田永伟律师以孜孜以求的精神致力于刑辩业务数十年，取得了足以骄傲的成就。本书只不过是对田永伟律师已经度过的刑辩生涯的一种回顾，也是一种纪念，更是一种分享。我想，读者，无论是否从事刑辩业务，都会喜欢这本书，它会带给我们启发和回味。

是为序。

陈兴良[①]
谨识于北京海淀锦秋知春寓所
2022 年 8 月 30 日

---

① 陈兴良，北京大学博雅讲席教授、博士生导师。

前　言

本书精选了作者承办的 31 个典型案例,按照刑法分则罪名的顺序,囊括了非法储存爆炸物罪;危险驾驶罪;生产、销售伪劣产品罪;骗取贷款罪;非法吸收公众存款罪;逃税罪;诈骗罪;过失致人死亡罪;盗窃罪;挪用资金罪;寻衅滋事罪;帮助毁灭、伪造证据罪;掩饰、隐瞒犯罪所得、犯罪所得收益罪;组织卖淫罪;受贿罪;行贿罪;滥用职权罪;玩忽职守罪等类案例。本书独树一帜,每个案例包括案情概述、法律规定、思路解析、类案检索、辩护意见、专家点评六个部分,案例分析层层推进,逻辑性、层次性强,不但可以为刑事辩护律师办理类案提供参考,而且也能够为新进入刑事辩护之路的律师同行提供指引。

本书从书名到内容、措辞、体例,几经易稿最终成型,能顺利完成和出版,应当感谢著名刑法学家陈兴良老师为本书作序,感谢田文昌、顾永忠、张青松老师为本书作推荐语,感谢张明楷、周光权、车浩、王新、江溯、门金玲、钱叶六、朱桐辉老师和钱列阳、张青松、王亚林、毛立新大律师为本书个案点评,感谢北京大学出版社蒋浩副总编辑的积极推动,感谢北京大学出版社陆建华、陆飞雁编辑对稿件提出的优化建议。

最后,希望本书能对各位读者有所裨益。

田永伟
2022 年 9 月于内蒙古

目　录

一、非法储存爆炸物罪的认定 ……………………………………… 001
(一)案情概述 ………………………………………………………… 001
(二)非法储存爆炸物罪法律及相关规定 …………………………… 001
 1. 法律 ……………………………………………………………… 001
 2. 司法解释 ………………………………………………………… 002
(三)思路解析 ………………………………………………………… 003
(四)非法储存爆炸物罪出罪类案检索 ……………………………… 006
 1. 事实不清、证据不足类 ………………………………………… 006
 2. 主观不存在非法储存爆炸物的故意类 ………………………… 008
 3. 未违反储存爆炸物管理规定类 ………………………………… 008
(五)关于解某某不构成非法储存爆炸物罪的辩护意见 …………… 009
(六)江溯老师点评 …………………………………………………… 012

二、证据存在重大瑕疵,认定行为人构成危险驾驶罪有违证据裁判原则 ……………………………………………………… 013
(一)案情概述 ………………………………………………………… 013
(二)危险驾驶罪法律及相关规定 …………………………………… 013
 1. 法律 ……………………………………………………………… 013
 2. 司法解释 ………………………………………………………… 014
 3. 规范性文件 ……………………………………………………… 014
 4. 行业规范 ………………………………………………………… 016
(三)思路解析 ………………………………………………………… 017
 1. 相关机关出具的两类情况说明的性质 ………………………… 017

  2. 程某某不构成危险驾驶罪 …………………………………… 018
 (四)危险驾驶罪出罪类案检索 …………………………………… 018
  1. 抽取、送检检材等程序严重违法,导致证据不足类 ………… 018
  2. 犯罪情节轻微且认罪认罚,依法不起诉类 …………………… 019
 (五)关于程某某不构成危险驾驶罪的辩护意见 ………………… 019
 (六)车浩老师点评 ………………………………………………… 023

三、伪劣产品的认定 …………………………………………………… 024
 (一)案情概述 ……………………………………………………… 024
 (二)生产、销售伪劣产品罪,隐匿、故意销毁会计凭证、会计
   账簿、财务会计报告罪法律及相关规定 …………………… 025
  1. 法律 ………………………………………………………… 025
  2. 司法解释 …………………………………………………… 026
  3. 规范性文件 ………………………………………………… 026
 (三)思路解析 ……………………………………………………… 027
  1. 丰产 08 玉米种子不是伪劣产品 …………………………… 027
  2. 刑法的违法性判断应相对独立 ……………………………… 027
  3. 构成生产、销售伪劣产品罪不仅以销售数额为依据 ……… 028
 (四)生产、销售伪劣产品罪类案检索 …………………………… 028
  1. 刑法意义上伪劣产品的认定标准类 ………………………… 028
  2. 刑法意义上伪劣产品的区分类 ……………………………… 029
  3. 参与销售金额不满 5 万元,不构成生产、销售伪劣产品
   罪类 ………………………………………………………… 029
  4. 尚未销售的伪劣产品货值未达到法定数额标准类 ………… 030
 (五)关于张某某不构成生产、销售伪劣产品罪,隐匿会计凭证、
   会计账簿罪的辩护意见 ……………………………………… 030
 (六)毛立新老师点评 ……………………………………………… 036

四、假药的认定、销售假药目的的认定 …………………………… 038
 (一)案情概述 ……………………………………………………… 038
 (二)生产、销售、提供假药罪法律及相关规定 ………………… 038

1. 法律 ………………………………………………… 038
　　2. 规范性文件 ………………………………………… 039
　(三) 生产、销售、提供假药罪及生产、销售伪劣产品罪出罪
　　　类案检索 …………………………………………… 039
　　1. 销售的药品不是假药类 …………………………… 039
　　2. 生产、销售、提供假药罪事实不清, 证据不足类 … 040
　(四) 关于王乙不构成销售假药罪的辩护意见 …………… 040
　(五) 车浩老师点评 ………………………………………… 042

五、涉嫌数罪时的精准化量刑 …………………………… 044
　(一) 案情概述 ……………………………………………… 044
　(二) 非国家工作人员受贿罪、行贿罪、单位行贿罪、职务侵占罪
　　　法律及相关规定 …………………………………… 045
　　1. 法律 ………………………………………………… 045
　　2. 司法解释 …………………………………………… 046
　　3. 规范性文件 ………………………………………… 048
　(三) 思路解析 ……………………………………………… 049
　　1. 精准化量刑的步骤 ………………………………… 049
　　2. 精准化量刑相关概念的内涵与特征 ……………… 049
　　3. 犯罪事实与量刑起点、基准刑的关系 …………… 050
　　4. 宣告刑及相关计算公式 …………………………… 051
　(四) 非国家工作人员受贿罪、职务侵占罪、单位行贿罪出罪类案
　　　检索 ………………………………………………… 052
　　1. 非国家工作人员受贿罪 …………………………… 052
　　2. 职务侵占罪 ………………………………………… 053
　　3. 单位行贿罪 ………………………………………… 056
　(五) 关于孟某构成非国家工作人员受贿罪但应重新计算数额、
　　　构成行贿罪和单位行贿罪但量刑畸重、不构成职务侵占罪
　　　的辩护意见 ………………………………………… 057
　(六) 门金玲老师点评 ……………………………………… 063

六、骗取贷款罪的构成要件 …… 064
（一）案情概述 …… 064
（二）骗取贷款罪法律及相关规定 …… 064
1. 法律 …… 064
2. 规范性文件 …… 065
（三）思路解析 …… 066
1.《立案追诉标准（二）》(2010) 的规定与《刑法修正案（十一）》存在冲突 …… 066
2. 如何认定骗取贷款罪中的"重大损失" …… 066
3. 李某某不构成骗取贷款罪 …… 067
（四）骗取贷款罪出罪类案检索 …… 068
1. 贷款机构工作人员故意的行为类 …… 068
2. 有损失但没有被害人举报类 …… 069
3. 不符合造成重大损失或具有其他严重情节的结果要件类 …… 069
（五）关于李某某不构成骗取贷款罪的辩护意见 …… 070
（六）朱桐辉老师点评 …… 073

七、非法集资中"许可"与"批准"之辨析 …… 074
（一）案情概述 …… 074
（二）非法吸收公众存款罪法律及相关规定 …… 074
1. 法律 …… 074
2. 司法解释 …… 075
3. 规范性文件 …… 076
（三）思路解析 …… 077
1. 与沈某有冲突的证人所做证言不能作为认定其入罪的依据 …… 077
2. 非法集资行为中"许可"与"批准"的区别 …… 078
3. 非法吸收"存款"与非法吸收"保费"是否能等同 …… 078
4. 对刘某某作出罪化评价的理由 …… 078
（四）非法吸收公众存款罪出罪类案检索 …… 079
1. 事实不清，证据不足类 …… 079

2. 客观不具有吸收公众存款的行为,主观不具有故意类 ········ 079
　(五)关于刘某某不构成非法吸收公众存款罪的辩护意见······· 080
　(六)王新老师点评 ··· 084

八、《贷款通则》不属于违法发放贷款罪中的"国家规定"······· 085
　(一)案情概述 ··· 085
　(二)违法发放贷款罪法律及相关规定 ······························ 085
　　1. 法律 ··· 085
　　2. 规范性文件 ·· 086
　(三)思路解析 ··· 086
　　1. 认定是否构成违法发放贷款罪的考量因素 ················ 086
　　2. 违反国家规定与对借款人、保证人条件审查不严不能等同 ··· 087
　　3. 中国人民银行制定的《贷款通则》不属于"国家规定"······ 087
　　4. 如何理解违法发放贷款罪中的"造成重大损失"············ 088
　　5. 信贷员事后监督存在瑕疵是否属于违法发放贷款罪的
　　　 构成要件 ·· 088
　(四)违法发放贷款罪出罪、定罪免刑类案检索 ·················· 089
　　1. 事实不清、证据不足类 ······································ 089
　　2. 自动投案,如实供述自己的罪行且损失全部挽回,犯罪较
　　　 轻类 ·· 089
　(五)关于杨某某不构成违法发放贷款罪的辩护意见 ············· 089
　(六)王新老师点评 ··· 094

九、逃税罪的证据认定及处罚阻却事由 ···························· 095
　(一)案情概述 ··· 095
　(二)逃税罪法律及相关规定 ·· 095
　　1. 法律 ··· 095
　　2. 司法解释 ·· 096
　　3. 规范性文件 ·· 096
　(三)思路解析 ··· 097
　(四)逃税罪出罪类案检索 ·· 098

1. 事实不清, 证据不足类 …………………………………………… 098
　　2. 缺少构成逃税罪的前置条件(经追缴仍不缴纳税款)类 ……… 098
　(五)关于赵某某不构成逃税罪的辩护意见 ………………………… 100
　(六)钱叶六老师点评 ………………………………………………… 105

十、串通挂牌不构成串通投标罪 ……………………………………… 107
　(一)案情概述 ………………………………………………………… 107
　(二)串通投标罪法律及相关规定 …………………………………… 107
　　1. 法律 …………………………………………………………… 107
　　2. 规范性文件 …………………………………………………… 108
　(三)思路解析 ………………………………………………………… 109
　　1. 串通投标罪的实质限定 ……………………………………… 109
　　2. 串通拍卖或竞买是否构成串通投标罪 ……………………… 112
　(四)挂牌、拍卖中的串通行为不构成串通投标罪类案检索 ……… 115
　(五)关于甲房地产公司不构成串通投标罪的辩护意见 …………… 116
　(六)周光权老师点评 ………………………………………………… 120

十一、合同诈骗罪的构成要件 ………………………………………… 122
　(一)案情概述 ………………………………………………………… 122
　(二)合同诈骗罪法律及相关规定 …………………………………… 123
　　1. 法律 …………………………………………………………… 123
　　2. 规范性文件 …………………………………………………… 123
　(三)思路解析 ………………………………………………………… 124
　　1. 如何界定民事欺诈与刑事诈骗的界限 ……………………… 124
　　2. 马某某不构成合同诈骗罪 …………………………………… 125
　(四)合同诈骗罪出罪类案检索 ……………………………………… 125
　　1. 事实不清, 证据不足类 ……………………………………… 125
　　2. 未采用欺骗手段, 无非法占有他人财物的故意类 ………… 126
　　3. 商业欺诈不属于刑事诈骗类 ………………………………… 127
　(五)关于马某某不构成合同诈骗罪的辩护意见 …………………… 128
　(六)江溯老师点评 …………………………………………………… 131

十二、民间借贷与刑事诈骗之界限 ………………………… 132
(一)案情概述 ………………………………………………… 132
(二)合同诈骗罪、诈骗罪法律及相关规定 ………………… 133
　1. 合同诈骗罪法律规定 ………………………………… 133
　2. 诈骗罪法律规定 ……………………………………… 133
(三)思路解析 ………………………………………………… 134
　1. 诈骗罪的构成要件 …………………………………… 134
　2. 如何认定合同诈骗罪中的"合同" …………………… 134
　3. 如何理解"非法占有目的" …………………………… 134
　4. 翁某不构成合同诈骗罪、诈骗罪 …………………… 135
(四)诈骗罪、合同诈骗罪出罪类案检索 …………………… 135
　1. 民事欺诈不属于刑事诈骗类 ………………………… 135
　2. 不具有非法占有的目的类 …………………………… 136
(五)关于翁某不构成诈骗罪、合同诈骗罪的辩护意见 …… 137
(六)车浩老师点评 …………………………………………… 139

十三、故意杀人手段特别残忍的认定 …………………… 140
(一)案情概述 ………………………………………………… 140
(二)故意杀人罪法律及相关规定 …………………………… 140
　1. 法律 …………………………………………………… 140
　2. 规范性文件 …………………………………………… 141
(三)思路解析 ………………………………………………… 141
　1. 如何认定犯罪手段特别残忍 ………………………… 141
　2. 邹某某对尸体的处置不属于手段特别残忍 ………… 142
　3. 邹某某不应被判处死刑立即执行 …………………… 142
(四)故意杀人不属于手段特别残忍类案检索 ……………… 143
(五)关于邹某某不属于故意杀人手段特别残忍的辩护意见 … 144
(六)王亚林律师点评 ………………………………………… 147

十四、特殊体质死亡的归责原则 149
（一）案情概述 149
（二）过失致人死亡罪法律及相关规定 149
（三）思路解析 149
1. 特殊体质死亡结果的归责 149
2. 特殊体质死亡是否归责的总结 151
（四）特殊体质出罪类案检索 151
（五）关于王某不构成过失致人死亡罪的辩护意见 152
（六）朱桐辉老师点评 155

十五、虐待被监护、看护人罪的证据认定 157
（一）案情概述 157
（二）虐待被监护、看护人罪法律及相关规定 157
1. 法律 157
2. 司法解释 158
（三）思路解析 159
1. 虐待被监护、看护人罪的构成要件 159
2. 侵害幼儿园儿童的案件中主要定罪的依据及证明事项 159
3. 如何评价案涉陈述、辨认笔录的证据能力、证明力 160
4. 如何确定植纹鉴定同一性报告与待证事实的关联性 161
5. 虐待被监护、看护人罪的出罪事由 161
6. 张某某不构成虐待被监护、看护人罪 162
（四）虐待被监护、看护人罪证据确实、充分的类案检索 162
（五）关于张某某不构成虐待被监护、看护人罪的辩护意见 163
（六）钱叶六老师点评 167

十六、盗窃罪"被害人"是否明知的判断及证据认定 168
（一）案情概述 168
（二）盗窃罪法律及相关规定 168
1. 法律 168
2. 司法解释 169

3. 规范性文件 ………………………………………… 171
(三) 思路解析 …………………………………………… 172
　　1. 周某某应明知其存单资金流动一事 ………………… 172
　　2. 在案言词证据是否具有证据能力及证明力 ………… 172
　　3. 案涉款项无法确定最终流向 ………………………… 173
(四) 盗窃罪出罪类案检索 ……………………………… 173
　　1. 证据尚未达到确实、充分的标准类 ………………… 173
　　2. 行为人进入的场所并非盗窃罪规定的"户",偷走数额未达
　　　 到入罪标准类 ………………………………………… 175
(五) 关于王某某不构成盗窃罪的辩护意见 …………… 176
(六) 钱叶六老师点评 …………………………………… 180

十七、拾得遗忘物不构成盗窃罪 ………………………… 182
(一) 案情概述 …………………………………………… 182
(二) 盗窃罪法律及相关规定 …………………………… 182
(三) 思路解析 …………………………………………… 182
　　1. 盗窃罪的构成要件 …………………………………… 182
　　2. 如何判断财物是遗忘物还是他人占有的财物 ……… 183
　　3. 手机脱离原所有权人占有后,游乐场管理者未建立新的
　　　 占有关系 ……………………………………………… 183
　　4. 傅某某不构成侵占罪 ………………………………… 183
(四) 盗窃罪出罪类案检索 ……………………………… 184
(五) 关于傅某某不构成盗窃罪的辩护意见 …………… 184
(六) 张明楷老师点评 …………………………………… 187

十八、诈骗罪中"非法占有目的"的认定 ……………… 188
(一) 案情概述 …………………………………………… 188
(二) 诈骗罪法律及相关规定 …………………………… 188
(三) 思路解析 …………………………………………… 188
　　1. 行为人在客观上存在一定形式虚构事实、隐瞒真相的行为
　　　 不一定构成诈骗罪 …………………………………… 188

2. 王某敏不是实际被害人 …………………………… 190
　　3. 杨某某不构成诈骗罪 ………………………………… 191
　（四）诈骗罪出罪类案检索 ………………………………… 191
　（五）关于杨某某不构成诈骗罪的辩护意见 ……………… 191
　（六）门金玲老师点评 ……………………………………… 194

十九、新农合商业保险补偿金（大病补偿金）之辨析 …… 195
　（一）案情概述 ……………………………………………… 195
　（二）诈骗罪法律及相关规定 ……………………………… 195
　（三）思路解析 ……………………………………………… 195
　　1. 如何准确理解新农合商业保险补偿金（大病补偿金） … 195
　　2. 王某某成立自首 …………………………………… 196
　（四）相关类案检索 ………………………………………… 196
　　1. 新农合商业保险补偿金（大病补偿金）应到保险公司办理报销类 ……………………………………………………… 196
　　2. 犯罪嫌疑人被传唤到案后如实供述自己的罪行应认定为自首类 ………………………………………………………… 197
　（五）关于王某某构成诈骗罪但应重新计算数额的辩护意见 … 198
　（六）钱列阳律师点评 ……………………………………… 202

二十、诈骗罪中刑法谦抑性原则的适用 …………………… 203
　（一）案情概述 ……………………………………………… 203
　（二）诈骗罪法律及相关规定 ……………………………… 203
　（三）思路解析 ……………………………………………… 204
　　1. 房产销售中"飞单"在不考虑数额的前提下,涉嫌职务侵占罪而非诈骗罪 …………………………………………………… 204
　　2. "套取佣金"行为的本质 …………………………… 205
　（四）诈骗罪出罪类案检索 ………………………………… 206
　（五）关于王某某等人不构成诈骗罪的辩护意见 ………… 206
　（六）关于盛某某等人不构成诈骗罪的辩护意见 ………… 209
　（七）关于许某某等人不构成诈骗罪的辩护意见 ………… 213

（八）朱桐辉老师点评 ··· 217

二十一、如何处理刑民交叉类案件　218
　　（一）案情概述 ·· 218
　　（二）挪用资金罪、职务侵占罪法律及相关规定 ··· 218
　　　　1. 挪用资金罪法律及相关规定 ·· 218
　　　　2. 职务侵占罪法律规定 ··· 220
　　（三）思路解析 ·· 220
　　　　1. 挪用资金罪的构成要件 ·· 220
　　　　2. 如何处理刑民交叉类案件 ··· 221
　　　　3. 就案涉381万元而言，姜某处于何种身份地位 ······································· 221
　　　　4. 案涉381万元资金的法律性质为何 ·· 221
　　　　5. 姜某不构成挪用资金罪、职务侵占罪 ··· 222
　　（四）挪用资金罪、职务侵占罪出罪类案检索 ·· 223
　　　　1. 挪用资金罪 ·· 223
　　　　2. 职务侵占罪 ·· 223
　　（五）关于姜某不构成职务侵占罪、挪用资金罪的辩护意见 ······························· 223
　　（六）周光权老师点评 ·· 229

二十二、事出有因不构成寻衅滋事罪　231
　　（一）案情概述 ·· 231
　　（二）寻衅滋事罪法律及相关规定 ·· 231
　　　　1. 法律 ··· 231
　　　　2. 司法解释 ··· 232
　　　　3. 规范性文件 ·· 232
　　（三）思路解析 ·· 233
　　　　寻衅滋事罪的构成要件 ··· 233
　　（四）寻衅滋事罪出罪类案检索 ·· 233
　　　　1. 事出有因的行为不符合寻衅滋事罪的构成要件类 ···································· 233
　　　　2. 行为人具有防卫性质，不具备寻衅滋事的主观故意类 ······························· 234
　　　　3. 行为系正当防卫类 ··· 234

4. 证据不足类 ……………………………………………… 235
　　5. 未达到情节恶劣的入罪标准类 ………………………… 235
　(五)关于王某不构成寻衅滋事罪的辩护意见 …………… 236
　(六)王亚林律师点评 ………………………………………… 238

二十三、刑法三阶层理论的应用 ……………………………… 240
　(一)案情概述 ………………………………………………… 240
　(二)帮助毁灭、伪造证据罪法律及相关规定 …………… 240
　　1. 法律 ………………………………………………………… 240
　　2. 司法解释 …………………………………………………… 241
　(三)思路解析 ………………………………………………… 241
　　1. 帮助毁灭、伪造证据罪的构成要件 ……………………… 241
　　2. 孟某某不构成帮助毁灭、伪造证据罪 …………………… 242
　(四)帮助毁灭、伪造证据罪出罪类案检索 ……………… 242
　　1. 尚未达到情节严重的标准类 ……………………………… 242
　　2. 证据不足、事实不清类 …………………………………… 243
　　3. 证据存疑类 ………………………………………………… 243
　　4. 情节显著轻微、危害不大,不构成犯罪类 …………… 244
　(五)关于孟某某不构成帮助毁灭、伪造证据罪的辩护意见 … 244
　(六)江溯老师点评 …………………………………………… 246

二十四、掩饰、隐瞒犯罪所得、犯罪所得收益罪的构成要件 … 248
　(一)案情概述 ………………………………………………… 248
　(二)掩饰、隐瞒犯罪所得、犯罪所得收益罪法律及相关规定 … 249
　　1. 法律 ………………………………………………………… 249
　　2. 司法解释 …………………………………………………… 249
　　3. 规范性文件 ………………………………………………… 250
　(三)思路解析 ………………………………………………… 251
　　1. 掩饰隐瞒犯罪所得、犯罪所得收益罪的构成要件 …… 251
　　2. 如何理解违法性认识错误及违法性认识的可能性 …… 251
　(四)掩饰、隐瞒犯罪所得、犯罪所得收益罪出罪类案检索 … 252

1. 事实不清、证据不足类 ……………………………………… 252
2. 行为不符合掩饰、隐瞒犯罪所得、犯罪所得收益罪的构成要件类 …………………………………………………………… 253
3. 在案证据无法证实行为人主观明知其所收购物品系赃物类 …………………………………………………………… 253
（五）关于高某某不构成掩饰、隐瞒犯罪所得、犯罪所得收益罪的辩护意见 ……………………………………………………… 254
（六）王新老师点评 ……………………………………………… 257

二十五、非法采矿罪违法所得的认定 ………………………… 258
（一）案情概述 …………………………………………………… 258
（二）非法采矿罪法律及相关规定 ……………………………… 258
1. 法律 ………………………………………………………… 258
2. 司法解释 …………………………………………………… 259
3. 规范性文件 ………………………………………………… 261
（三）思路解析 …………………………………………………… 262
1. 非法采矿罪的构成要件 …………………………………… 262
2. 某矿业公司使用甲矿业公司废弃的石料加工成玄武岩碎石销售所得价款不是违法所得 ……………………………… 262
3. 如何认定"供犯罪所用的本人财物" ……………………… 263
4. 案涉手机不是"供徐某某犯罪所用的本人财物" ………… 263
（四）非法采矿罪出罪类案检索 ………………………………… 264
1. 尚未达到构罪的数额标准类 ……………………………… 264
2. 事实不清，证据不足类 …………………………………… 264
3. 提供一般劳务的行为人不符合非法采矿罪的构成要件类 … 264
（五）关于徐某某构成非法采矿罪但应重新计算数额的辩护意见 …………………………………………………………… 265
（六）钱列阳律师点评 …………………………………………… 267

二十六、组织卖淫罪与容留卖淫罪的证据标准 ……………… 269
（一）案情概述 …………………………………………………… 269

（二）组织卖淫罪、容留卖淫罪法律及相关规定 ……………… 269
  1. 法律 ………………………………………………………… 269
  2. 司法解释 …………………………………………………… 270
  3. 规范性文件 ………………………………………………… 272
（三）思路解析 ……………………………………………………… 272
  1. 如何区分组织卖淫罪与容留卖淫罪 ……………………… 272
  2. 薛某某不构成组织卖淫罪 ………………………………… 272
（四）组织卖淫罪出罪、变更为容留卖淫罪类案检索 …………… 273
  1. 事实不清，证据不足类 …………………………………… 273
  2. 组织卖淫罪变更为容留卖淫罪类 ………………………… 273
（五）关于薛某某应构成容留卖淫罪的辩护意见 ………………… 274
（六）钱列阳律师点评 ……………………………………………… 277

二十七、"纯感情投资"不构成受贿罪的溯及力 … 278
（一）案情概述 ……………………………………………………… 278
（二）受贿罪法律及相关规定 ……………………………………… 278
  1. 法律 ………………………………………………………… 278
  2. 司法解释 …………………………………………………… 279
  3. 规范性文件 ………………………………………………… 279
（三）思路解析 ……………………………………………………… 280
  1. 无请托事项的"纯感情投资"构成受贿罪的演变 ……… 280
  2.《贪污贿赂司法解释》对2016年4月18日之前的感情投资
    无溯及力 …………………………………………………… 280
  3. 如何认定准自首 …………………………………………… 281
（四）受贿罪出罪类案检索 ………………………………………… 282
  1. 无具体请托事项，亲友间礼尚往来不构成犯罪类 ……… 282
  2. 无证据证明有具体请托事项、利用职务之便为他人谋取
    利益类 ……………………………………………………… 282
  3. 审批手续系通过正常渠道办理的，行为人给请托人的款
    项系请托人的工资或对正常开销的报销类 ……………… 283
  4. 没有利用职务便利为他人谋取利益的行为类 …………… 283

5. 证据不具有客观性、唯一性、排他性类 …………………… 284
　　6. 受贿数额未达到追诉标准类 …………………………………… 284
　（五）关于薛某某构成受贿罪但应重新计算数额的辩护意见 ……… 284
　（六）周光权老师点评 ……………………………………………………… 288

二十八、收受礼金与受贿罪的区分 …………………………………… 290
　（一）案情概述 ……………………………………………………………… 290
　（二）受贿罪法律及相关规定 …………………………………………… 290
　（三）思路解析 ……………………………………………………………… 290
　　1. 受贿罪的构成要件 …………………………………………………… 290
　　2.《贪污贿赂司法解释》生效前，单纯收受的礼金不应计入
　　　张某某的受贿数额 …………………………………………………… 291
　（四）受贿罪出罪类案检索 ……………………………………………… 291
　（五）关于张某某构成受贿罪但应重新计算数额的辩护意见 ……… 291
　（六）毛立新老师点评 ……………………………………………………… 295

二十九、受贿罪、行贿罪中"可能影响职权行使"的认定标准 …… 297
　（一）案情概述 ……………………………………………………………… 297
　（二）受贿罪、行贿罪法律及相关规定 ………………………………… 297
　　1. 受贿罪法律规定 ……………………………………………………… 297
　　2. 行贿罪法律规定 ……………………………………………………… 297
　（三）思路解析 ……………………………………………………………… 297
　　1. 构成受贿罪、行贿罪的考量因素 …………………………………… 297
　　2. 李某某不构成受贿罪、行贿罪 ……………………………………… 298
　（四）受贿罪、行贿罪出罪类案检索 …………………………………… 298
　　1. 受贿罪 …………………………………………………………………… 298
　　2. 行贿罪 …………………………………………………………………… 298
　（五）关于李某某不构成行贿罪、受贿罪的辩护意见 ……………… 299
　（六）门金玲老师点评 ……………………………………………………… 305

三十、玩忽职守罪与滥用职权罪的构成要件 ······ 306
（一）案情概述 ······ 306
（二）滥用职权罪、玩忽职守罪法律及相关规定 ······ 307
1. 法律 ······ 307
2. 规范性文件 ······ 307
3. 地方性法规 ······ 308
（三）思路解析 ······ 309
1. 滥用职权罪、玩忽职守罪的构成要件 ······ 309
2. 如何认定玩忽职守罪中的"重大损失" ······ 309
3. 如何界定工作失误与玩忽职守犯罪 ······ 309
4. 形式要件瑕疵不必然导致行为人构成滥用职权罪 ······ 310
（四）玩忽职守罪、滥用职权罪的出罪、定罪免刑类案检索 ······ 310
1. 行为人的行为与重大损失并不存在刑法上的因果关系类 ······ 310
2. 具有自首、弥补损失、悔罪表现等情节、犯罪情节轻微类 ······ 311
（五）关于贺某某构成滥用职权罪但应重新计算数额的辩护意见 ······ 312
（六）张青松律师点评 ······ 316

三十一、司法责任制的理解与适用 ······ 317
（一）案情概述 ······ 317
（二）滥用职权罪、司法责任制法律及相关规定 ······ 317
1. 滥用职权罪法律及相关规定 ······ 317
2. 司法责任制规范性法律文件 ······ 317
（三）思路解析 ······ 321
1. 如何理解司法责任制 ······ 321
2. 戴某某不构成玩忽职守罪 ······ 322
（四）玩忽职守罪出罪类案检索 ······ 323
（五）关于戴某某不构成玩忽职守罪的辩护意见 ······ 323
（六）钱列阳律师点评 ······ 328

一、非法储存爆炸物罪的认定

(一)案情概述

某公诉机关指控称:某废弃矿山系已注销的某矿业有限责任公司(以下简称"矿业公司")所属矿山,该矿业公司于2008年年末停产、2018年注销,其工商登记的公司法人为王某某,实际控制人为曹某,经营者系解某某,注册保管员系苏某某。经民警核查,该废弃矿山的一仓库内存有大量炸药、导爆管雷管,在现场共清理出非法储存的炸药2.313吨,导爆管雷管5807枚,后民警送检,某国家民用爆破器材质量监督检验中心出具的鉴定报告显示:随机送检样品中含有硝铵炸药主成分,5发样品均能够发火输出,具备起爆性能,判定样品为导爆管雷管。解某某作为该矿业公司的经营者,应以非法储存爆炸物罪追究刑事责任。

(二)非法储存爆炸物罪法律及相关规定

1.法律

《刑法》[①](2020修正)

第一百二十五条 【非法制造、买卖、运输、邮寄、储存枪支、弹药、爆炸物罪】非法制造、买卖、运输、邮寄、储存枪支、弹药、爆炸物的,处三年以

---

① 本书中法律、行政法规名称中"中华人民共和国"省略,例如《中华人民共和国刑法》简称为《刑法》。

上十年以下有期徒刑;情节严重的,处十年以上有期徒刑、无期徒刑或者死刑。

【非法制造、买卖、运输、储存危险物质罪】非法制造、买卖、运输、储存毒害性、放射性、传染病病原体等物质,危害公共安全的,依照前款的规定处罚。

单位犯前两款罪的,对单位判处罚金,并对其直接负责的主管人员和其他直接责任人员,依照第一款的规定处罚。

2. 司法解释

《最高人民法院关于审理非法制造、买卖、运输枪支、弹药、爆炸物等刑事案件具体应用法律若干问题的解释》(2009修正)

第一条 个人或者单位非法制造、买卖、运输、邮寄、储存枪支、弹药、爆炸物,具有下列情形之一的,依照刑法第一百二十五条第一款的规定,以非法制造、买卖、运输、邮寄、储存枪支、弹药、爆炸物罪定罪处罚:

(一)非法制造、买卖、运输、邮寄、储存军用枪支一支以上的;

(二)非法制造、买卖、运输、邮寄、储存以火药为动力发射枪弹的非军用枪支一支以上或者以压缩气体等为动力的其他非军用枪支二支以上的;

(三)非法制造、买卖、运输、邮寄、储存军用子弹十发以上、气枪铅弹五百发以上或者其他非军用子弹一百发以上的;

(四)非法制造、买卖、运输、邮寄、储存手榴弹一枚以上的;

(五)非法制造、买卖、运输、邮寄、储存爆炸装置的;

(六)非法制造、买卖、运输、邮寄、储存炸药、发射药、黑火药一千克以上或者烟火药三千克以上,雷管三十枚以上或者导火索、导爆索三十米以上的;

(七)具有生产爆炸物品资格的单位不按照规定的品种制造,或者具有销售、使用爆炸物品资格的单位超过限额买卖炸药、发射药、黑火药十千克以上或者烟火药三十千克以上,雷管三百枚以上或者导火索、导爆索三百米以上的;

(八)多次非法制造、买卖、运输、邮寄、储存弹药、爆炸物的;

(九)虽未达到上述最低数量标准,但具有造成严重后果等其他恶劣情节的。

介绍买卖枪支、弹药、爆炸物的,以买卖枪支、弹药、爆炸物罪的共犯论处。

第二条 非法制造、买卖、运输、邮寄、储存枪支、弹药、爆炸物,具有下列情形之一的,属于刑法第一百二十五条第一款规定的"情节严重":

(一)非法制造、买卖、运输、邮寄、储存枪支、弹药、爆炸物的数量达到本解释第一条第(一)、(二)、(三)、(六)、(七)项规定的最低数量标准五倍以上的;

(二)非法制造、买卖、运输、邮寄、储存手榴弹三枚以上的;

(三)非法制造、买卖、运输、邮寄、储存爆炸装置,危害严重的;

(四)达到本解释第一条规定的最低数量标准,并具有造成严重后果等其他恶劣情节的。

第八条 刑法第一百二十五条第一款规定的"非法储存",是指明知是他人非法制造、买卖、运输、邮寄的枪支、弹药而为其存放的行为,或者非法存放爆炸物的行为。

第九条 因筑路、建房、打井、整修宅基地和土地等正常生产、生活需要,以及因从事合法的生产经营活动而非法制造、买卖、运输、邮寄、储存爆炸物,数量达到本解释第一条规定标准,没有造成严重社会危害,并确有悔改表现的,可依法从轻处罚;情节轻微的,可以免除处罚。

具有前款情形,数量虽达到本解释第二条规定标准的,也可以不认定为刑法第一百二十五条第一款规定的"情节严重"。

在公共场所、居民区等人员集中区域非法制造、买卖、运输、邮寄、储存爆炸物,或者因非法制造、买卖、运输、邮寄、储存爆炸物三年内受到两次以上行政处罚又实施上述行为,数量达到本解释规定标准的,不适用前两款量刑的规定。

(三)思路解析

违规储存不是刑法意义上的非法储存

违规储存不是刑法意义上的非法储存,如存在违反相关安全管理法律法规的情况,根据法秩序统一原理,通过《民用爆炸物品安全管理条例》(以下简称《民爆条例》)等规定处以行政处罚足矣,无须上升至刑法的高度。

案例　违规储存并不是刑法意义上的非法储存[①]

某煤矿证照齐全,并取得相关技改批文。在由15万吨改造为30万吨的技改过程中,必须使用爆炸材料。该矿有规范的地面炸材仓库,但是,由于该仓库距离井口约2公里,加之井下还有一段距离,爆炸材料运输、发放和退库过程的安全监管较为困难,于是矿上决定在井下利用废弃的巷硐,建立了一个炸材临时发放点。每天根据井下作业预计需要的炸药雷管数量,从地面库由专人送到地下临时发放点,发放当天需要的炸材。同时,对于当天没有使用完的炸材,也在临时发放点登记存放。临时发放点有专人24小时值班,并有相应的防火、防盗、通风设施。公安机关以临时发放点未经验收合格即使用和存放炸药超过每天的最大储藏量400公斤为由立案侦查,以非法储存爆炸物罪移送起诉。检察机关也以同样的事实和罪名向法院提起公诉。

1. 分歧

对于该案是否构成非法储存爆炸物罪争议较大。第一种意见认为,本案不构成非法储存爆炸物罪;第二种意见认为,本案构成非法储存爆炸物罪。

2. 评析

笔者同意第一种意见,本案不构成非法储存爆炸物罪。因为非法储存爆炸物是危害公共安全的严重犯罪,有其特定的构成要件和立法意图。从犯罪构成要件的角度,具体分析如下:

(1) 客体是爆炸物品监控管理秩序

爆炸物品因其杀伤力巨大,历来是国家管控的重点。控制的主要手段是源头管制,即对爆炸物品的制造、销售、运输、使用、储存、销毁,国家均实行严格的许可和登记制度,保证爆炸物品在公安机关的严格监管之下,不至于流向社会,危害公共安全。非法储存爆炸物罪的行为人则是为了逃避公安机关对爆炸物的监督管理,采用私藏、非法持有等手段隐匿爆炸物。这是非法储存爆炸物罪客体方面的本质特征。本案煤矿有爆炸物

[①] 参见沈伐:《本案是否构成非法储存爆炸物罪》,载《人民法院报》2014年1月29日,第006版。

的合法使用权,所有爆炸物来源合法、台账清楚、账实相符,没有任何爆炸物流向社会或逃避公安机关监督管理,因而不符合非法储存爆炸物罪客体方面的特征。有权合法使用、储存爆炸物的单位或个人,如果仅仅是违背相关爆炸物安全管理规定,在存放地点、存放数量上违反相关规定,侵犯的客体则是安全生产管理秩序,不构成《刑法》第一百二十五条的非法储存爆炸物罪。比如,人民警察违反枪支管理法的规定,在领用枪支后不按规定交回专门的枪械库保存,而是违反规定保存在办公桌或家里。那么,是否构成非法储存枪支罪呢?显然不构成该罪,而是违规违纪行为。这和本案未及时将炸材交回地面库房完全是一样的道理。

(2)主观上必须是直接故意

本案煤矿在地下临时存放点发放炸材和储存未使用完的剩余炸材,主观上是为了生产需要。因地面材料库距离井口约2公里,如要求矿工每天将未用完的炸药运回地面,中间安全较难保障,才决定修建地下临时发放点。本案不是为了储存而储存,是为了生产而在生产现场的临时存放。

(3)对该客观方面行为表现宽窄要适度

《刑法》第一百二十五条关于非法储存爆炸物的表述从未改变过,本案之所以存在这么大的争议,主要是司法解释的变化。2001年5月《最高人民法院关于审理非法制造、买卖、运输枪支、弹药、爆炸物等刑事案件具体应用法律若干问题的解释》[以下简称"《枪弹、爆炸物解释》(2001)"]第八条第一款对于"非法储存"所下定义为:"刑法第一百二十五条第一款规定的'非法储存',是指明知是他人非法制造、买卖、运输、邮寄的枪支、弹药、爆炸物而为其存放的行为。"按照该解释,本案显然不构成犯罪。2010年1月1日施行修正后的新解释,仅仅把刑法罪状的"非法储存"换了两个字为"非法存放",给司法实践中确定非法储存爆炸物罪的认定带来了困扰。该司法解释的"非法存放"的含义和客观表现,解释本身并不明确。因此,只能结合《枪弹、爆炸物解释》(2001)为什么修改和法律体系、刑罚等方面来考虑,以正确确定该罪的客观方面行为表现,以避免打击面过宽或过窄。

①《枪弹、爆炸物解释》(2001)遗漏了那些应当认定为非法储存爆炸物罪的行为表现,导致打击面过窄和执法困难。这正是我们正确理解新解释范围的切入点。最高人民法院研究室在新解释出台后的答记者问已经解释了相关原因。即《枪弹、爆炸物解释》(2001)定义是明知是他人非

法制造、买卖、运输、邮寄的爆炸物而为其存放的行为。按这一定义,以下行为就可能无法定罪:A.不是明知或是否明知无法查清的;B.来源不明的;C.他人赠与或拾得的;D.合法使用中私自截留或虚报冒领的。这些问题,归结起来就表现为私藏或非法持有。《刑法》第一百二十五条同时规定了枪支、弹药和爆炸物,司法解释对于枪支、弹药仍然规定明知是他人非法制造、买卖、运输、邮寄的枪支、弹药而为其存放,才构成犯罪。那么,爆炸物为何不可以呢?因为我国刑法有私藏枪支弹药罪、非法持有枪支弹药罪,而没有私藏爆炸物罪或者非法持有爆炸物罪。有学者建议增设该两条罪名,但也有学者认为出台解释已经足够。因此,对于非法储存爆炸物罪的客观方面表现,除原表述的明知情况外,主要指私藏和非法持有爆炸物。这和国务院发布的《民爆条例》的表述一致且能相互衔接。

②根据罪刑相适应原则确定非法储存爆炸物罪客观方面的表现。罪刑相适应原则要求罪和罚要相当。同时,社会危害相同的犯罪才能并列在同一条款。非法储存爆炸物罪是重罪,当然要求社会危害性较大的行为才能排列在一起。如果把合法经营中爆炸物存放地点、存放数量违背有关规定的行为,与明知他人非法制造、买卖、运输的爆炸物却为其存放的行为相比,危害性显然不一样,放在同一法条中也显然不恰当,就好比把抢劫罪与抢夺罪放到同一个条款。

综上所述,可以得出这样的结论:违规储存不是刑法意义上的非法储存。本案煤矿不构成非法储存爆炸物罪,如存在违反相关安全管理法律法规的情况,则应当按照《民爆条例》等相关规定予以行政处罚。

(四)非法储存爆炸物罪出罪类案检索

1.事实不清、证据不足类

王晓某、林良某非法制造、买卖、运输、邮寄、储存枪支、弹药、爆炸物罪案[①]

【裁判要旨】本案构成单位犯罪的特征明显,凯里市大猫山煤矿(以

---

① 案件来源:(2016)黔26刑终283号。本书中,部分案号在网络上已无法查询,但笔者在写作时均已核实并保留了相关文书。

下简称"大猫山煤矿")和王家寨煤矿是证件齐全、岗位职权责任制度明确的生产企业,上诉人王晓某既不是大猫山煤矿的职工,也没有担任大猫山煤矿的任何职务和领取工资报酬,而原审被告人张某、林良某、杨某某、王正某是明确作为煤矿的负责人和材料保管员,他们均是大猫山煤矿非法运输、储存爆炸物直接负责的主管人员和其他直接责任人员,大猫山煤矿在复工建设期间,工人在矿井下抽水发现散落的炸药雷管,是通过合法渠道购买,是为煤矿生产之用,属煤矿生产所需,上诉人王晓某出于安全提醒张某、杨某某将散落于井下的雷管炸药集中统一保管,是为了更好保管,避免丢失被盗,但具体如何运输、储存办理相关手续是张某、杨某某、林良某、王正某各自应当履行的职责,且事后张某、杨某某并没有将已经运输、储存的爆炸物品地点告诉王晓某,而证人吴某甲、杨某甲的证言与原审被告人张某、林良某、王正某的供述又互有矛盾,不具有证据的唯一性,本案亦不存在共同犯罪中的主、从责任问题。因此,原判认定王晓某指使安排张某、杨某某非法运输、储存爆炸物为本案主犯,构成非法运输、储存爆炸物罪,事实不清,证据不足,应当宣告无罪。

李子某非法储存爆炸物罪案①

【裁判要旨】 虽然李甲、李子某在侦查阶段供述购买并储存爆炸物,但随后又予以否认,并提交了与路广某签订的承包协议,证人证言证明李甲、李子某与路广某签订了承包协议,由路广某负责开采及购置爆炸物,证人王某、祁某的证言也证明是两个外地人拿着爆炸物下井放炮,虽然在公安网未能查询到路广某个人信息,但不能排除自称路广某的人购置爆炸物用于生产并储存的可能,故原一审判决认定李甲、李子某犯非法储存爆炸物罪事实不清、证据不足。

王某江、尚某成与艾某民非法制造、买卖、运输、邮寄、储存枪支、弹药、爆炸物罪案②

【裁判要旨】 首先,涉案雷管的来源、具体数量,事实不清,证据不足。其次,对于雷管、炸药是否具有爆炸性没有证据证实。现有证据无法证明100枚雷管的支领和使用情况,涉案雷管是支领100枚雷管后

---

① 案件来源:(2019)冀02刑再4号。
② 案件来源:(2019)冀02刑终78号。

非法储存的剩余雷管缺乏确实充分证据证实,涉案雷管的来源、具体数量亦没有证据证实。故认定王某江构成非法储存爆炸物罪的事实不清,证据不足,不能证实原审被告人王某江涉嫌非法储存雷管数量达到《最高人民法院关于审理非法制造、买卖、运输枪支、弹药、爆炸物等刑事案件具体应用法律若干问题的解释》(2009修正)第一条规定的雷管30枚以上的规定,应按照存疑无罪认定原审被告人王某江的行为不构成非法储存爆炸物罪。

温某强非法采矿罪、非法制造、买卖、运输、邮寄、储存枪支、弹药、爆炸物罪案①

【裁判要旨】关于公诉机关指控温某强构成非法储存爆炸物罪,经查,现有证据不能证明温某强安排储存爆炸物,故不认定温某强构成非法储存爆炸物罪。

2. 主观不存在非法储存爆炸物的故意类

王某某涉嫌非法储存爆炸物罪不起诉决定书②

【裁判要旨】涉案97枚雷管虽然是由被不起诉人王某某领取,但雷管的实际保管人和使用人是陈某甲,且在案发前,王某某并不知道陈某甲将雷管藏在矿洞内矿渣中,王某某无非法储存爆炸物的主观故意,其行为不构成非法储存爆炸物罪。

3. 未违反储存爆炸物管理规定类

李某某等人非法买卖、储存爆炸物案二审刑事判决书③

【裁判要旨】李某某违反《民爆条例》,套用获得购买爆炸物许可的某县某建筑公司名义领用爆炸物,其行为构成非法买卖爆炸物罪;陈某某协助李某某非法领用爆炸物并私自储存爆炸物,其行为构成非法买卖、储存爆炸物罪,应依法对二人予以处罚。二人共同非法买卖爆炸物,系共同犯罪。但是针对非法储存爆炸物部分,案发当日从某建筑工地查获的爆炸物属当日从爆破公司领用,再运送到施工现场,在使用过程中被查获,行为未违反相关爆炸物储存管理规定,不能认定李某某的行为系

---

① 案件来源:(2021)陕08刑初3号。
② 案件来源:竹检二部刑不诉〔2020〕25号。
③ 案件来源:(2015)红中刑二终字第53号。

非法储存爆炸物。

（五）关于解某某不构成非法储存爆炸物罪的辩护意见

解某某涉嫌非法储存爆炸物罪一案，委托内蒙古蒙益律师事务所并指派田永伟律师担任其辩护人。根据《刑法》第一百二十五条之规定，非法储存爆炸物罪系违反国家有关爆炸物管理法规，擅自储存爆炸物，危害公共安全的行为，本罪的责任形式为故意，虽然本罪系抽象的危险犯，但根据本罪的概念及犯罪构成可知，只有储存爆炸物的行为会对多数人的生命、身体产生难以控制的危险时，才值得被科处刑罚。辩护人接受委托后认真阅卷、查阅相关法律及司法解释的规定，详细研判后认为解某某并不构成非法储存爆炸物罪，具体理由如下：

1.勘验笔录无见证人签字且办案机关未作出合理的补正或解释，故该勘验笔录及以此为基础的鉴定意见均丧失了合法性，不得作为定案依据

卷宗显示，某旗公安局治安大队所制作的现场勘验笔录中并无见证人签字的位置及相关信息（证据材料卷 P318—P319），该操作显然不符合《刑事诉讼法》第一百三十三条之规定，系瑕疵证据，而办案机关对此并未作出合理的补正或解释，故该勘验笔录不得作为定案依据。由于本案提取、扣押程序违法，故无法确定扣押的物品是否被替换。根据办案机关的记载，办案人员系在被扣押的炸药、导爆管中（以下统称"爆炸物"）抽样并将检材送检的，而上文已经指出勘验笔录程序违法，故该程序的前置违法性导致送检的检材丧失了合法性基础，据此得出的鉴定意见亦不得作为定案依据。由于被扣押的物品是否确系在矿业公司废弃仓库内存放的物品、是否具备爆炸及起爆性能是认定解某某是否构罪的关键、直接证据，而上述证据排除后，仅凭在案证据，无法确定矿业公司废弃仓库内存在具备爆炸及起爆性能的爆炸物。综上，根据证据裁判规则，解某某并不构成非法储存爆炸物罪。即便案涉勘验笔录最终被认定具有证据能力，解某某的行为亦不构成非法储存爆炸物罪。

2.矿业公司所储存的爆炸物系合法购买且用于合法经营，其违规储存的行为并不是刑法意义上的非法储存，故对解某某不应作入罪化处理

《民爆条例》第三条规定，国家对民用爆炸物品的生产、销售、购买、运

输和爆破作业实行许可证制度。而本案根据在案证据可知,矿业公司曾多次办理爆炸物品购买证,累计能够购买炸药5000公斤,导爆管3500枚,抗水半秒导爆管雷管5000发(详见证据材料卷P433—P440),即矿业公司购买爆炸物的行为系经过合法审批的。同时该矿业公司具备合法的探矿权,其购买爆炸物正是为了探矿这一合法的经营活动,且该行为并未造成危害后果,故即便爆炸物的存放地点、存放数量违背有关规定,但违规储存并不是刑法意义上的非法储存。非法储存爆炸物罪规定在《刑法》"危害公共安全罪"一章,侵犯的法益系公共安全,而即便经查证某矿业确实违反了与安全管理相关的法律法规储存爆炸物,但是其违规存放行为侵犯的法益系安全生产管理秩序而非公共安全。基于采矿行业惯例及便利的考量,在法律未明文规定禁止采矿期间矿业公司储存爆炸物的前提下,矿业公司即便在持续探矿期间存在违规储存行为,该行为也不具有刑法可谴责性,对矿业公司依据《民爆条例》等相关规定处罚足矣。相应地,对解某某当然亦作出罪化评价。

3. 根据指控,本案系单位犯罪,但解某某于2008年底就已离职,且工作期间其不是爆炸物仓库的实际支配或控制者,故对其应作出罪化评价

根据曹某、解某某、朱某某的多次供述及证言可知,解某某系在2008年4月、5月份受曹某的委托到矿业公司监督梁某的开矿工作,并于2008年底离开的。接受委托之初,曹某并未明确解某某的职责范围,也未明确分工(证据材料卷P20、P65、P77—P78、P112等)。梁某系矿业公司的股东,其不但知晓如何管理矿山,而且一直负责矿山的开采工作,系矿山的实际负责人,只有当其不在矿山时,才会将仓库钥匙交给解某某暂时管理。与梁某相反,解某某并不懂矿山管理,其仅是在梁某的指挥与授权下,根据操作流程规范,登记后从仓库中拿出工人指定数量的爆炸物并及时收回剩余部分。且根据某市国土资源局出具的4份2008年后《矿业公司探矿报告》、现场勘探照片,矿业公司2009年、2011年、2012年的现场工作记录等证据可知,虽矿业公司于2008年底停工且解某某离职,但此后相当长的一段时间内(2008年底至2017年9月),梁某和王某某又组织了多次探矿。

故,截至2008年底,解某某虽是仓库钥匙的持有者,但其仅从事辅助性、可替代性的工作,其在工作期间仅系钥匙的保管者而非爆炸物的实际

支配、控制者；2008年后矿业公司探矿工作还在持续，但由于解某某已离职，故其更未实施支配爆炸物的行为。

一方面，某矿业股东王某某称，矿业公司并没有组织机构及成员分工的证明资料（证据材料卷P46），即矿业公司管理混乱，未明确规定谁负责管理爆炸物，爆炸物的主要负责人究竟是谁在所不问，但由于解某某既不是矿业公司的股东，亦对爆炸物不享有实际的支配、控制权，其所从事的工作与一般的仓库保管员并无异，2008年离职后更无从知晓爆炸物的使用情况，故其并不具备非法储存爆炸物的客观可能性与能力，若仅以解某某曾经保管存放爆炸物的仓库钥匙为由将其入罪有客观归罪之嫌。另一方面，仓库内是否存放爆炸物及存放数量等均不以解某某的意志为转移，故其亦不具备存放爆炸物的主观故意。综上，根据先客观后主观的刑事司法判断逻辑，不应对解某某作入罪化处理。

4. 矿业公司依法购买爆炸物并合法经营的行为一直持续至2017年，但解某某已于2008年离职，故要求其承担2008年后剩余爆炸物的上报等义务不具有期待可能性

《民爆条例》第三十九条规定，爆破作业单位不再使用民用爆炸物品时，应当将剩余的民用爆炸物品登记造册，报所在地县级人民政府公安机关组织监督销毁。根据该规定可知，若公司处于暂时停产的状态，则无须对剩余爆炸物登记造册并上报，因为在未彻底停工之前，矿业探矿时随时有可能使用爆炸物。

本案中，矿业公司依法购买爆炸物并合法经营的行为一直持续至2017年，虽矿业公司2008年底暂时停工，但当时手续齐全，也并没有表示此后不再开展探矿等后续相关工作，即便此时爆炸物有剩余也系矿业公司合法取得后的剩余部分，且目的仍系用于后续经营，即2008年底解某某离职时矿业公司系暂停营业，此时并非上报剩余爆炸物库存的时间节点。且，矿业公司爆炸物品证的持有人是王某某，解某某既没有参与购买爆炸物等一系列与之相关的行为，亦不是爆炸物的实际管理者，故其不具备申报爆炸物的义务。即便至案发时矿业公司还留存部分爆炸物，但其清点时间应为注销时，而对于注销时爆炸物是否清点一事，早已离职的解某某并不具备知晓可能性，正所谓法律不强人所难，故解某某的行为并不值得刑法苛责。

综上所述，即便经查证矿业公司违规存放爆炸物属实，但该行为并未

对多数人的身体、财产造成难以控制的危险,且已不具备造成难以控制危险的实际可能性。矿业公司在依法办理了购买爆炸物品许可证、获得采矿权的基础上,为合法经营购买并使用爆炸物的行为系合法行为,即便至2017年底爆炸物有剩余,但由于解某某早已于2008年离职,其离职后矿业公司又多次组织了探矿工作,故解某某非承担矿业公司注销时清算及上报爆炸物剩余数量的负责人。另,解某某作为一般的工作人员,其客观上并未实际支配、控制存放爆炸物的仓库,主观上也无储存爆炸物的故意,故其行为并不符合非法储存爆炸物罪的构成要件。综上,恳请贵院根据罪刑法定原则,结合先客观后主观的刑事判断逻辑及法秩序统一原理,对解某某作出罪处理为盼!

(六)江溯老师点评

爆炸物品因具有极大的杀伤力,历来为国家管控的重点。控制的主要手段是源头管制,即对爆炸物品的制造、销售、运输、使用、储存、销毁,国家均实行严格的许可和登记制度,保证爆炸物品在公安机关的严格监管之下,不至于流向社会,危害公共安全。故,基于维护社会公共安全的考虑,刑法规定了非法储存爆炸物这一罪名,但行为人的行为是否触犯该罪,还需具体问题具体分析,不能一概评价。

此案,辩护人首先从勘验笔录的瑕疵出发,重点论述了本案由于前置证据的瑕疵导致据此作出的鉴定意见丧失了合法性基础。其次,又阐明了违规储存不是刑法意义上的非法储存。从刑法的谦抑性入手,论述此案适用行政法处罚足矣,不必上升到刑法的高度。最后,从解某某的身份上进行分析,详细阐述了本案属于单位犯罪,且解某某非矿业公司的管理者,在爆炸火药领取、储存和使用上均无职责,进而向法官提出解某某不应入罪的辩护结论。

另,辩护意见从证据、非法储存爆炸物犯罪的该当性、以及行为人的身份属性进行层层分析,思维细腻,逻辑严密,为办理类案的其他辩护人提供了一个典型范例。

二、证据存在重大瑕疵，认定行为人构成危险驾驶罪有违证据裁判原则

（一）案情概述

2018年12月25日，程某某酒后驾驶某型号小型轿车，由东向西行驶至某街一加油站门前处，被执勤民警当场查获，当日对程某某抽血备用检验。后经某医院司法鉴定中心检验鉴定，送检的程某某血液中酒精含量为125.15mg/100ml，属醉酒。一审法院以程某某犯危险驾驶罪为由判处其拘役一个月，并处罚金人民币三千元。辩护人经阅卷得知，公安机关在取证过程中存在多处程序违法。

（二）危险驾驶罪法律及相关规定

1. 法律

《刑法》(2020修正)

第一百三十三条之一 【危险驾驶罪】在道路上驾驶机动车，有下列情形之一的，处拘役，并处罚金：

(一)追逐竞驶，情节恶劣的；

(二)醉酒驾驶机动车的；

(三)从事校车业务或者旅客运输，严重超过额定乘员载客，或者严重超过规定时速行驶的；

(四)违反危险化学品安全管理规定运输危险化学品，危及公共安全的。

机动车所有人、管理人对前款第三项、第四项行为负有直接责任的,依照前款的规定处罚。

有前两款行为,同时构成其他犯罪的,依照处罚较重的规定定罪处罚。

2. 司法解释

《最高人民法院关于适用〈中华人民共和国刑事诉讼法〉的解释》（2021）

第九十八条　鉴定意见具有下列情形之一的,不得作为定案的根据:

（一）鉴定机构不具备法定资质,或者鉴定事项超出该鉴定机构业务范围、技术条件的;

（二）鉴定人不具备法定资质,不具有相关专业技术或者职称,或者违反回避规定的;

（三）送检材料、样本来源不明,或者因污染不具备鉴定条件的;

（四）鉴定对象与送检材料、样本不一致的;

（五）鉴定程序违反规定的;

（六）鉴定过程和方法不符合相关专业的规范要求的;

（七）鉴定文书缺少签名、盖章的;

（八）鉴定意见与案件事实没有关联的;

（九）违反有关规定的其他情形。

3. 规范性文件

《公安机关办理醉酒驾驶刑事案件程序规定（试行）》（2011 修订）

第二十九条　［血样送检］抽取的血样应当在一日内送县级以上公安机关刑事技术部门或者其他具备资格的检验鉴定机构进行检验鉴定。上述机构应当及时指派、聘请具有鉴定资格的人员进行检验鉴定。因特殊原因不能在规定时限内将抽取血样送检的,报经公安机关交通管理部门负责人批准,送检时限可以延长至三日。

需要对案件涉及的其他专门性问题进行鉴定的,按照相关规定执行。

第五十五条　本规定中下列用语的含义:……（二）"检验鉴定结论确定",是指《鉴定结论通知书》送达犯罪嫌疑人之日起三日内,犯罪嫌疑人未申请重新检验鉴定的,以及公安机关批准重新检验鉴定,检验鉴定机构出具检验鉴定结论的。……

《公安部关于公安机关办理醉酒驾驶机动车犯罪案件的指导意见》（公交管〔2011〕190号）

5. 规范血样提取送检。交通民警对当事人血样提取过程应当全程监控，保证收集证据合法、有效。提取的血样要当场登记封装，并立即送县级以上公安机关检验鉴定机构或者经公安机关认可的其他具备资格的检验鉴定机构进行血液酒精含量检验。因特殊原因不能立即送检的，应当按照规范低温保存，经上级公安机关交通管理部门负责人批准，可以在3日内送检。

《最高人民法院、最高人民检察院、公安部关于办理醉酒驾驶机动车刑事案件适用法律若干问题的意见》（法发〔2013〕15号）

一、在道路上驾驶机动车，血液酒精含量达到80毫克/100毫升以上的，属于醉酒驾驶机动车，依照刑法第一百三十三条之一第一款的规定，以危险驾驶罪定罪处罚。

前款规定的"道路""机动车"，适用道路交通安全法的有关规定。

五、公安机关在查处醉酒驾驶机动车的犯罪嫌疑人时，对查获经过、呼气酒精含量检验和抽取血样过程应当制作记录；有条件的，应当拍照、录音或者录像；有证人的，应当收集证人证言。

六、血液酒精含量检验鉴定意见是认定犯罪嫌疑人是否醉酒的依据。犯罪嫌疑人经呼气酒精含量检验达到本意见第一条规定的醉酒标准，在抽取血样之前脱逃的，可以以呼气酒精含量检验结果作为认定其醉酒的依据。

犯罪嫌疑人在公安机关依法检查时，为逃避法律追究，在呼气酒精含量检验或者抽取血样前又饮酒，经检验其血液酒精含量达到本意见第一条规定的醉酒标准的，应当认定为醉酒。

《关于办理"醉驾"案件适用认罪认罚从宽制度依法作不起诉处理的实施意见（试行）》①

依法应当提起公诉的情形：

---

① 参见《呼和浩特开始试行：这些情形下驾驶员醉驾将不起诉！》，载内蒙古长安网（网址：http://www.nmgzf.gov.cn/xwjj/2020-01-09/31151.html），访问日期：2023年3月15日。

①发生交通事故,造成他人人身伤害或财产损失的;

②在高速公路或城市快速路上驾驶的;

③驾驶营运机动车、中型以上机动车、危险品运输车或者严重超员、超载、超速驾驶的;

④无驾驶机动车资格的;

⑤驾驶不符合机动车安全检验标准、已报废、无牌证机动车、使用伪造、变造或其他车辆的机动车牌证的;

⑥在被查处时有驾车逃跑或抗拒检查行为的;

⑦在刑事诉讼期间拒不到案或者逃逸的;

⑧曾因饮酒后驾驶机动车或醉酒驾驶机动车被处罚的。

依法适用不起诉决定的情形:

①应当作出不起诉决定的情形:醉酒驾驶机动车在公共停车场移动车位的,或者由他人驾驶至居民小区门口后接替驾驶进入居民小区的,或者驾驶出公共停车场、居民小区后即交由他人驾驶,未发生交通事故的。

②可以作出不起诉决定的情形:醉酒驾驶机动车,无上述依法应当提起公诉的 8 种情形,且认罪认罚、真诚悔罪的,公职人员酒精含量在 110mg/100ml 以下,其他人员酒精含量在 130mg/100ml 以下的。

③酌情作出不起诉决定的情形:

a. 因抢救病人等紧急情况在道路上醉酒驾驶机动车的;

b. 醉酒驾驶机动车的犯罪嫌疑人有重大立功表现的。

4. 行业规范

《静脉血液标本采集指南》(WS/T 661—2020)

5.1.8 个人防护用品

医用手套、口罩及帽子等。

5.2 个人防护

开始采血前佩戴医用帽子、口罩与手套。宜在完成每一位患者血液标本采集后更换新的手套;如条件不允许,至少在完成每一位患者血液标本采集后使用速干手消毒剂进行消毒;如采血过程中手套沾染血液或破损,应及时更换。如采血对象为多重耐药菌感染、呼吸道传染病、血源性传染病且有血液、体液喷溅风险的患者,按照 WS/T 311 及 GBZ/T 213 进行个人防护。

《血液储存要求》(WS 399-2012)

5.1 全血

5.1.1 储存温度:2℃~6℃

5.1.2 保存期:含 ACD-B、CPD 血液保存液的全血保存期为 21d;含 CPDA-1(含腺嘌呤)血液保存液的全血保存期 35d。

使用其他血液保存液时,按其说明书规定的保存期执行。

(三)思路解析

1. 相关机关出具的两类情况说明的性质

刑事案件中,"情况说明"比较常见,有一类系归案情况说明、破案经过说明、抓获情况说明等,该类情况说明的性质存在很大争议,但究其根本,该类说明均是对案件某一阶段的情况介绍,在内容存真的情况下应系书证,即以其表述的思想来发挥证明作用的书面材料。虽然该类情况说明系民警书写,但非其主观上的内容反映而是事实的再现形式,没有夹杂主观色彩,故只要内容真实就该归类为书证。

另一类情况说明即办案机关为补正其履职过程中出现的程序违法等情形出具的证明。该类情况说明的性质究竟为何?在实践中同样存在很大争议。虽然从本质上讲该类情况说明属于证言,但其又与《刑事诉讼法》规定的证人证言完全不同,其并不具备证据能力与证明力,不属于《刑事诉讼法》规定的法定证据,原因如下:其一,出具该类情况说明的人员并不是证人;其二,出具该类情况说明的人员所属单位均与案件有关联,这会不可避免地降低该类情况说明内容的客观性;其二,该类情况说明一般情况下或采用推测性语言,或对违法履职的原因避而不谈,或为证实其履职的合法性、合理性而作出与法律规定完全相悖的解释,但其最终目的均为证明据此得出的证据能作为认定行为人入罪的证据。该类情况说明目的的统一性使其彻底丧失了客观性,而其意在证明的证据的合法性也无从查证。

2. 程某某不构成危险驾驶罪

在危险驾驶类案件中,确定行为人是否系醉酒驾车时,血液中酒精含量的检测必不可少,而该检测作为专业性、技术性较强的手段,它不仅要求检测人员应根据行业规范检测、储存检材,同时也要求执法人员严格遵守法律关于抽取程序、送检时间等方面的强制性规定,若因上述行为违法导致提取到的检材被污染,则据此得出的司法鉴定意见不得作为定案依据。同时,根据法律规定执法人员在提取、送检行为人血样等过程时应全程录音录像,这既是对执法透明的要求,也体现了"实体与程序并重"的刑事司法理念。该类案件中,为了实现法律效果与社会效果相统一,避免刑法打击力度的过大化,若行为人满足法定不起诉的条件,则应依法不起诉;若在案证据因取证程序违法等不能作为认定行为人入罪的依据,根据证据裁判的原则,也应依法宣告行为人无罪。

本案中,程某某虽然酒后驾驶了机动车,但首先,因为血样检测人员在抽取血液时未佩戴手套,不符合无菌操作的要求;且储存血样的仪器也不符合行业操作规范的规定,上述情形会导致提取到的检材被污染。因二次检测已无现实的可能,而酒精呼气结论不能作为认定程某某入罪的证据,故仅凭在案证据认定程某某入罪不符合《刑事诉讼法》第五十五条规定的证据确实、充分的标准。其次,程某某系中午饮酒,晚上九点后因其亲属人格权遭到紧急的危险,在采用其他方式无望的前提下迫不得已驾驶机动车,截至交警查获时并未造成现实的侵害且已无侵害可能,故其行为系紧急避险,从而阻却了犯罪的成立。综上,程某某的行为并不构成危险驾驶罪。

(四)危险驾驶罪出罪类案检索

1. 抽取、送检检材等程序严重违法,导致证据不足类

马某某涉嫌危险驾驶罪案①

【裁判要旨】根据现有证据虽能认定马某某具有饮酒后驾驶机动车的行为,但其是否属于醉酒驾驶机动车,是否构成危险驾驶罪,原公诉机

---

① 案件来源:(2018)湘 12 刑终 519 号。

关指控的在案证据无法达到法律规定的证据确实、充分的证明标准,故判决马某某无罪。

祝某某危险驾驶罪案①

【裁判要旨】血液中酒精含量的鉴定意见是认定醉驾类案件的关键证据,在鉴定程序严重违法、侦查机关无法作出补正或合理解释的情况下,鉴定意见应予排除;由于排除后的在案证据无法证实行为人具有呼气酒精含量可作为定案依据的情况,故亦不能以呼气酒精含量作为定案依据。

2. 犯罪情节轻微且认罪认罚,依法不起诉类

阿某某涉嫌危险驾驶罪案②

【裁判要旨】阿某某违反交通运输管理法规,在道路上醉酒驾驶机动车,犯罪事实清楚,证据确实、充分,构成危险驾驶罪,但犯罪情节轻微并认罪认罚,可以免予刑事处罚,故决定对阿某某不起诉。

张某某涉嫌危险驾驶罪案③

【裁判要旨】张某某违反道路交通安全法规,醉酒在道路上驾驶机动车,构成危险驾驶罪。鉴于张某某案发时的乙醇含量较低,证照齐全且未造成其他严重后果;属初犯、偶犯;到案后如实供述了自己的罪行,具有坦白情节;且对犯罪事实和证据没有异议,自愿认罪认罚,可以认定为犯罪情节轻微,决定对张某某不起诉。

(五)关于程某某不构成危险驾驶罪的辩护意见

上诉人程某某对其涉嫌危险驾驶一案,不服某人民法院作出的某刑事判决,现提出上诉并继续委托内蒙古蒙益律师事务所并指派田永伟律师担任其辩护人,请求依法撤销某号刑事判决书,发回重审或依法改判上诉人无罪,理由为公安机关取证程序严重违法,导致案涉血液中酒精含量的数值无法作为上诉人入罪的证据;且上诉人迫不得已而酒后驾驶机动车的行为成立紧急避险,应阻却犯罪的成立,具体理由如下:

---

① 案件来源:(2017)浙 0881 刑初 283 号。
② 案件来源:霍检刑不诉〔2021〕19 号。
③ 案件来源:扎检刑不诉〔2022〕21 号。

1. 原审判决认定事实错误,案涉核心证据取证程序违法,全案证据尚未达到确实、充分的证明标准

首先,某医院工作人员提取程某某血液的操作流程不符合规范,系严重的程序违法。某交警支队提供的提取采集检材的现场照片(证据卷P22照片4)显示工作人员在提取上诉人血液时全程未戴手套,但国家卫生行业标准《静脉血液标本采集指南》(以下简称《指南》)中静脉血液标本采集操作第一条第八款规定个人防护用品包括医用手套;第二条规定开始采血前医务人员应佩戴手套,故本案医务人员的操作既不符合《指南》的强制性规定,也不符合无菌操作的要求,这会导致提取到的检材被污染;据该照片显示储存上诉人血液的采血管帽盖系黑色的,但根据《真空采血管及其添加剂》(WS/T 224-2002)附录D—《真空采血管头盖颜色国际通用标准》的规定,真空采血管的盖帽颜色分为浅绿色、红色、粉红色、桔黄色等,故储存上诉人血液的采血管并不符合法律规定。综上,检测人员提取上诉人血液的过程及储存器具均不合法,导致无法确定案涉检材是否受到污染,因此第一次提取的检材不能作为定案证据。

其次,本案检材的储存条件不符合法律规定且二次检测已无可能。根据《血液储存要求》(WS 399-2012)的规定,全血的储存温度为2℃~6℃,区分使用的血液保存液的种类不同,血液的保存期可为21天或35天。本案提取的程某某血液并未按上述规定保存,这会导致案涉检材腐败变质从而致使检测结果与实际情况严重不符,故案涉血液中酒精含量的鉴定意见不能作为认定上诉人入罪的证据。

再次,根据《关于办理醉酒驾驶机动车刑事案件适用法律若干问题的意见》第六条的规定可知,血液酒精含量检验鉴定意见是认定犯罪嫌疑人是否醉酒的依据。犯罪嫌疑人经呼气酒精含量检验达到本意见第一条规定的醉酒标准,在抽取血样之前脱逃的,可以以呼气酒精含量检验结果作为认定其醉酒的依据。犯罪嫌疑人在公安机关依法检查时,为逃避法律追究,在呼气酒精含量检验或者抽取血样前又饮酒,经检验其血液酒精含量达到本意见第一条规定的醉酒标准的,应当认定为醉酒。由于程某某并无上述情形,故其酒精呼气检测结论亦不能作为认定其入罪的证据。综上,因二次检测已无现实的可能而酒精呼气结论不能作为认定上诉人入罪的证据,故仅凭在案证据认定其入罪不符合《刑事诉讼法》第五十

五条规定的证据确实、充分的标准。

最后,抽血过程、送检过程均无录音录像,无法证明取证程序的合法性。《公安机关办理醉酒驾驶机动车犯罪案件的指导意见》《关于办理醉酒驾驶机动车刑事案件适用法律若干问题的意见》均规定:公安机关在查处醉酒驾驶机动车的犯罪嫌疑人时,对查获经过、呼气酒精含量检验和抽取血样过程应当制作记录;有条件的,应当拍照、录音或者录像。但本案辩护人经阅卷得知并无程某某采血、送检过程的录音录像,遂向某人民法院申请调取,但负责抽血及送检的某交管支队出具的《情况说明》称因为时间过久,上述录音录像已经被覆盖,所以无法调取查看。由于在实务中,该类《情况说明》是否属于《刑事诉讼法》规定的八大法定证据的种类之一存在诸多争议,故本案就案涉《情况说明》的性质暂且不论,但就该《情况说明》所表达的内容而言,即便办案机关在提取、送检上诉人血液过程中确实全程录音录像,但身为专业性强、实操次数多的办案人员,其有预见案涉录音录像会被覆盖的可能性却未采取任何固定措施,故其在履行职务过程中存在过错且因其过错导致案涉录音录像灭失,其应承担由此产生的不利后果。

《刑事诉讼法》第五十五条明确规定刑事证据需要达到确实、充分的标准,即全案的事实有证据证明、所有的定案证据经过查证属实、排除一切合理怀疑,且三项缺一不可。虽然本案提取血液及送检的过程均无同步录音录像,但根据办案机关提供的现场照片可知其提取检材的过程、储存检材的条件均不合法,故根据案涉检材所得出的鉴定意见不能作为认定上诉人入罪的证据。

2.在危险驾驶案件中,上诉人能够以紧急避险作为违法阻却事由而出罪

根据最高人民检察院发布的数据可知,2021年1月至6月,全国检察机关起诉人数最多的罪名系危险驾驶罪,共起诉173491人,同比上升54.6%。[①] 对此清华大学法学院院长周光权老师指出:从世界范围看,非

---

① 参见《2021年1至6月全国检察机关主要办案数据》,载中华人民共和国检察院官网(网址:https://www.spp.gov.cn/xwfbh/wsfbt/202107/t20210725_524723.shtml#2),访问时间:2023年3月15日。

财产性犯罪成为"第一罪名",这是不太正常的司法现象。每年将30万余人打上"罪犯"的烙印,使数万家庭陷入窘境。长此以往,无论对于国家、社会还是醉酒驾车者个人来说都是特别巨大的损失,属于司法和个人的"两败俱伤"。① 因此在个案中,被告人能否主张紧急避险从而排除其行为的犯罪性是实务上无法绕开的问题。紧急避险(《刑法》第二十一条第一款)即为了使国家、公共利益、本人或者他人的人身、财产和其他权利免受正在发生的危险,不得已采取的紧急避险行为,造成损害的,不负刑事责任。

本案中,程某某酒后开车是因为其叔叔罹患血癌发生了紧急情况,其叔叔的人格权正在遭受现实的、持续性的侵害;且上诉人中午饮酒后并未立即开车,而是在晚上九点后得知其叔叔情况危急,因没有他人能代替故不得已开车,即其主观恶性较小;考虑到时间点的特殊性,搭乘公共交通工具已无可能;考虑到事件的突发性,打车、找代驾等会浪费时间,根据逻辑及一般经验法则可知,当亲人的人格权面临迫切的危险而自己不在场时,要求"其以最稳妥的方式到达现场"已不具有期待可能性。虽然上诉人的行为有造成法益侵害的可能性,但该危险系抽象的危险且客观上并未造成实际损害,上诉人被控制后,因酒驾行为可能会造成的社会危险性大大降低甚至被完全消除。综上,上诉人为了保障其叔叔的人格权免受正在发生的、急迫的危险的损害,迫不得已在饮酒一段时间后开车前往医院,该行为并未造成不应有的危害后果,成立紧急避险。根据周光权老师的书籍要义,在危险驾驶案件中,上诉人能够以紧急避险作为违法阻却事由从而出罪,这也符合"维稳"的社会治理理念。

综上,作为认定上诉人是否入罪的关键证据即检材在提取及送检过程中存在严重的程序违法导致被污染,且二次检测也无现实可能,因此根据案涉检材得出的司法鉴定意见丧失了合法性、客观性,不具有证据能力,且上诉人的情形并不符合以酒精呼气检测结论作为其入罪证据的情形,故在案并无证据证实上诉人饮酒驾车的行为已经达到值得刑法苛责的程度。

---

① 参见周光权:《建议适度提高醉驾入罪门槛》,载南方都市报(网址:https://mp.weixin.qq.com/s/tFQGY1Krnp2lS1kEyIxykQ),访问日期:2023年3月15日。

纵观全案，上诉人出于保障其叔叔人格权的目的在不得已的情况下酒后驾驶机动车，且该行为并未造成实际的损害结果，成立紧急避险，而《刑法》第二十一条第一款否定了紧急避险的违法性。故根据相关法律的规定，结合教育为主、惩罚为辅的法治精神及宽严相济的刑事司法政策，对上诉人作出罪评价为宜。恳请贵院本着实事求是、认真负责、有错必纠的工作态度，给上诉人一个公平的判决！

（六）车浩老师点评

按照《刑法》关于危险驾驶罪的规定，醉驾的定罪量刑标准较为明确单一。近年来，出现了一些较为典型的危害轻微的醉驾行为。例如，短距离驾驶、代驾后挪车、隔时犯等情形，对这些情形不能采取一刀切的处理模式，而是要结合法律具体分析。

《刑法》第十三条规定的"情节显著轻微危害不大的，不认为是犯罪"，可以直接适用于个案中作为出罪依据。"法有限而情无穷"，法律不可能覆盖到生活中的各种情形，为了避免出现个案不公正的结论，司法者需要表现出智慧和担当，在处理醉驾案件时要综合考虑各种因素，避免出现那种虽然血液中酒精含量达到了酒驾或醉驾的规定但定罪可能会不符合正义直觉的结论。具体个案中，在判断是否属于情节显著轻微时，诸如饮酒与驾车之间的时间间隔等因素都要予以充分考量。本案中程某某中午饮酒，晚上九点后驾车上路，这个时间间隔不是可忽略不计的，值得办案机关重视。

当前，醉驾案件数量的不断增长引发了社会各界的关注。在各方呼吁下，一些地区出台了宽缓化处理醉驾的刑事政策。这体现了刑法谦抑性原则的地方探索，值得最高司法机关和立法机关重视，在未来的立法或司法文件中吸收借鉴。

三、伪劣产品的认定

（一）案情概述

某公诉机关指控称：A 种业公司（以下简称"A 公司"）成立于 2005 年，案发时总经理为张某某，经 C 农牧业厅核准，允许公司经营的玉米种子包含丰田系列。2016 年，公司任命张某某为生产部门、营销部门、科研部门的执行董事。2018 年，经谭某某、张某某、盛某某、王某某共同研究决定，公司从外部购入非丰田系列种子套包成丰田系列种子对外销售，将公司自己繁殖销售的丰田系列种子在不同品种之间也进行套包销售。种子购入由生产部经理盛某某负责，王某某也曾购入过其他品种的玉米种子。种子调入及款项拨出须经被告人谭某某、张某某审批。2019 年，D 农业咨询公司工作人员张某飞报案称，E 利农农资专业合作社（以下简称"E 合作社"）经营的丰田 01 玉米种子涉嫌套包丰产 08 玉米种子（E 合作社系在 A 公司购买的丰田 01 玉米种子）。经检验，E 合作社于 2018 年 12 月购入的丰田 01 玉米种子（销售价格为 19.8 万元）内装种子为丰产 08 玉米种子。侦查机关遂对 A 公司库存种子进行检测，发现 A 公司丰田 01 玉米种子等外包装显示的玉米品种与内包装检测出的品种不一致，存在套包行为。同时，从 A 公司库房内提取的丰田 06 等玉米种子中检测出转基因成分，系转基因玉米种子。从亲本库 750 公斤丰田 06 父本-1、183 公斤丰田 21 父本中提取的样品中检测出转基因成分，系转基因父本种子。经统计，A 公司库存已生产尚未销售的套包玉米种子金额为 2455120 元，其中转基因玉米种子金额为 257960 元。经查阅公司账目、入库单发现,公司存在大规模外购其他品种玉米种子套包成丰田系列种子对外销售、本公司不同品种间种子进行套包销售的行为。另外,某侦查机关称在调查期间,张某某指使刘某某,刘某某指使并伙同会计鲁某某、出纳张某娟将公司账目拿走藏匿于张某娟父亲家,三人手机关机,致使侦查机关无法联系。

综上,张某某等人的行为应以生产、销售伪劣产品罪,隐匿会计凭证、会计账簿罪追究刑事责任。

(二)生产、销售伪劣产品罪,隐匿、故意销毁会计凭证、会计账簿、财务会计报告罪法律及相关规定

1. 法律

《刑法》(2020 修正)

第一百四十条 【生产、销售伪劣产品罪】生产者、销售者在产品中掺杂、掺假,以假充真,以次充好或者以不合格产品冒充合格产品,销售金额五万元以上不满二十万元的,处二年以下有期徒刑或者拘役,并处或者单处销售金额百分之五十以上二倍以下罚金;销售金额二十万元以上不满五十万元的,处二年以上七年以下有期徒刑,并处销售金额百分之五十以上二倍以下罚金;销售金额五十万元以上不满二百万元的,处七年以上有期徒刑,并处销售金额百分之五十以上二倍以下罚金;销售金额二百万元以上的,处十五年有期徒刑或者无期徒刑,并处销售金额百分之五十以上二倍以下罚金或者没收财产。

第一百六十二条之一 【隐匿、故意销毁会计凭证、会计账簿、财务会计报告罪】隐匿或者故意销毁依法应当保存的会计凭证、会计账簿、财务会计报告,情节严重的,处五年以下有期徒刑或者拘役,并处或者单处二万元以上二十万元以下罚金。

单位犯前款罪的,对单位判处罚金,并对其直接负责的主管人员和其他直接责任人员,依照前款的规定处罚。

2. 司法解释

《最高人民法院、最高人民检察院关于办理生产、销售伪劣商品刑事案件具体应用法律若干问题的解释》(法释〔2001〕10号)

第一条 刑法第一百四十条规定的"在产品中掺杂、掺假",是指在产品中掺入杂质或者异物,致使产品质量不符合国家法律、法规或者产品明示质量标准规定的质量要求,降低、失去应有使用性能的行为。

刑法第一百四十条规定的"以假充真",是指以不具有某种使用性能的产品冒充具有该种使用性能的产品的行为。

刑法第一百四十条规定的"以次充好",是指以低等级、低档次产品冒充高等级、高档次产品,或者以残次、废旧零配件组合、拼装后冒充正品或者新产品的行为。

刑法第一百四十条规定的"不合格产品",是指不符合《中华人民共和国产品质量法》第二十六条第二款规定的质量要求的产品。

对本条规定的上述行为难以确定的,应当委托法律、行政法规规定的产品质量检验机构进行鉴定。

3. 规范性文件

《最高人民检察院、公安部关于公安机关管辖的刑事案件立案追诉标准的规定(一)》(公通字〔2008〕36号,以下简称《立案追诉标准(一)》)

第十六条 【生产、销售伪劣产品案(刑法第一百四十条)】生产者、销售者在产品中掺杂、掺假,以假充真,以次充好或者以不合格产品冒充合格产品,涉嫌下列情形之一的,应予立案追诉:

(一)伪劣产品销售金额五万元以上的;

(二)伪劣产品尚未销售,货值金额十五万元以上的;

(三)伪劣产品销售金额不满五万元,但将已销售金额乘以三倍后,与尚未销售的伪劣产品货值金额合计十五万元以上的。

本条规定的"掺杂、掺假",是指在产品中掺入杂质或者异物,致使产品质量不符合国家法律、法规或者产品明示质量标准规定的质量要求,降低、失去应有使用性能的行为;"以假充真",是指以不具有某种使用性能的产品冒充具有该种使用性能的产品的行为;"以次充好",是指以低等级、低档次产品冒充高等级、高档次产品,或者以残次、废旧零配件组合、拼装后冒充正品或者新产品的行为;"不合格产品",是指不符合《中华人民共和国产品质量法》规定的质量要求的产品。

对本条规定的上述行为难以确定的,应当委托法律、行政法规规定的产品质量检验机构进行鉴定。本条规定的"销售金额",是指生产者、销售者出售伪劣产品后所得和应得的全部违法收入;"货值金额",以违法生产、销售的伪劣产品的标价计算;没有标价的,按照同类合格产品的市场中间价格计算。货值金额难以确定的,按照《扣押、追缴、没收物品估价管理办法》的规定,委托估价机构进行确定。

(三)思路解析

1. 丰产 08 玉米种子不是伪劣产品

生产、销售伪劣产品罪中的伪劣产品,是指产品质量不符合相关标准或要求的产品,产品质量是判断产品是否伪劣的唯一标准,玉米种子作为特殊商品,判断其是否属于伪劣产品应适用《国家标准》(GB4404.1-2008),亦即,玉米种子质量指标包含纯度、净度、发芽率及水分。据此可知,被套包的丰产 08 玉米种子是否系伪劣产品,判断的标准系该种子在性能、质量上是否存在问题。根据在案证据可知,丰产 08 种子抗倒抗旱、高产优质、宜种宜收,其抗倒伏率、抗旱性、萌发率、长成率等使用性能、质量不但不低于丰田系列的种子反而更优,故根据实质解释论,丰产 08 玉米种子并不属于刑法意义上的伪劣产品。

2. 刑法的违法性判断应相对独立

由于刑法系最严厉的惩治手段,故前置法上具有违法性的行为当然不能替代刑法上的判断。根据法秩序统一原理,刑法对前置法的关注,更多是从"出罪"的角度考虑的。故"入罪"时,刑法不能唯前置法"马首是瞻",原因有二:一是刑法上对行为违法性的所有认定,都要在民事或者行政违法之外,再做一次违法性判断或者过滤;二是在刑法上顾及前置法的基本取向之后做出的违法性判断,其结论确实和前置法相同,但这并不是由前置法对刑法的决定性所导致的,而是因为前置法的某一条具体规定和刑法试图保护的法益或者规范目的碰巧一致。在这样的情况下,决定违法性的也不是前置法条文本身,而是前置法背后试图维护的法秩序,即前置法的具体条文和刑法上某个犯罪的规定,在共同服务于维护某一领域共同的法秩序这一目标之时,其关于违法性认定的外在规范形式正好相同。因此,重要的不是"前置法定性,刑事法定量",而是前置法和刑法的规范目标是否一致,若二者的规范目标不一致,则前置法的违法性判断对于刑法判断则不具有制约性,而刑法的判断具有相对独立性。

3. 构成生产、销售伪劣产品罪不仅以销售数额为依据

《刑法》第一百四十九条第一款系注意规定而非法律拟制,这是刑法文义解释的当然结论。即行为人的行为是否构成生产、销售伪劣产品罪,应取决于所生产、销售产品的性能、质量而非销售数额。若经查证,行为人生产、销售的产品不属于"以假充真""以次充好"的伪劣产品,则即便销售数额达到 5 万元以上,也不应以生产、销售伪劣产品罪论处。若公诉机关绕开生产、销售伪劣产品罪的犯罪构成,直接援引《刑法》第一百四十九条第一款之规定判定行为人构成生产、销售伪劣产品罪,则属于法律适用错误。

(四)生产、销售伪劣产品罪类案检索

1. 刑法意义上伪劣产品的认定标准类

A 市 A 种业有限公司诉 B 市 B 农业科技有限责任公司侵犯植物新品种权纠纷案①

【裁判要旨】未经品种权人许可,为商业目的生产或销售授权品种的繁殖材料的,是侵犯植物新品种权的行为。而确定行为人生产、销售的植物新品种的繁殖材料是否是授权品种的繁殖材料,关键在于应用该繁殖材料培育的植物新品种的特征、特性,是否与授权品种的特征、特性相同。依据农业行业标准《玉米品种鉴定 DNA 指纹方法》(NY/T1432-2007)检测及判定标准的规定,品种间差异位点数等于 1,判定为近似品种;品种间

---

① 参见康天翔、窦桂兰、李雪亮:《指导案例 92 号:莱州市金海种业有限公司诉张掖市富凯农业科技有限责任公司侵犯植物新品种权纠纷案》,载中华人民共和国最高人民法院网(网址:https://www.court.gov.cn/fabu/xiangqing/74142.html),访问日期:2022 年 8 月 5 日。

差异位点数大于等于2,判定为不同品种。品种间差异位点数等于1,不足以认定不是同一品种。对差异位点数在2以下的,应当综合其他因素判定是否为不同品种,如可采取扩大检测位点进行加测,以及提交审定样品进行测定等,举证责任由被诉侵权一方承担。该案例中,侵权人未经品种权人许可,使用品种权人销售的种子繁育种子,再以品种权人的名义对外销售。案涉情形属于侵权人生产、销售的种子是假冒品种权人的种子,但该案并未将其界定为刑法中的伪劣产品。

2. 刑法意义上伪劣产品的区分类

陈某某等销售伪劣产品罪案①

【裁判要旨】伪劣产品有广义和狭义之分。广义的伪劣产品包括假冒他人品牌但本身质量合格的产品,即所谓"假冒不伪劣"的产品。狭义的伪劣产品仅指《刑法》第一百四十条规定的"在产品中掺杂、掺假,以假充真,以次充好或者以不合格产品冒充合格产品"。根据《最高人民法院、最高人民检察院关于办理生产、销售伪劣商品刑事案件具体应用法律若干问题的解释》第一条的规定,生产、销售伪劣产品罪的犯罪对象不包括只是"假"但不"劣"的产品,其中判断产品质量是否"劣"的具体标准,应当按照《标准化法》的规定,包括确定产品质量的国际标准、国家标准、行业标准、地方标准和企业标准。

3. 参与销售金额不满5万元,不构成生产、销售伪劣产品罪类

天津市某有限公司及康某某生产、销售伪劣产品罪案②

【裁判要旨】被告单位为了谋取营利,故意以丙烯酸聚氨酯外用磁漆和环氧中间漆冒充氟碳面漆和氟碳中间漆,且生产、销售数额超过五万元,其行为构成生产、销售伪劣产品罪。被告人康某某作为被告单位的法人,因其只参与安排了第一份合同的生产销售,其中氟碳面漆和氟碳中间漆的标的额不足五万元,尚未达到起刑点,故其行为不构成生产、销售伪劣产品罪。故判决被告单位天津市某有限公司犯生产、销售伪劣产品罪,被告人康某某无罪。

---

① 案件来源:《刑事审判参考》总第19集[第118号]。
② 案件来源:(2016)冀0928刑初61号。

4. 尚未销售的伪劣产品货值未达到法定数额标准类

谭某某销售伪劣产品罪案①

【裁判要旨】根据鉴定结论,查扣的被告人的卷烟中还有其他品牌,说明被告人经营活动中还存在为他人销售伪劣卷烟的行为,因此不能认定被告人是"名优卷烟精品店"的实际经营者,故在"名优卷烟精品店"中查获的23520元伪劣卷烟货值金额不能累加计算在被告人的涉案金额之内,因此被告人尚未销售的伪劣卷烟、雪茄烟等烟草专卖品货值金额达到《刑法》第一百四十条规定的销售金额定罪起点数额标准的三倍以上,即达到15万元以上的证据不足,指控的犯罪不能成立。被告人的涉案金额只能按照138835元计算,故判决被告人无罪。

(五)关于张某某不构成生产、销售伪劣产品罪,隐匿会计凭证、会计账簿罪的辩护意见

内蒙古蒙益律师事务所依法接受被告人张某某亲属的委托,指派田永伟律师担任张某某涉嫌生产、销售伪劣产品罪,隐匿会计凭证、会计账簿罪的辩护人。通过认真查阅案卷证据材料、会见被告人并结合庭审举证质证等情况,辩护人详细研判后认为,本案不管是从案涉行为定性、法律体系适用,还是现有证据角度,张某某均不构成生产、销售伪劣产品罪,隐匿会计凭证、会计账簿罪,具体理由如下:

1. 产品质量鉴定是确定案涉产品是否属于"伪劣"的必要条件,系确定行为人能否评价为生产、销售伪劣产品的本质要件。本案未对案涉产品质量做任何鉴定,将其评价为生产、销售伪劣产品有违罪刑法定原则。

伪劣产品有广义和狭义之分。广义的伪劣产品包括假冒他人品牌但本身质量合格的产品,即所谓的"假冒不伪劣"的产品。狭义的伪劣产品仅指《刑法》第一百四十条规定的"在产品中掺杂、掺假,以假充真,以次充好或者以不合格产品冒充合格产品"。

《最高人民法院、最高人民检察院关于办理生产、销售伪劣商品刑事案

---

① 案件来源:(2010)巴刑初字第64号。

件具体应用法律若干问题的解释》(以下简称《生产、销售伪劣商品的解释》)第一条第二款规定:"刑法第一百四十条规定的'以假充真',是指以不具有某种使用性能的产品冒充具有该种使用性能的产品的行为。"根据基本的语言常识,产品的使用性能是指产品能满足人们某种需要的功能,如食物的性能是充饥、衣服的性能是御寒、水杯的性能是盛水。由此可见,《生产、销售伪劣商品的解释》对"以假充真"型伪劣产品的界定采用了实质解释的观点,侧重于产品质量本身,而不是生产、销售者的资质和条件以及生产、销售流程等外在因素。就产品来说,人们注重的就是它的使用性能,而不考虑其他情况。以不具有某种使用性能的产品冒充具有该种使用性能的产品,就侵犯了消费者的合法权益。所以,如果某种产品具备同类产品应当具有的正常使用性能,即使是"山寨货",也不是刑法上的伪劣产品。

生产、销售伪劣产品罪中的伪劣产品,是指产品质量不符合相关标准或要求的产品,产品质量是判断产品是否伪劣的唯一标准。其中判断产品质量是否"劣"的具体标准,应当按照《标准化法》的规定,包括确定产品质量的国际标准、国家标准、行业标准、地方标准和企业标准。而玉米种子作为特殊商品当然适用中华人民共和国国家质量监督检验检疫总局以及中国国家标准化管理委员会联合发布的《国家标准》(GB4404.1-2008)。根据该《国家标准》,玉米种子质量指标包含纯度、净度、发芽率及水分。中国种子协会法律服务团成员武合讲律师在他的文章《假种子规定的理解和适用》[①]一文中也强调,冒充的和被冒充的品种如果都是符合品种标准的真实的品种,冒充合格品种的假种子则不属于《刑法》第一百四十条规定的"以假充真"的伪劣产品,不可追究生产、销售伪劣产品罪的刑事责任。应根据冒充品种与被冒充品种的好与次分别处理。

(1)不同品种之间,存在"好"与"次"的区别。品种的栽培使用性能,是指品种应当具有的丰产性、稳定性、适应性、抗逆性和优良品质。农作物品种不同,特征、特性也不完全相同,任何一个品种都有其自身的优点和缺点,具有不同的应用价值和适宜种植的区域。区分品种"好"与"次"的方法,是品比试验。例如,《主要农作物品种审定标准(国家级)》

---

① 参见武合讲:《假种子规定的理解和适用》,载种业律师公众号(网址 https://mp.weixin.qq.com/s/G7vStx0DZwk4fRahk0ik_w),访问日期:2023年3月15日。

规定,高产稳产玉米品种的条件是:区域试验产量比照品种平均增产≥3.0%且每年增产≥2.0%,生产试验比对照品种增产≥1.0%。每年区域试验、生产试验增产的试验点比例≥60.0%。依照上述标准,比对照品种增产幅度大的品种,属于高档次的"好"品种;比对照产品不增产或增产幅度小的品种,属于低档次的"次"品种。以"好"品种种子冒充"次"品种种子,不属于以次充好的伪劣产品。

(2)品种冒充的假种子,与以次充好的伪劣产品,具有区别,应严格区分。

《种子法》规定的品种冒充的假种子,与《刑法》规定的以次充好的伪劣产品,两者虽然都属于以此产品冒充他产品的假冒产品。不同点是,品种冒充的假种子,冒充和被冒充的两个品种之间不分好与坏,无论是以次充好或是以好充次,都是假种子。而以次充好的伪劣产品,一定是在冒充和被冒充的两种产品之间区分好与次;以次充好当然是伪劣产品;而以好充次,则是只假冒不伪劣的优良品种。

本案中,丰产08玉米种子系某市农林科学院玉米研究中心培育的玉米品种。该品种因具有抗倒抗旱、高产优质、宜种宜收等特点被广为推种。被北京、吉林等省列为主导品种,适合北方种植,并连续5年被遴选为农业农村部玉米主导品种。该种子使用性能和质量甚至更优于丰田01玉米种子。生产销售伪劣产品保护的是消费者的合法权益以及国家对产品质量的监督管理制度,打击以次充好的行为。当然不包括性能相当甚至更优的产品。

2. 行政法等部门法与刑法保护的法益并不完全一致,不能形式地、机械地将行政违法直接作为刑事违法的判断根据

根据法秩序统一原理,刑法对前置法的关注,更多是从"出罪"的角度讲的。而"入罪"时,刑法却不能唯前置法"马首是瞻"。一方面,刑法上对行为违法性的所有认定,都要在民事或者行政违法之外,再做一次违法性判断或者过滤。只不过刑法上有别于前置法的违法性判断过程,在很多情况下都由司法人员在思考过程中下意识地完成了,判断者对此没有明确的意识而已。另一方面,在刑法上顾及前置法的基本取向之后做出的违法性判断,其结论确实和前置法相同,即前置法上违法的行为,在刑法上也认定其违法。但是,这不是由前置法对刑法的决定性所导致的。

而是因为前置法的某一条具体规定和刑法试图保护的法益或者规范目的碰巧一致。即使在这样的场合,决定违法性的也不是前置法条文本身,而是前置法背后试图维护的法秩序,即前置法的具体条文和刑法上某个犯罪的规定,在共同服务于维护某一领域共同的法秩序这一目标时,其关于违法性认定的外在规范形式正好相同。因此,重要的不是"前置法定性,刑事法定量",而是前置法和刑法的规范目的是否一致;如果二者的规范目的不一致,前置法的违法性判断对于刑法判断则不具有制约性,刑法的判断具有相对独立性,前置法上的违法性判断不能替代刑法上的判断。

对此清华大学法学院院长周光权老师将前置法和刑法比喻为"烟"与"火"的关系:违反前置法只不过是"冒烟",但是,烟雾之下未必真有火。① 行为人违反前置法的事实可能会提示司法人员,行为人一定程度上有构成犯罪的嫌疑。但是,被告人是不是真的有罪,司法人员必须根据罪刑法定原则,结合具体犯罪的构成要件与规范目的(包括法条位置、法益种类等)、刑法的谦抑性等进行违法与否的判断。此时,重要的不是前置法的形式,前置法上关于"违反本法规定,构成犯罪的,依法追究刑事责任"的规定,没有太多独立意义,其对犯罪的认定也不可能像有的学者所主张的那样产生实质制约。故而,在认定罪与非罪时,必须根据刑法设置该罪的特定化、具体化目的进行解释,不能形式地将行政法违法判断套用到犯罪认定上。必须承认,刑法上的违法性判断是相对独立的。

《种子法》系行政法,规制的目的主要在于追求政府对特定事项的有效管理,以体现政府权威,实现管制效率。而刑法的任务是保护法益,只有当行为人的行为真正侵害刑法及其司法解释保护的法益时才能以犯罪处理。即,案涉产品只有符合《刑法》第一百四十条及《生产、销售伪劣商品的解释》关于"以假充真""以次充好"的规定时才能评价为犯罪,而不是援引《种子法》关于假种子和劣种子的规定对行为人作入罪评价。

3.《刑法》第一百四十九条第一款应当是注意规定,而不能理解为法律拟制。判断伪劣与否的关键是产品质量好坏,而不是销售数额的多少

承接前文,形式意义上的伪劣商品不代表实质上不符合合格商品的质量要求,完全可能达到其至超过合格商品的质量标准。《刑法》第一百

---

① 参见周光权:《"刑民交叉"案件的判断逻辑》,载《中国刑事法杂志》2020年第03期。

四十条中的伪劣产品主要针对的是"劣"产品而不是"伪"产品。商品的内在质量而非外在形式是决定其是否为刑法中伪劣产品的根本标准。基于此，如果不对商品质量进行实质分析而盲目地援引《刑法》第一百四十九条第一款，将生产、销售形式意义上特殊伪劣商品的行为认定为生产、销售伪劣产品罪极可能导致错误判决。

本案的涉案对象是(假)种子，在《刑法》第一百四十七条已经规定了生产、销售伪劣产品罪的情况下，公诉机关舍弃该条文而适用《刑法》第一百四十条，依据的正是《刑法》第一百四十九条第一款的规定。《刑法》第一百四十九条第一款规定："生产、销售本节第一百四十一条至第一百四十八条所列产品，不构成各该条规定的犯罪，但是销售金额在五万元以上的，依照本节第一百四十条的规定定罪处罚。"从字面上来看，该款可以作为一个兜底条款将不符合《刑法》第一百四十一条至第一百四十八条犯罪构成的生产、销售特殊伪劣商品的行为按照第一百四十条的规定处罚。但是，实务中关于该款的理解和适用不乏争议，争议背后主要涉及对该款属性的判定及其适用条件的把握等问题。生产、销售伪劣产品罪构成体系的核心要素在于，涉案产品是否属于《刑法》第一百四十条和《生产、销售伪劣商品的解释》界定的伪劣产品。在本罪的犯罪构成体系中，伪劣产品与生产、销售行为是"皮"与"毛"的关系。生产、销售伪劣产品罪罪状中的"掺杂、掺假、以假充真"等并不是对该罪实行行为类型的描述，而是对该罪实行行为对象范围的限定。虽然"以假充真型""以次充好型"伪劣产品的外延极为宽泛，但二者都具有较为明确的内涵，即都是以产品质量为核心构建的法律概念。生产、销售伪劣产品罪的规范意旨是保障产品的内在质量，而不是产品的外在形式。如果涉案产品的质量不符合"以假充真型""以次充好型"伪劣产品的内涵，即与这两种伪劣产品不具有价值上的等同性，则生产、销售这种产品的行为不能被拟制为生产、销售伪劣产品罪。因此，司法人员援引《刑法》第一百四十九条第一款之规定，以生产、销售伪劣产品罪处罚生产、销售《刑法》第一百四十二条、第一百四十三条、第一百四十五条至第一百四十八条所规定的伪劣商品的行为，必须以涉案产品属于生产、销售伪劣产品罪中的"以假充真型"或"以次充好型"伪劣产品为条件。如果公诉机关绕开生产、销售伪劣产品罪的犯罪构成，直接援引《刑法》第一百四十九条第一款之规定而判定行为人构成生产、销售伪劣产品罪,则是法律适用错误。因此,适用《刑法》第一百四十九条第一款必须具备两个基本条件:一是涉案对象是《刑法》第一百四十二条、第一百四十三条、第一百四十五条至第一百四十八条规定的特殊伪劣商品;二是涉案对象又属于《刑法》第一百四十条规定的伪劣产品。在此基础上,销售金额达 5 万元以上的,才能援引《刑法》第一百四十九条第一款的规定,以生产、销售伪劣产品罪对案件作出定性。综上所述,《刑法》第一百四十九条第一款应当是注意规定,而不能理解为法律拟制,这是刑法文义解释的当然结论。

在生产、销售伪劣产品罪的犯罪构成中,生产、销售行为的违法性依附于产品的违法性,生产、销售伪劣产品罪的认定要遵循由果溯因的逻辑,而不是由因溯果的逻辑。换言之,只要产品是刑法上的伪劣产品,无论生产、销售行为是否合规,都具有刑事违法性;只要产品不是刑法上的伪劣产品,无论生产、销售行为是否合规,都不具有刑事违法性。

综上所述,本案中公诉机关认为 A 公司在生产中以假充真,以次充好。根据上文论述以及《生产、销售伪劣商品的解释》认定行为人是否涉嫌犯罪,本质在于案涉产品是否不具备作为种子的使用性能,或者套包与被套包型号之间存在质量差距。同理,繁育、销售含有转基因成分需要行政审批,仅属于行政法调整的范畴。A 公司超经营范围销售含转基因种子,违反行政法的规定,行政处罚即可,在未对案涉种子进行质量检测的前提下,将超范围经营一概归入生产、销售伪劣产品犯罪,有违立法本意。

4.公诉机关指控 A 公司 2018 年 10 月至 2019 年 4 月销售数额 18248686 元为犯罪数额均为推定,缺乏证据支撑,库存金额存在重复计算,暂且不论本案定性,上述数额应首先予以减除

《刑事诉讼法》第五十五条明确,认定行为人构成犯罪的法定条件要求证据达到确实充分的标准,对所认定事实排除合理怀疑。侦查机关和检察机关对已销售的种子,除了 E 合作社扣押的以外,没有进行抽查、取样和鉴定,A 公司库房扣押的玉米种子虽有型号不符,但亦有很多型号符合,已销售的同品种种子是否与库存成分完全相同,是否属于套包等无证据予以证实。公诉机关指控的销售数额均为推定,难以排除合理怀疑。刑法禁止有罪推定,公诉机关提供的证据不能达到确实充分的标准时,应作出有利于被告人的解释。

某大估字(2022)第RD-00＊＊号(系对品种是否相同进行评估)和＊某大估字(2022)第RD-00＊＊号(系对含转基因种子金额评估)两份检验报告中,样品丰田101与样品丰田11,检测结果既为不同品种,又含有转基因成分。上述检验报告对两个型号的数额均做了认定。2022年新补充证据第19页,某旗食药环大队2022年5月2日出具的说明也明确二者重复计算金额合计1570116元。公诉机关变更的起诉书存在重复计算,暂且不论本案定性,该重复数额应首先予以减除。

5. 本案现有证据不足以认定被告人张某某构成隐匿会计凭证、会计账簿罪

结合全案证据可知,案涉会计凭证藏匿地点只有刘某某、鲁某某、张某娟三人知晓。A公司会计鲁某某第二次讯问笔录(2019年5月1日)供述称,躲藏以及将公司的会计凭证、财务电脑转移到张某娟的父母家是刘某某主张的。出纳张某娟在其2019年5月1日的供述中也称,躲藏其父母家是刘某某主张的,躲藏的同时将公司2017年7月份至今的会计凭证和电脑转移到其父母家。刘某某说张某娟的父亲是农村的,放张某娟父亲家里安全。张某某称并不清楚上述三人将公司财务电脑及账目藏匿的事情,当时和刘某某通电话时只是告诉他们先躲一躲,并没有告诉他们把电脑及账目隐匿起来,也许他们理解错了(张某某2019年8月15日供述和辩解)。隐匿会计凭证、会计账簿要求行为人主观上一定具有故意。根据现有证据,只有刘某某一人指认张某某,且刘某某、鲁某某、张某娟三人均称案涉会计凭证及财务电脑藏匿地点只有他们三个知晓,张某某并不知情。刘某某一人的证词系孤证,不能直接作为认定张某某构成隐匿会计凭证、会计账簿罪的证据使用。

综上,本案事实不清、证据不足,不能排除刘某某为推卸责任诬陷他人的合理怀疑,现有证据不足以认定被告人张某某构成隐匿会计凭证、会计账簿罪。以上辩护意见,望合议庭审查采纳为盼!

(六)毛立新老师点评

刑辩律师不仅要有仁爱恻隐之心,而且要有侠义精神,以法为剑,为人辩冤白谤,扶危济困,以个案推动中国刑事法治点滴进步。当一名律师

面对一个眼含期盼的当事人时,我们能做的就是履职尽责、竭尽全力。

此案罪名为生产、销售伪劣产品罪,是指生产者、消费者在产品中掺杂、掺假,以假充真,以次充好或者以不合格产品冒充合格产品,销售金额较大的行为。其中伪产品主要是指"以假充真"的产品,劣产品是指掺杂、掺假的产品,以次充好的产品及冒充合格的不合格产品。这里的"产品",应是指经过加工、制作,用于销售的产品。本案被定性为伪劣产品的是种子,对于被告是否构成犯罪,辩护人从缺少产品质量的鉴定,并且不同的产品应有不同的标准;行政法等部门法规与刑法法益保护不完全一致;判断伪劣与否的关键是产品质量而非销售数额等三方面,阐述了张某某不应被定罪的理由,又在证据上找到突破口,即对于库存金额存在重复计算的问题进行了纠正。

每一场辩护都是绝地求生,从劣势中寻找机会,寻找突破,这就是刑辩律师的日常工作。此案的辩护,正是从案卷中抽丝剥茧,找到了证据不充足、定性不准确等问题,形成了体系完整、逻辑严密、论证有力的辩护意见,是实务中的优秀案例,具有重要的参考价值。

四、假药的认定、销售假药目的的认定

（一）案情概述

2018年3月,被害人王某甲到某市公安局某区分局报案称其本人向微信好友"李某工作室"购买了自称是模特内供的减肥药,服用后出现恶心、心慌、失眠等症状,怀疑购买的减肥药系假药。某区分局将王某甲购买的减肥药送至公安部物证鉴定中心进行鉴定,经鉴定,该减肥药含有西布曲明成分,另经某市食品药品监督管理局鉴定,该减肥药以假药论。经查明,王乙从他人处购进减肥药销售给李某、王丙,其二人将购进的减肥药进行包装后,通过微信进行宣传,对外销售。后,某区分局遂以生产、销售假药案件立案侦查并将王乙、李某、王丙刑事拘留。

（二）生产、销售、提供假药罪法律及相关规定

1. 法律
《刑法》（2020修正）

第一百四十一条 【生产、销售、提供假药罪】生产、销售假药的,处三年以下有期徒刑或者拘役,并处罚金;对人体健康造成严重危害或者有其他严重情节的,处三年以上十年以下有期徒刑,并处罚金;致人死亡或者有其他特别严重情节的,处十年以上有期徒刑、无期徒刑或者死刑,并处罚金或者没收财产。

药品使用单位的人员明知是假药而提供给他人使用的,依照前款的规定处罚。

2. 规范性文件

《立案追诉标准(一)》(公通字〔2008〕36号)

第十七条 【生产、销售假药案(刑法第一百四十一条)】生产(包括配制)、销售假药,涉嫌下列情形之一的,应予立案追诉:

(一)含有超标准的有毒有害物质的;

(二)不含所标明的有效成份,可能贻误诊治的;

(三)所标明的适应症或者功能主治超出规定范围,可能造成贻误诊治的;

(四)缺乏所标明的急救必需的有效成份的;

(五)其他足以严重危害人体健康或者对人体健康造成严重危害的情形。

本条规定的"假药",是指依照《中华人民共和国药品管理法》的规定属于假药和按假药处理的药品、非药品。

(三)生产、销售、提供假药罪及生产、销售伪劣产品罪出罪类案检索

1. 销售的药品不是假药类

陈某某涉嫌生产、销售、提供假药罪案[①]

【裁判要旨】被不起诉人陈某某于2017年12月1日至12月2日期间,在未取得药品经营许可的情况下,通过微信销售、支付宝收款等手段,先后2次出售给王某某(另案处理)"久光膏贴"300张。现查明被不起诉人陈某某的销售金额为人民币8700元。经某市市场监督管理局等认定,上述"久光膏贴"为药品,且系未经批准进口的药品。

本院认为,修订后于2019年12月1日实施的《药品管理法》,删除了"必须批准而未经批准生产、进口,或者必须检验而未经检验即销售的,按

---

① 案件来源:苏园检诉刑不诉〔2020〕214号。

假药论处"的条款,被不起诉人陈某某销售的药品不再属于假药,被不起诉人陈某某没有犯罪事实,依照《刑事诉讼法》第一百七十七条第一款的规定,决定对陈某某不起诉。

2. 生产、销售、提供假药罪事实不清,证据不足类

胡某某生产、销售假药罪案①

【裁判要旨】原判认定涉案石膏系胡某某销售给娄某的事实仅有娄某的供述予以证实,无其他证据予以佐证。娄某购进石膏的其他来源未查实查清;胡某某出售给娄某石膏四十余天后出现问题,是否有其他介入因素无法确定;在娄某诊所内扣押的石膏砷含量和开给孙某、王某的中药中砷含量差距悬殊,矛盾无法排除,且认定二被害人未煎中药中的细粉系石膏的证据不充分。综上,胡某某销售假药给娄某造成两人死亡的事实不清,证据不足,且胡某某所销售的石膏是否为假药现无法确定。

(四)关于王乙不构成销售假药罪的辩护意见

内蒙古蒙益律师事务所依法接受犯罪嫌疑人王乙及其亲属的委托,指派田永伟、彭晓晴律师担任其涉嫌销售假药罪一案的辩护人。目前,该案正处于审查起诉阶段,结合本案的事实和销售假药罪的相关法律规定,辩护人认为犯罪嫌疑人王乙的行为不构成销售假药罪,现根据《刑事诉讼法》第一百七十条之规定,发表如下法律意见:

根据《刑法》第一百四十一条之规定,生产、销售假药罪是指生产、销售假药的行为。构成本罪要符合三个要件:(1)主体标准:自然人或单位;(2)主观标准:故意;(3)客观标准:实施生产、销售假药的行为。认定行为人是否构成本罪,以上三个要件缺一不可。

1. 销售假药罪的客观要件是具有销售假药的行为

《刑法》(1997)明确规定,本罪中的假药"是指依照《中华人民共和国药品管理法》的规定属于假药和按假药处理的药品、非药品"②。根据

---

① 案件来源:(2016)冀刑再 4 号。
② 《刑法修正案(十一)》已删除该内容。本书中部分法律、法规已被修改或已失效,但案发时适用,故列举。

2015年修正的《药品管理法》第四十八条及其相关规定,有下列情形之一的为假药:第一,药品所含成份与国家药品标准规定的成份不符的;第二,以非药品冒充药品或者以其他药品冒充此种药品的;第三,国务院药品监督管理部门规定禁止使用的;第四,依照《药品管理法》必须经过批准而未经批准生产、进口,或者依照《药品管理法》必须检验而未经检验即销售的;第五,变质的;第六,被污染的;第七,使用依照《药品管理法》必须取得批准文号而未取得批准文号的原料药生产的;第八,所标明的适应症或者功能主治超出规定范围的。2019年修订的《药品管理法》第二条规定,"药品,是指用于预防、治疗、诊断人的疾病,有目的地调节人的生理机能并规定有适应症或者功能主治、用法和用量的物质"。

辩护人认为,案涉"减肥药"是否为《药品管理法》规定的药品,仍有待商榷。所谓"减肥药"只是人们对具有瘦身功能的保健产品的一种统称,虽有"药"的字样,但却不能完全归类于药品范畴。它是现代社会随着审美观念的改变,衍生出来的一种能够使女性达到瘦身目的的产品。而这里的"产品"应是指经过加工、制作,用于销售的产品,不管是工业用品还是农业用品,不管是生活用品还是生产资料,不管是有危害人身、财产安全的产品还是没有危害人身、财产安全的产品。案涉"减肥药"的使用性能在于使人减重、保持身材而不是治疗某种疾病,故按其性能应归类于产品范畴。本案中即使案涉"减肥药"含有不符合食品安全标准的添加剂,也应该属于假冒伪劣产品而不应定性为假药。

2. 销售假药罪的主观方面表现为"故意"

这里的"故意"表现在两个方面:(1)认识因素,即要求行为人明知自己销售的是假药,并明知该行为违反法律的规定;(2)意志因素,表现为放任,即行为人明知自己销售的是假药,会给他人人身造成损害仍放任这种结果发生。故,如何认定行为人对自己销售的药品是假药而"明知"则成为认定本罪的关键之一。对于销售者而言,其主观上要认识到自己销售的是假药,认识到自己的销售行为会对他人的健康造成危害。本案中,嫌疑人王乙是否"明知"案涉"减肥药"属于刑法意义上的假药且是违反法律规定的呢?答案显然是否定的。纵观嫌疑人王乙的整个行为过程可知,其最先通过服用案涉"减肥药"达到了瘦身的目的,周围的亲戚朋友开始主动找其了解"减肥药"并试图购买,王乙认为这是一种商机,从而开始销售减肥药,她并不认为案涉"减肥药"是假药,否则她自己也不会服用。

目前市面上很多的"减肥药"虽然经检测具有有毒有害成份,但是事实上在微信朋友圈中,如果不是主动筛选屏蔽,总能看到有人在售卖且广告内容大同小异,所以一般人都持有"司空见惯"的心态,对于该种行为违法性的认识会有一定的模糊性与侥幸心理。嫌疑人王乙就是这些抱有"司空见惯"心态中的一个。按照王乙对自己的定义,自己其实就是一个"微商",在微信朋友圈推荐产品,有意向的圈内朋友会主动联系自己,在确定成交价格后,由购货人付钱给王乙,然后王乙再向自己的上级代理商购买,多数时候都是上级代理商直接发货给购货人,王乙赚取其中的差价。这也是目前"微商"的常用模式,故嫌疑人王乙没有售卖假药的主观故意,其行为不符合责任条件要求的"故意"。

3. 王乙销售假药行为的社会危害性小

虽然可以从客观证据上查明王乙实际销售的数量与对象,但是这些售出的"减肥药"并非已经全部被实际"服用"而消耗掉,真正受影响的人群范围与实际损害程度必然远小于查明的范围与数量。

综上所述,犯罪嫌疑人王乙虽然客观上实施了销售"减肥药"的行为,但其主观方面却没有销售假药的故意,其行为不符合销售假药罪的犯罪构成,不构成销售假药罪,否则将违反刑法规定的主客观相一致原则。另外,本案社会危害性相对较小且未造成严重后果,王乙已经意识到自己的错误且悔罪态度诚恳,望贵院能充分考虑本案事实,对犯罪嫌疑人王乙作出不起诉决定。以上辩护意见,恳请贵院参考并采纳!

(五)车浩老师点评

本案中,需要首先对《刑法》第一百四十一条中规定的"假药"进行界定。根据2015年修正的《药品管理法》第四十八条的规定,药品所含成份与国家药品标准规定的成份不符的,属于"假药"。假药是针对真药而言,是对真药的冒充,刑法条文中规定的"以假充真"即为此意。实践中,将"减肥药"宣称为药品加以销售的案件频发,处理此类案件,应当根据药品情况具体分析,从案涉"减肥药"的使用性能出发,能否将该类"减肥药"归类于药品范畴,是首先需要从客观层面加以审查的问题。

在认定犯罪嫌疑人是否具有销售假药的故意时，不仅要从行为时的证据出发，而且要根据犯罪嫌疑人的个人经历、一贯表现、受教育程度、性格以及对犯罪事实的认识程度等情况全面分析。该案中，王乙事先通过亲自服用案涉"减肥药"达到了瘦身的目的，对减肥药的质效深信不疑，在这种情况下，其欠缺足够的动机和能力去怀疑其所购销的产品系"假药"。笔者认为，这种辩解合乎情理。

五、涉嫌数罪时的精准化量刑

（一）案情概述

某公诉机关指控称：孟某利用职务上的便利，为他人谋取利益，非法收受或索取他人财物合计810万元；孟某伙同李某以私车公养、虚报票据的方式侵占单位资金94255元；孟某于2011年至2015年期间，为工作调动、岗位调整时取得优势、获得帮助，违反国家法律法规及单位工作规章制度，通过送礼金的方式给予时任某区农村信用合作联社理事长的国家工作人员杨阿某现金合计60万元；孟某在任某旗农村信用联社理事长①期间负责单位改制工作，在开展单位改制的过程中为使单位成功改制，其请托国家工作人员时任某区银监局副局长贾奇某帮忙。贾奇某利用职务便利和影响力，促使某银行收购某旗农村信用联社股权，某银行购买该股权后，某旗农村信用联社得以成功改制。改制期间孟某指示单位同事苏某从银行贷款60万元买车（实际花费55.99万元），事后孟某指使某旗农村信用联社财务人员通过虚开费用等方式套取单位资金对此笔款项进行填补。综上，孟某的行为应以非国家工作人员受贿罪、行贿罪、单位行贿罪和职务侵占罪追究其刑事责任。

---

① 注：本案涉及企业改制前后，故企业名称及职务称呼前后不一致，本案中"农村信用联社"改制后名称为"农村商业银行"。

（二）非国家工作人员受贿罪、行贿罪、单位行贿罪、职务侵占罪法律及相关规定

1. 法律

《刑法》(2020 修正)

第一百六十三条 【非国家工作人员受贿罪】公司、企业或者其他单位的工作人员，利用职务上的便利，索取他人财物或者非法收受他人财物，为他人谋取利益，数额较大的，处三年以下有期徒刑或者拘役，并处罚金；数额巨大或者有其他严重情节的，处三年以上十年以下有期徒刑，并处罚金；数额特别巨大或者有其他特别严重情节的，处十年以上有期徒刑或者无期徒刑，并处罚金。

公司、企业或者其他单位的工作人员在经济往来中，利用职务上的便利，违反国家规定，收受各种名义的回扣、手续费，归个人所有的，依照前款的规定处罚。

国有公司、企业或者其他国有单位中从事公务的人员和国有公司、企业或者其他国有单位委派到非国有公司、企业以及其他单位从事公务的人员有前两款行为的，依照本法第三百八十五条、第三百八十六条的规定定罪处罚。

第一百八十三条第一款 【职务侵占罪】保险公司的工作人员利用职务上的便利，故意编造未曾发生的保险事故进行虚假理赔，骗取保险金归自己所有的，依照本法第二百七十一条的规定定罪处罚。

第二百七十一条第一款 【职务侵占罪】公司、企业或者其他单位的工作人员，利用职务上的便利，将本单位财物非法占为己有，数额较大的，处三年以下有期徒刑或者拘役，并处罚金；数额巨大的，处三年以上十年以下有期徒刑，并处罚金；数额特别巨大的，处十年以上有期徒刑或者无期徒刑，并处罚金。

第三百八十九条 【行贿罪】为谋取不正当利益，给予国家工作人员以财物的，是行贿罪。

在经济往来中，违反国家规定，给予国家工作人员以财物，数额较大的，或者违反国家规定，给予国家工作人员以各种名义的回扣、手续费的，以行贿论处。

因被勒索给予国家工作人员以财物,没有获得不正当利益的,不是行贿。

第三百九十三条 【单位行贿罪】单位为谋取不正当利益而行贿,或者违反国家规定,给予国家工作人员以回扣、手续费,情节严重的,对单位判处罚金,并对其直接负责的主管人员和其他直接责任人员,处五年以下有期徒刑或者拘役,并处罚金。因行贿取得的违法所得归个人所有的,依照本法第三百八十九条、第三百九十条的规定定罪处罚。

2. 司法解释

《最高人民法院、最高人民检察院关于办理贪污贿赂刑事案件适用法律若干问题的解释》(法释〔2016〕9号)

第七条 为谋取不正当利益,向国家工作人员行贿,数额在三万元以上的,应当依照刑法第三百九十条的规定以行贿罪追究刑事责任。

行贿数额在一万元以上不满三万元,具有下列情形之一的,应当依照刑法第三百九十条的规定以行贿罪追究刑事责任:

(一)向三人以上行贿的;

(二)将违法所得用于行贿的;

(三)通过行贿谋取职务提拔、调整的;

(四)向负有食品、药品、安全生产、环境保护等监督管理职责的国家工作人员行贿,实施非法活动的;

(五)向司法工作人员行贿,影响司法公正的;

(六)造成经济损失数额在五十万元以上不满一百万元的。

第八条 犯行贿罪,具有下列情形之一的,应当认定为刑法第三百九十条第一款规定的"情节严重":

(一)行贿数额在一百万元以上不满五百万元的;

(二)行贿数额在五十万元以上不满一百万元,并具有本解释第七条第二款第一项至第五项规定的情形之一的;

(三)其他严重的情节。

为谋取不正当利益,向国家工作人员行贿,造成经济损失数额在一百万元以上不满五百万元的,应当认定为刑法第三百九十条第一款规定的"使国家利益遭受重大损失"。

第九条 犯行贿罪,具有下列情形之一的,应当认定为刑法第三百九十条第一款规定的"情节特别严重":

(一)行贿数额在五百万元以上的;

(二)行贿数额在二百五十万元以上不满五百万元,并具有本解释第七条第二款第一项至第五项规定的情形之一的;

(三)其他特别严重的情节。

为谋取不正当利益,向国家工作人员行贿,造成经济损失数额在五百万元以上的,应当认定为刑法第三百九十条第一款规定的"使国家利益遭受特别重大损失"。

第十一条 刑法第一百六十三条规定的非国家工作人员受贿罪、第二百七十一条规定的职务侵占罪中的"数额较大""数额巨大"的数额起点,按照本解释关于受贿罪、贪污罪相对应的数额标准规定的二倍、五倍执行。

……

刑法第一百六十四条第一款规定的对非国家工作人员行贿罪中的"数额较大""数额巨大"的数额起点,按照本解释第七条、第八条第一款关于行贿罪的数额标准规定的二倍执行。

第十四条 根据行贿犯罪的事实、情节,可能被判处三年有期徒刑以下刑罚的,可以认定为刑法第三百九十条第二款规定的"犯罪较轻"。

根据犯罪的事实、情节,已经或者可能被判处十年有期徒刑以上刑罚的,或者案件在本省、自治区、直辖市或者全国范围内有较大影响的,可以认定为刑法第三百九十条第二款规定的"重大案件"。

具有下列情形之一的,可以认定为刑法第三百九十条第二款规定的"对侦破重大案件起关键作用":

(一)主动交待办案机关未掌握的重大案件线索的;

(二)主动交待的犯罪线索不属于重大案件的线索,但该线索对于重大案件侦破有重要作用的;

(三)主动交待行贿事实,对于重大案件的证据收集有重要作用的;

(四)主动交待行贿事实,对于重大案件的追逃、追赃有重要作用的。

第十八条 贪污贿赂犯罪分子违法所得的一切财物,应当依照刑法第六十四条的规定予以追缴或者责令退赔,对被害人的合法财产应当及时返还。对尚未追缴到案或者尚未足额退赔的违法所得,应当继续追缴或者责令退赔。

第十九条 对贪污罪、受贿罪判处三年以下有期徒刑或者拘役的,应当并处十万元以上五十万元以下的罚金;判处三年以上十年以下有期徒刑的,应当并处二十万元以上犯罪数额二倍以下的罚金或者没收财产;判处十年以上有期徒刑或者无期徒刑的,应当并处五十万元以上犯罪数额二倍以下的罚金或者没收财产。

对刑法规定并处罚金的其他贪污贿赂犯罪,应当在十万元以上犯罪数额二倍以下判处罚金。

《最高人民法院关于审理贪污、职务侵占案件如何认定共同犯罪几个问题的解释》(法释〔2000〕15号)

第一条 行为人与国家工作人员勾结,利用国家工作人员的职务便利,共同侵吞、窃取、骗取或者以其他手段非法占有公共财物的,以贪污罪共犯论处。

第二条 行为人与公司、企业或者其他单位的人员勾结,利用公司、企业或者其他单位人员的职务便利,共同将该单位财物非法占为己有,数额较大的,以职务侵占罪共犯论处。

第三条 公司、企业或者其他单位中,不具有国家工作人员身份的人与国家工作人员勾结,分别利用各自的职务便利,共同将本单位财物非法占为己有的,按照主犯的犯罪性质定罪。

3. 规范性文件

《最高人民检察院、公安部关于公安机关管辖的刑事案件立案追诉标准的规定(二)》[公通字〔2022〕12号,以下简称"《立案追诉标准(二)》(2022)"]

第十条 【非国家工作人员受贿案(刑法第一百六十三条)】公司、企业或者其他单位的工作人员利用职务上的便利,索取他人财物或者非法收受他人财物,为他人谋取利益,或者在经济往来中,利用职务上的便利,违反国家规定,收受各种名义的回扣、手续费,归个人所有,数额在三万元以上的,应予立案追诉。

第七十六条 【职务侵占案(刑法第二百七十一条第一款)】公司、企业或者其他单位的人员,利用职务上的便利,将本单位财物非法占为己有,数额在三万元以上的,应予立案追诉。

（三）思路解析

1. 精准化量刑的步骤

（1）基本步骤

第一步,确定量刑起点;第二步,确定基准刑;第三步,确定宣告刑。

（2）具体步骤

第一步:确定相应的法定刑幅度。

第二步:在相应的法定刑幅度内确定量刑起点。

第三步:在量刑起点的基础上确定基准刑。(基准刑只能大于或等于量刑起点,不能小于量刑起点)

第四步:使用体现犯罪行为社会危害性和刑事责任大小的12种量刑情节调节基准刑,得到一个量刑结果。(未成年人犯罪、限制行为能力的精神病人犯罪、又聋又哑的人犯罪、盲人犯罪、防卫过当、避险过当、犯罪未遂、犯罪预备、犯罪中止、从犯、胁从犯、教唆犯)(若无12种情节,则跳过此步骤)

第五步:用11类犯罪事实以外的量刑情节进行调节,得到拟宣告刑。[《最高人民法院、最高人民检察院关于常见犯罪的量刑指导意见(试行)》(法发〔2021〕21号)规定的坦白、当庭自愿认罪、退赃退赔、积极赔偿被害人经济损失、取得被害人或其家属谅解、累犯、前科劣迹、对弱势人员犯罪、在灾害和突发事件期间犯罪、被害人过错]

第六步:根据拟宣告刑依法确定宣告刑。

2. 精准化量刑相关概念的内涵与特征

（1）量刑起点的内涵与特征

内涵:根据具体犯罪的基本犯罪构成事实的一般既遂状态所应判处的刑罚。

特征:①量刑起点是针对具体犯罪而言的,区别于根据抽象个罪的基本犯罪构成的量刑起点幅度,由法官根据具体犯罪的基本犯罪构成事实比照抽象个罪的基本犯罪构成,在相应的法定刑幅度确定的量刑起点幅度内确定;②量刑起点是指一般既遂状态下所应判处的刑罚;③量刑起点是一个刑罚点,而不是一个幅度。

(2）基准刑的内涵与特征

内涵：是指在不考虑基本犯罪构成事实以外的量刑情节的情况下，根据犯罪事实的一般既遂状态所应判处的刑罚。

特征：基准刑就是全部犯罪构成事实所应判处的刑罚。犯罪构成事实以外的其他量刑情节事实（如自首、立功）所影响判处的刑罚不在基准刑之内；基准刑＝量刑起点＋应增加的刑罚量；基准刑体现刑罚目的对犯罪构成事实的全部需求，也体现了犯罪构成事实应判处刑罚量的审判经验值。

3. 犯罪事实与量刑起点、基准刑的关系

犯罪事实包括基本犯罪构成事实和基本犯罪构成事实以外的其他影响犯罪构成的犯罪事实。

（1）基本犯罪构成事实的概念：指符合特定犯罪构成特征并达到在相应的法定刑幅度内量刑的最起码的构成要件，就具体犯罪而言，就是基本犯罪构成事实。

（2）其他影响犯罪构成的犯罪事实，主要是指具体犯罪行为超过基本犯罪构成的加重结果事实。

（3）《刑法》第二百三十四条故意伤害罪，例如，张三持刀故意伤害致2人轻伤，那么，致1人轻伤就是该案基本犯罪构成事实，致另外1人轻伤就是其他影响犯罪构成的犯罪事实。

又如盗窃罪，若盗窃1600元就达到"数额较大"的追诉标准，那么李四盗窃3000元人民币，3000元＝1600元＋1400元，其中1600元就是该案基本犯罪构成事实，而其中的1400元就是其他影响犯罪构成的犯罪事实。

犯罪事实与量刑起点、基准刑的对应关系：

基准刑＝量刑起点＋应增加的刑罚量

基本犯罪构成事实→量刑起点

其他影响犯罪构成的犯罪事实→应增加的刑罚量

基准刑→一般既遂状态的犯罪事实

一般既遂状态的犯罪事实＝基本犯罪构成事实＋其他影响犯罪构成的犯罪事实；基准刑＝基本犯罪构成事实（也即量刑起点）＋其他影响犯罪构成的犯罪事实（应增加的刑罚量）

4. 宣告刑及相关计算公式

(1)定罪情节与量刑情节

从理论上讲,通常把定罪构成事实称为定罪情节,定罪情节以外的,与行为人或其犯罪行为密切相关的,表明行为社会危害程度与人身危险程度,并决定是否适用刑罚或免除处罚的各种具体事实情况,就是通常所说的量刑情节(《刑法》第六十一条)。

例如:张三故意伤害致 1 人轻伤,事发后自首,那么在该案中,故意伤害致 1 人轻伤就是定罪情节,自首就是量刑情节。

(2)量刑情节调节基准刑的方法及相关计算公式

单个量刑情节的调节方法:

《最高人民法院、最高人民检察院关于常见犯罪的量刑指导意见(试行)》(以下简称《量刑指导意见》)规定具有单个量刑情节的,根据量刑情节的调节比例直接对基准刑进行调节。

单个量刑情节:基准刑×(1±调节比例)

例:某一故意伤害致人重伤案件的基准刑是 10 年,假如被告人只有自首从轻处罚的情节,可以减少基准刑的 10%,那么,自首调节基准刑的方法可表示为:10 年×(1-10%)

多个量刑情节的调节方法:

第一种情况是只有精准化量刑第四步提到的多个量刑情节

计算口诀:部分连乘

公式:基准刑×(1±调节比例)×(1±调节比例)

例:假定某案件被告人是未成年人,可以减少基准刑的 50%,又是从犯,可以减少基准刑的 20%,则计算公式为:基准刑×(1-50%)×(1-20%)

第二种情况是只有精准化量刑第五步提到的多个量刑情节

计算口诀:同向相加、逆向相减

公式:基准刑×(1±同向调节比例)

例:假定某案件被告人有自首情节,可以减少基准刑的 30%,又有积极赔偿情节,可以减少基准刑的 20%,则计算公式为:基准刑×(1-30%-20%)

第三种情况是同时具有第四步和第五步提到的多个量刑情节

计算口诀:部分连乘、部分相加减

公式:基准刑×(1±第1层面情节调节比例)×(1±第1层面情节调节比例)×(1±第2层面情节调节比例±第2层面情节调节比例)

例:假定某案件被告人是未成年人,可以减少基准刑的50%,又是从犯,可以减少基准刑的20%,具有累犯情节,可以增加基准刑的30%,同时又有自首情节,可以减少基准刑的10%,则计算公式为:基准刑×(1-50%)×(1-20%)×(1+30%-10%)

另外,需要特别注意的是如果计算时采用上述公式,不得突破《量刑指导意见》规定的确定宣告刑的原则,具体如下:

(1)量刑情节对基准刑的调节结果在法定刑幅度内,且罪责刑相适应的,可以直接确定为宣告刑;如果具有应当减轻处罚情节的,应当依法在法定最低刑以下确定宣告刑。

(2)量刑情节对基准刑的调节结果在法定最低刑以下,具有法定减轻处罚情节,且罪责刑相适应的,可以直接确定为宣告刑;只有从轻处罚情节的,可以依法确定法定最低刑为宣告刑;但是根据案件的特殊情况,经最高人民法院核准,也可以在法定刑以下判处刑罚。

(3)量刑情节对基准刑的调节结果在法定最高刑以上的,可以依法确定法定最高刑为宣告刑。

(4)综合考虑全案情况,独任审判员或合议庭可以在20%的幅度内对调节结果进行调整,确定宣告刑。当调节后的结果仍不符合罪责刑相适应原则的,应当提交审判委员会讨论,依法确定宣告刑。

(5)综合全案犯罪事实和量刑情节,依法应当判处无期徒刑以上刑罚、拘役、管制或者单处附加刑、缓刑、免予刑事处罚的,应当依法适用。

(四)非国家工作人员受贿罪、职务侵占罪、单位行贿罪出罪类案检索

1. 非国家工作人员受贿罪

(1)情节显著轻微、危害不大类

赵某某非国家工作人员受贿罪案①

【裁判要旨】犯罪嫌疑人赵某某于2012年至2014年期间,在担任某

---

① 案件来源:敦检刑不诉〔2016〕2号。

股份有限公司敦化支行信用卡专业贷后透支催收职务时,利用职务上的便利,帮助龚某某拖延银行透支欠款的还款期限,先后多次收受龚某某现金人民币 13000 元及两条中华烟(经鉴定价值人民币 780 元)。赵某某的上述行为,情节显著轻微、危害不大,不构成犯罪。

(2)收受金额未达数额较大,且主观无受贿故意类

游某甲非国家工作人员受贿罪案①

【裁判要旨】原审被告人游某甲于 2008 年 6 月 27 日以领取工资的形式收取某有限公司现金 6000 元,但收受金额未达到数额较大,且其当天即退回某有限公司,其主观上没有受贿故意,故游某甲的行为不构成非国家工作人员受贿罪。关于原审被告人游某甲辩解其已将 6000 元工资及时退还公司,其行为不构成非国家工作人员受贿罪及其辩护人提出游某甲未利用职务之便,6000 元已及时退还,且当时 6000 元也未达到数额较大的追诉标准,认为其行为不构成非国家工作人员受贿罪的意见与查明事实及法律规定相符。游某甲的辩解理由及辩护人的该辩护意见成立。对出庭检察员提出的游某甲于 2008 年 6 月 27 日以工资形式收受某有限公司现金 6000 元未达到数额较大且及时退还的行为不构成非国家工作人员受贿罪,建议改判的意见予以支持。综上,原判认定事实清楚,证据确实、充分,审判程序合法。但以非国家工作人员受贿罪对原审被告人游某甲定罪并判处刑罚错误,应予纠正。

2. 职务侵占罪

(1)非法占有公司财产数额未达到追诉标准类

苏某某职务侵占罪案②

【裁判要旨】行为人苏某某利用职务上的便利,将本单位财物 22500 元用于个人消费和投资,其行为造成该单位财产至今无法追回的不良后果,具有较大的社会危害性,系职务侵占行为。但依据《最高人民法院、最高人民检察院关于办理贪污贿赂刑事案件适用法律若干问题的解释》(以下简称《贪污贿赂司法解释》)第十一条规定,职务侵占罪的犯罪起点应当为 6 万元,行为人犯罪数额没有达到数额较大的起

---

① 案件来源:(2015)眉刑提字第 1 号。
② 案件来源:(2017)冀 03 刑再 1 号。

点,其行为不构成犯罪。

(2)不符合职务侵占罪的主体要件,不具有非法占有案涉款项的故意和行为类

冉某某职务侵占罪案①

【裁判要旨】冉某某与某公司董事长董某某相识,为开展业务,某公司在广州虚设办事处,授权冉某某为办事处主任。冉某某代表公司在广州开展业务,客户向冉某某支付货款489212元,冉某某向公司董事长董某某转账150369元,向李某转账33450元货款。公司认为,按照公司制度规定,冉某某应获得货款20%的提成,即97842.4元,故冉某某侵占了某公司207550.6元。

再审法院审理认为被告人冉某某无罪,理由如下:①本案中,冉某某不符合职务犯罪的主体要件,职务侵占罪的犯罪主体为特殊主体,必须是非国有公司、企业或者其他单位的人员。虽然被害人声称冉某某为某公司员工,冉某某名片显示其职务为某公司销售总经理,但是公司并未同冉某某签订合同,为其缴纳社保,亦未向冉某某支付工资。所以,冉某某同某公司系经销代理关系,而不属于公司员工。②本案中,冉某某不具有非法占有涉案款项的故意和行为。某公司对于冉某某占有溢价销售款的行为长期持默许态度,公司明知冉某某多次在公司低价买入货物,高价卖出货物,仍不加以制止,可见公司对冉某某的行为是持默许态度的。③冉某某的溢价销售款用于办事处租用办公室、员工工资等日常开销,冉某某个人管理办事处。所以,广东办事处系独立核算、自负盈亏的经营主体,冉某某从某公司低价进货后高价卖给杨某容夫妇的行为,是两个独立的购销关系,在交易过程中,冉某某控制并支配溢价销售款,用于经营费用等支出,得到了某公司的默许,也符合交易习惯,即便冉某某未足额向某公司支付提货款,其拖欠货款的行为亦不宜认定为构成职务侵占罪。综上,冉某某构成职务侵占罪的事实不清,证据不足,冉某某的行为不符合职务侵占罪的犯罪构成。

---

① 案件来源:(2018)粤刑再26号。

（3）不具有非法占有的目的类

王某某职务侵占罪案①

【裁判要旨】关于王某某是否以非法占有为目的侵占七处房产。经查，三处无籍房修建于工程处成立之前，后被工程处一直使用修缮；两处无籍房系倪某某与王某某共同承包期间借用某公司土地修建，经请示改制领导委员会，五处无籍房因没有合法手续属于违章建筑，其同意不作为工程处固定资产予以申报评估。甲街道与王某某签订《集体企业资产个人举债租赁契约书》后，工程处取得国有土地使用证，甲街道依据此租赁协议协助乙公司办理五处无籍房产权申报。认定王某某非法占有的主观故意证据不足。两处有籍房由倪某某与王某某承包期间经营所得购买，未计入工程处账目，不列工程处名下，虽被工程处使用但认定为工程处集体资产证据不足。原裁判认定王某某以非法占有为目的侵占七处房产证据不足。关于涉案房产的权属问题可通过其他途径解决。本院认为，王某某主观上没有非法占有的故意，客观上未实施非法占有本单位财物的行为，不符合职务侵占罪构成要件。

张某某、田某某职务侵占罪案②

【裁判要旨】张某某、田某某不构成职务侵占罪。理由如下：首先，《刑法》第二百七十一条第一款规定的职务侵占罪，要求行为人具有非法占有的主观故意，且为直接故意。本案中现有证据不能证实原审被告人张某某、田某某具有非法占有某公司财产的主观故意。张某某、田某某接受谢某转让的股份，是在某公司处于严重亏损且没有其他人接手的状态下，才被动接受了该部分股份。其次，原审被告人张某某、田某某的行为不符合职务侵占罪的客观要件。张某某、田某某在某公司成立之时即为公司的股东，且二人在谢某退股后成为了仅有的股东，为了某公司的生产经营，二人以个人名义借款且以个人财产抵押借款，为公司债务承担无限连带责任，在客观上没有损害公司财产利益的行为。最后，原审被告人张某某、田某某与谢某之间的股权转让行为系民事法律行为，不构成刑事法律关系中的犯罪行为。综上所述，原审被告人张某某、田某某依

---

① 案件来源：(2020)吉刑再4号。
② 案件来源：(2018)川刑再14号。

法不构成犯罪。

3. 单位行贿罪

(1)被勒索而给予国家工作人员财物,未谋取不正当利益类

深圳亚某某电子有限公司单位行贿罪案①

【裁判要旨】是否谋取不正当利益是认定单位行贿罪的主要因素。本案中,因为时过境迁当事人供述不全,对于深圳亚某某电子有限公司(以下简称"亚某某公司")租赁厂房的全过程已无法查清,亚某某公司究竟是和姜某彬谈妥了租房事宜(包括厂房地点、给予好处费)后再向高新办申请入园?还是直接向高新办申请入园后由高新办指定所租赁的厂房?虽然田某和卢某军在侦查阶段供述称因为高新区厂房紧张、不给钱就租不到,但田某在庭审时推翻了以往供述。因此,本院只能依照书证证明内容的先后顺序来认定案件事实。根据相关书证,姜某彬并未在亚某某公司入园事宜上提供帮助,亚某某公司入园是由自身实力和政府批复决定的。且政府部门同意亚某某公司入园在前,亚某某公司与南山科技园签订租房合同在后,亦可判定姜某彬并未为亚某某公司谋取任何不正当利益,也不能认为亚某某公司就此谋取到竞争优势。考虑到姜某彬向多家入园企业索贿的事实,本院更有理由相信姜某彬系利用自身在高新区公司从事租赁管理的职务便利向入园企业索要钱财,而入园企业为了更顺利地入园,同意给付姜某彬钱款。综上,不能认为姜某彬为包括亚某某公司在内的入园企业谋取了不正当利益。

虽然行为人被索贿和被勒索给予财物不能等同认定,但具体到本案,根据姜某彬本人对其思想、行为的供述以及其他证言,姜某彬对亚某某公司等入园企业虽然没有勒索的语言或行为表示,但其在入园企业已经具备入园资格的前提下倚仗其在高新区公司经办租房管理等职务便利向入园企业索要钱财,入园企业为了顺利入园不得已而给付姜某彬以财物,姜某彬的行为实质是一种勒索行为。可以认定亚某某公司系被勒索而给付姜某彬财物。司法打击的重点应当是姜某彬这种"吃拿卡要"的不法行为,不能认定入园企业在具备正当入园资格的前提下因国家工作人

---

① 案件来源:(2015)深中法刑二终字第766号。

员的索要而给付钱财的行为为行贿犯罪。

(2)客体不符合犯罪的构成要件

邹某某、吴某荣、吴某利、尹某某、某公司受贿罪案①

【裁判要旨】吴某荣不是受国家机关委托从事公务的人员,其行为不符合滥用职权罪、受贿罪的主体要件,不构成滥用职权罪、受贿罪,尹某某亦不构成受贿罪。因而,某公司与张某贵、吴某利、张某海、邹某某不构成单位行贿罪。

(3)单位行贿金额达不到刑法规定的最低标准类

某公司等单位行贿罪案②

【裁判要旨】被告单位某公司、被告人史某向国家工作人员蔡某、李某、王某丙行贿共计7.5万元,虽构成违法行为,但未达到法律规定的犯罪数额,故不应以犯罪论处。

(五)关于孟某构成非国家工作人员受贿罪但应重新计算数额、构成行贿罪和单位行贿罪但量刑畸重、不构成职务侵占罪的辩护意见

内蒙古蒙益律师事务所接受孟某委托,指派田永伟律师担任其涉嫌非国家工作人员受贿罪、职务侵占罪、行贿罪、单位行贿罪一案的辩护人。辩护人通过详细阅卷、多次会见被告人、数次与承办检察官交流,对案件有了全面详细的掌握,经过今天的庭审举证、质证,通过询问被告人,得出非国家工作人员受贿罪指控数额部分不能成立、行贿罪和单位行贿罪量刑畸重、职务侵占罪不能成立的辩护意见,具体理由如下:

1.孟某涉嫌非国家工作人员受贿罪部分指控数额不能成立,应当予以扣除

某旗人民检察院起诉书指控,孟某任职某旗农村商业银行("农村信用联社"改制后变更名称为"农村商业银行")党委书记、董事长期间,利用职务上的便利,累计收受11人财物,受贿(包含索贿)金额为810万元

---

① 案件来源:(2014)成刑终字第337号。
② 案件来源:(2011)西刑二终字第00015号。

整,数额巨大,构成非国家工作人员受贿罪。辩护人对公诉机关指控其成立非国家工作人员受贿罪无异议,但对于数额存在异议,现分以下两种情形予以论述。

(1)对于靳某某、彭某某、仝某某的三笔计算金额有误。

公诉机关指控孟某借所在商业银行购买商厅之由,从开发商靳某某处收受款项400万元,后迫于反腐态势退回350万元;为了照顾彭某某业务以购买房屋为由,向彭某某索取80万元现金;以帮助仝某某、王月某和贾云某运作私企入股某银行为由收受三人款项共计100万元及3块金砖。辩护人认为上述三笔指控存在以下问题:

①收受靳某某400万元部分。经过庭审发问孟某,其详细描述了靳某某的400万元系借款,且在400万元借款产生之前还借过靳某某100万元并出具过借条,而先前借100万元更是用来偿还仝某某等三人的100万元,500万元的借条目前由靳某某持有;另,在孟某妹夫持有此款半年后,孟某告知其妹夫将钱还给靳某某,于是出现转账350万元给靳某某的情况,而此部分资金的性质应当如何认定,涉及罪责刑相适应问题。同时,经过庭审问询,孟某称为某旗商业银行购买大厅与起诉书中指控的内容不一致,即商厅的平方米单价并未明显高于市场价格,孟某强调开发商靳某某的商厅都是一、二层整体出售,在商业银行只购买一层大厅时,当然价格会比一、二层整体购买价格高。而在案涉的证据卷中,辩护人没有找到当年当地段的商业大厅的价格鉴定报告,也没有发展改革委员会的类似价格认定书,故仅以证人证言方式将孟某为商业银行购买大厅的价格评价为明显高于市场价格,无法达到证据确实、充分的标准,更不符合存疑有利于被告人这一司法原则。

辩护人认为此笔款项当然不能计入非国家工作人员受贿罪的受贿金额,根据法秩序统一原理,民法、行政法为刑法的前置法,刑法是二次法,根据周光权老师的观点,也即民事、行政法律均不能调整时,方能运用刑事法律调整社会关系,而在具备借款真实意愿且有借条的前提下,当然不能对此部分资金作入罪评价。退一步讲,即便此部分资金可能涉嫌成立非国家工作人员受贿罪,但需要对350万元进行核减,根据与陈兴良老师对类案的详细沟通,案发时应当为立案时,而孟某在立案前已经将此款项350万元退还,当然应予以扣除并在量刑时大幅度从宽评价。

②彭某某 80 万元部分。起诉书中指控,2019 年被告人孟某在任某盟农村商业银行党委副书记期间,找到从事资金业务的江南商人彭某某,以可以照顾其业务为由向其索贿 80 万元。而在庭审中孟某辩称,当然更有公诉机关出示的证据显示,孟某任职某盟农村商业银行党委副书记时间为 2019 年 5 月,而并非 2019 年年初,即在时间上存在重大冲突,此时根据存疑有利于被告人原则,此笔金额也必然扣除。

③仝某某、王月某和贾云某的 100 万元现金和 3 块金砖的部分。庭审中孟某强调,收取 100 万元现金是为了帮助私企入股某旗商业银行,当时 3 块金砖直接退给仝某某,半年左右后,孟某将 100 万元退给仝某某(款项系向开发商靳某某借得的),此部分不能入罪的理由同第 1 项靳某某部分,此处不予以重复论述。

上述三项相加,累计金额为 580 万元或 530 万元,即应在指控书中扣除靳某某出借的 50 万元(收受靳某某 400 万元,后退还 350 万元),此部分款项不能作为指控孟某构成非国家工作人员受贿罪的内容。

(2)对于徐甲、胡乙两笔指控 13 万元,依据从旧兼从轻原则应当扣除。

起诉书中指控,2008 年至 2013 年间,被告人孟某任某旗农村信用联社党委书记、理事长期间,收受商人徐甲为铺垫关系给予的好处费合计 10 万元及油画一幅;接受山东商人胡乙照顾业务的请托,收受胡乙给予的好处费 3 万元。

2003 年最高人民法院在重庆召开会议后发布了《全国法院审理经济犯罪案件工作座谈会纪要》(法发〔2003〕167 号,以下简称《重庆会议纪要》),《重庆会议纪要》中关于受贿罪"为他人谋取利益"的认定上了一个台阶,即国家工作人员只要承诺、答应为他人谋取利益,即便是什么都没做,也视为为他人谋取利益。2016 年 4 月 18 日,最高法和最高检对《刑法修正案(九)》进行了调整,出台了《贪污贿赂司法解释》,其中关于受贿罪"为他人谋取利益"的认定,再次降低了标准,《贪污贿赂司法解释》指出只要收受有管理和被管理关系、上下级关系人员 3 万元以上且可能影响职权行使的,即便没有具体的诉求也视为承诺为他人谋取利益。自此,感情投资从灰色地带过渡至黑色地带。

在本案的审判中，能不能将2016年4月18日之前的感情投资认定为受贿犯罪，也即《贪污贿赂司法解释》有无溯及力是一个最大的难点，因为这些行为在当时2003年的规定中没有认定为犯罪，2016年4月18日以后才被认定为犯罪。而关于该司法解释是否适用本案中发生在2016年4月18日之前的行为，则应当看两条。

第一条是2001年12月17日施行的《最高人民法院、最高人民检察院关于适用刑事司法解释时间效力问题的规定》（高检发释字〔2001〕5号）中规定："三、对于新的司法解释实施前发生的行为，行为时已有相关司法解释，依照行为时的司法解释办理，但适用新的司法解释对犯罪嫌疑人、被告人有利的，适用新的司法解释。"该规定体现了从旧兼从轻原则。接着，在关于"为他人谋取利益"的规定上，2016年《贪污贿赂司法解释》出台之前，在2003年的《全国法院审理经济犯罪案件工作座谈会纪要》中已经有相关的司法解释，即虽然孟某行为时已经有新规定，但由于适用新规定对其不利，故根据从旧兼从轻原则，对孟某理应适用旧规定。

第二条是在2021年2月份出版的《纪检监察干部必备核心技能》①，第二章"法律适用能力"中专门讲到关于追溯时效和溯及力的问题，对于感情投资型受贿的溯及力的适用范围，纯正的感情投资条款系法律拟制，属于新规定的犯罪行为，故纯正的感情投资型受贿不能溯及既往。对于《贪污贿赂司法解释》施行之前纯正的感情投资行为，不应作为犯罪处理。也即，2016年4月18日之前的行为不能按照《贪污贿赂司法解释》来执行。另于2016年9月22日在杭州举办的法官培训会议中有法官提出，"感情投资型受贿司法解释的效力不溯及2016年4月18日之前"。辩护人认为《纪检监察干部必备核心技能》这本实务书及杭州会议的讲话内容，实际上都体现了党的刑事政策，在没有相反的内容来否定的前提下，都是应该要遵照执行的。因为在司法实践中，党的刑事政策必须正常贯彻执行，绝对不可以在个案中发生扭曲适用！

综上，起诉书中指控的两笔总计13万元不应计入孟某涉嫌非国家工作人员受贿罪数额内。故，上述两类款项应当予以扣除，即应当在指控总数中扣除217万元（810万元-580万元-13万元）。

---

① 参见王聪等：《纪检监察干部必备核心技能》，中国法制出版社2021年版，第333页。

2. 孟某涉嫌职务侵占罪指控数额不能成立，正常报销应视为单位内部处理行为

某旗人民检察院起诉书指控，2014年至2017年期间，被告人孟某在担任丙旗农村商业银行党委书记、董事长期间，利用职务之便，默许其司机李某在丙旗农村商业银行以差旅费、丰田车燃油费、过路费等费用的名义报销其个人的宝马五系车产生的维修费、保养费、保险费，合计人民币94255元。

经过庭审现场询问孟某和李某可知，丙旗农村商业银行车改的时间节点为2014年，而李某为孟某司机的时间为2014年至2017年。丙旗农村商业银行车改政策的内容为：级别不同每年的补贴不同，孟某每年的补贴为10万元至12万元（需要公诉机关核实具体的车改方案），需要提请法庭注意的是，用车补贴的报销比例是按照级别进行，若超出报销范畴则不予以处理。而至于孟某的宝马私家车是否用单位的经费维修、加油等，不应纳入本案评价，因此无论私家车产生的费用是否用单位的经费报销，只要不超过孟某的年报销总金额即可，而不是将私家车的所有开支均视为构成职务侵占，亦即孟某的报销行为未超出本身职位级别的报销数额，故其报销的行为及数额当然未侵犯单位的财产，将其作入罪评价不符合罪刑法定之原则。

3. 单位行贿罪和行贿罪部分应认定为自首减轻处罚和认罪认罚从宽处理

某旗人民检察院起诉书指控孟某在2011年至2015年期间，在工作调动和岗位调整时，违反国家法律法规及单位工作规章制度，通过送礼金的方式给予时任某区农村信用合作联社理事长的国家工作人员杨阿某现金合计60万元；同时，在任某旗农村信用联社理事长期间负责单位改制工作，在开展单位改制过程中为使单位成功改制，其请托国家工作人员时任某区银监局副局长贾奇某帮忙，使得某旗农村信用联社得以成功改制。改制期间孟某指使单位同事苏某从银行贷款60万元买车（实际花车55.99万元）送给贾奇某。事后，孟某指使某旗农村信用联社财务人员通过虚开费用等方式套取单位资金对此笔款项进行填补。通过公诉机关当庭讯问被告人、辩护人当庭发问被告人，辩护人认为被告人孟某的行为完全符合自首的情形，另外，孟某的行为完全符合认罪认罚从宽处理的条

件,理由如下:

(1)应该认定自首的理由。

《刑法》第六十七条规定,犯罪后自动投案,如实供述自己的罪行的,是自首……被采取强制措施的犯罪嫌疑人、被告人和正在服刑的罪犯,如实供述司法机关还未掌握的本人其他罪行的,以自首论。而在公诉人出示孟某行贿罪部分证据第三组证据即孟某供述时,公诉人也当庭提到:主动到案,如实供述自己的罪行(法庭应同步录音录像)。而针对某旗人民检察院的两份起诉书指控的时间节点,结合孟某案发的原因(即调查非国家工作人员受贿罪期间,其供述了调查机关和侦查机关并未掌握的罪行)等情节可知孟某系自首,故应当对孟某减轻处罚,方能符合罪刑法定的刑法原则。

(2)适用认罪认罚从宽的理由。

某旗人民检察院起诉书指控孟某的单位行贿罪和行贿罪都应属于认罪认罚从宽处理的情形,在法庭调查期间,辩护人也曾向公诉人发问为何未做认罪认罚的相关处理,公诉人回复孟某不同意。但庭审中,孟某认可且同意认罪认罚。结合全部卷宗材料可知,孟某的行为符合"认罪认罚从宽制度"的全部条件,辩护人认为法庭应当对孟某从宽处理。根据时任最高人民法院审判员周川的讲话精神,从宽应当把握幅度,量刑减少基准刑的40%以下,故恳请法庭对孟某适用此制度和量刑幅度。

4.对孟某涉嫌非国家工作人员受贿罪、职务侵占罪、行贿罪、单位行贿罪的整体量刑意见

起诉书指控孟某涉嫌非国家工作人员受贿罪、职务侵占罪、行贿罪、单位行贿罪定罪部分的内容前文已经详细论述,针对其量刑部分前文已说明的内容此处省略。根据《刑法》《刑事诉讼法》《最高人民法院关于适用〈中华人民共和国刑事诉讼法〉的解释》《人民检察院刑事诉讼规则》《最高人民法院、最高人民检察院、公安部、国家安全部、司法部〈关于适用认罪认罚从宽制度的指导意见〉》《量刑指导意见》等相关法律法规规定,根据罪刑法定及证据裁判原则,辩护人认为本案适用"以定性分析为主,定量分析为辅"的量刑方法,依次确定孟某各个罪名的量刑起点、基准刑和宣告刑,而后根据《刑法》第六十九条的规定,对于一人因犯数罪被处多个有期徒刑、多个拘役或者多个管制的,要先根据第一款的规定,对同

种刑罚进行折算并罚,再根据第二款规定对不同种刑罚进行确定执行的刑期。根据《量刑指导意见》的规定,公诉机关指控的孟某第一起非国家工作人员受贿罪金额应为217万元,结合孟某坦白、当庭自愿认罪等从轻处罚情节,对其处有期徒刑2年至2年6个月为宜;公诉机关指控的第二起职务侵占罪已经不能成立,此处不予评价;公诉机关指控的第三起行贿罪涉案金额为60万元,在认定为自首的情况下量刑减少基准刑的40%以下,认罪认罚的,量刑减少基准刑的60%以下(具有自首情节,《量刑指导意见》第十四项内容),对其处以有期徒刑1年至1年6个月为宜;单位行贿罪部分涉案金额为55.99万元,孟某亦具备上述行贿罪的法定减轻情节,故对其处以有期徒刑6个月至8个月为宜。根据《刑法》第六十九条规定的内容,辩护人认为对孟某三个成立罪名处以有期徒刑3年至4年6个月为宜。以上定罪及量刑意见,恳请合议庭采纳。

(六)门金玲老师点评

辩护律师在上述案例的辩护中,展示了定罪之辩与量刑之辩的基本方法和技术,抓住了指控的受贿事实中有实为借款的证据,指控职务侵占的事实实际上是单位的正常支出,重点抓住质证和举证环节,针对指控事实有无,做不构成该罪的无罪辩护。对指控单位行贿和行贿部分,有自首情节,存在辩护空间,围绕量刑辩护。通过当庭认罪认罚,进一步为被告人争取有利结果。在该案中,辩护律师综合运用了无罪辩护、量刑辩护和认罪认罚中的辩护技术,为被告人争取最优的辩护效果。在该案例评述中,辩护律师将如何量刑的法律依据和实操逻辑一步一步地展示,为广大律师在做量刑辩护时提供了详尽的指南。

六、骗取贷款罪的构成要件

（一）案情概述

李某某、王某系国家机关工作人员。2018年初,李某某虚构贷款用途取得某银行信贷资金20万元,还款方式为利息按月支付,本金到期一次支付。经过银行审核,王某为本次贷款担保人,且于保证合同上签字确认,贷款期限为2018年3月至2020年3月。贷款后,李某某连续支付本息至偿还本金期限截止日,后无法偿还贷款,被某银行起诉至法院且被法院强制执行中。后,李某某因其他罪名被当地公安机关立案,经李某某的供述,公安机关指控其涉嫌骗取贷款罪。经查,截至案发日,李某某贷款本金仍有198000元未偿还,利息12000元未偿还,银行未对担保人王某申请执行。

（二）骗取贷款罪法律及相关规定

1. 法律

《刑法》(2020修正)

第一百七十五条之一 【骗取贷款、票据承兑、金融票证罪】以欺骗手段取得银行或者其他金融机构贷款、票据承兑、信用证、保函等,给银行或者其他金融机构造成重大损失的,处三年以下有期徒刑或者拘役,并处或者单处罚金;给银行或者其他金融机构造成特别重大损失或者有其他特别严重情节的,处三年以上七年以下有期徒刑,并处罚金。

单位犯前款罪的,对单位判处罚金,并对其直接负责的主管人员和其他直接责任人员,依照前款的规定处罚。

2. 规范性文件

《最高人民检察院、公安部关于公安机关管辖的刑事案件立案追诉标准的规定(二)》[公通字〔2010〕23号,以下简称"《立案追诉标准(二)》(2010)",该文件已失效,但在本书因案件适用需要,故列举]

第二十七条 [骗取贷款、票据承兑、金融票证案(刑法第一百七十五条之一)]以欺骗手段取得银行或者其他金融机构贷款、票据承兑、信用证、保函等,涉嫌下列情形之一的,应予立案追诉:

(一)以欺骗手段取得贷款、票据承兑、信用证、保函等,数额在一百万元以上的;

(二)以欺骗手段取得贷款、票据承兑、信用证、保函等,给银行或者其他金融机构造成直接经济损失数额在二十万元以上的;

(三)虽未达到上述数额标准,但多次以欺骗手段取得贷款、票据承兑、信用证、保函等的;

(四)其他给银行或者其他金融机构造成重大损失或者有其他严重情节的情形。

《公安部经侦局关于骗取贷款罪和违法发放贷款罪立案追诉标准问题的批复》

二、关于给银行或其他金融机构"造成重大损失"的认定问题

……

如果银行或者其他金融机构仅仅出具"形成不良贷款数额"的结论,不宜认定为"重大经济损失数额"。根据目前国有独资银行、股份制商业银行实行的贷款五级分类制,商业贷款分为正常、关注、次级、可疑、损失五类,其中后三类称为不良贷款,不良贷款尽管"不良"但并不一定形成了既成的损失,因此"不良贷款"不等于"经济损失",也不能将"形成不良贷款数额"等同于"重大经济损失数额"。

三、关于骗取贷款具有"其他严重情节"的认定问题

骗取贷款是否具有"其他严重情节",应当是其社会危害性与《立案

追诉标准(二)》中已列明的各具体情节大体相当的情节,可根据此原则,结合案件具体情况分析,依法办理。例如,多次以欺骗手段取得银行或者其他金融机构贷款的行为,反映了行为人主观恶性程度,因此这种情形属于有"其他严重情节"。通过向银行等金融机构工作人员行贿骗取贷款、票据承兑、金融票证的行为,如果行贿行为不单独构成犯罪,可以认定为骗取贷款等行为的"其他严重情节";如果行贿行为是独立成罪的,则不应再作为其他行为的情节来认定。通过持续"借新还旧"以及民间借贷方式偿还贷款的行为,不能简单认定为"其他严重情节"。

(三)思路解析

1.《立案追诉标准(二)》(2010)的规定与《刑法修正案(十一)》存在冲突

根据北京大学法学院王新教授的观点,《刑法修正案(十一)》出台后,《立案追诉标准(二)》(2010)第二十七条第一款第(一)项、第(三)项及第(四)项中"或者有其他严重情节"作出调整,或直接删除,或变更为"其他特别严重情节"对应的具体表现。而此处"其他特别严重情节"的具体内容,各地裁判情况也无统一标准,会在司法裁判过程中产生混乱。

周光权老师强调,金融机构是否有重大损失是本罪的客观构成要件,《立案追诉标准(二)》(2010)第二十七条关于"骗取贷款数额在一百万元以上",就应当立案的规定,只顾及了骗取贷款金额,没有考虑被害人是否遭受重大损失这一后果,与《刑法修正案(十一)》第十一条对本罪的修改相抵触,在实务上已不能再适用,有关部门应当及时废止该规定。

2. 如何认定骗取贷款罪中的"重大损失"

因行为人骗取贷款给金融机构造成"重大损失"是指公安机关立案时,行为人尚未偿还的贷款本金,不包括利息、保证金及金融机构收取的违约费用。行为人在公安机关立案前支付的保证金和利息,应当从损失数额中扣除。在《刑法修正案(十一)》明确将"重大损失"作为本罪的结果要件的情况下,必须明确构成要件中的因果关系。否则,在造成重大损失上面没有因果力,而仅仅因为材料的虚假性严重或者贷款数额大就作入罪化处理,会将结果犯又转化为行为犯,违背刑法修正案的初衷。

损失的计算时点,将公安机关立案作为确定计算损失的时间节点,担保合同系主贷款合同的从合同,在所有金融机构的制式合同中,基本上都确定担保人为本金利息的连带责任主体。如果金融机构没有向提供担保的行为人主张承担担保责任的,当然不应认定金融机构遭受实际损失。"两高"文件有过规定,在贷款已经有担保的情况下,不能绕过对担保主张权利不能实现的环节,直接认定经济损失。根据2009年6月24日发布的《最高人民法院刑事审判第二庭关于针对骗取贷款、票据承兑、金融票证罪和违法发放贷款罪立案追诉标准的意见》,不宜一概以金融机构出具"形成不良贷款"的结论来认定"造成重大损失"。例如达到"次级"的贷款,虽然借款人的还款能力出现明显问题,依靠其正常经营收入已无法保证足额偿还本息,但若有他人为之提供担保的,银行仍然可以通过民事诉讼实现债权。因此,"不良贷款"不等于"经济损失",亦不能将"形成不良贷款数额"等同于"重大经济损失数额"。

根据2009年6月30日发布的《最高人民检察院公诉厅关于对骗取贷款罪等犯罪立案追诉标准有关问题的回复意见》,如果银行或者其他金融机构仅仅出具"形成不良贷款数额"的结论,不宜认定为"重大经济损失数额"。根据目前国有商业银行、股份制商业银行实行的贷款五级分类制,商业贷款分为正常、关注、次级、可疑、损失五类,其中后三类称为不良贷款,因此不良贷款尽管"不良"但不一定形成了既定的损失,不宜把"形成不良贷款数额"等同于"重大经济损失数额"。

3. 李某某不构成骗取贷款罪

本案中李某某信贷资金20万元,贷款后,李某某连续支付本息至偿还本金期限截止日,后无法偿还贷款,被某银行起诉至法院且进入执行程序。本案评价李某某行为是否入罪,需要结合上述要点逐一分解:

(1)李某某有偿还能力,根据客观到主观的法律判断,其主观当然无骗取贷款的故意;

(2)李某某有担保人王某,在银行未对王某申请执行时,不能认定银行遭受重大损失;

(3)银行未作为被害人报案,即银行尚未对资金觉察到风险,公权力机关直接对其行为评价为犯罪违背立法初衷；

(4)造成重大损失的计算，在不包含利息的情况下，达不到立案标准。

本案的关键点为：在当地公安立案时，贷款本金仍有 198000 元未偿还，利息 12000 元未偿还，银行未对担保人王某申请执行。

综合上述四点内容，李某某的行为应当评价为民事上的金融贷款逾期行为，不应作入罪处理，其行为不具备犯罪构成该当性时，当然不能进行违法性和有责性分析，否则违背了罪刑法定这一刑法原则。

（四）骗取贷款罪出罪类案检索

1. 贷款机构工作人员故意的行为类

吴某涉嫌合同诈骗罪、骗取贷款、票据承兑、金融票证罪案①

【裁判要旨】平安银行为了单位业绩考核经讨论后决定给予 A 公司问题授信，将银行承兑汇票敞口转为流动资金贷款，平安银行对 A 公司的流动资金贷款起主导作用，平安银行发放贷款是基于其本身给予 A 公司的问题授信，与 A 公司提供资料之间无因果关系……且书证失信被执行人查询证实 B 公司被青岛市市南区人民法院列为失信被执行人，已在最高人民法院失信被执行人网上公布，系可公开查询的资料，平安银行并未对 B 公司的状况陷入错误认识……综上，平安银行对 A 公司的贷款目的、担保人的状况应是知情的，并未陷入错误认识而发放贷款，A 公司相应获取贷款的行为不符合骗取贷款罪的构成要件，吴某作为主管人员亦不构成骗取贷款罪。

温某某涉嫌骗取贷款罪案②

【裁判要旨】《刑法》第一百七十五条之一规定，以欺骗手段取得银行或者其他金融机构贷款，给银行或者其他金融机构造成重大损失或者有其他严重情节的，构成骗取贷款罪。骗取贷款罪以"重大损失"或"其他严重情节"为构成要件，"其他严重情节"与"重大损失"在危害性上理应相当。本案中，温某某虽然多次骗贷数额巨大，但在合同约定期限内已

---

① 案件来源：(2019)鲁 05 刑终 139 号。
② 案件来源：(2018)粤刑再 21 号。

还清本息,未给银行造成损失,且其在贷款时提供有真实、足额的抵押担保,自始不存在给银行造成损失的危险,贷款未用于非法活动,其危害性与"重大损失"不相当,亦不能认定为骗取贷款的"其他严重情节"。温某某虚构事实,隐瞒真相,骗取银行贷款,其行为违反了金融管理法规。但是,温某某的骗贷行为未给银行造成损失,也不具有其他严重情节,不构成骗取贷款罪。

2. 有损失但没有被害人举报类

黄某泉骗取贷款罪案①

【裁判要旨】发放贷款的金融机构并没有报案和行使"被害人"诉讼权利,而是主张其办理贷款的手续完全合规,用以质押的证、单等文件经过审核确定真实。金融机构认为可以通过行使质押权来保障其债权的实现,并且认为对贷款人定罪判刑会影响其债权和质押权的正常行使,主观上不认为自己是被害人。贷款人与金融机构签订贷款合同,除用证、单等文件质押担保外,还有贷款人本人及近亲属等自然人予以保证担保,侦查机关以骗取贷款罪进行刑事立案时,贷款尚未到还本期限。而在侦查机关刑事立案前,贷款人能够按合同约定归还借款利息,故在侦查刑事立案时公安机关认为贷款人届时无法归还贷款本息缺乏事实依据。即便最终发生贷款人没有如期归还贷款本息的事实,但不能排除是因侦查机关的提前介入导致贷款人行使民事权利受阻所致,将金融机构不能收回贷款本金的损害结果完全归责于贷款人有失公允。因此,指控金融机构是刑事犯罪的"被害人"是不适当的。既然不存在"被害人",贷款人也相应地不存在骗取贷款的犯罪行为,贷款人不构成骗取贷款罪。

3. 不符合造成重大损失或具有其他严重情节的结果要件类

曹某某、张某某、魏某某等涉嫌骗取贷款罪案②

【裁判要旨】被告人曹某某、张某某为使 A 公司获得银行贷款向银行提供了虚假的购销合同、B 公司的虚假资料,被告人魏某某在明知自己不是 B 公司法人的情况下,仍到银行在贷款手续上以 B 公司法人的身份

---

① 案件来源:(2017)粤刑再 6 号。
② 案件来源:(2018)冀 0127 刑初 23 号。

签字，被告人陈某某以 B 公司股东的身份在虚假的贷款手续上签字，对本次贷款的发放提供了帮助，四名被告人客观上符合骗取贷款罪的构成要件；但犯罪是一个有机的整体，骗取贷款罪的犯罪构成，不仅仅要符合行为要件，还需有给银行造成重大损失或具有其他严重情节的结果要件。根据《公安部经侦局关于骗取贷款罪和违法发放贷款罪立案追诉标准问题的批复》，如果给银行或者其他金融机构仅仅出具"形成不良贷款数额"的结论，不宜认定为"重大经济损失数额"，"不良贷款"不等于"经济损失"；也不能将通过持续借新还旧的行为，简单地认定为具有其他严重情节。就本案而言，被告人张某某作为 B 公司的实际经营人以 B 公司真实的土地使用权为本次贷款设定抵押，并办理了抵押登记，且上述土地的评估市值远高于贷款数额。且某工商银行已经将本次贷款剩余款 8436435.42 元转为不良贷款，故指控四名被告人给银行造成重大损失及具有其他严重情节的证据不足，不符合本罪犯罪构成的结果要件。

（五）关于李某某不构成骗取贷款罪的辩护意见

内蒙古蒙益律师事务所接受李某某父亲李华某的委托，指派田永伟律师担任李某某涉嫌骗取贷款罪的一审辩护人，经过了解案情，辩护人认为李某某不构成骗取贷款罪，具体理由如下：

1. 从刑法分则条文看，李某某的行为不具备骗取贷款罪该当性

首先，根据我国《刑法》第一百七十五条之一，骗取贷款罪是指以欺骗手段取得银行或者其他金融机构贷款、票据承兑、信用证、保函等，给银行或者其他金融机构造成重大损失的，处三年以下有期徒刑或者拘役，并处或者单处罚金；给银行或者其他金融机构造成特别重大损失或者有其他特别严重情节的，处三年以上七年以下有期徒刑，并处罚金。

其次，根据《立案追诉标准（二）》（2010）第二十七条规定，以骗取手段取得银行或者其他金融机构贷款、票据承兑、信用证、保函等，涉嫌下列情形之一，应予立案追诉：①以欺骗手段取得贷款、票据承兑、信用证、保函等，数额在一百万元以上的；②以欺骗手段取得贷款、票据承兑、信用证、保函等，给银行或者其他金融机构造成直接经济损失数额在二十万元以上的；③虽未达到上述数额标准，但多次以欺骗手段取得贷款、票据承

兑、信用证、保函等的;④给银行或者其他金融机构造成重大损失或者有其他严重情节的情形。

再次,《刑法修正案(十一)》直接将此罪名修订为结果犯,即给金融机构"造成重大损失"才值得科处刑罚。具体而言,给金融机构造成直接经济损失 20 万元以上的(只计本金,不包括利息)系本罪唯一的入罪标准。2021 年《人民检察》第 8 期中,时任最高人民检察院副检察长孙谦的文章《刑法修正案(十一)的理解与适用》强调,《刑法修正案(十一)》删除了第一百七十五条之一关于"其他严重情节"的定罪条件规定,即对未造成重大损失的,不作为犯罪处理。

最后,既然认定银行损失,就不能脱离银行对"损失"的定义和判断标准。根据中国人民银行发布的《贷款风险分类指导原则》(银发〔2001〕416 号)、中国银监会(现已更名为"中国银保监会")于 2007 年 7 月 3 日颁布实施的《贷款风险分类指引》(银监发〔2007〕54 号),对贷款"损失"明确定义为:"在采取所有可能的措施或一切必要的法律程序之后,本息仍然无法收回,或只能收回极少部分。"因此,认定给银行等金融机构造成重大损失应首先要求金融机构穷尽一切私力救济、民事诉讼、强制执行等所有可能的措施或法律程序之后,本息仍无法收回的,不能收回部分才能认定是给金融机构造成的重大损失。

金融机构的重大损失,一定是指具有终局性的、现实的损失,本罪保护的法益是金融机构信贷资金的安全,而不是贷款发放程序。如果贷款正在清偿或者有真实有效的担保,那么就不存在给金融机构造成重大损失的情形,定罪也就无从谈起。

不成立基本犯的情节加重犯。成立情节加重犯一定是建立在成立基本犯的前提下。本罪第一档法定刑是基本犯,第二档法定刑规定属于情节加重犯,基本犯的成立需要给金融机构造成损失,如果没有给金融机构造成损失,就不会成立情节加重犯适用第二档法定刑。

2. 从法理层面分析,李某某的行为亦不构成骗取贷款罪

其一,李某某的行为不符合重大损失条件。对于发放贷款而言,是否有真实、足额的担保对于保障金融机构资金安全具有决定性意义。如果行为人利用虚假贷款资料取得数额特别巨大的贷款或者具有其他严重情节,但是提供了真实的足额的担保,完全是可以得到足额清偿的,并不会

给金融机构造成损失,即便银行将担保物"变现"需要经过提起民事诉讼等程序,这种情况下也不能就此认定其有重大损失,照此就不能认定构成骗取贷款罪,自然就谈不上适用第二档刑的问题。本案具备真实合法的、具备公务员身份的、具有还款能力的贷款人与保证人,能如约履行,且借款金额相对较低,当然不具备重大损失入罪的条件。

其二,本案没有受害对象。银行本身并没有认为自己被骗。因此,在提起民事诉讼后,因借款人及担保人均有积极还款的意向,某银行亦认为二人具有还款能力,因此并未向法院申请强制执行,更没有以借款人骗取贷款为由向公安机关报案,无被害人报案不入罪,引申下文案例。

3.类案无罪:金融机构未举报贷款人骗贷,而由第三方举报或侦查机关主动介入侦查的,金融机构不属于刑事犯罪"被害人",贷款人不构成骗取贷款罪(参见"黄某某骗取贷款再审刑事判决书"①)

裁判要旨:发放贷款的金融机构并没有报案和行使"被害人"诉讼权利,而是主张其办理贷款的手续完全合规,用以质押的证、单等文件经过审核确定真实。金融机构认为可以通过行使质押权来保障其债权的实现,并且认为对贷款人定罪判刑会影响其债权和质押权的正常行使,主观上不认为自己是被害人。

贷款人与金融机构签订贷款合同,除用证、单等文件质押担保外,还有贷款人本人及近亲属等自然人予以保证担保,侦查机关以骗取贷款罪进行刑事立案时,贷款尚未到还本期限。而在侦查机关刑事立案前,贷款人能够按合同约定归还借款利息,故在侦查刑事立案时公安机关认为贷款人届时无法归还贷款本息缺乏事实依据。即便最终发生贷款人没有如期归还贷款本息的事实,但不能排除是因侦查机关的提前介入导致贷款人行使民事权利受阻所致,将金融机构不能收回贷款本金的损害结果完全归责于贷款人有失公允。因此,指控金融机构是刑事犯罪的"被害人"是不适当的。既然不存在"被害人",贷款人也相应地不存在骗取贷款的犯罪行为。

本书中,李某某申请贷款时,没有提供任何虚假资料的欺骗行为,且提供了符合银行要求的担保人,没有使用任何欺骗的手段骗取贷款;银行

---

① 案件来源:(2017)粤刑再6号。

未以被害人身份报案,且至 2021 年××月××日,李某某尚欠银行贷款本金 188718.67 元未还,因此根本达不到骗取贷款罪所要求的"必须给银行或其他金融机构造成直接经济损失 20 万元"的立案标准。

综上,辩护人认为,李某某的行为不符合骗取贷款罪的构成要件,故恳请贵院本着少捕、慎诉、慎押的司法理念,参考并采纳辩护人的申请,对李某某依法作出罪化评价。

(六)朱桐辉老师点评

首先,本案辩护充分体现了对三阶层要件的第一阶层——"该当性"的证否,论证出罪上的优势。在此阶段,辩护人即充分论证了本案并不符合《刑法》第一百七十五条之一界定的骗取贷款罪,甚至本案金融机构的"损失"还未出现(金融机构穷尽一切私力救济、民事诉讼、强制执行等所有可能措施或程序后,本息仍无法收回的,才是"损失")。同时,也结合刑法修正情况特别指出,《刑法修正案(十一)》已将本罪调整为了结果犯——给金融机构造成"重大损失的",才可能入罪。

其次,辩护人特别注意收集和整理类案,并用类案说明本案不构成骗取贷款罪。在辩护人用心检索下找到了广东高院的判决,并指出本案也属"在侦查刑事立案时公安机关认为贷款人届时无法归还贷款本息缺乏事实依据。即便最终发生贷款人没有如期归还贷款本息的事实,但不能排除是因侦查机关的提前介入导致贷款人行使民事权利受阻所致"。用鲜活的案例给本案司法机关指明了正确的处理方向。

最后,辩护人从多方面论述本案的实质是民事借贷纠纷,不需刑事追责。除了该当性证否、类案证成外,辩护人还从行为人具有公职身份、申请时未用虚假材料、具有还款能力、本案金融机构还未采取更多方法追讨贷款(包括还未向保证人主张)等多方面论证了本案刑事追责的不合理。这具有强大的说服力,良好的辩护效果也就水到渠成了。

七、非法集资中"许可"与"批准"之辨析

（一）案情概述

某法院称：被告人刘某某担任某保险公司某县支公司经理期间，为完成上级公司下达的保险任务及提升本人的工作业绩，授意另一被告人沈某发展大客户，采取把公司的长期保险业务做成短期的理财产品，并承诺一年退保给客户6厘至1.5分不等月利息，客户退保损失由公司承担的方式，在未经相关部门许可的情况下，违反《保险法》的规定，面向社会不特定人员宣传，违规办理非正常保险业务171笔，收取保费合计人民币6715279.5元，客户退保合计人民币3916697.76元，某保险公司某县支公司获得人民币2798581.74元。综上，刘某某的行为已构成非法吸收公众存款罪。

（二）非法吸收公众存款罪法律及相关规定

1. 法律

《刑法》（2020修正）

第一百七十六条 【非法吸收公众存款罪】非法吸收公众存款或者变相吸收公众存款，扰乱金融秩序的，处三年以下有期徒刑或者拘役，并处或者单处罚金；数额巨大或者有其他严重情节的，处三年以上十年以下有期徒刑，并处罚金；数额特别巨大或者有其他特别严重情节的，处十年以

上有期徒刑,并处罚金。

单位犯前款罪的,对单位判处罚金,并对其直接负责的主管人员和其他直接责任人员,依照前款的规定处罚。

有前两款行为,在提起公诉前积极退赃退赔,减少损害结果发生的,可以从轻或者减轻处罚。

2. 司法解释

《最高人民法院关于审理非法集资刑事案件具体应用法律若干问题的解释》(法释〔2022〕5号)

第三条　非法吸收或者变相吸收公众存款,具有下列情形之一的,应当依法追究刑事责任:

(一)非法吸收或者变相吸收公众存款数额在100万元以上的;

(二)非法吸收或者变相吸收公众存款对象150人以上的;

(三)非法吸收或者变相吸收公众存款,给存款人造成直接经济损失数额在50万元以上的。

非法吸收或者变相吸收公众存款数额在50万元以上或者给存款人造成直接经济损失数额在25万元以上,同时具有下列情节之一的,应当依法追究刑事责任:

(一)曾因非法集资受过刑事追究的;

(二)二年内曾因非法集资受过行政处罚的;

(三)造成恶劣社会影响或者其他严重后果的。

第四条　非法吸收或者变相吸收公众存款,具有下列情形之一的,应当认定为刑法第一百七十六条规定的"数额巨大或者有其他严重情节":

(一)非法吸收或者变相吸收公众存款数额在500万元以上的;

(二)非法吸收或者变相吸收公众存款对象500人以上的;

(三)非法吸收或者变相吸收公众存款,给存款人造成直接经济损失数额在250万元以上的。

非法吸收或者变相吸收公众存款数额在250万元以上或者给存款人造成直接经济损失数额在150万元以上,同时具有本解释第三条第二款第三项情节的,应当认定为"其他严重情节"。

第五条　非法吸收或者变相吸收公众存款,具有下列情形之一的,应当认定为刑法第一百七十六条规定的"数额特别巨大或者有其他特别严重情节"：

（一）非法吸收或者变相吸收公众存款数额在5000万元以上的；

（二）非法吸收或者变相吸收公众存款对象5000人以上的；

（三）非法吸收或者变相吸收公众存款，给存款人造成直接经济损失数额在2500万元以上的。

非法吸收或者变相吸收公众存款数额在2500万元以上或者给存款人造成直接经济损失数额在1500万元以上，同时具有本解释第三条第二款第三项情节的，应当认定为"其他特别严重情节"。

第六条 非法吸收或者变相吸收公众存款的数额，以行为人所吸收的资金全额计算。在提起公诉前积极退赃退赔，减少损害结果发生的，可以从轻或者减轻处罚；在提起公诉后退赃退赔的，可以作为量刑情节酌情考虑。

非法吸收或者变相吸收公众存款，主要用于正常的生产经营活动，能够在提起公诉前清退所吸收资金，可以免予刑事处罚；情节显著轻微危害不大的，不作为犯罪处理。

对依法不需要追究刑事责任或者免予刑事处罚的，应当依法将案件移送有关行政机关。

3. 规范性文件

《最高人民检察院关于办理涉互联网金融犯罪案件有关问题座谈会纪要》

（一）非法吸收公众存款行为的认定

6. 涉互联网金融活动在未经有关部门依法批准的情形下，公开宣传并向不特定公众吸收资金，承诺在一定期限内还本付息的，应当依法追究刑事责任。其中，应重点审查互联网金融活动相关主体是否存在归集资金、沉淀资金，致使投资人资金存在被挪用、侵占等重大风险等情形。

9. 在非法吸收公众存款罪中，原则上认定主观故意并不要求以明知法律的禁止性规定为要件。特别是具备一定涉金融活动相关从业经历、专业背景或在犯罪活动中担任一定管理职务的犯罪嫌疑人，应当知晓相关金融法律管理规定，如果有证据证明其实际从事的行为应当批准而未经批准,行为在客观上具有非法性,原则上就可以认定其具有非法吸收公众存款的主观故意……

10.对于无相关职业经历、专业背景,且从业时间短暂,在单位犯罪中层级较低,纯属执行单位领导指令的犯罪嫌疑人提出辩解的,如确实无其他证据证明其具有主观故意的,可以不作为犯罪处理。另外,实践中还存在犯罪嫌疑人提出因信赖行政主管部门出具的相关意见而陷入错误认识的辩解。如果上述辩解确有证据证明,不应作为犯罪处理,但应当对行政主管部门出具的相关意见及其出具过程进行查证,如存在以下情形之一,仍应认定犯罪嫌疑人具有非法吸收公众存款的主观故意:

(1)行政主管部门出具意见所涉及的行为与犯罪嫌疑人实际从事的行为不一致的;

(2)行政主管部门出具的意见未对是否存在非法吸收公众存款问题进行合法性审查,仅对其他合法性问题进行审查的;

(3)犯罪嫌疑人在行政主管部门出具意见时故意隐瞒事实、弄虚作假的;

(4)犯罪嫌疑人与出具意见的行政主管部门的工作人员存在利益输送行为的;

(5)犯罪嫌疑人存在其他影响和干扰行政主管部门出具意见公正性的情形的。

对于犯罪嫌疑人提出因信赖专家学者、律师等专业人士、主流新闻媒体宣传或有关行政主管部门工作人员的个人意见而陷入错误认识的辩解,不能作为犯罪嫌疑人判断自身行为合法性的根据和排除主观故意的理由。

13.……仅凭投资人报案数据不能认定吸收金额。

(三)思路解析

1.与沈某有冲突的证人所做证言不能作为认定其入罪的依据

本案大部分证人本就与沈某有冲突,且该部分证人的证言具有推测性、主观臆断性、高度一致性,加之人具有趋利性的本质,故该部分证人证言的真实性必定存疑,后经庭审质证,刘某某、沈某等人对该部分证言均持有异议,故根据《刑事诉讼法》第五十五条之规定,由于该类证据未经查证属实,尚未达到证据确实、充分的刑事案件证明标准,故不能将该部分证人证言作为认定刘某某入罪的证据。

2. 非法集资行为中"许可"与"批准"的区别

《最高人民法院关于审理非法集资刑事案件具体应用法律若干问题的解释》(2010)第一条第一款阐述为"未经有关部门依法批准或者借用合法经营的形式吸收资金";而《最高人民法院关于审理非法集资刑事案件具体应用法律若干问题的解释》(2022修正)第一条第一款则阐述为"未经有关部门依法许可或者借用合法经营的形式吸收资金"。司法解释前后表述的不一致,说明的问题不同,"批准"的概念涵摄范畴要远远小于"许可"范畴,且将"批准"修改为"许可"的时间系2022年,而本案远早于2022年,故根据从旧兼从轻的刑法适用原则,认定刘某某是否构罪时应适用"批准"之规定。同时,沈某在庭审中多次承认其行为并未经刘某某批准,故本案公诉机关以刘某某授权沈某的行为未经有关部门依法"许可"为由将刘某某入罪有违罪刑法定原则,系自行拓展了打击范围,打击了不在刑法法益保护范围内的内容,当然应评价为指控错误。

3. 非法吸收"存款"与非法吸收"保费"是否能等同

根据非法吸收公众存款罪的法律规定及司法解释可知,非法吸收公众存款罪侵犯的法益系金融管理秩序及隐形存款人的利益。按照法益保护原理,行为人必须是将吸收的存款用于信贷目的,即吸收存款后再发放贷款(用于货币、资本的经营),有进有出的,才有可能构成本罪。另外,只有非法吸收存款的行为会对银行正常发放贷款这一业务的开展有冲击、有影响,才能危及金融秩序,故本罪的对象系"存款"而非"保费"。故在法律未明文规定"非法吸收公众保费罪"的前提下,并不能将"保费"与"资金"混同更不能将行为人吸收"保费"的行为评价为"非法吸收公众存款罪",否则有违罪刑法定原则。

4. 对刘某某作出罪化评价的理由

根据相关法律规定可知,非法吸收公众存款罪的主体可以是自然人,也可以是单位,构成该罪要求行为人客观上实施了非法向公众吸收存款或者变相吸收存款的行为;主观上具有非法吸收公众存款或者变相吸收公众存款的故意。同时,非法吸收公众存款罪具备四个特性,即非法性、公开性、利诱性、社会性。

本案中,沈某被"高频退保"的行为经自治区、市两级保险公司多次调查后均未得出其系违法操作的终局性结论,而所谓的受害者之所以参保系为了获得高利回报。沈某的行为是否构罪暂且不论,但该过程的最终款项并未流向刘某某,众多参保人也不会向刘某某主张退保费用,且据沈某的多次供述可知,其行为不需要刘某某批准,沈某工资的发放也不经刘某某之手,故刘某某客观上并未实施指挥、教唆沈某的行为;且经过庭审对刘某某的发问、沈某的当庭陈述可知,刘某某对沈某的行为确不知情,即刘某某主观上对沈某的行为并不明知,并无危害的主观意志,故刘某某不具备非法吸收公众存款罪的该当性,更无从考量其违法性和有责性。

(四)非法吸收公众存款罪出罪类案检索

1. 事实不清,证据不足类

林某某涉嫌非法吸收公共存款罪案①

【裁判要旨】林某某借入款项人数相对较少,借款对象范围较小且相对特定,所借款项大部分为被告人主动提出,并非以散布吸储方式来吸引他人把钱存放在其处,其行为性质不应认定为向不特定社会公众吸收存款,不具有危及金融秩序的危险,林某某无罪。

2. 客观不具有吸收公众存款的行为,主观不具有故意类

张某、周某某涉嫌非法吸收公众存款罪案②

【裁判要旨】其一,借款对象是职工、亲友、村民,属相对特定对象而非不特定的社会公众;其二,借款目的是用于承包窑厂的生产经营,而非用于转贷等资本经营,再审判决据此认为当事人"没有吸收存款扰乱金融秩序的主观故意"。这一认定的背后意旨应是认同非法吸收存款罪所扰乱的金融秩序,即非法吸收存款后用于从事货币、资本经营等金融业务,由此扰乱了国家的存贷管理这一至关重要的金融秩序。反之,如果吸收资金用于自身

---

① 案件来源:(2014)秀刑再初字第1号。
② 案件来源:(2016)苏刑再10号。

生产经营,则并未扰乱金融秩序,不构成非法吸收公众存款罪。

(五)关于刘某某不构成非法吸收公众存款罪的辩护意见

内蒙古蒙益律师事务所接受刘某某妻子孔某委托,指派田永伟律师担任其涉嫌非法吸收公众存款罪的辩护人,经过详细查阅卷宗、根据刘某某本人的陈述内容、结合今天的庭审举证、质证环节,辩护人认为刘某某在某保险公司某县支公司(以下简称"某县支公司")工作期间(2009年8月至2012年3月),因对沈某行为不明知,不存在纵容、指使、教唆行为。结合其他证据,刘某某不构成非法吸收公众存款罪,法院应对刘某某作出罪化处理。

辩护人对本案的评价为"内容庞杂,案情简单",本案如何处理,无非从证据和法理层面,对沈某行为的定性是公司行为还是个人,沈某行为与公司行为之间的关联度,沈某行为刘某某是否授权,案件的具体受害人应该为谁,非法吸收公众存款罪的构成要件等内容进行剖析。现本辩护人从证据达不到确实、充分的角度,《最高人民法院关于审理非法集资刑事案件具体应用法律若干问题的解释》内容角度,非法吸收公众存款罪犯罪构成角度进行详细分析。

1.本案公诉人指控刘某某构成非法吸收公众存款罪,证据达不到"确实、充分"的标准,对刘某某应当作出罪化处理

本案庭审中,公诉人出具的证据多为证人证言,经过与刘某某、沈某和李某某核实,大部分证人为与之有冲突的人员,因其具有趋利性,真实性必然存疑,结论不能作为证据使用。理由为,根据《刑事诉讼法》第五十条,证据种类规定为八类,但所有的证据均需要查证属实,才能作为定案的根据。

同时,根据《刑事诉讼法》第五十五条之规定,证据确实、充分应当符合以下条件:①定罪量刑的事实都有证据证明;②据以定罪的证据均经法定程序查证属实;③综合全案证据,对所认定事实已排除合理怀疑。而本案中指控刘某某涉嫌非法吸收公众存款罪的证据之一,即证人证言,除存在上述问题外,还存在推测性、主观臆断性、高度一致性。辩护人认为,在当庭沈某、刘某某、李某某均对证人证言有异议、不予以认可的情况下,此

类证言必然不能作为指控刘某某入罪的证据。

回看中国法治进程史,我们不难发现,所有被纠正的冤假错案,均为主观证据出现了问题,而其中又集中在证人证言和被害人陈述角度,证人证言居多。证人证言作为证据的前提是真实性,从证据法角度而言,其需要具备证明力,即证据资格,然后根据与案件的关联程度再讨论是否具备证明能力。而本案中,公诉人出示的证人证言,真实性不具备且在几名被告人均予以否认的情况下,当然不能作为定案依据。

2. 本案起诉书阐述内容与《最高人民法院关于审理非法集资刑事案件具体应用法律若干问题的解释》相关规定相冲突,对刘某某应当作出罪化处理

首先,应当区分"许可"和"批准"之含义。某市人民检察院(×检二部刑诉【××××】××号)起诉书指控,刘某某"授意被告人沈某发展大客户,采取把公司的长期保险业务做成短期的理财产品,并承诺一年退给客户6厘至1.5分不等月利息,客户退保损失由公司承担的方式,在未经相关部门许可的情况下……",公诉人在宣读起诉书和法庭辩论时,始终强调"未经相关部门许可",辩护人需提请注意的是,《最高人民法院关于审理非法集资刑事案件具体应用法律若干问题的解释》(2010)第一条阐述为"未经有关部门依法批准",《最高人民法院关于审理非法集资刑事案件具体应用法律若干问题的解释》(2022修正)第一条则阐述为"未经有关部门依法许可",司法解释前后表述的不一致,说明的问题不同。"批准"的概念涵摄范畴要远远小于"许可"范畴。公诉机关起诉书如此指控,无疑违反了罪刑法定原则,自行拓展了打击范围。打击了不在刑法法益保护范围内的内容,当然应当评价为指控错误。

即如何厘清"批准"和"许可"的区别,直接决定了本案的定性,更决定了刘某某是否承担罪责,新的司法解释将"批准"修正为"许可",更值得本案法官和公诉人思考。

另,本案中若需要经过批准,应由谁提请批准,沈某?刘某某?还是某县支公司?提请批准的对象应为谁?提请批准的理由又应为何?辩护人认为,本案中,根本不存在批准或许可之可能,此问题下文详细论述。故,本案当然应对刘某某作出罪化处理。

其次,需要注意两部司法解释均明确"存款人"的要义。无论是2010

年的《最高人民法院关于审理非法集资刑事案件具体应用法律若干问题的解释》,还是2022年的修正版,第三条均明确,"非法吸收或者变相吸收公众存款,具有下列情形之一的,应当依法追究刑事责任……",2010年的司法解释四次提及"存款人",2022年的修正版两次提及"存款人",辩护人认为,司法解释之所以如此安排,是因为与《刑法》第一百七十六条罪名规定完全相符的,即罪刑的对象为"存款"而非"资金"和"保险金",保护的双重法益即为金融管理秩序和隐形的存款人的利益。

最后,"违法所得去向"即需要明确本案的退赔主体。根据2022年修正的《最高人民法院关于审理非法集资刑事案件具体应用法律若干问题的解释》第六条规定,在提起公诉前积极退赃退赔,减少损害结果发生的,可以从轻或者减轻处罚;在提起公诉后退赃退赔的,可以作为量刑情节酌情考虑。具体到本案中,在刘某某未授权、指使、教唆的情况下,沈某的个人行为导致了所谓的投保户"受害人"受损,经过庭审时对刘某某的发问,以及沈某的当庭陈述,刘某某确系不知情,即对沈某行为不明知。在沈某与投保人单方联系的情况下,某县支公司虽有收入,但不能评价为违法所得或非法收入。在"法律不强人所难"的前提下,公司当然不能承担民事和刑事意义上的责任,刘某某亦不能。根据最高人民法院刑事审判第三庭副庭长、《最高人民法院关于审理非法集资刑事案件具体应用法律若干问题的解释》起草人王新老师的观点,"违法所得去向"在实务中发挥着重要的作用,直接决定着定罪量刑。本案中,"受害人"会向刘某某主张资金返还吗?答案是否定的。据此,刘某某不明知、未指使,更未将违法所得资金装入自己口袋,对其定罪勉为其难。

3. 本案起诉书指控,刘某某构成非法吸收公众存款罪,结合全案证据分析,其行为不符合犯罪构成要件,对刘某某应当作出罪化处理

清华大学法学院院长周光权老师强调,非法吸收公众存款罪,犯罪对象一定是公众存款而非公众资金,否则罪名就应为非法吸收公众资金罪。非法吸收公众存款罪是破坏金融秩序的犯罪,行为人非法吸收的是公众的存款,而不是非法吸收公众的资金。所以,按照法益保护原理,行为人必须是将吸收的存款用于信贷目的,即吸收存款后再发放贷款(用于货币、资本的经营),有进有出的,才有可能构成本罪。根据《商业银行法》第三条规定,商业银行的运营模式是吸收公众存款,发放短期、中期和长

期贷款，唯其如此，该行为才是依照金融机构的模式运作，也才可能对合法的金融机构即银行正常发放贷款这一业务的开展有冲击、有影响，才能危及金融秩序，因而，才应以犯罪论处。如果行为人非法吸收来的资金不是用于从事金融业务，而是用于正常的生产经营活动，即使资金用途有所改变，也不应当构成非法吸收公众存款罪。

本案中，公诉机关称沈某以"长险短做"、承诺利息的方式向不特定客户宣传，违规办理非正常保险业务171笔，收取保费合计6715279.5元，客户退保3916697.76元，退保损失合计2798581.74元被保险公司所得。刘某某对沈某的行为不明知前文已经论述，沈某对此行为未对刘某某及公司告知在庭审中予以认同。经过庭审审判长讯问，刘某某、李某某均陈述沈某的工资与某县支公司无关，而是由市公司工资系统直接发放。而自治区、市两级保险公司多次对沈某的"高频退保"情况进行核查，并未有终局性结论。

"投保人"相信沈某的身份，并听信沈某高额回报退保内容，对于沈某的行为是否成立犯罪，在此不予以评价。此案事发的原因，也是沈某为获取高额的佣金，对投保人承诺高额回报，采取累计多人投保退保，因公司及负责人刘某某无从知晓、资金链断裂导致。刘某某在本案中，无危害行为、无危害主观意志，当然不具备刑法犯罪构成意义上的该当性，更无从考量其违法性和有责性。另，沈某承诺退保高利回报的对象是为牟取高利的投保人，而非《刑法》第一百七十六条规定的"存款"，根据罪刑法定原则，在未设定"非法吸收资金罪""非法吸收保费罪"的大前提下，必然不能进行入罪化处理。

综上所述，辩护人认为，公诉机关指控刘某某构成非法吸收公众存款罪的证据体系架构缺陷严重，加之前文所述刘某某未从沈某处获利、对沈某从事的提前退保行为不明知等情形，公诉机关指控刘某某构成非法吸收公众存款罪不能成立。"还原法律真相靠证据，还原客观真相靠良知"。相信贵院会综合评定全案证据，认真研讨非法吸收公众存款罪的犯罪构成要件，对刘某某作出无罪判决。

（六）王新老师点评

"非法性"是非法吸收公众存款罪的本质特征，虽然其本质与合法融资只有一字之差，但在刑事立法和刑事政策方面具有划分刑事法律界限的功能。鉴于"非法性"具有高度的概括性和抽象性，非常容易导致罪与非罪的法律界限呈现模糊状态。虽然刑法对于非法吸收公众存款罪的本质描述具有一定的抽象性和概括性，但严格遵循罪刑法定原则，可以避免其被扩大解释，使罪名的相对明确性得以保证。本案辩护意见正是从非法吸收公众存款罪所保护的法益出发，辨析犯罪的本质，避免将此类犯罪扩大化。

正如上文所言，辩护意见首先从案件证据上入手，得出证据达不到刑事定罪标准的结论；其次，从罪刑法定的角度出发，厘清了"许可"和"批准"的区别，以免将打击范围进行拓展；再次，阐述了"存款人"的定义以及刘某某并非违法所得的最终受益者；最后，重点论述刘某某在本案中既没有危害行为，也无危害的主观意志，其行为不符合非法吸收公众存款罪的该当性。

综上，辩护意见立足于罪名本质，将犯罪构成进行拆分辨析，后又进行重点论述，将法理、法律、司法解释结合运用，从而使得辩护意见完整且充实，具有较强的说服力。

八、《贷款通则》不属于违法发放贷款罪中的"国家规定"

（一）案情概述

某公诉机关指控称：杨某某系某银行某分行的信贷员，其担任信贷员期间，办理李某某、齐某某作为共同借款人，吴某某、王某某作为共同借款人，于某某、代某某作为共同借款人，李某、王某作为共同借款人的四笔贷款时，未对借款人及保证人的条件认真审查，就作出合格决定提交审贷委员会审核，且未履行事后监督职责，给金融机构造成重大损失，其行为违反了中国人民银行制定的《贷款通则》，构成违法发放贷款罪。本案开庭前一日，某银行某分行出具了《关于杨某某四笔贷款情况说明》，该情况说明称案涉前三笔贷款已经结清，而最后一笔贷款有借款人提供的担保物及保证人。

（二）违法发放贷款罪法律及相关规定

1. 法律

《刑法》（2020修正）

第一百八十六条 【违法发放贷款罪】银行或者其他金融机构的工作人员违反国家规定发放贷款，数额巨大或者造成重大损失的，处五年以下有期徒刑或者拘役，并处一万元以上十万元以下罚金；数额特别巨大或者造成特别重大损失的，处五年以上有期徒刑，并处二万元以上二十万元以下罚金。

银行或者其他金融机构的工作人员违反国家规定,向关系人发放贷款的,依照前款的规定从重处罚。

单位犯前两款罪的,对单位判处罚金,并对其直接负责的主管人员和其他直接责任人员,依照前两款的规定处罚。

关系人的范围,依照《中华人民共和国商业银行法》和有关金融法规确定。

《商业银行法》(2015修正)

第四十条　商业银行不得向关系人发放信用贷款;向关系人发放担保贷款的条件不得优于其他借款人同类贷款的条件。

前款所称关系人是指:

(一)商业银行的董事、监事、管理人员、信贷业务人员及其近亲属;

(二)前项所列人员投资或者担任高级管理职务的公司、企业和其他经济组织。

2. 规范性文件

《立案追诉标准(二)》(公通字〔2022〕12号)

第三十七条　【违法发放贷款案(刑法第一百八十六条)】银行或者其他金融机构及其工作人员违反国家规定发放贷款,涉嫌下列情形之一的,应予立案追诉:

(一)违法发放贷款,数额在二百万元以上的;

(二)违法发放贷款,造成直接经济损失数额在五十万元以上的。

(三)思路解析

1. 认定是否构成违法发放贷款罪的考量因素

办理涉嫌违法发放贷款罪案件,应从犯罪嫌疑人的主体身份与履职情况、行为是否造成实际重大损失且不可挽回、是否系单位犯罪等方面入手考量,充分遵循罪刑法定原则及刑法系二次法的性质,根据先客观后主观、先违法后有责的司法逻辑判断顺序,对案涉行为与违法发放贷款罪罪状描述的典型事实是否一致逐步进行分析,厘清刑事犯罪与民事侵权、行政违法的界限。同时,为避免类推解释,应根据法律规定严格限定"国家规定"的范畴,明确区分"国家规定"与"国家有关规定",以避免刑法打击力度的扩大化。

2. 违反国家规定与对借款人、保证人条件审查不严不能等同

本案公诉机关指出,杨某某对借款人、保证人的条件未进行认真的审查就作出合格决定并提交审贷会审核,违法发放贷款。但是,未对借款人、保证人的条件进行认真审核,并不能等同于违反国家规定。首先,囿于能力所限,杨某某作为信贷员,其无法对借款人、保证人提交的营业执照、工资流水进行实质审查,其并非专业人员故无法辨认他人提供的营业执照、工资流水的真假,只能对材料能体现的情况进行形式审查;其次,根据卷宗材料记载,杨某某在审核案涉四笔借款时已经尽到了审慎义务,对保证人也进行过电话回访;再次,审批贷款系流程性工作,需要经过层层审批,信贷员审核仅为其中的环节之一,杨某某审核通过后还需要提交审贷会,且据杨某某所述其需对审贷会进行报告,而审贷会决议由银行的其他领导负责,故如果本案仅追究杨某某的刑事责任,那么可能就陷于共犯中从犯承担责任而主犯全身而退的怪圈。

故,即便杨某某的工作存在小的瑕疵,但并不影响工作的完整性,不能以此认定其违反国家规定发放贷款,否则既有违《刑事诉讼法》第五十五条规定的证据确实、充分的标准,亦有违刑法系二次法的本质。

3. 中国人民银行制定的《贷款通则》不属于"国家规定"

根据《刑法》对违法发放贷款罪的规定,构成本罪需行为人违反国家规定发放贷款。本案公诉机关在首轮指控中称杨某某的行为违反了中国人民银行制定的《贷款通则》,辩护人提出此《贷款通则》系部门规章,不属于国家规定,后公诉人称应将《贷款通则》视为国家规定。《贷款通则》能否被视为国家规定?解决该问题需从相关的法律规定入手分析。《刑法》第九十六条规定,本法所称违反国家规定,是指违反全国人民代表大会及其常务委员会制定的法律和决定,国务院制定的行政法规、规定的行政措施、发布的决定和命令。而《最高人民法院关于准确理解和适用刑法中"国家规定"的有关问题的通知》(法发〔2011〕155号)第一部分对"国家规定"进行了进一步的明确,即以国务院办公厅名义制发的文件,符合

以下三项条件的可以视为国家规定：①有明确的法律依据或者同相关行政法规不相抵触；②经国务院常务会议讨论通过或者经国务院批准；③在国务院公报上公开发布。此通知的第二部分内容则专门强调：各级人民法院在刑事审判工作中，对有关案件涉及"违反国家规定"的认定要审慎进行，对违反地方性法规和部门规章的，不得认定为"违反国家规定"，若对是否存在"违反国家规定"有争议的，应当作为法律适用问题逐级向最高人民法院请示。

综上，中国人民银行制定的《贷款通则》系部门规章，不能将其视为国家规定，违反该通则所实施的行为更不能视为违反国家规定的行为，故本案以《贷款通则》将杨某某入罪有违罪刑法定原则，亦有类推解释之嫌。

4. 如何理解违法发放贷款罪中的"造成重大损失"

违法发放贷款罪系结果犯，在主观方面体现为故意，造成重大损失属于客观超过要素。此处的重大损失为实际损失，即该损失不可填补、不可追回（从会计学上讲为死账），换言之，即行为人所实施的违法放贷的行为导致实害结果已经发生，且经过诉讼执行程序仍无法收回。

具体到本案中，根据某银行某分行出具的情况说明可知，案涉四笔贷款中的前三笔截至一审庭审前已经结清；而对于最后一笔未清偿的贷款，已经被法院生效文书所确认由实际借款人承担清偿责任，且金融机构对二人提供的房屋在债权范围内享有优先受偿权，保证人对此也承担连带清偿责任，故对尚未清偿的欠款，案涉金融机构仍可通过法律途径实现债权，因此杨某某的行为并未给金融机构造成损失，故对其应作出罪化处理。

5. 信贷员事后监督存在瑕疵是否属于违法发放贷款罪的构成要件

违法发放贷款罪针对的是犯罪主体违法发放贷款而造成实害后果的行为，该罪中，违反国家规定发放贷款是前因，数额巨大或造成重大损失是后果，对于贷款后是否监控，辩护人认为应属于履职范畴而不应置于本罪中评价。

（四）违法发放贷款罪出罪、定罪免刑类案检索

1. 事实不清、证据不足类

邹某某涉嫌违法发放贷款罪案①

【裁判要旨】恒大公司先后向银行提供虚假的资产负债表、产品购销合同、发票等贷款材料。上诉人邹某某为银行发放贷款的第一调查审核人，在向恒大公司发放贷款时未对材料进行严格审查，导致贷款被顺利审批并发放，但该行为是由于银行工作流程、制度设计存在缺陷所导致，故邹某某行为本身不具有刑事违法性；且邹某某主观上亦没有违法发放贷款的故意，故邹某某的行为不符合违法发放贷款罪的构成要件。

2. 自动投案，如实供述自己的罪行且损失全部挽回，犯罪较轻类

付某某违法发放贷款罪案②

【裁判要旨】付某某身为金融机构工作人员，违反国家规定，在发放贷款业务过程中未进行贷前调查、贷时审查、贷后检查，明知贷款申请人不符合贷款条件仍发放贷款129万元，数额巨大，具有社会危害性，其行为符合违法发放贷款罪的犯罪构成，已构成违法发放贷款罪，具有社会危害性。案发前以上贷款由该金融机构收回111万元，后付某某退赔人民币20万元。付某某自动投案，如实供述自己的罪行，系自首；本案违法发放贷款金额仅达到立案标准，且损失全部挽回，犯罪较轻，依法可以免除处罚。

（五）关于杨某某不构成违法发放贷款罪的辩护意见

内蒙古蒙益律师事务所接受杨某某的委托，指派田永伟律师担任杨某某涉嫌违法发放贷款罪的辩护人。经过多次与杨某某沟通，深入研判卷宗材料，辩护人认为杨某某的行为不构成违法发放贷款罪。公诉机关将杨某某的行为归类"违反国家规定""贷后监控不严入罪""违法发放数

---

① 案件来源：(2019)辽06刑终65号。
② 案件来源：(2015)汉刑初字第136号。

额巨大""造成重大损失"不能成立,具体理由如下,供合议庭裁决时参考:

违法发放贷款罪规定在《刑法》分则第三章第四节"破坏金融管理秩序罪"中,第一百八十六条明确,银行或者其他金融机构的工作人员违反国家规定发放贷款,数额巨大或者造成重大损失的,科以刑罚。又根据2022年5月15日修订生效的《立案追诉标准(二)》(2022)第三十七条规定的立案条件,即违法发放贷款,数额在200万元以上的;违法发放贷款造成直接经济损失50万元以上。结合上述符合性规定,辩护人先从杨某某的发放贷款行为是否"违反国家规定"层面论述展开,深入分析杨某某不构成违法发放贷款罪。

1. 杨某某的发放贷款的行为,未违反国家规定,合法审查的行为不应成为本罪的入罪条件

杨某某于2012年底至2014年3月份在某银行某支行从事信贷员工作,据杨某某称在工作期间其任劳任怨、无私奉献,完全按照某银行的要求审查所有贷款资料。就某旗人民检察院(×检刑诉【××××】×××号)起诉书中指控李某某、齐某某作为共同借款人;吴某某、王某某作为共同借款人;于某某、代某某作为共同借款人;李某、王某作为共同借款人的四笔贷款,提到其"未对借款人及保证人的条件进行认真审查,就作出合格决定提交审贷委员会审核","违反国家规定"发放贷款与未严格对保证人条件进行审查是否可以等同将成为本案争议的焦点。

所谓违规发放即违反国家规定发放,自《刑法修正案(六)》第十三条对此进行了修改,即由原来的"法律、行政法规"修改为"国家规定"。某银行企业内容对于员工含糊不明的制度或者说员工根本不清楚的制度是否可以归为"国家规定"的范畴在本案中则显得尤为重要。所以,这里需要界定"国家规定"的概念,《刑法》第九十六条规定,本法所称违反国家规定,是指违反全国人民代表大会及其常务委员会制定的法律和决定,国务院制定的行政法规、规定的行政措施、发布的决定和命令。《最高人民法院关于准确理解和适用刑法中"国家规定"的有关问题的通知》(法发〔2011〕155号)则对"国家规定"进行了进一步的明确,以国务院办公厅名义制发的文件,符合以下三项条件的可以视为国家规定:①有明确的法律依据或者同相关行政法规不相抵触;②经国务院常务会议讨论通过或者

经国务院批准;③在国务院公报上公开发布。此通知的第二部分内容则专门强调:各级人民法院在刑事审判工作中,对有关案件涉及"违反国家规定"的认定要审慎进行,对违反地方性法规和部门规章的,不得认定为"违反国家规定",若对是否存在"违反国家规定"有争议的,应当作为法律适用问题逐级向最高人民法院请示。

公诉机关在开庭首轮辩护中提及,杨某某的行为违反了中国人民银行制定的《贷款通则》,辩护人需指出此《贷款通则》属于部门规章而不属于国家规定,亦即杨某某的行为未违反国家规定,当然不能作入罪化处理。后,公诉人第二轮答辩称应将《贷款通则》视为国家规定,此回复违背了最基本的常理,违背了最高人民法院的(法发〔2011〕155号)文件精神,也违背了罪刑法定原则。杨某某的行为在未违背"国家规定"的前提下,若将其直接作入罪化处理,"王力军倒卖玉米非法经营案"将会再次上演,罪刑法定原则将被再次扼杀。相信合议庭会根据刑法系二次法,严重违反"国家规定"的一次法或者可能性的基础上,对杨某某的行为是否入罪进行深层次评价。

另,结合卷宗材料记载,杨某某对李某某、齐某某作为共同借款人;吴某某、王某某作为共同借款人;于某某、代某某作为共同借款人;李某、王某作为共同借款人的四笔贷款审核已经尽到审慎的义务,对保证人也以电话的方式进行了回访,对于借款人及保证人出具虚假的证明文件包括营业执照和工资流水证明,杨某某作为普通信贷员无法辨别其真假,即便是相关的司法机关也需要进行公章字迹鉴定鉴别真伪。

同时,根据某银行内部贷款制度的规定,除了杨某某提交初审的意见外,最为核心的是提交银行内部的审贷会通过,而审贷会决议则是由银行的其他领导负责,具体追究责任不在本案讨论范围内,但如果此案仅追究杨某某的刑事责任,那么可能就陷于共犯中从犯承担责任而主犯全身而退的怪圈。同时,杨某某虽在工作中存在小瑕疵但不影响整体工作的完整性,更不能将其列为入罪的前提。

结论:(1)银行内部的规章制度员工不知情,系银行未尽到如实告知的义务,从企业合规角度剖析企业自损的行为应自负,而非追究员工责任。因其未如实告知已经切割了企业与员工混同责任,而未进行责任明晰的银行应自担风险。(2)银行内部的规定不能上升为"国家规定"的层面,与《刑法》第一百八十六条违法发放贷款罪中的"违反国家规定"效力不能同级,前文已经详述,若以此入罪则完全违背罪刑法定原则。

2.起诉书中将四笔贷款未及时还款界定为"造成重大损失"系误解,有能力还款而未能及时偿还的不应入罪

起诉书中指控的李某某、齐某某作为共同借款人;吴某某、王某某作为共同借款人;于某某、代某某作为共同借款人;李某、王某作为共同借款人的四笔贷款,均系杨某某为信贷员,在未厘清是否已还款以及是否具有还款能力的情况下,直接确定杨某某的犯罪数额为123.773741万元,违背了《刑事诉讼法》第五十五条规定之内容,即证据确实、充分的标准,并未排除一切合理怀疑。

根据杨某某提供的内容,辩护人发现:

(1)李某某、齐某某贷款未偿还的数额为16.24万元,而非起诉书中指控30.807339万元;

(2)吴某某、王某某贷款已经执行结清,而非起诉书中所称12.66244万元未归还;

(3)于某某及其妻子代某某贷款实际未归还3.56万元;

(4)李某和王某贷款67.632292万元未还,此笔贷款已经由某市中级人民法院×民终××××号民事判决书及某高级人民法院×民申××××号民事裁定书确认,由李某和王某还款,并以其二人提供的房屋(证号:×房权证××镇字第××××)在债权范围内优先受偿,且杨某甲对此款项承担连带偿还责任。

上述四项分析,辩护人发现公诉机关除指控的造成重大损失的数额有出入外,还将第(1)项、第(3)项和第(4)项未归还的数额直接计算到造成重大损失的范围内。公诉机关指控错误违背了刑事法律上最重要的先形式后实质判断的规则,亦违背了此罪名为结果犯,需要给银行造成实际损失即此损失不可填补亦不可追回(从会计学上讲为死账)。上述第(1)、(3)、(4)项由人民法院依法裁判正在执行程序中,尤其在第(4)项在有房产担保和保证人的情况下公诉机关仍将其归类为造成重大损失的范畴,严重违背了"违法发放贷款罪"的立法目的和宗旨,即此罪名被规定在"破坏社会主义市场经济秩序罪"一章中,侵害的法益当然为市场经济秩序,同时需要破坏金融管理秩序,而在银行仍可通过法律途径实现债权的

情况下,将杨某某做入罪化处理违背罪刑法定的原则,即便银行自愿放弃自己的权利。

另,根据杨某某本人提交的,由某银行股份有限公司某分行于2022年5月12日出具的《关于杨某某四笔贷款情况说明》可以证实,上述前三笔即李某某、于某某、吴某某的贷款已经结清;而最后一笔李某存在担保物,不会给银行造成损失。进一步证实,杨某某的行为未给金融机构造成任何的损失,即未对法益造成任何形式的损害,此情形下,将其行为评价为违法发放贷款罪牵强且违法。

而笔录中多次提及的贷后监控,更令辩护人无所适从,违法发放贷款针对的是犯罪主体违法发放贷款而造成实害后果的行为,违反国家规定发放贷款是前因,数额巨大或造成重大损失是后果,对于贷款后是否监控,辩护人认为应属于履职范畴而不应置于本罪中评价。

结论:违法发放贷款罪,主观方面体现为故意,造成巨大损失属于客观超过要素。就本案而言,杨某某虽然事先存在审查不严的情形,但已经偿还完毕及有担保物的部分当然不能认定为是给银行造成的重大损失,重大损失一定为结果且实害已经发生,若经过诉讼执行程序仍然未收回的,方能认定为给银行造成重大损失的范畴。杨某某贷前审查不严的行为未违反"国家规定",亦未达到犯罪构成符合性的标准,未对银行造成任何形式和实质意义上的损害,对其出罪化处理为唯一结果。

综上所述,根据入罪"举轻以明重"、出罪"举重以明轻"的评价体系,先客观后主观、先违法后有责的司法逻辑判断顺序,任何行为成立犯罪都应当和刑法分则罪状描述的典型事实相一致,准确定罪首先是准确判断犯罪客观要件及其要素,而正是基于客观构成要件绝对重要的概念,司法上才能将犯罪行为区别于民事侵权和行政违法,进而能够进行违法和有责的判断。结合本案看,杨某某的行为不能评价为犯罪行为,因其行为不具备规范上的该当性,客观上也没有法益侵害(危险)的行为,更谈不上违法性和有责性,刑法当然不处罚。

同时,辩护人再次重申,刑法为二次法,行为人的行为还未达到刑法层面讨论。另,本案中应厘清"国家规定"的内涵,严格把握"国家规定"和"国家有关规定"的区别。综上,恳请贵院对杨某某的行为作出罪化处理。

（六）王新老师点评

违法发放贷款类案件，一般是银行信贷人员严重不负责任或不正确履行信贷职责，违反国家规定发放贷款，数额巨大或者造成重大损失的行为，从而对银行工作人员进行入罪处理。

在本案中，辩护人列明了法律依据及类案检索，从"违反国家规定"与"违反国家有关规定的"的区别切入，认为构成违法发放贷款罪的前提只能是"违反国家规定"。根据《刑法》第九十六条，违反国家规定，并不包括地方性法规和部门规章。而在本案中，办案机关认定嫌疑人的行为属于非法发放贷款行为的依据是中国人民银行制定的《贷款通则》，这就意味着将规章作为追究责任的依据，扩大了该罪的追究范畴。另外，《刑法》第一百八十六条分别对该罪的犯罪构成、定罪量刑标准、加重情节以及对单位的处罚进行了规制。就本案而言，辩护人立足于违法发放贷款罪的犯罪构成，对该罪中"违反国家规定"的理解、"审查形式"的界定、"造成重大损失"的判断以及相关责任主体的划定等一些争议问题进行了探讨，尤其是对有能力还款而未能及时偿还、"造成重大损失"的时间点从何时起认定等问题进行切入，探究本案当事人的行为是否对金融管理秩序造成破坏，兼具理论澄清和实践引导之目的。

九、逃税罪的证据认定及处罚阻却事由

（一）案情概述

某公诉机关指控称：某公司2016年至2018年期间法定代表人系王彦某，股东夏某某百分之百控股，赵某某系该公司副总经理兼供销部部长，杜某某系财务部部长，赵某甲为会计。为了逃避缴纳税款，在赵某某的指使下，付某某与其他公司谈业务，报出公司开发票和不开发票的两种销售价格；赵某甲负责公司设立的账外账登记，制作记账凭证，申报公司应纳税数额，并上报赵某某批准；杜某某作为财务部部长负责账目审核。某公司以设立账外账的方式不开具增值税专用发票，隐瞒公司销售收入，以达到逃避税款的目的。后来，赵某某、付某某、赵某甲、杜某某以逃税罪被立案侦查。

（二）逃税罪法律及相关规定

1. 法律

《刑法》(2020修正)

第二百零一条　【逃税罪】纳税人采取欺骗、隐瞒手段进行虚假纳税申报或者不申报，逃避缴纳税款数额较大并且占应纳税额百分之十以上的，处三年以下有期徒刑或者拘役，并处罚金；数额巨大并且占应纳税额百分之三十以上的，处三年以上七年以下有期徒刑，并处罚金。

扣缴义务人采取前款所列手段,不缴或者少缴已扣、已收税款,数额较大的,依照前款的规定处罚。

对多次实施前两款行为,未经处理的,按照累计数额计算。

有第一款行为,经税务机关依法下达追缴通知后,补缴应纳税款,缴纳滞纳金,已受行政处罚的,不予追究刑事责任;但是,五年内因逃避缴纳税款受过刑事处罚或者被税务机关给予二次以上行政处罚的除外。

2. 司法解释

《最高人民法院关于审理偷税抗税刑事案件具体应用法律若干问题的解释》(法释〔2002〕33号)

第一条 纳税人实施下列行为之一,不缴或者少缴应纳税款,偷税数额占应纳税额的百分之十以上且偷税数额在一万元以上的,依照刑法第二百零一条第一款的规定定罪处罚:

(一)伪造、变造、隐匿、擅自销毁账簿、记账凭证;

(二)在账簿上多列支出或者不列、少列收入;

(三)经税务机关通知申报而拒不申报纳税;

(四)进行虚假纳税申报;

(五)缴纳税款后,以假报出口或者其他欺骗手段,骗取所缴纳的税款。

扣缴义务人实施前款行为之一,不缴或者少缴已扣、已收税款,数额在一万元以上且占应缴税额百分之十以上的,依照刑法第二百零一条第一款的规定定罪处罚。扣缴义务人书面承诺代纳税人支付税款的,应当认定扣缴义务人"已扣、已收税款"。

实施本条第一款、第二款规定的行为,偷税数额在五万元以下,纳税人或者扣缴义务人在公安机关立案侦查以前已经足额补缴应纳税款和滞纳金,犯罪情节轻微,不需要判处刑罚的,可以免予刑事处罚。

3. 规范性文件

《立案追诉标准(二)》(公通字〔2022〕12号)

第五十二条 【逃税罪(刑法第二百零一条)】逃避缴纳税款,涉嫌下列情形之一的,应予立案追诉:

(一)纳税人采取欺骗、隐瞒手段进行虚假纳税申报或者不申报,逃避缴纳税款,数额在十万元以上并且占各税种应纳税总额百分之十以上,经税务机关依法下达追缴通知后,不补缴应纳税款、不缴纳滞纳金或者不接受行政处罚的;

(二)纳税人五年内因逃避缴纳税款受过刑事处罚或者被税务机关给予二次以上行政处罚,又逃避缴纳税款,数额在十万元以上并且占各税种应纳税总额百分之十以上的;

(三)扣缴义务人采取欺骗、隐瞒手段,不缴或者少缴已扣、已收税款,数额在十万元以上的。

纳税人在公安机关立案后再补缴应纳税款、缴纳滞纳金或者接受行政处罚的,不影响刑事责任的追究。

(三)思路解析

赵某某适用逃税罪中的处罚阻却事由

本案中,赵某某可以适用逃税罪中的处罚阻却事由。根据在案证据可知:首先,某公司之所以未及时补缴税款系因应补缴数额的计算有误,存在当期进项税额不清、未扣减经营成本等因素,在此前提下要求某公司补缴巨额税款及滞纳金明显于法无据;其次,案涉《行政处罚决定书》等系赵某某离开某公司后送至某公司的,此时若要追究赵某某的刑事责任,就意味着赵某某是否构成逃税罪取决于某公司下一任股东、管理人员。一个人是否被追究刑事责任取决于他人的行为和态度,这与刑法立法宗旨不符。另,就实际情况而言,无论赵某某是否知晓税务机关对某公司下达《行政处罚决定书》等事宜,但因为其已经离开公司,故没有配合税务机关缴纳税款、接受处罚的能力与现实可能性。既然现行法律中没有明确规定逃税罪中的处罚阻却事由是否可以适用逃税单位的主管人员和直接责任人员,那么就应根据有利于被告人原则,认定逃税罪中的处罚阻却事由可以适用逃税单位的主管人员和直接责任人员。

（四）逃税罪出罪类案检索

1. 事实不清，证据不足类

杜某轩逃税罪案①

【裁判要旨】某县人民检察院指控被告人杜某轩犯逃税罪，因出示的证据不能证实杜某轩的砖厂在该段时间内的销售数额，故不能准确核定杜某轩逃税的具体数额，杜某轩虽然没有进行税务申报，但自 2004 年开始，税务部门都按季度对杜某轩的砖厂进行税款核实和催缴，且杜某轩已按税务部门核定数额按期缴纳。故指控杜某轩犯逃税罪的证据不足，指控的罪名不能成立。

张某某逃税罪案②

【裁判要旨】经本院审查并退回补充侦查，本院仍然认为某市公安局某经济开发区分局认定的张某某涉嫌逃税罪犯罪事实不清、证据不足，不符合起诉条件。依照《刑事诉讼法》第一百七十五条第四款、《人民检察院刑事诉讼规则》第三百六十七条的规定，决定对张某某不起诉。

2. 缺少构成逃税罪的前置条件（经追缴仍不缴纳税款）类

初某某贪污罪、滥用职权罪、逃税罪案③

【裁判要旨】（1）原公诉机关指控原审被告人初某某于 2004 年至 2008 年任某商厦经理期间，采取虚假纳税申报方式向某县地税局纳税 41631.72 元，而实际应缴纳税款 275644.05 元，偷税 234012.33 元。2004 年原审被告人初某某任某商厦经理期间，采取隐瞒手段不申报纳税，不缴纳某商厦销售不动产营业税 238500 元，城建税 16695 元，合计 255195 元，构成逃税罪。原审法院对初某某构成逃税罪的指控未予认定，本院认为是正确的。《刑法修正案（七）》第三条规定"纳税人采取欺骗、隐瞒手段进行虚假纳税申报或者不申报，逃避缴纳税款数额较大并且占应纳税额百分之十以上的，处三年以下有期徒刑或者拘役，并处罚金；数额巨大

---

① 案件来源：(2010)渐刑初字第 090 号。
② 案件来源：蕉检公刑不诉〔2020〕13 号。
③ 案件来源：(2014)宁刑再初字第 1 号。

占应纳税额百分之三十以上的,处三年以上七年以下有期徒刑,并处罚金。……有第一款行为,经税务机关依法下达追缴通知后,补缴应纳税款,缴纳滞纳金,已受行政处罚的,不予追究刑事责任。但是,五年内因逃避缴纳税款受过刑事处罚或者被税务机关给予二次以上行政处罚的除外"。本案中,2004年至2008年间,初某某与某商厦之间属于不定期租赁关系,初某某隐瞒收入、虚假申报、少缴应纳税款及不申报纳税。按照上述法律规定,税务机关应当向初某某下达追缴通知书,对其进行行政处罚。经追缴,初某某仍不缴纳税款的,才能移交司法机关处理,这是构成逃税罪的前置条件。本案中,原公诉机关并没有提供这方面的证据,即缺少构成逃税罪的前置条件。因此,对公诉机关关于初某某构成逃税罪的指控,不予支持。(2)原公诉机关指控原审被告单位某商厦2004年在以房屋抵偿贷款过程中,法定代表人初某某采取隐瞒手段不申报纳税,不缴纳某商厦销售不动产营业税238500元,城建税16695元,合计255195元,单位构成逃税罪。原审法院对被告单位某商厦构成逃税罪的指控未予认定,本院认为是正确的。单位犯罪是指公司、企业、事业单位、机关、团体为本单位谋取非法利益,经单位集体研究决定或者由有关负责人员决定实施的危害社会的行为。逃税罪是指纳税人采取欺骗、隐瞒手段进行虚假纳税申报或者不申报,逃避缴纳税款数额较大的行为。2008年11月28日某局出具书面证明证实,2007年12月之前某商厦资产变动、抵债都是经某局研究决定的,不是某商厦的自身行为,某商厦有管理权,但没有对资产的处理权。该证据证明:一是,某商厦以楼抵债是某局研究决定的,不是某商厦集体研究决定或者由有关负责人决定的。二是,处理资产、缴纳税款是一个事物的两个方面,即某局在作出处理资产决定时,亦应当作出缴纳税款的决定。如某局作出了这方面的决定,某商厦为了自身的利益逃避缴纳税款,让其承担刑事责任尚有道理。但纵观本案的事实,公诉机关并没有提供这方面的证据。因此,从犯罪主体上来说,究竟是某局逃避缴纳税款,还是某商厦逃避缴纳税款事实不清。从主观方面,某商厦没有参与资产处理、缴纳税款等研究活动,只是被动地执行某局的决定,主观上是否具有逃税的故意,事实亦不清。从形式要件上来说,税务机关亦未向某商厦下达追缴通知书。

综上所述,本院对公诉机关指控原审被告人初某某构成贪污罪、滥用职权罪、逃税罪及原审被告单位松原市某商厦构成逃税罪均不予支持。

（五）关于赵某某不构成逃税罪的辩护意见

内蒙古蒙益律师事务所接受赵某某的委托，指派田永伟律师担任其涉嫌逃税罪的辩护人。辩护人接受委托后，经过全面阅卷，详细研判后认为本案事实不清、证据不足，结合账外账缺失、《行政处罚决定书》等送至某公司的时间晚于赵某某的离职时间等因素，根据罪责刑相适应的原则，赵某某行为不构成逃税罪，详细内容如下：

1. 在案证据中账外账缺失，又无直接证据证实某公司逃税的数额，故指控数额的真实性无从查证，且计算方式存在多处错误

首先，在案证据中没有某公司所做的账外账，全案证据并未形成封闭的证据链条。

辩护人经阅卷得知，本案认定某公司逃税数额的核心证据之一系某公司所做的账外账，无论是公安机关询问证人抑或是某公司会计赵某甲接受讯问，所依据的主要证据皆为该账本，但遗憾的是，在案证据中并无该账外账。作为认定某公司是否构罪的关键证据，账外账的缺失导致起诉书中认定的某公司涉嫌逃税数额的真实性亦无从查证，故本案认定某公司涉嫌逃税数额的证据尚未达到确实、充分的标准，若将该数额认定为某公司逃税的数额有违证据裁判规则。

其次，公安机关指控的某公司逃税数额的计算方式不符合法律规定，且有违存疑时有利于嫌疑人的原则。

一方面，税务部门向某公司下发《税务行政处罚决定书》后，某公司出具《情况说明》称针对某公司所购进的原材料部分，供应商并未开具发票（详见证据材料第7卷P33）。由于某公司系一般纳税人，根据《增值税暂行条例》第四条之规定，一般纳税人的增值税应纳税额等于当期销项税额减去当期进项税额，即应抵扣当期进项税。同时，本案中某会计师事务所出具的《某矿业有限公司清算核资专项报告》指出"由于企业所得税税前可以扣除的成本费用无法确认，故本次清查未计提应计缴的企业所得税"。显然，由于供应商未提供给某公司相应的进货发票，故某公司的增值税数额并无法计算。换言之，本案公安机关指控的某公司涉嫌逃税的

数额在计算时并未核减当期进项税，系指控错误。

另一方面，某县公安局出具的《某矿业有限公司逃税金计算情况说明》指出由于无法一一甄别账外销售的确切时间，增值税税率按国家调整前的17%计算（详见证据材料第7卷P35），但根据相关规定调整后的增值税税率系16%。此时，即便无法准确区分某公司账外销售的确切时间，但根据存疑时有利于嫌疑人的原则，计算某公司涉嫌逃税数额的税率应以16%为准。

综上，公安机关计算某公司涉嫌逃税数额的方式不符合法律规定，且针对销售时间存疑的部分并未作出有利于嫌疑人的判断，根据《刑事诉讼法》第五十条及第五十五条之规定，在案情况说明所计算的数额并不能作为认定赵某某入罪的证据。另，由于供货商并未开具相应的发票，故即便经审理认定某公司确实存在逃税行为，该数额也绝不会是起诉书所指控的数额。

2. 本案用以认定某公司涉嫌逃税数额的证人证言存在多处矛盾且无法作出合理解释，据此得出的数额不能作为认定赵某某入罪的证据

首先，公安机关所依据的证人证言中，大部分证人对同一款项所做证言相互矛盾，且未提供公司的账目核对，故计算某公司逃税数额的证据尚未达到确实、充分的标准。

举例而言，在某公司与甲化工公司的交易中，起诉意见书认定的某公司未开具增值税的数额为10059782元，但甲公司的会计张某某称未开具增值税的数额大约为990000元；该公司的股东付国某称未开具增值税的数额为10059782元，且已经要出了几十万的发票（详见证据材料卷第5卷P4—P10）。根据两人的证言，公安机关无论如何也不会得出某公司逃税数额10059782元的结果。在某公司与乙化工公司的交易中，公安机关从乙化工公司会计处调取的乙化工公司的记账凭证显示两公司公对公转账数额总计18524298.16元；其调取的乙公司财务李丙个人账户银行流水显示李丙曾向某公司转账4460484元，上述三笔合计22984782.16元，但公安机关称通过其统计，乙公司给某公司付款共计30314714.16元（详见证据材料第5卷P22—P23），但对于多出部分的来源，公安机关并未作出说明。就某公司与戊商贸公司的交易而言，根据戊公司法人付光某的证言可知，某公司未向其公司开具的增值税专用发票三百多万元，而

公安机关在某公司调取的数据显示其未给戊公司开具发票的数额为2494005元(详见证据材料第5卷P121),但公安机关最终将该笔数额认定为3000000元……

综上,与某公司的交易中,由于各公司证人对同一笔未开票数额所做证言相互矛盾且与账簿、银行流水不能一一对应,故无法证实公安机关所调取的相关银行流水、账簿中记载的数额均系逃税数额,但是公安机关并未进一步核查证人证言的真实性,而是根据存疑证据得出了起诉书中所指控的数额,该数额与公安机关调取的银行流水、证人证言均无法相互印证,根据证据裁判规则,据此得出的数额不得作为认定赵某某入罪的依据。

其次,就某公司涉嫌逃税的数额而言,大部分证人所做证言具有主观推测性且无直接证据支持,故据此得出结论当然不能作为认定赵某某入罪的证据。

本案大部分证人所做证言均使用了"左右""等""应该"等具有推测性的语言,例如A公司总经理由某某所做证言(详见证据材料第6卷P26)、B公司股东胡庆某所做证言(详见证据材料第6卷P52)、C公司法人韩立某所做证言(详见证据材料第6卷P63)、D公司法人孙团某所做证言(详见证据材料第6卷P65)、E公司的负责人周哲某所做证言(P79)等,且证人所做证言大部分均无法提供相应的书证。由于该类证言具有较大的不确定性、主观臆断性,故不能作为认定赵某某入罪的依据。

纵观本案的证据体系,公安机关所核算的每一起某公司涉嫌逃税数额的关键、核心证据均系账外账(但如上文所述,账外账并未出现在证据中)及证人证言,核算方式为提供给证人其调取的某公司账目、证人所在公司账单、银行流水等,让证人核对有关部分,并据此得出某公司涉嫌逃税的数额,该核算方式实质上系建立在有罪推定的基础上,即在内心确定某公司已构成逃税罪的前提下让证人根据其调取的证据反推某公司涉嫌的逃税数额,而非根据证人所做证言核对其所调取的账目。该取证方式类似于"先证后供"的模式,该模式下由于公安机关已经掌握了部分证据,故其在询问、获取证人证言的过程中容易出现指供、诱供等风险,加之部分证人证言使用推测性语言又无其他证据支持,故该部分证人证言与其他证据之间并未建立起客观联系,在案证据亦未形成相互印证的证据体系。综上,由于本案计算某公司涉嫌逃税罪的证据尚未达到确实、充分的标准,故据此得出的数额并不能作为认定赵某某入罪的依据。

同时,辩护人需要指出的是,某公司逃税的行为已经由税务部门做出了行政处罚决定,依据《刑法》第二百零一条规定,经税务机关依法下达追缴通知后,补缴应纳税款,缴纳滞纳金,已受行政处罚的,不予追究刑事责任。本案中,虽然某公司经税务机关追缴后未补缴税款,但究其根本系因存在当期进项税额不清、未扣减经营成本等因素,导致税务机关计算的某公司的逃税数额错误。在证据不足、计算方式有误的前提下要求某公司补缴巨额税款及滞纳金明显有悖于常理,结合某公司在收到税务机关的行政处罚决定后,积极联系供货商申请开具发票的情节可知,某公司并无逃税的主观故意。在能准确计算出某公司逃税数额的前提下,本案通过行政手段足以解决,根据法秩序统一原理,无须上升到刑事高度。

3. 赵某某并非某公司的主要负责人,亦不是直接责任人,故其并非承担逃税罪的责任主体

一方面,根据杜某某、赵某甲等人的证言可知,某公司建立账外账的时间为2016年,且最初提议者及负责人均系夏某某(详见证据材料第3卷P86—P87、P107),而赵某某系2017年1月才到某公司任职。赵某某在某公司任职期间,某公司的财务流程系经办人到经办部门审批后到财务会计赵某甲处审核,再到财务部长杜某某处审批,然后将该事项告知赵某某,最后经夏某某审批才可以支取或报销,故某公司财务审批的决定权掌握在夏某某手中。虽然赵某某属于上述流程中的一环,但其所享有的仅系知情权而非审批权,其仅系为了掌握资金的流向而非参与审批。

另一方面,赵某某虽然名义上系某公司的副总经理,但根据某公司出具的《关于集团各单位任职的决定》可知,赵某某仅系协助王彦某主管氟化氢厂的生产经营管理工作。实际上,赵某某系由宁某某推荐至某公司的,主要任务系监督该公司的资金往来,以确保该公司能根据《借还款协议》偿还宁某某的债务。

综上,赵某某并未实际管理、控制某公司,其并非某公司的主要负责人或直接责任人,结合赵某某既不是某公司的股东,某公司逃税获得资金的最终受益者亦不是其等因素,即便认定某公司构成逃税罪,赵某某也并

非承担该刑事责任的主体。

4. 案涉《税务行政处罚决定书》《税务事项通知书》及《催告书》均系赵某某离开后才送至某公司的,此时补缴税义务的承担者已转移至新一任管理人员处,赵某某当然不应对此担责

根据在案证据可知,赵某某于2019年1月从某公司离职,而税务部门对某公司所下《税务行政处罚决定书》《税务事项通知书》及《催告书》的时间系2019年9月17日、2019年10月9日,即行政处罚决定下达的日期迟于赵某某离职的时间。

赵某某离职后,便无法再对某公司产生影响,即便有证据证实其对税务机关下达的处罚决定知情,其也不具备决定某公司是否补缴税款的能力,此时承担某公司补缴税义务的主体已经变更为新一任的管理人员。由于赵某某离职后并无法左右某公司新一任管理人员的意愿,故以新一任管理人员是否能及时履行补缴义务为依据认定赵某某是否构罪,显然不符合立法本意。由于现有立法中并无明确规定逃税罪中的处罚阻却事由是否可以适用逃税单位的主管人员和直接责任人员,故根据有利于嫌疑人的原则,逃税罪中的处罚阻却事由当然能够适用逃税单位的主管人员和直接责任人员,而赵某某自从某公司离职后,不再具备履行补缴应纳税款及接受处罚的条件、不具备犯罪构成的违法性,当然不构成逃税罪。

5. 从保护民营企业家的角度考量,对赵某某作出罪化处理为宜

由于民营企业系国家经济的重要组成部分,故国家坚决支持和重点保护民营企业家的合法权益,并出台了相关文件、公布了保护民营企业家的系列典型案例。2017年,中共中央、国务院印发的《关于营造企业家健康成长环境弘扬优秀企业家精神更好发挥企业家作用的意见》明确规定"营造依法保护企业家合法权益的法治环境"。在保护民营企业家的会议中也有最高人民检察院的检察官多次强调,最高检高度重视平等,保护民营企业合法权益,对涉嫌犯罪的民营企业负责人能不捕的不捕,能不诉的不诉,能判缓刑的就提出判缓刑。这意味着,在审理涉及民营企业家的案件时,应严格执行刑事法律和司法解释的规定、坚持罪刑法定原则及证据裁判规则、贯彻存疑时有利于行为人的原则。本案中,赵某某作为民营企业家,认定其是否构罪时也应严格遵循上述文件的要义,以切实保障其合

法权益。在定罪证据存疑且行政处罚决定书下达时间晚于赵某某离职时间的情况下,当然不能对赵某某作入罪化处理。

综上所述,某公司所做账外账缺失、证人证言存在重重矛盾、计算方式错误且无法与证人证言相印证、无其他直接证据证实某公司的逃税数额,又因赵某某并非某公司的主要负责人或直接责任人、税务机关对某公司下达处罚决定时赵某某已经离开某公司,故其并非承担逃税罪的责任主体。综上,恳请贵院本着对案件、对数额计算认真负责的态度,严格遵守证据裁判规则及存疑时有利于嫌疑人的原则,对赵某某作出罪处理为盼!

(六)钱叶六老师点评

《刑法修正案(七)》对《刑法》(1997)第二百零一条偷税罪做了比较大的修改。比如,修改了该罪的罪状表述,不再使用"偷税"一词,而代之以"逃避缴纳税款"。本罪的罪名也相应地由原来的"偷税罪"改为"逃税罪"。再如,增设了处罚阻却事由的规定。根据《刑法修正案(七)》的规定,对逃避缴纳税款达到规定的数额、比例标准,已经构成犯罪的初犯,满足以下三个条件可不予追究刑事责任:一是在税务机关依法下达追缴通知后,补缴应纳税款;二是缴纳滞纳金;三是已受到税务机关行政处罚。逃税罪处罚阻却事由的设立不仅体现了宽严相济的刑事政策,而且对于保障国家税收的有效征收具有积极意义。

本案的辩护主要聚焦逃税罪的处罚阻却事由的适用以及逃税数额计算存在错误时能否认定为逃税罪两个问题。对于第一个问题,辩护人指出,任何逃税案件都必须经过税务机关的处理。只要行为人接受了税务机关的处理,就不应追究刑事责任。至于税务机关的处理是否全面,不影响处罚阻却事由的成立。在这一分析基础上,辩护人认为,本案赵某某所在的涉案单位是在赵某某离职之后才收到税务机关的《税务行政处罚决定书》等处罚文件,因而涉案公司能否在税务机关的规定期限内接受处理、履行补缴应纳税款、缴纳滞纳金等义务,与赵某某不存在直接的联系。根据罪责自负原则,能否以涉案单位后继管理人员是否接受处理,履行补缴义务作为追究赵某某刑事责任的根据,值得思考。

对于第二个问题,虽然涉案公司经税务机关追缴后未补缴税款,但因存在当期进项税额不清、未扣减经营成本等事实,导致税务机关计算涉案公司逃税数额可能存在错误。同时,有关涉嫌逃税数额的证人证言存在矛盾且与账簿、银行流水不能一一对应。因此,辩护人指出,在不能准确认定涉案公司逃税数额的情况下,直接追究涉案人员的刑事责任,可能有违事实存疑有利于被告人的原则。

十、串通挂牌不构成串通投标罪

（一）案情概述

某侦查机关称：2020年，某区国土资源局公开挂牌拍卖出让两宗土地。甲房地产公司、乙房地产公司、丙房地产公司、丁房地产公司共同研究合作开发上述两宗土地，四家公司同意以甲房地产公司名义与其他房地产公司公开竞买，约定"联合竞买、合作开发"。四家房地产公司签订了合作开发协议，约定如竞拍成功后由甲房地产公司举牌摘地并完成开发，四家合作公司持股比例各占25%，土地价款、契税、公证费用等各按25%比例承担。案涉两宗土地由甲房地产公司与其他几家房地产公司竞拍，最终甲房地产公司分别以超过成交底价800万、35万元拍得两宗土地。综上，某侦查机关以甲房地产公司涉嫌串通投标罪为由立案侦查。

（二）串通投标罪法律及相关规定

1. 法律
(1)《刑法》(2020修正)
第二百二十三条 【串通投标罪】投标人相互串通投标报价，损害招标人或者其他投标人利益，情节严重的，处三年以下有期徒刑或者拘役，并处或者单处罚金。

投标人与招标人串通投标，损害国家、集体、公民的合法利益的，依照前款的规定处罚。

(2)《招标投标法》(2017修正)

第三十二条　投标人不得相互串通投标报价,不得排挤其他投标人的公平竞争,损害招标人或者其他投标人的合法权益。

投标人不得与招标人串通投标,损害国家利益、社会公共利益或者他人的合法权益。

禁止投标人以向招标人或者评标委员会成员行贿的手段谋取中标。

第五十三条　投标人相互串通投标或者与招标人串通投标的,投标人以向招标人或者评标委员会成员行贿的手段谋取中标的,中标无效,处中标项目金额千分之五以上千分之十以下的罚款,对单位直接负责的主管人员和其他直接责任人员处单位罚款数额百分之五以上百分之十以下的罚款;有违法所得的,并处没收违法所得;情节严重的,取消其一年至二年内参加依法必须进行招标的项目的投标资格并予以公告,直至由工商行政管理机关吊销营业执照;构成犯罪的,依法追究刑事责任。给他人造成损失的,依法承担赔偿责任。

2. 规范性文件

《招标拍卖挂牌出让国有建设用地使用权规定》(中华人民共和国国土资源部令第39号)

第二条第一款　在中华人民共和国境内以招标、拍卖或者挂牌出让方式在土地的地表、地上或者地下设立国有建设用地使用权的,适用本规定。

第二十五条　中标人、竞得人有下列行为之一的,中标、竞得结果无效;造成损失的,应当依法承担赔偿责任:

(一)提供虚假文件隐瞒事实的;

(二)采取行贿、恶意串通等非法手段中标或者竞得的。

（三）思路解析

1. 串通投标罪的实质限定

"刑民（行）关系与犯罪认定"之十五
串通投标罪的实质限定①

根据《刑法》第二百二十三条的规定，串通投标罪，是指投标人相互串通投标报价，损害招标人或者其他投标人利益，情节严重，或者投标人与招标人串通投标，损害国家、集体、公民的合法利益的行为。本罪与《行政法》的相关规定之间存在紧密关系。《招标投标法》（2017修正）第三十二条规定，投标人不得相互串通投标报价，不得排挤其他投标人的公平竞争，损害招标人或者其他投标人的合法权益。投标人不得与招标人串通投标，损害国家利益、社会公共利益或者他人的合法权益。该法第五十三条还对上述串通投标的行政处罚标准作出了明确规定。

对于本罪客观构成要件的认定，不能无视前置法的规定。本罪中的招标，是指招标人为购买商品或者让他人完成一定的工作，通过发布招标通告或者投标邀请书，公布特定的标准和条件，公开或者书面邀请投标人投标，从中选取中标人的单方行为。投标，是指符合招标文件规定资格的投标人，按照招标文件的要求，提出自己的报价及相应条件的书面回答行为。招标投标类似于以要约和承诺方式订立合同，是一种特殊表现形式的合同行为，其必须遵守平等自愿、真实合法、公正公开、择优中标原则。《民法典》第七百九十条规定，建设工程的招标投标活动，应当依照有关法律的规定公开、公平、公正进行。《招标投标法》第三条规定，在中华人民共和国境内进行下列工程建设项目包括项目的勘察、设计、施工、监理以及与工程建设有关的重要设备、材料等的采购，必须进行招标：（一）大型基础设施、公用事业等关系社会公共利益、公众安全的项目；（二）全部或者部分使用国有资金投资或者国家融资的项目；（三）使用国际组织或者

---

① 周光权：《"刑民（行）关系与犯罪认定"之十五 串通投标罪的实质限定》，载《法治日报》2021年8月4日，第09版。

外国政府贷款、援助资金的项目。根据招标投标法的精神,规范的招标投标过程是:凡符合招标文件规定或者通过资格预审的单位或者个人都可以参加投标,然后由招标人通过对投标人在价格、质量、生产能力、交货期限和财务状况、信誉等方面进行综合考察的基础上选定投标人。违反这一过程的招标投标行为,通常就具有违法性。

  本罪的实行行为包括两种情形:一是投标人相互串通投标报价,损害招标人或者其他投标人利益,情节严重的行为,即投标人彼此之间通过口头约定或书面协议,就投标的报价这一特定事项进行私下串通,相互勾结,采取非法联合行动,以避免相互竞争;或者通过对投标报价的串通相互约定在相关项目招标中轮流中标,形成"围标集团",中标人给予该集团中其他"落标人"一定补偿,排斥其他投标人或限制竞价投标,或串通报价后造成招标工程无法完成、质量低劣,共同损害招标人或其他投标人利益的行为。二是投标人与招标人串通投标,损害国家、集体、公民的合法利益的行为。即招标人在招标投标活动中,确定中标人时不是从价格、质量与工期保证、企业生产能力、人员素质、财产状况、技术水平、信誉等方面进行综合评定,而是以不正当手段与特定投标人私下串通,相互勾结,使招标投标活动流于形式。投标人与招标人串通的方式包括:招标者在公开开标前,将投标情况告知其他投标者,或者协助投标者撤换标书,更改报价;招标者向投标者泄露标底;招标者与投标者商定,在招标投标时压低或者抬高标价,中标后再给投标者或者招标者额外补偿;招标者预先内定中标者并将此情况告知中标,在确定中标者时以此决定取舍。由于投标人与招标人串通投标的社会危害性较大,所以,成立犯罪不以情节严重为要件。

  对于本罪的认定,固然要顾及前置法,但是值得注意的是,对刑事违法性的判断不是形式上的,"顾及"前置法不等于"从属于"前置法,刑法上所固有的违法性判断必须得到承认。因此,完全可能存在行为违反《招标投标法》,但在独立判断刑事违法性之后,认定该行为并不构成犯罪的情形。对此,略举两例进行分析。

  例1,行为人甲按照某县政府有关部门的安排,参与A工程项目的建设且即将完工。有关主管部门为了完善相关招标投标手续,要求甲参与投标并承诺确保其中标,甲为此组织五家关系较好的企业一起投标并胜出。甲在招标人知情的情况下,与投标人串通投标报价的行为虽具有招标投标法意义上的行政违法性,但显然不具有刑事违法性。因为,A 工程项目建设在先,招标投标在后,已经不是正常的招标投标,且招标人对投标人的串通予以认可,事实上其他投标人也不可能参与到早已开始建设的工程中,不会有其他投标人的利益受损;由于该工程项目已实际开工建设,也不会造成投标人与招标人相互串通,进而损害国家、集体、公民的合法利益。

例 2,行为人乙所控制的四个关联企业按照乙的指示,在 B 建设项目招投标时,以四个独立公司的名义报名竞标,并最终使其中的一个公司中标的,能否认定乙构成串通投标罪？如果仅从行政管理的角度切入,可以肯定其行为的违法性。《招标投标法实施条例》第四十四条第二款规定,投标人少于 3 个的,不得开标;招标人应当重新招标。按照这一规定,乙操纵关联企业进行投标,实际投标人就只有一个,未满足行政法规的开标要求,故 B 建设项目的招标人应当重新招标。因此,乙控制四个公司报名竞标,客观上确实对该项目的招标活动造成了干扰,对其应当予以行政处罚。但是,显然不能从行政违法中直接推导出刑事违法。本罪中的"投标人相互串通投标报价",是指不同的投标人之间私下串通,联手抬高或者压低投标报价,从而损害招标人利益或者排挤其他投标者。换言之,只有当多个投标人相互串通报价时,才可能认定其构成本罪,故本罪属于典型的必要共犯形态,其成立以具有两个以上的犯罪主体为前提。但是,在 B 建设项目中,虽然有四个公司报名竞标,但实际上的投标人其实只有乙一人,其系唯一投标人,不可能与其他客观上并不存在的投标人相互串通投标报价。

由此看来,行为是否构成犯罪,必须根据罪刑法定原则的要求,结合法益侵害性的有无进行实质的、刑法上所固有的违法性判断,不能认为刑事违法性必须从属于其他部门法的违法性,不宜在整个法领域中违法性仅做一元的理解。对此,山口厚教授的观点很值得重视:"作为犯罪成立条件的违法性,要具备足以为相应犯罪的处罚奠定基础的'质'和'量',从这样的立场出发,可以肯定在其他法领域被评价为违法的行为仍可能阻却刑法上的违法性。"①

---

① 参见[日]山口厚:《刑法总论》(第 3 版),付立庆译,中国人民大学出版社 2018 年版,第 186 页。

2. 串通拍卖或竞买是否构成串通投标罪

"刑民(行)关系与犯罪认定"之十六
串通拍卖或竞买不构成串通投标罪①

投标人相互串通投标报价，或者投标人与招标人相互串通，满足特定情节或者后果要求的，构成《刑法》第二百二十三条所规定的串通投标罪。本罪所规制的仅为招标投标过程中的危害行为。实践中存在争议的是，行为人之间并不是在招标投标过程中进行串通，而是串通拍卖或竞买，如此情况是否可以适用本罪规定呢？在近年来的实践中，有的判决对竞拍国有资产、竞买挂牌出让的国有土地使用权等行为以串通投标罪予以定罪处罚，这些做法是否妥当？很值得研究。

全国人大常委会制定的《招标投标法》(2017修正)、《拍卖法》(2015修正)明显将招标、拍卖行为予以区分，认为其属于性质上明显不同的市场行为。拍卖是指以公开竞价的形式，将特定物品或财产权利转让给最高应价者的买卖方式，其系商品销售的一种特殊形式，即拍卖人将委托人的物品或者财产权利以竞买的方式卖给竞买人的行为。招标投标的标的主要是完成一定工作或工程项目，即使其对象是物品，也是为购买物品而寻找物品的卖主，在买卖方向上，与拍卖正好相反。因此，很难认为串通拍卖是串通投标罪客观方面的表现形式之一。由于立法上对串通投标罪的行为类型明确限定为在招标投标过程中的串通，在拍卖过程中的串通行为就不可能符合该罪的客观构成要件，将串通投标罪适用到串通拍卖的场合，就是超越了法条文义的最大射程，使得国民的预测可能性丧失，最终沦为类推解释。对此，最高司法机关已经有所认识。最高人民检察院在其发布的第90号指导性案例(许某某、包某某串通投标立案监督案)中明确指出，刑法规定了串通投标罪，但未规定串通拍卖行为构成犯罪。对于串通拍卖行为，不能以串通投标罪予以追诉。公安机关对串通竞拍国有资产行为以涉嫌串通投标罪刑事立案的，检察机关应当通过立案监督，依法通知公安机关撤销案件。

---

① 周光权：《"刑民(行)关系与犯罪认定"之十六 串通拍卖或竞买不构成串通投标罪》，载《法治日报》2021年8月11日，第09版。

在串通拍卖不构成串通投标罪似乎已形成共识的情形下,目前尚存一定争议的是串通竞买是否可以定罪?

关于挂牌出让过程中的竞买问题,目前没有全国性的规定。原国土资源部《招标拍卖挂牌出让国有土地使用权规定》(2002)第二条对招标出让国有土地使用权作出了规定,同时明确规定,挂牌出让,是指国有建设用地使用权的出让人发布挂牌公告,按公告规定的期限将拟出让宗地的交易条件在指定的土地交易场所挂牌公布,接受竞买人的报价申请并更新挂牌价格,根据挂牌期限截止时的出价结果或者现场竞价结果确定国有建设用地使用权人的行为。由此可见,挂牌出让是不同于招标出让的国有土地使用权出让方式,将挂牌出让时的串通竞买行为认定为串通投标罪,势必违反罪刑法定原则。

结合相关法律法规的规定,不难看出招标投标和挂牌竞买在法律性质上主要存在以下区别:

(1)对保密性的要求不同。在招标程序中,对投标人名称、数量,投标方案和其他可能影响公平竞争的情况都需要严格保密。《招标投标法》第二十二条规定,招标人不得向他人透露已获取招标文件的潜在投标人的名称、数量以及可能影响公平竞争的有关招标投标的其他情况。招标人设有标底的,标底必须保密。第四十三条规定,在确定中标人前,招标人不得与投标人就投标价格、投标方案等实质性内容进行谈判。第五十二条规定,依法必须进行招标的项目的招标人向他人透露已获取招标文件的潜在投标人的名称、数量或者可能影响公平竞争的有关招标投标的其他情况的,或者泄露标底的,给予警告,可以并处一万元以上十万元以下的罚款;对单位直接负责的主管人员和其他直接责任人员依法给予处分;构成犯罪的,依法追究刑事责任。前款所列行为影响中标结果的,中标无效。而在挂牌程序中,根据《招标拍卖挂牌出让国有建设用地使用权规定》(2007修订)第十七条的规定,在挂牌公告规定的挂牌起始日,出让人应将挂牌宗地的面积、界址、空间范围、现状、用途、使用年期、规划指标要求、开工时间和竣工时间、起始价、增价规则及增价幅度等,在挂牌公告规定的土地交易场所挂牌公布。换言之,招标出让的特点在于其保密性,招投标时各方投标人的投标文件和报价在开标之前必须相互保密,并且每个投标人原则上只有一次投标报价机会。相反,挂牌出让则比招标明显具有更高的公开性。在挂牌出让的场合，每个竞买者都可以进行多轮报价，而且每次报价都会及时公开，使竞买者能够彼此了解其他竞买者的出价，及时调整竞买策略，促使各方竞买者充分竞争。由此可见，在招标的场合，必须保持各方投标人的报价相互保密，唯有如此才能起到促使投标人相互竞争的效果。一旦投标人之间相互串通，其相互之间的竞争性便消失殆尽，自然也就难以保障招标人的权益。正因如此，我国立法者才特意将串通投标的行为规定为犯罪。而挂牌出让原本就并非通过维持报价的保密性以在竞买者之间形成竞争，故串通竞买的行为不具有应当科处刑罚的社会危害性。

（2）参与者的权利义务不同。投标人一旦响应投标，参加投标竞争，就应当按照要求编制投标文件，有义务提出报价，一经提交便不得撤回；在挂牌程序中，竞买人有权利举牌竞价，但并没有连续举牌报价的义务。

（3）程序性限定不同。在招标活动中，存在开标、评标环节，评委会对投标文件进行评审等复杂程序，首要标准是能最大限度地满足各项综合评价，投标价格未必是最优先的考量；在挂牌程序中，价格是唯一竞争标准，在挂牌期限内有两个或者两个以上的竞买人报价的，出价最高者为竞得人；报价相同的，先提交报价单者为竞得人。

（4）对参与人数的限定不同。在招标程序中，投标人不得少于3人，否则，应当重新招标；在挂牌程序中，即便只有一个竞买人报价，在其报价不低于底价并符合其他条件时，也应挂牌成交。这些都说明，在挂牌程序中并无参与人数的限制，也无"陪买"的必要性。基于招标投标和挂牌竞买的上述差异，将竞买中的相关串通行为认定为串通投标罪，显然是类推解释。

如此说来，对于拍卖、挂牌竞买过程中的串通行为不予定罪，不是立法上的疏漏，而是我国刑法立法经过充分论证后所形成的"意图性的处罚空白"，这也是刑法谦抑性的题中之义。行政违法的"烟"之下，未必真有刑事犯罪的"火"。在刑法上对某些违法行为有意"放过"，不等于"放纵"，对这两种违法行为应当按照行政法律法规的规定对行为人予以处罚。换言之，对于串通拍卖、挂牌竞买行为，不能以其似乎和串通投标行为具有大致相同的社会危害性，就在司法上作出有悖于罪刑法定原则的类推解释。

（四）挂牌、拍卖中的串通行为不构成串通投标罪类案检索

张某军、刘某伟对非国家工作人员行贿罪案①

【裁判要旨】张某军、刘某伟采取行贿方式串通竞买，使杨某以低价获得国有建设用地使用权，该行为不符合串通投标罪的犯罪构成要件。

许某某、包某某串通投标立案监督案②

【裁判要旨】刑法规定了串通投标罪，但未规定串通拍卖行为构成犯罪。对于串通拍卖行为，不能以串通投标罪予以追诉。公安机关对串通竞拍国有资产行为以涉嫌串通投标罪刑事立案的，检察机关应当通过立案监督，依法通知公安机关撤销案件。

黄某田、许某杰等串通投标罪案③

【裁判要旨】串通拍卖与串通投标是不同的法律概念，不宜将串通拍卖行为以串通投标罪论处。案涉被告人为获取他人给予的好处费，其分别作为竞买者或在竞买者之间恶意串通拍卖的行为，违背了公平竞争原则，扰乱了市场管理秩序，致使国有资产在拍卖过程中被"贱卖"，使出让人无法达到最佳的竞价结果，从而损害了国家利益，其行为具有一定的社会危害性，但并不构成串通投标罪。按照罪刑法定原则，虽然对串通拍卖行为不能以串通投标罪论处，但如果被告人在拍卖过程中有贿赂、渎职等其他犯罪行为的，则可依照《刑法》的相关规定追究刑事责任。

任某军受贿、行贿、串通投标罪案④

【裁判要旨】任某军在拍卖、竞买洛阳重晶石矿固定资产和30年期经营权过程中，与其他竞买人串通竞买的违法违规事实客观存在。但任某军同他人串通投标所涉及的交易行为是拍卖、竞买而非招标投标。招标与拍卖虽然都有保护有效的竞争、规范市场的运作准则、促进资源的合理化配置和实现最优化效益的作用，也是遏制腐败的有效措施。但二者

---

① 案件来源：指导案例第1136号。
② 案件来源：检例第90号。
③ 案件来源：指导案例第1251号。
④ 案件来源：（2017）鄂1321刑初1号。

有着本质的区别,既不相互包容,更不能等同。

丁某某涉嫌串通投标罪案①

【裁判要旨】根据罪刑法定原则,其在国有建设用地使用权挂牌拍卖过程中串通竞买的行为不构成串通投标罪,被不起诉人丁某某没有犯罪事实。

(五)关于甲房地产公司不构成串通投标罪的辩护意见

内蒙古蒙益律师事务所接受甲房地产公司法定代表人的委托并指派田永伟律师担任其涉嫌串通投标罪的辩护人,经过辩护人与当事人面对面地详细沟通、查验资料,辩护人认为甲房地产公司不构成串通投标罪。结合法理、专家观点、案例检索等内容汇总如下,供贵机关分析研究时参考。

摘要:根据《刑法》第二百二十三条之规定,串通投标罪的实行行为包括两种,一是投标人相互串通投标报价,损害招标人或者其他投标人利益,情节严重的行为;二是投标人与招标人串通投标,损害国家、集体、公民的合法利益的行为,在此需要指出的是,串通投标罪所规制的行为仅为招投标过程中的危害行为。而根据原国土资源部出台的《招标拍卖挂牌出让国有建设用地使用权规定》第二条的规定,国有建设用地使用权出让的方式包括招标、拍卖、挂牌三种,根据该规定,招标与挂牌系并列关系而非包容关系,故挂牌出让中行为人相互串通的行为不应受《刑法》对串通投标罪的规制,否则有类推解释之嫌。

本案中,由于案涉两宗土地均系挂牌出让,故包括甲房地产公司在内的四家企业即便在挂牌出让中存在串通行为,该行为也不符合串通投标罪的构成要件,且在拍挂过程中,甲房地产公司并未损害国家、集体及其他竞买者的合法利益,也未恶意串通压低出让价格,故对甲房地产公司的行为不应科以刑罚,具体理由如下:

1.涉案土地系通过挂牌方式取得而非招投标方式取得,故认定甲房

---

① 案件来源:丽莲检刑不诉〔2018〕87号。

地产公司构成串通投标罪有违罪刑法定原则

本案基本事实如下：2018年8月21日，某区国土资源局公开挂牌出让案涉两宗土地，共有8家开发企业报名，2018年12月6日，甲房地产公司（以下简称"甲方"）、乙房地产公司（以下简称"乙方"）、丙房地产公司（以下简称"丙方"）、丁房地产公司（以下简称"丁方"）四家企业共同研究合作开发案涉两宗土地，同意以甲方名义与其他开发公司公开竞买，摘地完成后工程项目开发建设的有关事宜四方另行签订协议详细说明，甲、乙、丙、丁四方的责、权、利各占25%。最终，甲方以总价××万元摘得A地块，成交价超过底价800万元；以××万元摘得B地块，成交价超过底价35万元。后四方合作开发过程中，甲方未依约按时提供给其他三家公司银行账号导致其无法付款，甲方将违约款项如约支付给三家公司，后甲方项目亏损严重，三家公司于2020年、2021年分五次将违约款项退还给甲方。

据此可知，首先，案涉土地系政府通过挂牌方式出让的，而挂牌出让不同于招标出让。具体而言，第一，挂牌出让比招标出让具有更强的公开性，挂牌出让中每个竞买者都能多轮报价，且每次报价都会及时公开；而招标出让对投标人名称、数量、投标方案和其他可能影响公平竞争的情况都需严格保密。第二，参与者的权利义务不同。在挂牌程序中，竞买人有权利举牌竞价但并没有连续举牌报价的义务；而投标人一旦响应投标、参加投标竞争，就应当按照要求编制投标文件，有义务提出报价，一经提交便不得撤回。第三，二者的程序性限定不同。挂牌程序中价格是唯一的竞争标准，规定期限内有两个或者两个以上竞买人报价的，出价最高者竞得；而招标中存在开标、评标等程序，且评标的首要标准系能最大限度地满足各项综合评价，投标价格未必是最优先的考量因素。第四，二者对参与人数的限定不同。在挂牌程序中，即便只有一个竞买人报价，只要其报价不低于底价并符合其他条件时便应挂牌成交；而在招标程序中，投标人不得少于3人，否则应当重新招标。

综上，挂牌出让与招标出让系不同的法律行为，二者系并列关系。而通过阅读条文不难发现，《刑法》仅对串通投标的行为进行了规制，对此，清华大学法学院院长周光权老师指出："上述情形并非立法上的疏漏，而是我国刑法立法经过充分论证后所形成的'意图性的处罚空白'，这也是刑法谦抑性的题中之义。"①故针对本案而言,不顾案涉土地系挂牌出让的事实,直接将甲方的行为认定为串通投标罪会超过刑法的最大射程,过度扩大刑法的打击力度,该认定方式既不符合刑法的谦抑性原则,亦与罪刑法定原则相悖,有类推解释之嫌。

另外,四家公司的合作方式系"联合竞买、合作开发、共担风险",该过程并未损害国家及其他竞买者的利益。根据协议可知,由于案涉土地以土地起拍价计算开发成本,利润空间有限,故四家公司明确约定甲方在现场竞买阶段只能加价一次,若再加价因无法盈利四家公司联合行为终止,因此四家公司并无串通损害国家或其他竞买人利益的行为。且,四家公司无论是对土地成交价款及相关契税、公证费用的承担方式,抑或是对摘地完成后四家公司就案涉土地的权利义务,均进行了详细、明确且合法、合理的约定,而根据甲方违约后依约将较大数额的违约款支付给其他三家公司、三家公司随后将违约款退回给甲方的行为可知,四家公司均有履行案涉开发合作协议的主观意愿。又,根据现场情况可知,竞拍时并无其他公司举牌,而甲方因报价最高最终依法摘得涉案土地,其中,A 地块成交价超过底价 800 万元;B 地块成交价超过底价 35 万元。根据《招标拍卖挂牌出让国有建设用地使用权规定》之内容,即便只有甲方一家公司竞拍,只要其竞拍超过底价且无其他法律规定不可为的行为,则应宣告挂牌出让成立。由于甲方竞拍数额高于底价,故案涉四家公司并不存在恶意串通压价的客观行为与主观故意,甲方竞拍成功的行为既未损害国家利益,亦未损害其他竞买人的利益,故根据罪刑法定原则,对甲方不应作入罪化处理。

2. 根据法秩序统一原理,对甲方的行为应作出罪评价

众所周知,房地产开发行业作为资金密集型行业,整个开发阶段资金耗费量巨大且回本、获利周期长,结合某市整体的经济发展水平可知,一家房地产公司往往难以独立顺利地完成整个开发周期,故联合或合作开发系整个房地产行业的普遍模式、商业惯例。具体到本案,根据《招标拍卖挂牌出让国有建设用地使用权规定》第十九条、《某市国土资源局某

---

① 周光权:《串通拍卖或竞买不构成串通投标罪》,载《法治日报》2021 年 08 月 11 日,第 09 版。

区分局国有土地使用权挂牌出让公告》(某国土资某(公告)字【××××】×号)第三条之规定:"本次国有土地使用权挂牌出让按照价高者得原则确定竞得人。"上文已经指出,虽然案涉土地系包括甲方在内的几家公司共同筹措资金组成联合体与其他公司公开竞争后摘得的,但在同等条件下,其他竞买者已经放弃了高于甲方所出价格竞拍的权利,故案涉四家公司作为非公企业,其所从事的经济行为并未给其他竞拍者造成经济损失,且案涉两宗土地的成交价超过底价共计835万元,系当时的市场价值和公允价值,故实际竞买者是谁在所不问,本次出让最终成交价断不会给国家利益造成重大损失。

上文已经指出,招投标行为与挂牌出让行为的性质不同,招投标行为受《招标投标法》规范,且《刑法》对串通投标的行为规定了刑事责任;而挂牌出让行为仅受《招标拍卖挂牌出让国有建设用地使用权规定》的规制,且对串通挂牌的行为仅规定了民事赔偿责任,故即便审理机关在审理后认定甲方在竞买中与其他公司存在串通行为,根据罪刑法定原则及刑法系二次规范的实质,该挂牌串通行为也不能被评价为犯罪行为。

综上,从客观表现分析,甲方的行为并未给国家、集体或其他竞买者造成实际损害,且该合作开发协议的顺利履行足以带动某地区当地房地产业的进一步发展;从主观目的分析,甲方在与其他三家公司联合竞买、合作开发、共担风险的前提下签订协议,其最终目的系保证案涉合作开发协议的顺利履行而非损害集体、国家的利益或其他竞买者的利益,故其行为并不具有值得刑法苛责的必要性。同时,由于串通投标罪规范的系招投标过程中投标人、招标人之间串通的行为而非挂牌过程中的串通行为,故根据罪刑法定原则,即便甲方与其他三家被认定为存在串通行为,该串通行为也不符合串通投标罪的构成要件,当然不构成串通投标罪,在《刑法》及《招标拍卖挂牌出让国有建设用地使用权规定》未将挂牌出让中的串通行为规定为刑事违法的前提下,案涉串通行为即便在其他法领域被评价为违法行为也应阻却刑法上的违法性。

3. 根据相关文件的精神要义,公安机关在办理串通挂牌案件时,应厘清经济纠纷与经济犯罪案件的界限,坚决防止刑事执法介入经济纠纷

因本案系有重大社会影响的群体性案件,根据某市公安机关《重大疑难案件集体讨论规定》,重大疑难案件应由各级公安机关执法管理委员会

会议或各级公安机关集体通案会议通过。而公安部出台的《关于公安机关依法保障和服务民营企业健康发展的指导意见》(公通字〔2018〕39号)指出应坚持罪刑法定、疑罪从无的原则。坚持宽严相济刑事政策,准确认定罪与非罪、违法与犯罪、经济纠纷和经济犯罪的界限,严格遵循罪刑法定等法治原则公正处理,坚决防止刑事执法介入经济纠纷,以程序公正保障实体公正。对认定犯罪证据不足的,坚持疑罪从无。对符合法定撤案条件的,要依法及时撤案,防止案件久拖不决。由于本案涉及某市房地产领域的多家非公企业,四家企业所实施的经济行为具有重大社会影响,且上文已经指出挂牌行为与招投标行为在法律性质上具有实质的不同,故不能以挂牌中串通行为与招投标中串通行为的社会危险性具有相似性而直接将挂牌中的串通行为入罪。

2018年11月1日,习近平总书记在民营企业座谈会上的讲话指出,"保护企业家人身和财产安全,稳定预期,弘扬企业家精神,安全是基本保障"①。最高人民法院、最高人民检察院、公安部也纷纷出台保护民营企业的法律政策,本案亦应严格落实党中央和最高司法机关办理企业案件指导精神。

综上,恳请贵机关本着实事求是、认真负责的态度,厘清刑事犯罪与非公企业经济纠纷的界限,对不符合串通投标罪构成要件的行为,秉持贯彻"谦抑、审慎"的理念,依据《重大疑难案件集体讨论规定》启动集体通案会议,依法对甲方作出公正、合理的判决!

(六)周光权老师点评

甲方是否构罪的核心点系串通挂牌的行为能否作入罪化处理。根据法律规定,挂牌与招标的法律性质在以下几方面均有实质性的区别:对保密性的要求、参与者的权利义务、程序及参与人数的限定等,故不能以串通挂牌与串通投标具有大致相同的社会危险性为由,将串通挂牌的行为入罪,以避免陷入类推解释(即立法者在条文上根本就不想处罚的行

---

① 习近平:《在民营企业座谈会上的讲话》,载环球网(网址:https://china.huanqiu.com/article/9CaKrnKek3N),访问日期:2023年3月16日。

为,司法上却要借用其他规定来填补法律漏洞)的困境。我国《刑法》仅规定串通投标罪而未规定串通挂牌罪,这不是立法上的疏漏,而是基于罪刑法定原则及保障人权的考量,经过充分论证后所形成的"意图性的处罚空白",亦即立法者有意地将串通挂牌的行为在刑事上予以放过,交由行政法律处罚或由行为人承担民事上的侵权责任。

且,本案在同等条件下,其他竞买者已经放弃了高于甲方等公司所出竞拍价格竞买案涉地块的权利,故甲方并未给其他竞拍者造成经济损失,且案涉土地的最终成交价高于挂牌底价,故甲方亦未给国家利益造成损失。即便甲方的行为有造成法益侵害的风险,但该风险并未实现,未造成实际的损害后果。

综上,正如辩护意见所言,根据罪刑法定原则,串通挂牌并不能类推解释为串通投标;根据客观归责论,甲方客观上并未造成法益侵害的行为,其行为对社会无害,故刑法当然不处罚。

十一、合同诈骗罪的构成要件

（一）案情概述

某公诉机关指控称：2013年，马某某与李某某签订矿场转让合同，约定李某某向马某某支付100万元定金，后李某某发现矿场无开采价值被骗遂要求返还定金未果。2014年，马某某等与王某、韩某某签订该矿场买卖合同，约定以1亿元的价格100%股权出卖矿场，合同签订后因王某、韩某某严重违约导致未能如期履行，王某、韩某某遂找到刘某某欲再次出卖矿场，但刘某某称与王某、韩某某签合同的前提是王某、韩某某持有公司51%以上的股权。王某、韩某某与马某某等商议，马某某同意王某、韩某某无须支付转让款但将51%股权转让给王某、韩某某，前提是将股权质押给马某某，双方均同意但质押未办理登记。2016年，韩某某、王某与刘某某签订合同，后刘某某及其子刘文某出资近3000万元，包括保证金500万元，王某收到保证金后转给马某某，马某某收到转款后偿还外债100万元，剩余400万元用于购买银行存单盈利。2016年9月，刘某某发现矿内金属含量低认为被骗，要求退还保证金未果。综上，马某某虚构矿场有金属铜、铅及钼矿储量，隐瞒真相，以非法占有为目的，通过签订股权转让合同，骗取被害人100万元，至今仍未予归还，其行为应以合同诈骗罪追究刑事责任。

（二）合同诈骗罪法律及相关规定

1. 法律

《刑法》（2020 修正）

第二百二十四条 【合同诈骗罪】有下列情形之一，以非法占有为目的，在签订、履行合同过程中，骗取对方当事人财物，数额较大的，处三年以下有期徒刑或者拘役，并处或者单处罚金；数额巨大或者有其他严重情节的，处三年以上十年以下有期徒刑，并处罚金；数额特别巨大或者有其他特别严重情节的，处十年以上有期徒刑或者无期徒刑，并处罚金或者没收财产：

（一）以虚构的单位或者冒用他人名义签订合同的；

（二）以伪造、变造、作废的票据或者其他虚假的产权证明作担保的；

（三）没有实际履行能力，以先履行小额合同或者部分履行合同的方法，诱骗对方当事人继续签订和履行合同的；

（四）收受对方当事人给付的货物、货款、预付款或者担保财产后逃匿的；

（五）以其他方法骗取对方当事人财物的。

2. 规范性文件

《立案追诉标准（二）》（公通字〔2022〕12 号）

第六十九条 【合同诈骗案（刑法第二百二十四条）】以非法占有为目的，在签订、履行合同过程中，骗取对方当事人财物，数额在二万元以上的，应予立案追诉。

《最高人民法院、最高人民检察院关于常见犯罪的量刑指导意见（试行）》（法发〔2021〕21 号）

（六）合同诈骗罪

1. 构成合同诈骗罪的，根据下列情形在相应的幅度内确定量刑起点：

（1）达到数额较大起点的，在一年以下有期徒刑、拘役幅度内确定量刑起点。

（2）达到数额巨大起点或者有其他严重情节的，在三年至四年有期徒刑幅度内确定量刑起点。

(3) 达到数额特别巨大起点或者有其他特别严重情节的,在十年至十二年有期徒刑幅度内确定量刑起点。依法应当判处无期徒刑的除外。

2. 在量刑起点的基础上,根据合同诈骗数额等其他影响犯罪构成的犯罪事实增加刑罚量,确定基准刑。

3. 构成合同诈骗罪的,根据诈骗手段、犯罪数额、损失数额、危害后果等犯罪情节,综合考虑被告人缴纳罚金的能力,决定罚金数额。

4. 构成合同诈骗罪的,综合考虑诈骗手段、犯罪数额、危害后果、退赃退赔等犯罪事实、量刑情节,以及被告人主观恶性、人身危险性、认罪悔罪表现等因素,决定缓刑的适用。

(三)思路解析

1. 如何界定民事欺诈与刑事诈骗的界限

司法实践中,一般应从欺骗内容、欺骗程度和欺骗结果三个方面区分民事欺诈与刑事诈骗。

首先,就欺骗内容而言,民事欺诈是个别事实或者局部事实的欺骗,诈骗犯罪则是整体事实或者全部事实的欺骗。其次,就欺骗程度而言,如果行为人采用的欺骗手段达到了使他人产生错误认识并处分财物的程度,构成诈骗罪;如果行为人虽然采用欺骗手段,但并没有达到使他人无对价交付财物的程度,则可能只构成民事欺诈。最后,就欺骗结果而言,欺骗结果也可以从主观上理解为非法占有目的。很多情况下,民事欺诈和刑事诈骗在行为方式上难以进行区分,需要从行为人主观上是否具有非法占有的目的予以区分。诈骗罪中非法占有目的的推定,可以综合考虑、审查分析以下几个要素:(1)行为人主体身份是否真实,行为实施对象是陌生人群还是熟悉的人甚至是朋友、亲戚;(2)行为人在行为当时有无履约能力,有无归还能力;(3)行为人有无采取诈骗的行为手段,有无实施虚构事实、隐瞒真相的行为;(4)行为人有无履约的实际行动,有无积极准备做相应工作;(5)行为人未履约的原因,是因意外事件、行为人过失等原因造成不能履约,还是根本不想履约;(6)行为人的履约态度是否积极,是否按时、按计划履行合约;(7)行为人对财物的主要处置形式,如有无肆意挥霍,有无使用资金进行违法犯罪活动;(8)行为人的事后态度是否积极,如有无抽逃、转移资金、隐匿财产,以逃避返还资金,有无在获取资金后逃跑的行为。

2. 马某某不构成合同诈骗罪

合同诈骗罪,即行为人以非法占有为目的,在签订、履行合同过程中,骗取对方当事人财物,数额较大的行为;或者仅履行合同的小部分,而对合同义务的绝大部分无履行诚意以骗取他人财物的行为。构成合同诈骗罪,要求行为人客观上实施了虚构事实、隐瞒真相以骗取对方数额较大财物的行为;主观上要求行为人具备非法占有他人财物的目的。具体到本案,首先,马某某客观上并未通过虚构事实、隐瞒真相的行为直接骗取李某某、刘某某的财物,对李某某而言,虽然李某某称马某某向其介绍的都是矿场储量高、品位好的钼金属,其也因此才签订了股权转让合同,但由于李某某有能力自行对矿场探查从而决定是否签订合同,故不能仅以马某某未向李某某介绍矿场所有情况为由主张马某某实施了合同诈骗行为;对韩某某而言,双方约定合同履行完毕后,韩某某会从选场的盈利额中向马某某支付拖欠的股权转让款,故虽然韩某某在马某某的帮助下、在未支付足额款项的前提下获得公司51%的股权,但马某某根本目的系促成韩某某与刘某某选场扩建及股权转让合同的达成与履行,以尽快获得股权转让款,而非直接骗取刘某某的财物。其次,马某某主观上也无非法占有涉案款项的目的,其认可给予李某某 100 万经济援助金的事实并为此积极寻找新的买家,且其接受的 500 万转让款也是韩某某尚拖欠其的股权转让款。综上,根据先客观后主观的刑事判断逻辑,马某某不构成合同诈骗罪。

(四)合同诈骗罪出罪类案检索

1. 事实不清,证据不足类

丁某姬合同诈骗罪案①

【裁判要旨】现无证据证实丁某姬系广东中铁公司副总经理或案发时系广东中铁公司工作人员,不符合广东中铁公司单位犯罪的其他直接

---

① 案件来源:(2020)青刑终 69 号。

责任人员的认定条件。本案涉案款项均按照曹某民指示转款,且曹某民控制广东中铁公司来偿还对外债务,无证据证实丁某姬使用该款项或从中获取了利益,亦无证据证实丁某姬为广东中铁公司利益虚构事实、隐瞒真相,签订虚假合同,具有骗取他人财物的主观故意。丁某姬受曹某民指派代表广东中铁公司与西宁五矿公司签订合同的事实存在,但现有证据不能证实其损害了广东中铁公司利益,在明知广东中铁公司无履行能力情况下,使用虚假提单骗取合同对方当事人财物的行为。故原判认定丁某姬明知提单是使用过的,而利用虚假提单骗取他人资金的事实与本院经二审审理查明的事实不符,属认定事实不清,证据不足。

李某合同诈骗罪案①

【裁判要旨】原审裁判认定李某犯合同诈骗罪的证据不足,指控的犯罪不能成立。四川省人民检察院关于本案属经济纠纷,原审裁判适用法律错误导致定罪错误的抗诉意见成立,本院予以支持。但李某作为新能源公司法定代表人,其在收取伊电公司支付的货款后,本应支付尚欠川电公司的货款而未支付,其将该款项用于个人另行经营、购买住房、商铺、小汽车及家庭生活等支出,李某违法所得的一切财物,依法应当予以责令退赔。

周某、熊某军、黎某平等合同诈骗罪案②

【裁判要旨】原判认定上诉人周某、熊某军、黎某平、原审被告人师某某具有非法占有目的,骗取他人财物的证据不足。经本院审判委员会研究认为,原判认定上诉人周某、熊某军、黎某平、原审被告人师某犯合同诈骗罪的事实不清,证据不足,原公诉机关指控的犯罪不能成立。

2. 未采用欺骗手段,无非法占有他人财物的故意类

翟某华、A 建设管理有限公司合同诈骗罪案③

【裁判要旨】因在案证据不能认定 A 建设管理有限公司(以下简称"A 公司"),具有非法占有的目的,并实施了虚构事实、隐瞒真相、占有路桥公司款项的行为,不具备合同诈骗罪的主、客观要件,不构成合同诈骗

---

① 案件来源:(2019)川刑再 11 号。
② 案件来源:(2018)冀刑终 447 号。
③ 案件来源:(2018)桂刑终 177 号。

罪;同理,作为 A 公司直接负责的主管人员翟某华,亦不构成合同诈骗罪。广西壮族自治区人民检察院出庭意见认为上诉单位 A 公司、上诉人翟某华在履行合同过程中,以非法占有为目的,采取虚构事实、隐瞒真相的手段,骗取路桥公司分成款共计 7519559.53 元,其行为构成合同诈骗罪的事实不清,证据不足,理由不充分,不予采纳。

张某合同诈骗罪案①

【裁判要旨】认定行为人是否构成合同诈骗罪,主要审查在签订履行合同过程中,其主观上是否具有非法占有他人财物的故意,客观上是否实施了欺骗行为。在本案中,从主观上看,按照民法"买卖不破租赁"的原则,张某事先已通过房屋租赁合同备案登记即租金收益担保的方式,确保陈某一方投资的安全,一旦发生资金风险,陈某一方完全可以依据《北京市房屋租赁合同》及《补充协议》获得救济,陈某一方已支付的款项不是必然的损失,故难以认定张某具有非法占有的主观故意。从客观上看,张某提供的《短期资金头寸拆借协议》和《借款协议》的真实性无法排除,按照《借款协议》的约定,收购优力凯股权恰恰符合借款的用途;陈某一方在 2009 年 6 月后就不再投资,原定 5400 万元的投资款仅支付了三分之一,张某于 2009 年 10 月被取保候审后选择与其他公司合作,陈某一方从形式上看已经违约,因此,现有证据无法认定张某在合作过程中实施了欺骗行为。根据最高人民法院发布的《关于审理联营合同纠纷案件若干问题的解答》中"关于联营合同中的保底条款问题"的相关规定,张某和陈某签订的一系列协议名为合作,实为借贷,在张某提供有效担保的情况下,双方的债权债务纠纷完全可以通过民事诉讼解决。北京市第一中级人民法院判决认定上诉人张某犯合同诈骗罪的事实不清,证据不足。

3. 商业欺诈不属于刑事诈骗类

张某蓉诈骗罪案②

【裁判要旨】张某蓉作为 A 公司的股东,在与华东某某公司洽谈期间、尚未达成正式协议之前,称其具有履约能力,先与赵某签订包机运输协议并收取 150 万元预付款,此时其行为有一定的商业欺诈性质;但张某

---

① 案件来源:(2014)高刑终字第 534 号。
② 案件来源:(2017)冀刑终 181 号。

蓉在二十余日之后,与华东某某公司签订了正式的包机运输协议,具备了履约能力,并为赵某之妻韩某甲运输了多笔空运货物,张某蓉虽在商业活动中使用了不正当的业务手段,但不属于刑法规定的虚构事实、隐瞒真相的诈骗行为。张某蓉在与华东某某公司签订正式合同后,积极履行合同义务,先后向华东某某公司交纳了150万元押金,并通知赵某备货空运,因赵某以过春节为由要求延迟备货,张某蓉又联系赵某之妻韩某甲备货,并实际履行了多班货运包机业务,现有证据亦不能排除张某蓉向韩某甲履行包机合同与赵某所交150万元预付款无关,不能证实张某蓉故意不履行合同、非法占有赵某钱财。因此,根据现有证据,尚不能证实张某蓉使用了诈骗方法非法占有他人财物,张某蓉不构成诈骗罪。

(五)关于马某某不构成合同诈骗罪的辩护意见

马某某涉嫌合同诈骗罪一案,委托内蒙古蒙益律师事务所并指派田永伟律师担任其辩护人。根据《刑法》第二百二十四条之规定,合同诈骗罪指行为人以非法占有为目的,在签订、履行合同过程中,骗取对方当事人财物,数额较大的行为;或者仅履行合同的小部分,而对合同义务的绝大部分无履行诚意以骗取他人财物的行为。构成合同诈骗罪,要求行为人客观上实施了虚构事实、隐瞒真相以骗取对方数额较大财物的行为;主观上要求行为人具备非法占有他人财物的目的。辩护人结合法律规定经过认真阅卷,详细研判后认为马某某不构成合同诈骗罪,理由如下:

1.从客观表现看,马某某并未实施虚构事实、隐瞒真相以直接骗取相对人财物的行为,其行为不具备犯罪构成的该当性

马某某之所以想出售矿场,是因为其不想再继续经营了,即其具备出售矿场的真实意愿而非假借出售矿场之名行直接取得并占有他人财产之实。而根据已有的证据可知,该矿场中确实蕴含符合市场要求的钼金属,马某某通过经营矿场也有所盈利,矿场在转售之后是继续盈利还是亏损系商业风险,这属于买方可预料的范畴。对李某某而言,虽然李某某称马某某向其介绍的都是矿场储量高、品位好的钼金属,其也因此才签订了股权转让合同,但由于李某某有能力自行对矿场探查从而决定是否签订合同,故不能仅以马某某未向李某某介绍矿场所有情况为由主张马某某

实施了合同诈骗行为。

对刘某某而言,根据韩某某与马某某的约定,韩某某与刘某某的合同履行完毕后,韩某某会从选场的盈利额中向马某某支付拖欠的股权转让款,故虽然韩某某在马某某的帮助下、在未支付足额款项的前提下获得了矿场51%的股权,但马某某根本目的系促成韩某某与刘某某选场扩建及股权转让合同的达成与履行,以尽快获得股权转让款,而非直接骗取刘某某的财物,故马某某行为的实质系民事欺诈,即令刘某某产生错误认识从而做出有利于马某某的法律行为并通过该行为牟利。但正如上文所述,马某某实施该行为的目的系促成合同的成立与生效,并通过履行合同取得相应的利益而非以欺骗的手段直接取得刘某某的某种处分、支付,进而非法占有刘某某处分、支付行为所指向的财物、取得利益。与此同时,马某某与韩某某虽签订了股权质押合同,但该质押合同并未办理登记,故不具有对抗刘某某的效力。换言之,即便刘某某与韩某某签订了选场扩建及股权转让合同,马某某也不能以该未经登记的质押合同为由向刘某某主张权利。综上,马某某并未实施虚构事实、隐瞒真相以直接骗取刘某某财物的合同诈骗行为。

本案系经济类纠纷案件,在处理时应厘清民事欺诈与刑事诈骗的界限,不能把任何存在隐瞒合同真相或虚构事实的民事不法行为均认定为犯罪,否则既有违刑法谦抑性的要求,也会对正常的市场行为产生桎梏。本案由于马某某并未实施虚构事实、隐瞒真相以直接骗取相对人财物的刑事违法行为,其仅仅是为了牟利而实施了民事不法行为,故其行为不符合合同诈骗罪的客观构成要件。

2. 从主观目的看,马某某并无非法占有资金的目的

第一,马某某并无非法占有李某某资金的目的。

一方面,根据一般生活经验可知,矿石产业的特殊性决定了缔约相对方应更加审慎,但李某某并未尽到该义务:李某某在与马某某签订股权转让合同前有能力全面了解矿场的真实情况,但其怠于聘请己方的工程师下矿勘查,仅凭马某某方工程师的介绍便签订了合同;且其虽然在发现矿场实际钼等金属含量、品位等与图纸记载可能存在差异后进行了检验,但并未保留工程师的取样化验结果,故其在签订、履行合同过程中存在过错,应承担因由此产生的不利后果。

另一方面，马某某与李某某签订股权转让合同后，李某某仅支付了 100 万元定金而后续合同义务并未继续履行，根据双方合同约定李某某的行为已经构成了严重违约，马某某有权解除合同并请求李某某支付违约金。后双方经协商达成了《互不追究责任及马某某方给予李某某经济援助协议》（以下简称《经济援助协议》），该协议约定股权转让合同解除、双方互不追究对方的法律责任且马某某方以经济援助金的名义给予李某某 100 万元，李某某在该协议上签字的行为证明其认可了协议的内容。虽然该协议约定马某某方以经济援助金的名义给予李某某 100 万元，但无论该款项的名目为何，均足以证明马某某并无非法占有李某某资金的目的，李某某可依据该《经济援助协议》通过民事途径主张马某某支付给其 100 万元。且根据马某某的后续行为可知，虽然其资金短缺不具有偿还能力，但其在解除了与李某某的股权转让合同后积极寻找买家商谈股权转让事宜，并与韩某某等人再次签订了股权转让协议。综上，马某某虽因资金短缺而暂时欠缺还款能力，但其为了履行合同积极寻找买家并再次签订股权转让合同，故其并不具有非法占有李某某 100 万元资金的主观目的。

第二，马某某更无非法占有刘某某 500 万元保证金的目的。

经阅卷可知刘某某曾多次向韩某某主张返还保证金，韩某某也同意设备能正常运转 72 小时并经过验收后便予以返还。但是由于在选场扩建及设备安装完毕后刘某某便离开选场，经韩某某多次联络刘某某仍拒绝配合验收工作，因不知刘某某施工及设备是否达到验收标准，故韩某某未返还其 500 万元保证金。若刘某某能按合同约定完成选场扩建、设备安装等义务并通过验收，则其能够通过民事途径向韩某某主张返还保证金。且韩某某为了早日偿还马某某的股权转让款又再次寻找买家，但刘某某知情后多次阻挠并导致矿场陷入停工状态，故刘某某在合同履行过程中也存在过错，其应承担由此产生的不利后果。辩护人经阅卷得知与刘某某签订股权转让合同的相对方系韩某某，马某某与刘某某之间并不存在直接的买卖合同且刘某某并未直接向马某某支付保证金。虽然韩某某收到保证金后让王甲转给了马某某，但马某某接受该款项系因为韩某某尚拖欠其股权转让款，换言之，涉案 500 万元在韩某某转让给马某某时已经完成了从保证金到欠款性质的转换，而马某某接受 500 万元股权转让款的行为并不能证明其具有非法占有刘某某资金的主观目的。

综上所述,马某某客观上并未通过虚构事实、隐瞒真相的行为直接骗取李某某、刘某某的财物;主观上也无非法占有涉案款项的目的,其认可给予李某某100万元经济援助金的事实并为此积极寻找新的买家,且其接受的500万元转让款也是韩某某尚拖欠其的股权转让款,故马某某既不构成诈骗罪,亦不构成合同诈骗罪。以上辩护意见恳请贵院参考并采纳,对马某某作不起诉决定!

(六)江溯老师点评

合同诈骗罪,是指以非法占有为目的,在签订和履行合同过程中,使用欺骗手段,骗取对方当事人财物,数额较大的行为。本罪侵犯的法益为经济合同管理秩序和公私财物所有权,构成合同诈骗罪,要求行为人客观上实施了虚构事实、隐瞒真相以骗取对方数额较大财物的行为;主观上要求行为人具备非法占有他人财物的目的。

本案中,辩护人的辩护意见完全脱胎于客观归责论,本着先客观后主观的分析路径,对马某某不构成合同诈骗进行抽丝剥茧式地剖析,不失为一起成功案例。尤其是对于马某某仅仅成立民事欺诈,而不能直接入罪评价的论述,分别从欺骗内容、欺骗程度、欺骗结果三个方面区分,本辩护意见并未将上述三个因素孤立地用于证明马某某没有非法占有的目的,坚持主客观相统一的原则,综合案件证据综合考量,审慎判断。

本案最大的辩护亮点在于,辩护人通过实证分析将合同履行中的民事欺诈行为与刑事法律意义的合同诈骗进行了区分。同时,用民事法律的分析方法对股权质押合同的性质及对抗效力,进行了深入分析,阐明马某某未以未经登记的质押合同为由向合同相对方主张权利,进而得出马某某并未实施虚构事实、隐瞒真相以直接骗取刘某某、李某某财物的合同诈骗行为。最后辩护人从民事不法行为不应认定为犯罪及刑法谦抑性的要求为落脚点,得出马某某的行为不符合合同诈骗罪的结论。

十二、民间借贷与刑事诈骗之界限

(一)案情概述

某出庭检察员发表意见称:2011年下半年,被害人宋某某与被告人翁某口头约定购买某牌洋葱种子,宋某某分别在2011年10月份及2012年1月份汇给翁某种子款共计7.8万元。2012年2月份,宋某某及妻子张某某因耕种需要多次要求翁某交付种子或退还货款,翁某未能交付种子并拒绝退款。之后,翁某拒接电话和不回复任何短信。宋某某和张某某报案,于2012年2月23日,张某某和警察到被告人翁某居住的某宾馆房间门口给翁某打电话,翁某谎称自己在外地,后被警察在宾馆房间内抓获。2012年2月28日,被告人翁某退还宋某某种子款人民币7.8万元。

2011年10月,A公司与被告人翁某口头约定购买1000桶某牌洋葱种子,A公司于2011年10月及2011年12月分两次给翁某汇款26万元。2012年2月,在A公司多次催要下,翁某仍未能交付种子。

2012年4月,被告人翁某以B公司(2011年12月被吊销营业执照)法定代表人的名义与被害人周某签订《草原承包合同》,合同中约定翁某将其公司承包的草场转租给周某,租期为14年,并约定合同价款包含4台喷灌机及相关设备。合同签订后,周某向翁某支付了200万元承包费。2012年12月,放置在周某承包草场中的4台喷灌机被李某和C公司的工作人员拉走。之后,翁某失去联系。经查实,其中3台喷灌机系C

公司所有,另一台喷灌机系李某所有。经某价格认证中心价格鉴定,该四台指针式喷灌机价格合计人民币 87.4187 万元。

综上,翁某以非法占有为目的,在签订、履行合同过程中,骗取对方当事人财物,数额巨大,应以合同诈骗罪追究其刑事责任;翁某以非法占有为目的,骗取他人财物,数额特别巨大,应以诈骗罪追究其刑事责任。

(二)合同诈骗罪、诈骗罪法律及相关规定

1. 合同诈骗罪法律规定

详见本书"十一、合同诈骗罪的构成要件"部分。

2. 诈骗罪法律规定

(1)法律

《刑法》(2020 修正)

第二百六十六条 【诈骗罪】诈骗公私财物,数额较大的,处三年以下有期徒刑、拘役或者管制,并处或者单处罚金;数额巨大或者有其他严重情节的,处三年以上十年以下有期徒刑,并处罚金;数额特别巨大或者有其他特别严重情节的,处十年以上有期徒刑或者无期徒刑,并处罚金或者没收财产。本法另有规定的,依照规定。

(2)司法解释

《最高人民法院、最高人民检察院关于办理诈骗刑事案件具体应用法律若干问题的解释》(法释〔2011〕7 号)

第一条 诈骗公私财物价值三千元至一万元以上、三万元至十万元以上、五十万元以上的,应当分别认定为刑法第二百六十六条规定的"数额较大"、"数额巨大"、"数额特别巨大"。

各省、自治区、直辖市高级人民法院、人民检察院可以结合本地区经济社会发展状况,在前款规定的数额幅度内,共同研究确定本地区执行的具体数额标准,报最高人民法院、最高人民检察院备案。

(3) 规范性文件

《立案追诉标准（二）》（公通字〔2010〕23号）

第七十七条　以非法占有为目的，在签订、履行合同过程中，骗取对方当事人财物，数额在二万元以上的，应予立案追诉。

（三）思路解析

1. 诈骗罪的构成要件

构成诈骗罪，要求行为人客观上实施了隐瞒真相、虚构事实以骗取对方数额较大财物的行为；主观上具有非法占有他人财物的目的。具体而言，即行为人以非法占有为目的实施了隐瞒真相、虚构事实的行为，被害人因此产生错误认识从而"自愿"处分财产，行为人获得财产，受害人失去财产与行为人获得财产之间具有刑法上的因果关系。

2. 如何认定合同诈骗罪中的"合同"

合同诈骗罪侵犯的法益是公私财物所有权和国家合同管理制度，该罪中的"合同"必须能够体现一定的市场秩序，只有那些涉及社会主义市场经济秩序的合同才能成为合同诈骗罪中的合同。以口头形式约定的合同，只要发生在生产经营、流通领域，双方就货物的名称、数量、价格、交货条款等内容达成协议，并有证据证明确实存在合同关系的，就应认定为合同诈骗罪中的合同。

3. 如何理解"非法占有目的"

非法占有目的是行为人主观的心理状态，任何人均无法深入其内心来确认这种状态，只能通过外在的表现及行为来推断行为人的主观心理状态。对此可以从以下方面进行考量：行为人是否有逃避偿还款物的行为。例如，行为人是否取得款物后立即携款逃匿或者将财物转移、隐匿，拒不返还；或者将财物用于赌博、挥霍等，致使无法返还等；行为人与所谓的受害人之间是否存在经济往来；行为人未履行合同的应着重审查未履行的原因，对于签订合同时有履行能力，但因经营不善等客观原因导致无法依约履行的，应排除在合同诈骗罪之外；对于履行困难或不能履行的，应着重审查行为人是否存在真实的履行行为、是否积极创造履行能力以及对于继续履行合同的态度等,从而排除非法占有目的。

在此需要强调的是,在审理涉嫌诈骗类的案件时,应明确厘清民事欺诈与刑事诈骗的界限。一般而言,民事欺诈的行为人是希望以"虚构、隐瞒"的欺骗行为促成合同的成立与生效,并通过履行合同的行为取得相应的利益,通常有实际履行的行为;而合同诈骗罪的行为人则希望以欺骗的手段直接取得对方的某种处分、支付,从而非法占有对方处分、支付行为所指向的财物、取得利益,通常无实际履行行为或履行极少的合同义务。根据刑法谦抑性要求,能通过民事途径救济的权利便无须上升到刑事高度,故不应将所有存在合同欺诈的行为均认定为刑事犯罪。

4. 翁某不构成合同诈骗罪、诈骗罪

针对洋葱种子案(合同诈骗罪)部分,从合同诈骗罪的犯罪构成角度,翁某主观无故意诈骗 A 公司和宋某某之目的,行为上亦未付诸实施诈骗之举。针对喷灌机案(诈骗罪)部分,从诈骗罪的犯罪构成角度翁某不具有非法处置喷灌机的行为,且主观上没有诈骗周某的故意,而所谓承包合同应为未生效之合同,即名为承包实为借贷内容。辩护人认为,翁某两个行为均为民事法律关系所应调整的民事行为,能通过民事途径救济,根据刑法的谦抑性原则,翁某无须上升到刑事高度。

(四)诈骗罪、合同诈骗罪出罪类案检索

1. 民事欺诈不属于刑事诈骗类

李某诈骗罪案[①]

【裁判要旨】原审裁判认定李某作为 D 公司法定代表人,在收取 E 公司支付的货款后,未用于积极履行向 F 公司的付款义务,而是主要用于个人投资或消费,其存在非法占有 F 公司货款的故意和客观表现的证据不足。

(1)李某(D 公司法定代表人)在收取 E 公司货款后向 F 公司谎称 D 公司尚未收到 E 公司全部货款的性质问题。本案中存在两个销售合同,即 D 公司与 E 公司签订的购销合同和 D 公司与 F 公司签订的购销合

---

① 案件来源:(2019)川刑再 11 号。

同,二者系不同的民事法律关系。在 D 公司与 F 公司的合同到期后,F 公司向 D 公司催缴货款不以 E 公司是否已向 D 公司履行完全部付款义务为条件。虽然李某在已收到 E 公司全部货款的情况下,当 F 公司催要货款时,以 E 公司货款尚未收完为由,未付应支付 F 公司的货款,但李某的上述行为并不会导致 F 公司产生错误认识并免除 D 公司付款责任的后果,该行为性质属民事欺诈行为。

(2)李某是否具有逃匿行为问题。根据 F 公司购销合同约定,D 公司最迟应在 1997 年初向 F 公司付款。在 D 公司未能按约付款的情况下,F 公司又于 1997 年 3 月与李某签订代销协议书,委托李某代销部分产品并支付其代销费。D 公司虽然于 1997 年被吊销但系因未能按期年检,与公司主动注销有区别。同时,王某甲证言与李某供述均证实,双方在 1998 年七八月份还在联系。故原判仅以李某公司被吊销后与 F 公司无法联系即认定其具有逃匿行为,证据不充分。

(3)关于 F 公司与李某是否存在经济纠纷问题。本案中,李某作为 D 公司法定代表人,应向 F 公司支付货款,而 F 公司工作人员王某甲证言和李某供述亦证实 F 公司认可李某代销了该公司产品且双方一直未结算李某应得的代销费。因 F 公司与李某一直未结算李某应得的代销费,李某又差欠 F 公司货款,即双方之间有相互拖欠代销费或货款的情形,故 F 公司与李某之间存在经济纠纷。

2. 不具有非法占有的目的类

陈某甲合同诈骗罪案①

【裁判要旨】公诉机关指控被告人陈某甲犯合同诈骗罪的事实不清、证据不足,指控罪名不成立。根据某农村信用合作联社关于甲公司申请抵押贷款 450 万元的调查报告显示:甲公司占地面积 6380 平方米(价值 78 万元),建筑面积 3855.25 平方米(价值 822 万元)。该企业 2012 年末资产总额为 1748 万元,固定资产为 851 万元,流动资产为 897 万元,2012 年实现净利润 312 万元,该企业发展较好。现扣除流动资产,还有价值 900 万元的土地及建筑,扣除贷款 450 万元,还有 450 万元可用于偿还农

---

① 案件来源:(2016)吉 0183 刑初 87 号。

户欠款。且开庭审理时,陈某甲辩称其不欠个人借款,只欠农村信用合作联社450万元的贷款。现认定陈某甲案发时已经严重资不抵债,无能力偿还的证据不足;而且被告人陈某甲2013年收购农民水稻后,大部分发霉,导致低价出售赔钱,属经营不善所为,没有及时给付农民卖粮款是企业亏损所致,不能认定被告人陈某甲系主观上非法占有。

(五)关于翁某不构成诈骗罪、合同诈骗罪的辩护意见

内蒙古蒙益律师事务所接受被告人妻子王某某的委托,指派本所田永伟律师担任被告人翁某诈骗罪、合同诈骗罪二审期间的辩护人。辩护人接受委托后,进行了阅卷、会见,参加了庭审活动,现根据已经查实的证据情况依法发表如下意见,请合议庭予以考虑。

1. 针对洋葱种子案部分:从合同诈骗罪的犯罪构成角度,翁某的行为不具有非法占有及逃匿的行为,其不应当构成合同诈骗罪

首先,二审法院在庭审中已经查明上诉人翁某经营的几家公司及上诉人翁某被抓捕过程,即被抓捕地点是在某市境内实名登记入住的长期居所宾馆,上诉人在外地及本地的大量资产如苜蓿草地、农机具等都没有变现或转移的行为或者倾向;一审法院仅以"电话不接短信不回"定性为逃匿实属牵强附会,即不能以"不接电话不回信息"为由推定上诉人翁某为躲避债务而逃匿。

其次,二审期间上诉人翁某提交了由某旗先锋乡新地村村民刘某与某农牧科技有限公司签订的《耕地流转合同》、先锋乡先锋村村民委员会提交的证明及村民刘某、李某某、钱某、张某甲、李乙提交的证明,证实上诉人翁某在某地区洋葱种子销售的面积为2747.8亩,根据上诉人翁某的当庭陈述可知,因为A公司已经支付了26万元洋葱种子款,宋某某已经支付了78万元洋葱种子款,故该2747.8亩洋葱种子中当然包括应批发给A公司和宋某某的洋葱种子。合同签订的日期也可以得出种子已经预订却因二者的退货倒逼上诉人翁某再行租地种植以减少相应的损失。故上诉人翁某主观无故意诈骗A公司和宋某某之目的,行为上亦未付诸实施诈骗之举。

最后,通过二审庭审调查不难发现,上诉人翁某名下公司达五家之

多，其主要业务则以农牧业种植或者农牧产品的进出口为主，而上诉人翁某也以此为主要营业方向并经营多年。就本案而言基于多年合作的关系，B公司以上诉人翁某与某公司的口头合同先付款后供货、种子整批发货符合常理，即上诉人翁某并无主观诈骗之目的，客观上亦无诈骗之行为。

  2. 针对喷灌机案部分：从诈骗罪的犯罪构成角度分析，翁某不具有非法处置喷灌机的行为，而所谓承包合同应为未生效之合同，即名为承包实为借贷内容

  首先，灌溉设施条款是两份承包合同签完字后才手写添加的从属条款，其所表达的法律关系与合同主内容应完全一致即都是承包关系，从民事法律角度而言不可能存在一份合同中既存在承包又存在买卖，一审法庭认定为是买卖关系实属适用法律错误，以买卖关系确定上诉人翁某犯有诈骗罪更是违背罪刑法定原则。

  其次，相关法律明确规定草原或耕地归村民集体所有，使用权人之间流转必须经四个法定步骤，上诉人翁某取得草地承包权时申请当地村委会出具了"草场流转同意书"，故上诉人与周某之间所谓的承包合同未经任何步骤系未生效的合同，虽周某确实是在签约后立即支付了200万元但却从未履行土地流转的法定手续。因此，载明了偿还借款所表达出的法律关系只能是200万元的借贷关系，而不可能是承包关系。

  再次，二审期间上诉人翁某提交的证据材料某民事调解书证实，上诉人与原发包方就1758亩地签订的承包合同合法有效，且已支付2011年、2012年两年的全部及2013年的部分草场承包费。更为关键的是相同地利的两块草地，1380亩草场的承包费用为200万元，而比其多出近400亩的1758亩草场的承包费用却离谱地降到60万元，无论从法律角度还是从客观评判角度都无法讲通，名为承包客观为借贷的事实水落石出。

  最后，二审庭审期间上诉人翁某出示新的证据即上诉人翁某与周某的父亲周某某的短信记录，分别为2012年10月19日周某某发出的主要内容为"欠债还钱天经地义"和2013年1月26日周某某发出的主要内容为"翁某，草地无人要，你的借款至今没有还给我"，充分证实了上诉人翁某与周某之间为借贷关系，所谓的承包只是对债权债务关系又一次确认。而短信手机号码137×××××××的持有人周某某也在侦查卷二（即2015年1月7日新城公安分局刑警大队询问笔录中）亲自向公安部门告知自

己的联系方式系137×××××××××。就喷灌机案而言定其诈骗罪完全依附于所谓的承包合同最后条款,而结合二审证据及当庭查明事实看,承包合同除前所述外最多为周某为实现债权而签订的尚未生效的抵押合同,其无论为承包关系还是抵押关系均无法证实喷灌机所有权转移这一内容,而其所有权无法转移导致上诉人翁某构成诈骗罪从刑法犯罪构成学上也解释不通,更为关键的是上诉人翁某根本没有主观诈骗周某之故意,结合庭审证据借贷关系真相大白。

综上,辩护人认为翁某两个行为均为民事法律关系所调整的民事行为,即上诉人翁某不构成刑法意义上的合同诈骗罪及诈骗罪,恳请贵院本着达到证据确实、充分证明标准的原则,客观评判此案,判处翁某不构成犯罪为宜。

(六)车浩老师点评

司法实践中,在认定诈骗罪、合同诈骗罪的时候,一定要注意其与民事欺诈或者一般的经济纠纷的区别。尤其是在债务类的案件中,行为人到底是普通民事上的拖欠或逃避债务,还是骗取对方财物的诈骗犯罪,在办案过程中必须收集各方证据,仔细核查。

在翁某合同诈骗案中,翁某在客观上拖欠和逃避履行债务的行为是客观存在的。但是并不能由此就直接得出其构成合同诈骗罪的结论,而是需要进一步考察,是否翁某在与对方签订合同之初,主观上就具备了非法占有目的。对此,可以从两方面审查。一方面是行为人客观上有没有履约或还款的能力,如果行为人从始至终根本不具备履约能力而仍然与他人签订合同,则可以推定其主观上具有非法占有目的。另一方面,行为人虽然具有履约能力,但是否"逃避返还资金"。这里需要注意的是,如果行为人实施了抽逃资金、隐匿账目等行为,但当对方一提出返还要求时,行为人立即能返还的,则足以否定"逃避返还资金",进而否定主观上的非法占有目的。本案中的辩护意见能够从这些方面展开辩护,有助于司法机关核查事实,正确适用法律,这是值得肯定的。

十三、故意杀人手段特别残忍的认定

（一）案情概述

某公诉机关指控称：邹某某与被害人刘某强系同村村民。案发前四五年，刘某强曾带领邹某某等人外出打工，刘某强获取劳动报酬后未全部支付给邹某某，邹某某多次索要未果，遂产生了让刘某强干活抵顶工钱、否则便杀死对方的念头，并于案发前提出让刘某强帮助其到家里干活，刘某强应允。后，邹某某将刘某强接到其家中，让刘某强修复房屋墙面和院内下沉地面，刘某强称次日带人完成。后邹某某谎称后院草房内埋有古董，让刘某强将古董挖出。待刘某强挖出一深坑后，邹某某趁刘某强不备，持木棒猛击刘某强头部，后将刘某强推入坑内掩埋，并用水泥抹平地面、用火烧干水泥。经法医鉴定，刘某强系因钝器伤致颅脑损伤而死亡。

（二）故意杀人罪法律及相关规定

1. 法律

《刑法》（2020 修正）

第四十八条【死刑、死缓的适用对象及核准程序】死刑只适用于罪行极其严重的犯罪分子。对于应当判处死刑的犯罪分子，如果不是必须立即执行的，可以判处死刑同时宣告缓期二年执行。

燕大元照微信公众号

燕大元照法律图书

参考阅读

实务刑法评注

喻海松／编著

北京大学出版社 2022年8月版

《实务刑法评注》是最高人民法院喻海松博士编著的一部实务刑法规则集成。一本兼容刑事诉讼程序内容的刑法全典、一部实务写给实务工作者的刑法工具书。

《实务刑法评注》参考德国小型注释书体例，对《中华人民共和国刑法》条文逐条进行规范注解和案例规则编纂。

中华人民共和国刑法条文说明、立法理由及相关规定

全国人大法工委刑法室 王爱立／主编

北京大学出版社 2021年5月版

全国人大常委会法工委刑法室从1997年以来历次刑法修正案修正后的刑法工作立法相关背景及历次修改情况、立法时争议的主要问题、实践的解读、全面的解读，并将2020年12月7日通过的最高人民法院《关于适用〈中华人民共和国刑事诉讼法交的解释〉》纳入相关规定，本书为全国人大立法工作机构对《刑法》条文的官方注释具有权威性，指导性和实用性。

注释刑法全书

陈兴良 刘树德 王芳凯／编

北京大学出版社 2022年8月版

本书是按照我国现行《刑法》条文体例逐条注释的大型法律专业工具书。由著名刑法学家陈兴良教授领衔，历时6年编撰完成。在《刑法》每一条文的项下罗列了【条文说明】【司法解释性文件】【立法理由】【立法释义】【司法解释】【司法解释性文件】【指导性案例】【公报案例】和【参考案例】等栏目。本书编者还认为部分中引用了刑法著名学术观点和重要期刊论文观点。在脚注部分中引用了刑法学术科学和重要期刊论文观点，以实证实务和实务观点相互映照。本书资料详实，可能是近年来最为全面的大型刑法注释工具书。

中国刑法评注（全三卷）

冯军 梁根林 黎宏／主编

北京大学出版社 2023年5月版

《中国刑法评注（全三卷）》由冯军教授、梁根林教授、黎宏教授主编，陈兴良教授、张明楷教授等六十余位中国刑法学者共同撰写。《中国刑法评注（全三卷）》对我国《刑法》共452条逐条进行了解释和评论，目的是通过解释刑法规定的含义，评析各种刑法学说判判例，展现我国刑法立法、司法、理论的大致样貌，体现作者的刑法理念和见解。

死刑除依法由最高人民法院判决的以外,都应当报请最高人民法院核准。死刑缓期执行的,可以由高级人民法院判决或者核准。

第二百三十二条 【故意杀人罪】故意杀人的,处死刑、无期徒刑或者十年以上有期徒刑;情节较轻的,处三年以上十年以下有期徒刑。

2. 规范性文件

《全国法院维护农村稳定刑事审判工作座谈会纪要》(法〔1999〕217号)

(一)关于故意杀人、故意伤害案件

要准确把握故意杀人犯罪适用死刑的标准。对故意杀人犯罪是否判处死刑,不仅要看是否造成了被害人死亡结果,还要综合考虑案件的全部情况。对于因婚姻家庭、邻里纠纷等民间矛盾激化引发的故意杀人犯罪,适用死刑一定要十分慎重,应当与发生在社会上的严重危害社会治安的其他故意杀人犯罪案件有所区别。对于被害人一方有明显过错或对矛盾激化负有直接责任,或者被告人有法定从轻处罚情节的,一般不应判处死刑立即执行。

(三)思路解析

1. 如何认定犯罪手段特别残忍

根据《中华人民共和国刑法释义》第二编第四章的规定,"特别残忍手段"是指故意要造成他人严重残疾而采用毁容、挖人眼睛、砍掉人双脚等特别残忍的手段伤害他人的行为。[1] 根据胡云腾大法官的观点,犯罪手段特别残忍需要考虑三个维度,即被害人的感受、被告人的认知以及社会公众对行为的评价。[2]

在实践中,"特别残忍手段"要求行为人客观上所实施的行为异于常规的杀人手段,该手段会明显加重、延长被害人的痛苦,这种痛苦既包括

---

[1] 参见《中华人民共和国刑法释义(10)》,载专题导图微信公众号(网址:https://mp.weixin.qq.com/s/evbhN7nbvChLwqskEVmnQQ),访问日期:2023年4月10日。

[2] 参见胡云腾:《追究低龄未成年人刑事责任刍议》,载法治网(网址:http://www.legal-daily.com.cn/fxjy/content/2021-01/06/content_8399587.html),访问日期:2023年4月12日。

生理上的,亦包括心理上的;主观要求行为人对其所实施的特别残忍手段一事系明知的;作用的对象须系活体,亦即死后为毁尸灭迹、销毁罪证等目的所实施的行为并不属于手段特别残忍的评价范畴。

2. 邹某某对尸体的处置不属于手段特别残忍

邹某某对尸体的处置不属于手段特别残忍。根据在案证据可知,刘某强的死亡原因系"因钝器伤致颅脑损伤",故邹某某所实施的掩埋、用水泥将地面抹平、用火烧干水泥等行为所针对的对象系尸体,其实施的后续行为并不会延长或加重被害人生理、心理上的痛苦,实质上,邹某某所实施的上述行为均系事后的不可罚行为。

在此,需要强调的一点系根据罪刑法定、罪责刑一致、禁止重复评价等刑事司法原则,办案人员在审理类似案件时应摆脱"死者为大"的传统观念,不能被舆论导向所左右,更不能在凭借审判经验、内心直觉的前提下作出有罪、罪重推定后,再以该目的为导向作罪重推论,而是应结合被害人死亡的原因、行为人实施后续行为的时间节点等情节,充分考量行为人后续行为的社会危险性是否与以残忍手段致使被害人死亡的社会危险性相当、是否严重影响社会治安等,并根据证据裁判原则作出公平公正的判决。

3. 邹某某不应被判处死刑立即执行

根据本案在案证据及邹某某行为的社会危害性等因素,其行为并不应被判处死刑立即执行,因为本案系因民间纠纷引起的,且被害人刘某强有明显过错。

首先,需要明确的一点是"过错"的概念存在于民商事法律中,刑法教义学角度仅存在"罪过"的概念,虽然民法上的过错行为不一定构成刑法上的罪过,但不能以此否定被害人民法上的过错对行为人刑法上犯罪的原因力及影响力。其次,本案根据在案证据可知,刘某强拖欠包括邹某某在内的多人工资,不但经索要未果,而且刘某强在他人已经将工资给付其的前提下谎称并未给付,刘某强的上述行为足以证实其具有占有邹某某等人工资的目的,该行为当然会被民法所禁止,且该行为系引发本案的导火索。

最高人民法院发布的《全国法院维护农村稳定刑事审判工作座谈会

纪要》规定,对于因婚姻家庭、邻里纠纷等民间矛盾引发的故意杀人犯罪,适用死刑一定要十分慎重。应当与发生在社会上的严重危害社会治安的其他故意杀人犯罪案件有所区别。对于被害人一方有明显过错或对矛盾激化负有直接责任,或者被告人有法定从轻处罚情节的,一般不应判处死刑立即执行。

上文已经指出,本案系因民间纠纷引起的,且被害人刘某强有明显过错,故《全国法院维护农村稳定刑事审判工作座谈会纪要》的规定当然适用于本案,加之邹某某的行为并不属于以手段特别残忍致人死亡的行为,故根据罪刑法定原则及罪责刑相一致的原则,对邹某某当然不应判处死刑立即执行。

(四)故意杀人不属于手段特别残忍类案检索

胡金某故意杀人罪案①

【裁判要旨】胡金某认为村干部黄建某等三人分地时对其不公,遂对黄建某等怀恨在心,预谋将黄建某杀害,并为此准备了杀人工具尖刀一把。胡金某得知黄建某与其他工作人员来村里做群众工作,即一边尾随其后,一边用脏话挑衅黄建某,途中趁黄建某不备之机,用事先准备的尖刀朝黄建某左侧后背猛刺一刀。黄建某因左肺下叶破裂、心脏破裂致心肺功能衰竭、失血性休克而死亡。胡金某在作案手段上选择的是持刀杀人,而并非其他非常见的凶残狠毒方法;在行为次数上仅仅捅刺了一刀,并非连续捅刺;在被害人失去反抗能力之后也并没有再次捅刺。综上,胡金某的犯罪手段一般,其作案手段不属于"以特别残忍手段致人死亡",依法不适用死刑。

刘某某故意杀人罪案②

【裁判要旨】被告人刘某某因琐事故意非法剥夺他人生命,致人死亡,其行为已构成故意杀人罪。某市人民检察院指控的罪名成立,本院予以支持。被告人刘某某手持利斧猛砍被害人要害部位,主观上明显具有

---

① 案件来源:(2012)浙刑三终字第152号。
② 案件来源:(2011)南刑一初字第041号。

杀人的故意,且与刘某某供述其作案时的心理状态"我就是找他拼命的,他们整死我算我背时(倒霉),我要整死他们算他们背时"相一致,因此辩护人辩称刘某某没有杀人故意的理由不能成立,本院不予采纳。辩护人辩称被害人有过错的理由,因没有证据支持亦不能成立。被告人刘某某所犯罪行极其严重,但根据《刑法修正案(八)》规定审判时已满七十五周岁的人不适用死刑,但以特别残忍手段致人死亡的除外。刘某某的犯罪行为发生在《刑法修正案(八)》实施以前,根据从旧兼从轻原则,考虑到被告人刘某某现已76岁,不属于特别残忍手段致人死亡,故不判处刘某某死刑。被告人刘某某的犯罪行为给附带民事诉讼原告人造成了一定的经济损失,对附带民事诉讼原告人提出的赔偿经济损失的请求,其合理部分,本院予以支持。

(五)关于邹某某不属于故意杀人手段特别残忍的辩护意见

内蒙古蒙益律师事务所接受邹某某儿子邹金某的委托,指派本所田永伟律师为邹某某故意杀人罪抗诉开庭审理期间的辩护人。辩护人经过详细阅卷、结合庭审发问、质证环节,认为邹某某构成故意杀人罪,某市中级人民法院(××××)内××刑初×号刑事附带民事判决书定罪正确,量刑适当,应予维持。针对某区人民检察院抗诉意见书×检二部支刑抗(××××)××号内容及出庭检察官指控内容,辩护人认为其部分指控不成立,邹某某行为不符合死刑立即执行的条件,理由如下:

1.邹某某故意杀人后的毁尸藏匿的行为不属于犯罪手段特别残忍的行为,故邹某某不应适用死刑立即执行

本案发生的过程简单,犯罪事实清楚,定性不存在任何争议。发问环节辩护人直接对被告人示明故意杀人系客观归责而非主观判断,自己臆断是伤害的行为不能对抗故意杀人本质实害性后果的发生,包括打击的部位、使用的工具、暴力的程度等,被告人邹某某对辩护人的观点予以认同。

无论是从某市人民检察院刑事抗诉书×检一部诉刑抗(××××)××号内容上分析,还是从某区人民检察院抗诉意见书×检二部支刑抗(××××)××号抗诉角度上考量,认为邹某某应判决死刑立即执行的理由集中于

两点：一是一审判决认定的邹某某对指控罪名和指控事实无异议的意见错误，即邹某某庭审中陈述的打击部位与侦查机关陈述的内容不同，刘某强拖欠邹某某工资的数额差距过大，刘某强对矛盾的激化不存在刑法上的过错；二是邹某某蓄意杀人，事先让被害人挖坑、和水泥，"事后将被害人扔进坑中，填一层土踩实一层、用水泥抹平、用火烤干水泥等恶劣行为"，便得出了"被告人邹某某的犯罪手段特别残忍、情节特别恶劣、主观恶性较深"的结论。

关于过错的问题，辩护人放在第二部分展开论述，此部分主要集中在犯罪手段特别残忍角度分析，提请合议庭研判。

根据《刑法》的规定，判处死刑立即执行案件的前提是"罪行极其严重的犯罪分子"，而犯罪手段特别残忍为罪行极其严重的具体行为体现，此案件中邹某某在实施犯罪行为后，确定被害人刘某强已经死亡的情况下（×××号法医学尸体检验鉴定书），应该严格适用证据确实充分这一要件，即邹某某在刘某强死亡后实施的行为，系毁尸灭迹、隐匿证据的行为，故应结合全案全面判断邹某某的行为是否构成手段特别残忍。

犯罪手段特别残忍一定是针对活体而言，而非以尸体为行为对象。若手段特别残忍以尸体为对象，此类案件在实践中可能会导致故意杀人与侮辱尸体数罪出现，最后再按法条竞合从一重罪处断，会出现刑法的扩张解释，违背罪刑法定的大原则。且根据胡云腾大法官的观点，犯罪手段是否属于特别残忍需要考虑三个维度，即被害人的感受、被告人的认知以及社会公众对行为的评价。① 若将"邹某某持木棍击打被害人致死而后埋尸的行为"认定为手段特别残忍，那么再出现火烤、油泼、以小刀步步摧残的手段致人死亡应如何判断？故对邹某某的行为评价时，应将其行为与社会公众认知的手段残忍行为进行类比，进而得出正确的结论，确保刑法处罚的均衡性和社会对刑法处罚的认知接受度。

结论：邹某某对尸体进行处置的后续行为，不属于手段特别残忍的范畴，系事后不可罚的行为，当然不适用死刑立即执行的类别。

---

① 参见胡云腾：《追究低龄未成年人刑事责任刍议》，载法治网（网址：http://www.legaldaily.com.cn/fxjy/content/2021-01/06/content_8399587.html），访问日期：2023 年 4 月 12 日。

2. 邹某某故意杀人行为系被害人刘某强拖欠工资过错在先而引发,故刘某强对激化矛盾负主要责任

庭审过程中,无论是出庭支持抗诉的检察官,还是附带民事诉讼的原告代理人,从始至终强调邹某某在侦查机关供述的刘某强欠款数额与其他证据相冲突,故存在夸大事实的行为。辩护人需强调的是,无论刘某强欠邹某某1元还是100万元,在涉嫌侵犯人身权利法益的犯罪中都不应作为评价的客观对象,只要拖欠的事实存在,便对矛盾激化存在着事实上的因果关系,这一点无可厚非。因此本案并非侵犯财产类犯罪以犯罪数额作为评定犯罪轻重的核心要素,故抗诉机关以犯罪数额论为切入点存在方向性错误,对本案的评价当然存在严重偏颇。

庭审中,辩护人发问被告人邹某某,被害人刘某强除了拖欠其工资是否还拖欠其他人工资,邹某某的回答是拖欠好几个人的工资,在刘某强谎称"发包人汪某某未将工资款付清,其便无法给付被告人"时,金某某、邹某某、刘甲找到了发包人汪某某核对,结论为:工资早已结清,刘某强私自侵吞。正如庭审中邹某某陈述,自己也是农民工,也要养家糊口,刘某强的行为导致了自己故意杀人行为的发生,现在也非常后悔但已经于事无补。

据此可知,邹某某故意杀人的行为产生于刘某强对欠付工资的百般抵赖基础上,虽邹某某的行为绝对为《刑法》所禁止,但刘某强的行为却是激化矛盾的关键所在。根据《全国法院维护农村稳定刑事审判工作座谈会纪要》(以下简称《纪要》)的规定,首先明确此《纪要》适用的范围为农村,其次明确故意杀人犯罪适用死刑的标准,对故意杀人犯罪是否判处死刑,不仅要看是否造成了被害人死亡结果,还要综合考虑案件的全部情况。对于因婚姻家庭、邻里纠纷等民间矛盾引发的故意杀人犯罪,适用死刑一定要十分慎重。应当与发生在社会上的严重危害社会治安的其他故意杀人犯罪案件有所区别。对于被害人一方有明显过错或对矛盾激化负有直接责任,或者被告人有法定从轻处罚情节的,一般不应判处死刑立即执行。此内容与国家少杀、慎杀的刑事政策完全一致,更符合功能主义的刑法解释。故此《纪要》内容当然适用于邹某某故意杀人行为,而某市中级人民法院(××××)内××刑初×号刑事附带民事判决书判处邹某某死刑缓刑二年执行,剥夺政治权利终身且限制减刑,足以达到惩治邹某某的目的,亦达到对社会公众的震慑目的,故邹某某不至判处死刑立即执行。

除上述内容,庭审中无论是抗诉机关还是刑事附带民事诉讼原告代理人提出"刘某强未实施刑法意义上的过错行为",辩护人需做出回应的是,"过错"的概念存在于民商事法律中,刑法教义学角度仅存在"罪过"的概念,且刘某强拖欠工资的行为当然为民法调整,而全然不会存在刑事法律意义上的"罪过"。

综上所述,辩护人认为在国家大力推进限制、降低死刑适用率的背景下,司法机关应更加注意惩罚犯罪与预防犯罪并举,而非被"死者为大"的思维左右推行复仇主义。庭审中,邹某某不断的称后悔也晚了,同时在其要求下家属筹措了刘某强的丧葬费,可以看出其内心的纠结与悔恨。

最后,恳请贵庭结合辩护人的观点,研判邹某某行为不属于"罪行极其严重",本着罪责刑相适应以及罚当其罪的原则,公正处理本案。

(六)王亚林律师点评

《刑法》第四十八条第一款规定:"死刑只适用于罪行极其严重的犯罪分子。对于应当判处死刑的犯罪分子,如果不是必须立即执行的,可以判处死刑同时宣告缓期二年执行。"罪行极其严重是一个规范的构成要件要素,通说认为,"罪行极其严重是指犯罪的性质极其严重、犯罪的情节极其严重、犯罪分子的人身危险性极其严重的统一。"张明楷教授认为,"罪行极其严重并不是指客观危害极其严重,而是指有责的不法极其严重。因此,适用死刑时,必须综合评价不法与责任"①。

"手段特别残忍"作为罪刑极其严重的具体体现,以给被害人肉体上带来极大痛苦、公众心理上难以接受的作案手段为表现形式。例如故意伤害采用挑断手筋、脚筋、毁容等手段。辩护意见中提出"刘某强的死亡原因系因钝器伤致颅脑损伤,邹某某之后实施的掩埋、用水泥将地面抹平、用火烤干水泥地面等行为所针对的对象系尸体,其实施的后续行为并不会延长或加重被害人生理、心理上的痛苦,实质上,邹某某所实施的上述行为均系事后的不可罚行为"精准点题。

实践中大多将杀人后焚烧或肢解尸体的行为评价为"手段特别残忍"

---

① 张明楷:《死刑的概念及其评价》,载《民主与法制周刊》2021年第35期。

的故意杀人行为。事实上，故意杀人后针对尸体的行为往往和行为人实施其他犯罪后掩盖罪证的行为一样，属于"事后不可罚"行为，不属于故意杀人等犯罪本身的组成部分，故意杀人罪的犯罪对象只能是"人"而不是"尸体"，过度评价必然违反刑法客观归责理论和禁止重复评价原则。对于杀人后分尸、肢解尸体等事后行为，如果侵害了被害人亲属和公众对尸体、尸骨的虔敬感情，作为独立的法益侵害行为可以追究侮辱尸体罪和故意杀人罪并罚。

十四、特殊体质死亡的归责原则

（一）案情概述

2020年11月27日15时许，某市某区某街与某路十字路口东北侧，素不相识的王某与贺某剐蹭后双方撕扯，导致贺某倒地，王某未予理会直接骑车走人。贺某倒地死亡，经法医鉴定为急性心源性猝死，贺某的家属遂向公安机关报案，公安机关以王某涉嫌故意伤害致死为由移交检察机关批捕，某检察机关以王某涉嫌过失致人死亡罪提起公诉。

（二）过失致人死亡罪法律及相关规定

《刑法》（2020修正）

第二百三十三条 【过失致人死亡罪】过失致人死亡的，处三年以上七年以下有期徒刑；情节较轻的，处三年以下有期徒刑。本法另有规定的，依照规定。

（三）思路解析

1. 特殊体质死亡结果的归责

特殊体质人因行为人的语言、行为导致死亡的案件比较常见，过激的语言导致"被害人"死亡此文不予论述。单就行为而言，行为人是否对

"被害人"死亡后果担责,目前通说认为影响的因素包括行为人打击部位、行为人使用的工具、行为人对"被害人"特殊体质是否具有认知、"被害人"的年龄以及与行为人之间的体力差距等。笔者认为,上述因素均通盘考虑了特殊体质致死案的原因,而此类案件着眼点更应关注行为人行为与死亡后果发生二者之间的因果关系。

根据条件说,行为人的行为与具有特殊体质的"被害人"的死亡之间确实存在着因果关系,而此处的因果关系一定是事实因果关系,即行为人的行为与特殊体质的"被害人"死亡存在着不可能割裂的引发关系,即行为人的行为系特殊体质"被害人"死亡的诱因,或者说没有行为人的行为就不会有特殊体质"被害人"死亡这一损害结果的发生。而事实上的因果关系存在,并不代表确定存在法律上的因果关系,即行为人对死亡的后果承担刑法意义上的刑事责任。

根据周光权老师的《刑法公开课》(第1卷)中论述的客观归责论,行为人行为应当逐步检验以下内容,行为人对自己的行为担责三要件缺一不可,即行为人的行为具有现实的危险即法益的侵害性,行为人的行为与结果的发生存在着常态性的关联以及行为在构成要件的通常射程范围内。而在反向检验规则中,则着重强调了行为人造成的危险与具体结果之间,不存在通常的风险关系的,不应进行客观归责。① 笔者认为当行为人实施行为时无追求放任死亡结果认知,此类特殊体质致死的案件,应由此入手进行罪名符合性分析,进而得出不构成犯罪的结论。而行为人对被害人的特殊体质是否具有认知,则需要进一步深层次探讨。

对于素不相识的人来说,一个谨慎的行为人能够预见到推搡致人倒地的行为可能导致其骨折,但除此之外出现死亡结果的可能性是非常低的,据日常生活经验所涵括亦不可能有死亡这一结果发生,由于缺少对结果的预见可能性,因此其行为并没有违反注意义务。

如果行为人在客观上能够预见和能够避免损害结果发生时却忽视了日常交往中必要的注意,比如推倒的是一个年近八十走路都需要持拐杖或搀扶的老人,推倒后不理不睬扬长而去导致老人脑出血死亡。则该行为人在客观上就违反了注意义务。客观预见可能性应当根据行为人交往

---

① 参见周光权:《刑法公开课》(第1卷),北京大学出版社2019年版,第57—59页。

圈子中一个谨慎之人在行为人所处情况下依照日常生活经验所能够预见的情况加以确定。

2. 特殊体质死亡是否归责的总结

发生了死亡的结果,根据结果的客观归责性进行限缩,依照客观归责论,只有行为人创设了一个法律所不允许的风险,且此风险在结果中实现时,才能将此结果归责于行为人。

(四)特殊体质出罪类案检索

孟某玉故意伤害罪案[1]

【裁判要旨】(1)孟某玉与谷某某的两次打斗均由谷某某的主动挑衅引发,孟某玉对持砖袭击其头部的谷某某使用拳头予以打击属于依法制止正在进行的不法侵害的防卫行为。(2)谷某某死亡的直接原因系冠心病发作,喝酒和外力作用是诱因。上诉人孟某玉为了使本人的人身免受正在进行的不法侵害,而采取的制止不法侵害的行为,造成不法侵害人死亡,属于正当防卫,不负刑事责任,不承担民事赔偿责任。

殷某某过失致人死亡罪案[2]

【裁判要旨】即使不能完全排除王某某本人存在特殊体质,因为摔跌引发特殊体质起作用导致其死亡,但无论其脑外伤系由摔跌右颞着地减速性损伤而致还是因为摔跌引发其特殊体质起作用导致其死亡,都不影响摔跌行为与死亡结果之间因果关系的认定,即可认定王某某死因为摔跌,但确定因果关系,不等于应当承担刑事责任,因果关系,仅是犯罪的客观要件之一,确定殷某某是否承担刑事责任,还要考察其是否实施了侵害法益的行为及其主观要件等。

上诉人殷某某看到王某某持刀捅向自己,伸手抓住王某某持刀的手并拦腰抱住王某某随即二人均倒地,其行为应当评价为上诉人殷某某制止不法侵害的行为,因该行为本身并非系具有法益侵害性的行为,故上诉

---

[1] 案件来源:(2019)冀刑终 158 号。
[2] 案件来源:(2019)晋 01 刑终 883 号。

人殷某某无罪。

许某强故意伤害罪案①

【裁判要旨】按照刑法罪责自负原则,一个人只能对自己的危害行为所造成的危害结果负刑事责任。因此,当某种危害结果已经发生,如果要行为人对该结果承担刑事责任,就必须确认其行为与该结果之间存在刑法意义上的因果关系。刑法上的因果关系是指犯罪行为与对定罪量刑有价值的危害结果之间引起与被引起的关系。本案被告人许某强是否应对被害人许某某的死亡承担刑事责任,关键取决于许某强的故意伤害行为与被害人许某某的死亡后果间是否存在刑法意义上的因果关系。公诉机关指控被告人许某强的行为构成故意伤害(致死)罪的证据不具有唯一性、排他性,现有证据不足以证实被告人许某强的故意伤害行为与被害人许某某的心源性猝死具有直接、必然的因果关联,不足以证实被告人许某强的行为构成故意伤害罪。

(五)关于王某不构成过失致人死亡罪的辩护意见

王某涉嫌过失致人死亡罪一案,委托内蒙古蒙益律师事务所并指派田永伟律师担任其辩护人。辩护人接受委托后,通过认真阅读卷宗、查询相关法律及案例、会见被告人,详细研判后认为王某的行为并不构成过失致人死亡罪,具体内容如下,以下意见恳请贵院在出具结论性意见时采纳。

1.某区人民检察院某检一部刑诉【××××】××号起诉书存在以下几个定性概念混淆不准的问题,厘清以下内容,便会得出适当的出罪化结论

首先,混淆了事实因果关系和法律因果关系,条件说系认定事实因果关系的理论,而相当因果关系说则是认定法律因果关系的理论。法律因果关系是在确认因果关系的基础上,对事实因果关系进行相当性的判断,这里的相当性是指社会经验法则,其判决根据为一般人认识或行为人认识,如果事实因果关系不存在相当性,则不能成立法律因果关系。即无

---

① 案件来源:(2018)粤 08 刑初 21 号。

法律因果关系不承担责任,具体到本案中虽然王某的行为与贺某的死亡存在事实上的因果关系,但结合王某行为的暴力程度和打击部位,其不存在法律上的因果关系,故其不承担刑事责任更符合罪刑法定原则。

其次,并非所有的暴力行为都具有实行行为性,危险性应与危害性相当方能入罪。只有所实施行为的暴力达到致死的程度方能以过失致人死亡、故意伤害罪论。对不具有实行行为性的轻微暴力,即使造成死亡的结果,也不应以犯罪论。即行为人的行为应当具有应受刑罚处罚性,而就本案而言,王某虽然有推搡行为,贺某也由此倒地,但这并非造成贺某死亡的直接原因,而是特殊体质导致其最终死亡,与王某的轻微暴力无关,故其不应承担刑事责任。

再次,根据类案检索报告及《中国审判案例要览》(2004年刑事审判案例卷),与王某类似的行为均未作入罪考虑。根据《最高人民法院关于统一法律适用加强类案检索的指导意见(试行)》的精神,辩护人结合安徽大学法学院进行的类案检索,得到近十年来的38份不起诉案例(包括法定不起诉和存疑不起诉)和5份无罪判决案例,其基本事实与王某案情一致。① 另,《中国审判案例要览》(2004年刑事审判案例卷)刊登的廖某某等过失死亡案与王某案高度一致,且其暴力行为之程度远高于王某,故本案中王某应不承担刑事责任为宜。

最后,王某与贺某素昧平生,且对贺某的死亡结果主观上不存在认识可能性,当然不存在过失犯罪的情形。王某虽然有用手推倒贺某的行为,但其与贺某为第一次见面,在此之前是两不相知的陌生人,其当然也就无从知晓贺某的特殊体质,故其对贺某的死亡后果无法预见,也不可能预见,而推倒导致的伤害程度未达到需要刑事处罚、承担刑事责任的程度,由此归责为王某过失犯罪违背罪刑法定的原则。

2. 王某的行为不具有过失,不能仅因为贺某死亡就得出王某具有主观上的过失

如上文所述,过失犯罪的前提是行为人有预见的可能且应当预见,而本案中王某与贺某素不相识,王某不可能认识到贺某有心脏病从而意识

---

① 此部分案例为笔者委托安徽大学法学院出具的"'过失致人死亡''突发心脏病'类案检索报告",由于涉及知识产权保护,在本书中不予公开。

到自己推倒的行为会导致其死亡,若贺某为头部重伤导致死亡则另当别论。

另,从王某行为的起因看是贺某的超车剐蹭导致,从王某对贺某打击的方式是直接推倒,从王某使用的工具仅是手掌,从全案看王某根本没有造成贺某轻伤以上的故意。而根据刑法客观主义归责方法论,王某的行为无法达到侵害刑法法益的程度,其行为更不在刑法调整的射程之内,从行为性质上评价不具备该当性,更不具备应受刑罚处罚性。

而针对附带民事诉讼原告人提起的附带民事诉讼的法律依据,其将民事案件混淆于刑事案件违背了法秩序统一原理,王某应在参与度和原因力比例范围内承担民事意义上的责任。

3. 本案贺某系特殊体质,结合案件的具体情况,根据客观归责论,当然应对王某作出罪化评价

特殊体质人因行为人的语言、行为导致死亡的案件比较常见,过激的语言导致"被害人"死亡此文不予论述。单就行为而言,行为人是否对"被害人"死亡后果担责,目前通说认为影响的因素包括行为人打击部位、行为人使用的工具、行为对"被害人"特殊体质是否具有认知、"被害人"的年龄以及与行为人之间的体力差距等。辩护人认为,上述因素均通盘考虑了特殊体质致死案的原因,而此类案件着眼点更应关注行为人行为与死亡后果发生二者之间的因果关系。

根据条件说,行为人的行为与具有特殊体质的"被害人"的死亡之间确实存在着因果关系,而此处的因果关系一定是事实因果关系,即行为人的行为与特殊体质的"被害人"死亡存在着不可能割裂的引发关系,即行为人的行为系特殊体质"被害人"死亡的诱因,或者说没有行为人的行为就不会有特殊体质"被害人"死亡这一损害结果的发生。而事实上的因果关系存在并不代表存在法律上的因果关系,即行为人对死亡的后果承担刑法意义上的刑事责任。

根据周光权老师的《刑法公开课》(第 1 卷)中论述的客观归责论,王某行为应当逐步检验以下内容,王某对自己的行为担责三要件缺一不可,即王某的行为具有现实的危险即法益的侵害性,王某的行为与贺某死亡结果的发生存在着常态性的关联以及行为在构成要件的通常射程范围内。而在反向检验规则中,则着重强调王某造成的危险与贺某死亡结果之间,不存在通常的风险关系而不应进行客观归责。① 辩护人认为在王某实施行为时无追求放任死亡结果认知,此类特殊体质致死的案件,应由此入手进行罪名符合性分析,进而得出不构成犯罪的结论。而王某对贺某的特殊体质是否具有认知,则需要进一步深层次探讨。

客观预见可能性应当根据行为人交往圈子中一个谨慎之人在行为人所处情况下依照日常生活经验所能够预见的情况加以确定。本案中,王某根本不认识贺某,更无从知晓其特殊体质,一个谨慎的行为人能够预见到推搡致人倒地的行为可能导致其骨折,但除此之外出现死亡结果的可能性是非常低的,据日常生活经验所涵括亦不可能有死亡这一结果发生,由于王某缺少对结果的预见可能性,因此其行为并没有违反注意义务。

综上,恳请贵院充分考量贺某的特殊体质,根据客观归责论及罪刑法定原则,对王某作出罪化处理。

(六)朱桐辉老师点评

本案的思路解析和辩护意见均有诸多亮点,显示了作者深厚的刑法功底和精准的分析能力。

首先,辩护直击两个重点很具有说服力。第一,王某虽有推搡贺某倒地的行为,但这不是贺某死亡的直接原因,死亡是其特殊体质导致,因此,不应承担刑事责任。第二,王某不可能预见贺某有特殊体质,因此也没有过失致人死亡的主观要件前提。

其次,值得注意的是,辩护意见类案论证部分,还特别运用了"举重以明轻"的解释和论证方法,值得肯定。辩护人特别指出,《中国审判案例要览》(2004 年刑事审判案例卷)刊登的廖某某等过失死亡案与本案高度一致,且其暴力程度远高于王某,而前者判决两被告人均无罪,因此王某不承担刑事责任为宜。

再次,辩护意见中关于"王某是用手掌推搡的,其行为无法达到侵害刑法法益的程度,不在刑法调整射程之内,不具备该当性和刑罚处罚性"

---

① 参见周光权:《刑法公开课》(第 1 卷),北京大学出版社 2019 年版,第 57—59 页。

的论证,是在用新刑法知识为自己的当事人进行辩护,值得肯定。

最后,在笔者看来,作者找到的这几个类案也值得广泛借鉴。第一,在类案 1 中,不仅涉及死亡人体质特殊问题,还涉及行为人构成正当防卫的问题;在类案 2 中,不仅涉及死亡人体质特殊问题,还涉及行为人的自我保护和对不法侵害的抑制和制止的问题。因此,对这类案件分析论证时,广大辩护人要善于结合多个要件,寻找多个辩点。第二,类案 3 指出的"现有证据不足以证实被告人许某强的故意伤害行为与被害人许某某的心源性猝死有直接、必然的因果关联"既是对刑法因果关系分析的正确运用,也体现了作者对刑事诉讼法"排除合理怀疑"证明标准的深入、准确理解,值得法律人重视和学习。

另外,作者对该案的总体点评也有亮点:"一个谨慎的行为人能够预见到推搡致人倒地的行为可能导致其骨折,但出现死亡结果的可能性是非常低的……由于王某缺少对结果的预见可能性,因此其行为并没有违反注意义务。"这也显示了作者对经验法则的准确运用和对民法知识的透彻理解。

十五、虐待被监护、看护人罪的证据认定

(一) 案情概述

2020年10月23日,贾某某报案称其女儿佟某某在某旗某直属幼儿园上学期间,被一名叫小芳(张某某)的老师打了,身上有类似针扎和被打的伤情,有伤情照片可提供。经某公安机关查明,自2020年9月1日至2020年10月18日期间,某幼儿园的多名儿童上课期间因不听从管理、不按时午睡等原因,被人在幼儿园教室、卫生间等地点多次使用针状物等尖锐工具刺、扎身体。经某公安局查证,身为该幼儿园的教师张某某等人有作案嫌疑,遂以张某某等人涉嫌虐待被监护、看护人罪为由立案侦查。

注:本案无监控录像等直接、客观证据证实张某某实施过虐待行为,仅凭在案证据无法相互印证,尚未形成封闭的证据链条证实张某某构罪。

(二) 虐待被监护、看护人罪法律及相关规定

1. 法律

《刑法》(2020修正)

第二百六十条之一 【虐待被监护、看护人罪】对未成年人、老年人、患病的人、残疾人等负有监护、看护职责的人虐待被监护、看护的人,情节恶劣的,处三年以下有期徒刑或者拘役。

单位犯前款罪的,对单位判处罚金,并对其直接负责的主管人员和其他直接责任人员,依照前款的规定处罚。

有第一款行为,同时构成其他犯罪的,依照处罚较重的规定定罪处罚。

《刑事诉讼法》(2018修正)

第五十条 【证据及其种类】可以用于证明案件事实的材料,都是证据。

证据包括:

(一)物证;

(二)书证;

(三)证人证言;

(四)被害人陈述;

(五)犯罪嫌疑人、被告人供述和辩解;

(六)鉴定意见;

(七)勘验、检查、辨认、侦查实验等笔录;

(八)视听资料、电子数据。

证据必须经过查证属实,才能作为定案的根据。

第五十五条 【重证据、重调查研究、不轻信口供原则】对一切案件的判处都要重证据,重调查研究,不轻信口供。只有被告人供述,没有其他证据的,不能认定被告人有罪和处以刑罚;没有被告人供述,证据确实、充分的,可以认定被告人有罪和处以刑罚。

证据确实、充分,应当符合以下条件:

(一)定罪量刑的事实都有证据证明;

(二)据以定案的证据均经法定程序查证属实;

(三)综合全案证据,对所认定事实已排除合理怀疑。

2. 司法解释

《最高人民法院关于适用〈中华人民共和国刑事诉讼法〉的解释》(法释〔2021〕1号)

第八十七条 对证人证言应当着重审查以下内容

(一)证言的内容是否为证人直接感知;

（二）证人作证时的年龄、认知、记忆和表达能力，生理和精神状态是否影响作证；

（三）证人与案件当事人、案件处理结果有无利害关系；

（四）询问证人是否个别进行；

（五）询问笔录的制作、修改是否符合法律、有关规定，是否注明询问的起止时间和地点，首次询问时是否告知证人有关权利义务和法律责任，证人对询问笔录是否核对确认；

（六）询问未成年证人时，是否通知其法定代理人或者刑事诉讼法第二百八十一条第一款规定的合适成年人到场，有关人员是否到场；

（七）有无以暴力、威胁等非法方法收集证人证言的情形；

（八）证言之间以及与其他证据之间能否相互印证，有无矛盾；存在矛盾的，能否得到合理解释。

第九十二条 对被害人陈述的审查与认定，参照适用本节的有关规定。

（三）思路解析

1. 虐待被监护、看护人罪的构成要件

虐待被监护、看护人罪的犯罪主体为特殊主体，系对未成年人、老年人、患病的人、残疾人等负有监护、看护职责的人，且监护、看护人与被监护、被看护人不具有家庭成员的关系，自然人和单位都可以构成本罪的犯罪主体。

本罪在主观方面表现为故意，即行为人明知自己虐待被监护、看护人会造成他们肉体上和精神上损害的后果，而希望或者放任这种后果发生的。

本罪侵犯的客体是被监护人、被看护人的人身权利。

本罪在客观方面表现为负有监护、看护职责的行为人违背监护、看护职责，对被监护、看护的人等实施虐待，情节恶劣的行为。

2. 侵害幼儿园儿童的案件中主要定罪的依据及证明事项

侵害幼儿园儿童的案件中，涉案被害人年龄尚小，其认知、记忆和表

达能力等均会对证据效力产生影响,故认定行为人构成虐待被监护、看护人罪的主要定罪依据应为被告人供述、证人证言、视听资料及鉴定意见、书证、物证。其中,被告人供述即被告人在自行认罪的情况下如实作出的自己虐待被监护、看护人的犯罪事实的供述,主要证明其实施犯罪行为的详细过程和具体细节;视听资料主要为监控录像,主要证明案发时或案发期限内的客观情况;证人证言主要为被害人家属所提供的言词证据,主要证明被害人伤情的大致情况以及其所监护的被害人告知其的案件情况,由于被害人家属对案件情况的阐述本就系传来证据,其证明力较低;书证或物证多用于证实被害人是否确实被虐待及严重程度、虐待的工具等。

经查阅相关的司法案例可知,司法机关在审理涉嫌虐待被监护、看护人罪时,证实犯罪嫌疑人是否"实施过虐待行为并达到情节恶劣的程度"所依据的直接证据多为监控视频或被告人所作的有罪供述,在此基础上结合被害人陈述、鉴定意见等作出认定,但本案既无监控视频证实张某某实施过虐待行为,张某某也一直否定其实施过虐待行为。

3. 如何评价案涉陈述、辨认笔录的证据能力、证明力

证据能力即证据资料可以被采用为证据的资格,根据《刑事诉讼法》第五十条的规定,证据必须经查证属实才能作为认定事实的根据。证明力即证据对于案件事实有无证明作用及证明作用的大小,是证据本身对于待证事实的证明效果,根据《刑事诉讼法》第五十五条的规定,只有证据达到确实、充分的标准,足以证实被告人有罪,法院才会依法作出有罪的判决。若证人与被害人有亲属关系或其他密切关系,其所作的对该被害人有利的证言,证明力低于一般证人所作证言。

本案被害人年龄较小,其记忆、理解、表达能力较低,虽其所作陈述系直接证据且系其直接感知,但存在同一证人对同一事项所作陈述截然相反(张某某是否虐待过自己)、不同证人对同一事项所作陈述相互矛盾等情形(张某某是否虐待过他人);同时本案被害人家属作为与案件处理有利害关系的人,其对于其孩子是否遭受过虐待行为的陈述皆来自孩子的转述,系传来证据,部分被害人家属与案外人(即接诊大夫)所做关于"孩子身上伤口是否为利器所伤"的陈述截然相反,且受害人家属所作陈述均

意图指向张某某构罪；被害人所作辨认笔录也受其理解能力、心理因素所限，且根据在案辨认笔录可知不同被害人曾多次表示对询问问题不理解，结合其辨认时所处的环境等因素无法排除被害人答非所问的可能性。故上述陈述、辨认笔录即便查证属实，其证明力也较低且尚未形成完整的证据链条，不能得出"张某某实施过虐待行为的"唯一结论，若无其他直接证据证实张某某确实实施过虐待行为，不能仅以上述证据便认定张某某构罪。

4. 如何确定植纹鉴定同一性报告与待证事实的关联性

案涉植纹鉴定同一性的报告作为辅助性证据，其固然能证实被害人系被仙人掌所伤，但并无法直接证实系张某某所伤。即该报告只有在确有证据证实张某某实施了虐待行为的前提下，作为佐证认定仙人掌系张某某的作案工具。

5. 虐待被监护、看护人罪的出罪事由

除认定行为人构罪的证据尚未达到确实、充分的标准依法不能认定行为人构罪外，根据现行刑法对虐待被监护、看护人罪的规定可知，认定行为人是否构罪主要从以下情节确定：

首先，主体是否适格，只有对未成年人、老年人、患病的人、残疾人负有监护、看护职责的自然人和单位才能成为本罪主体，区别于虐待罪的主体，本罪中负有监护、看护职责的自然人和单位系除了家庭成员以外的、依据法律法规、合同约定或者行业、职业惯例而负有监护、看护责任的自然人和单位。

其次，是否违反监护或看护义务且虐待行为是否达到"情节恶劣"的程度，考量的因素包括是否虐待多人；长时间虐待被害人，在当地造成了严重的负面社会影响；被害人是否由于受到虐待而导致其身心健康或精神健康水平明显下降；被害人是否因受到虐待而形成伤病；被害人是否因受到虐待而加重其原有的伤病；被害人是否因受到虐待而出现自伤、自残、自杀等行为；是否因虐待他人受到过警告或者其他处分后又虐待他人，等等。

最后，被虐待的对象是否适格。成立本罪要求被虐待的对象系处在被监护、被看护情况下的未成年人、老年人、患病的人、残疾人。

6. 张某某不构成虐待被监护、看护人罪

本案中，监控视频能完整、客观地记录张某某是否实施了虐待行为，系最直接、有效的证据，但在案证据中并无案发期限内的监控录像，因此能证明张某某是否实施过虐待行为的直接证据只有被告人供述与证人证言。但由于张某某称其并未实施过虐待行为；而证明力较低的被害人陈述存在多处矛盾且多名被害人之间的陈述相互冲突、无法相互印证，且被害人家长的证言系传来证据且部分言论或系虚假陈述或与生活经验不符，故被害人陈述、证人证言等言词证据之间尚未形成完整、封闭的证据体系。由于在案证据只有言词证据而无其他客观、直接证据证明张某某实施过虐待行为，故本案认定张某某入罪的证据尚未达到确实、充分的标准，根据《刑事诉讼法》第五十五条的规定及证据裁判原则，张某某并不构成虐待被监护、看护人罪。

（四）虐待被监护、看护人罪证据确实、充分的类案检索

宋某某、王玉某虐待被监护、看护人罪案[①]

【证据采信】某某某幼儿园监控录像、范某手机客户端摘取的视频，综合证实被告人王玉某、宋某某具有多次带领红一班幼儿去监控死角的行为。

经查，王玉某、宋某某于2015年11月多次在红一班教室、卫生间等监控死角处，使用缝纫针等尖锐工具扎、刺陈某某、邵某某等多名幼儿头部、口腔内侧、四肢、臀部等处，上述事实有某某某幼儿园监控录像、范某手机客户端摘取的视频、被害人家长证言、铁针、螺丝钉、钢钉等证据相互印证，已形成完整的证据链条。

吕某晴虐待罪案[②]

【证据采信】2019年4月14日，被告人吕某晴经公安机关传唤到案，到案后如实供述了自己的犯罪事实。

---

① 案件来源：(2016)吉0302刑初138号。
② 案件来源：(2019)辽0291刑初770号。

上述事实,有经庭审举证、质证,本院予以确认的下列证据证实……(四)被告人吕某某的供述与辩解(附讯问录像光盘);(五)视听资料:幼儿园视频监控录像。

黎某某虐待罪案①

【证据采信】 本案事实,有公安机关制作的受案登记表,立案决定书,现场勘验检查工作记录及现场照片,检查笔录,证人梁某、刘某、葛某乙、黎某乙、吴某、黄某、黎某丙的证言,被告人黎某某的供述,相关辨认、签认笔录,营业执照复印件及准予设立(开业)登记通知书,某市七彩童苗入学登记表,视听资料及截图,公安机关出具的抓获经过,附案说明及视频网站截图,谅解书,收据,被害人葛某甲、黎某甲、王某某、陆某某、钟某某的身份信息,被告人黎某某的身份材料等证据证实,被告人黎某某的供认,足以认定。

(五)关于张某某不构成虐待被监护、看护人罪的辩护意见

内蒙古蒙益律师事务所接受张某某的委托,指派田永伟律师担任其涉嫌虐待被监护、看护人罪的辩护人。根据《刑法》第二百六十条之一第一款的规定,虐待被监护、看护人罪是指对未成年人、老年人、患病的人、残疾人等负有监护、看护职责的人虐待被监护、看护的人,情节恶劣的行为。经辩护人认真阅卷,详细研判后认为本案认定张某某入罪的言词证据相互矛盾,尚未排除合理怀疑且部分系虚假陈述,又无录音录像等直接证据证实其实施了伤害行为,故认定其入罪的证据尚未达到确实、充分的证明标准,具体理由如下:

1. 认定张某某入罪的被害人陈述证明力较低且存在重大瑕疵

(1)被害人均系3至4周岁的学前儿童,该主体的特殊性导致其陈述作为认定张某某入罪证据的证明力较低。

如上所述,本案被害人均为3至4周岁的学前儿童,该阶段的被害人辨别是非、言语表达及记忆能力均无法与正常的成年人相比,具体到言词

---

① 案件来源:(2019)粤0115刑初582号。

证据的呈现上,部分被害人在陈述案情时存在逻辑漏洞,例如代某某说喜欢张某某是因为张某某打人;邰某某称张某某只扎了她一次,而地点包括班级的地板上、厕所里、床上、换衣服的橱柜门,上述陈述显然均不成立;部分被害人应受到了他人干扰,故而做出了不利于张某某的虚假陈述,例如姜某某虽称张某某扎过她,但其辨认时并没有指认出张某某,且经询问也未说明原因;翟某称张某某扎过自己没扎过其他人,但班里并没有带刺的物品且他也未辨认出扎他的针棒;李某某在第一次被询问时称张某某扎过他,但被问针从哪来、为什么要扎他时,他却回答听不懂。由于上述情形并非个例,故辩护人对被害人陈述的客观性、真实性存疑,根据存疑时有利于行为人的原则,与常理不符或不能辨别真伪的被害人陈述不能作为认定张某某入罪的证据。

(2)部分被害人的陈述与事实不符或前后矛盾、不同被害人之间对同一事项所作陈述无法相互印证。

第一,关于所谓的张某某使用的工具,部分被害人称他们系被针管扎伤的,但本案的另一被告张某乙称班级内的针管并没有针头,且现场提取的唯一的针管照片显示该针管的确没有针头(卷三 P88),故该针管并不会造成被害人身上微小的伤口;部分被害人称他们是被仙人掌扎伤的,例如陆某某在 2020 年 11 月 3 日的询问中称张某某昨天扎了他,扎他的仙人掌是从山上弄来的,但一方面张某某已于 2020 年 10 月 19 日停职,她根本不可能在 11 月 2 日扎陆某某,另一方面陆某某对仙人掌来源一事的说明也并不符合常理。第二,本案不同被害人对同一事项的陈述无法相互印证。例如刘某称张某某扎了他一次,还扎了高某某;但高某某说张某某没有扎过自己和刘某。姜某某说张某某扎了赵某某,但赵某某在 2020 年 11 月 5 日的询问中称张某某没有扎过她,虽其在 2021 年 6 月 19 日改口张某某等三人都扎过她,但并未辨认出张某某;且代某某称其认识赵某某,老师没有扎过赵某某。

综上,由于被害人陈述不能全面、客观地反映真实情况,且不同被害人之间对同一事项的陈述无法相互印证,故仅凭上述证据无法得出"张某某确实实施过伤害行为"的唯一结论。

2. 认定张某某入罪的其他证据均存在瑕疵且无法排除合理怀疑

本案系侵害幼儿园儿童的案件,上文已经指出该类案件中被害人年龄尚小，其认知、记忆和表达能力等均会对证据效力产生影响，故认定行为人构成虐待被监护、看护人罪的主要定罪依据应为被告人供述、证人证言、视听资料及鉴定意见、书证、物证。其中，被告人供述即被告人在自行认罪的情况下如实作出的自己虐待被监护、看护人的犯罪事实的供述，主要证明其实施犯罪行为的详细过程和具体细节，而本案中张某某一直称其并未实施过虐待行为；视听资料主要为监控录像，主要证明案发时或案发期限内的客观情况，但是本案并没有案发期限内的录像证实张某某是否实施过虐待行为；证人证言主要为被害人家属所提供的言词证据，主要证明被害人伤情的大致情况以及其所监护的被害人告知其的案件情况，故被害人家属对案件情况的阐述本就系传来证据，其证明力较低，且案涉部分被害人家属虽对同一事项的证言截然相反、部分证言与日常生活经验不符，但目的却均为证实张某某确系实施了虐待行为；涉案书证或与案件无关联或证明力较低，具体如下：

（1）不同证人所作证言矛盾，无法排除系被害人家长的虚假陈述且部分家长证言与日常生活经验不符。

本案被害人佟某某的家长与接诊佟某某的大夫所作证言矛盾：佟某某的母亲贾某某称给孩子做检查的大夫说孩子背后的伤确为锐器所伤；但接诊大夫丛某某称当佟某某家长问孩子身后的伤是否因针扎造成时，其回答不知道，由于同一事实两者证言截然相反，故无法排除佟某某家长作了虚假陈述的可能性。当被询问家中是否有尖锐物品时，刘某的母亲詹某某称没有，连针线都没有；代某某的父亲代某甲称孩子被扎之前在姥姥家，姥姥家根本没有尖锐物品，但上述陈述并不符合日常生活经验，故辩护人对上述证言的客观性、真实性存疑。

由于被害人的家长与被害人及案件处理结果存在着利害关系，根据《最高人民法院关于适用〈中华人民共和国刑事诉讼法〉的解释》第八十七条第（三）项的规定，针对本案被害人家长所作的存在矛盾、未排除合理怀疑或与日常生活经验不符的证言，审判机关应着重审查、审慎采纳，若不能通过补正或解释的方式排除合理怀疑，则不能作为认定张某某入罪的证据。

（2）没有监控录像这一直接证据证明张某某是否实施了虐待行为。

辩护人经阅卷得知，公安局并未提取到案涉幼儿园 2020 年 9 月 23 日至2020年10月18日的监控文件。对此,幼儿园称系录像机内置电池于2020年9月22日没电,且同日因停电导致录像机重启,重启后的录像机只有实时录像功能没有储存功能(维修录像机的卢某也证实了该事实),该事故系偶发事件,幼儿园并未人为删除过数据,且录像机也不能单独删除某一天数据。幼儿园录像设备发生故障导致本案缺少录像资料这一关键、直接证据证实张某某是否实施过虐待行为。

(3)案涉植纹鉴定的同一性报告与认定张某某是否构罪无关联。

虽然某师范大学出具的"植纹鉴定同一性报告"证实了从被害人身上提取的植纹与公安机关在幼儿园提取的仙人掌具有同一性,但该结论只能证明被害人确为仙人掌所伤,无法证明系张某某对被害人实施了虐待行为。若没有其他直接证据证明张某某实施了虐待行为,则该报告与张某某是否入罪并无关联。

(4)受害人的辨认笔录作为认定张某某入罪证据的证明力较低。

案涉被害人均系学前儿童,他们的理解能力尚有欠缺,又加之被询问的环境特殊,故无法排除被害人在接受询问时答非所问的可能;且由于被害人心理尚不成熟,他们对公安机关所询问的事项不能完全理解,部分被害人在接受询问时多次表示对其所询问事项不理解,对此询问笔录上也有显示。相较于照片上显示的其他人,张某某系被害人认识的人,结合其心理状态、认知能力等因素,他们所辨认的可能系自己"认识的人"而非"伤害他们的人",故被害人的辨认笔录作为认定张某某入罪证据的证明力较低。

综上,本案中监控视频能完整、客观地记录张某某是否实施了犯罪行为,系最直接、有效的证据,但在案证据中并无案发期限内的监控录像,因此本案能证明张某某是否实施过虐待行为的直接证据只有被告人供述与证人证言,但由于张某某称其并未实施过虐待行为,而证明力较低的被害人陈述存在多处矛盾且多名被害人之间的陈述相冲突、无法相互印证;被害人家长的证言系传来证据且上文已经指出部分证言或系虚假陈述或与生活经验不符。故被害人陈述、证人证言等言词证据尚未形成完整、封闭的证据体系。

综上所述,由于在案证据只有言词证据而无其他客观、直接证据证明张某某实施过虐待行为,部分言词证据因相互矛盾、尚未排除合理怀疑故无法作为认定其入罪的证据。结合全案证据，认定张某某入罪的证据尚未达到确实、充分的标准，根据《刑事诉讼法》第五十五条的规定及证据裁判原则，对张某某作出罪处理为宜。恳请贵院研判后作出无罪判决！

（六）钱叶六老师点评

本案的争议焦点是现有证据是否达到了"案件事实清楚，证据确实、充分"的证明标准。在不存在监控录像等直接、客观证据证实被告人实施过虐待行为的情况下，仅凭言词证据、植纹鉴定同一性报告等证据能否做出事实清楚，证据确实、充分的认定，是本案的辩护重点。

本案中，辩护人重点运用证据规则，就被告人是否实施了虐待犯罪的事实进行了如下辩护。第一，作为被害人的幼儿园学生虽然在一定范围具有辨别是非和正确表达的能力，但是由于其年龄尚幼，认知、记忆和表达能力等均会对证据效力产生影响，所以要着重审查超出其辨别是非和正确表达能力的相关陈述。同时，本案中多名被害人的陈述之间矛盾重重，无法相互印证。第二，学生的家长也并非案件的直接感知者，与案件的处理存在利害关系，可能存在夸大、不实陈述的情形。第三，家长的证言均来自被害人的陈述，属于传来证据。传来证据并非一手资料，而是中间经过转述，其证明力较弱。第四，不同的证人证言之间存在矛盾和不能合理解释之处。第五，由于被害人均系学前儿童，其所做的辨认笔录证明力弱。第六，植纹同一性鉴定报告只能表明伤口是仙人掌所伤，并不能证明该行为由被告人实施。

综上，认定本案被告人实施虐待犯罪行为的事实存疑，证据欠充分，难以认定被告人构成犯罪，司法机关应予审慎处理。

十六、盗窃罪"被害人"是否明知的判断及证据认定

（一）案情概述

周某某家属报案称：2020年12月至2021年5月，王某某在周某某家做保姆，王某某工资都是通过周某某的工资卡发放，周某某的工资卡既是其储蓄卡也是其医保卡。2021年3月，周某某因病住院，未给王某某结算3月份工资。周某某出院后，发现王某某因周某某欠付其2个月工资而自行支取其工资卡内现金人民币5900元，被周某某及其家人发现后，付清所欠付的6000元工资后辞退，后经周某某清点发现其某工商银行及某村镇银行的存单不在了。经审理查明，王某某曾分五次支取周某某某工商银行定期存款合计人民币134000元；分两次支取周某某某村镇银行定期存款人民币55000元，七次共支取周某某定期存款人民币189000元。法院经审理称：王某某以非法占有为目的，多次秘密窃取他人人民币共计189000元，数额巨大，其行为侵犯周某某财产所有权，已构成盗窃罪。

（二）盗窃罪法律及相关规定

1. 法律

《刑法》(2020修正)

第二百六十四条 【盗窃罪】盗窃公私财物，数额较大的，或者多次盗窃、入户盗窃、携带凶器盗窃、扒窃的，处三年以下有期徒刑、拘役或者管

制,并处或者单处罚金;数额巨大或者有其他严重情节的,处三年以上十年以下有期徒刑,并处罚金;数额特别巨大或者有其他特别严重情节的,处十年以上有期徒刑或者无期徒刑,并处罚金或者没收财产。

第二百六十五条　【盗窃罪】以牟利为目的,盗接他人通信线路、复制他人电信码号或者明知是盗接、复制的电信设备、设施而使用的,依照本法第二百六十四条的规定定罪处罚。

第一百九十六条　【信用卡诈骗罪】有下列情形之一,进行信用卡诈骗活动,数额较大的,处五年以下有期徒刑或者拘役,并处二万元以上二十万元以下罚金;数额巨大或者有其他严重情节的,处五年以上十年以下有期徒刑,并处五万元以上五十万元以下罚金;数额特别巨大或者有其他特别严重情节的,处十年以上有期徒刑或者无期徒刑,并处五万元以上五十万元以下罚金或者没收财产:

(一)使用伪造的信用卡,或者使用以虚假的身份证明骗领的信用卡的;

(二)使用作废的信用卡的;

(三)冒用他人信用卡的;

(四)恶意透支的。

前款所称恶意透支,是指持卡人以非法占有为目的,超过规定限额或者规定期限透支,并且经发卡银行催收后仍不归还的行为。

【盗窃罪】盗窃信用卡并使用的,依照本法第二百六十四条的规定定罪处罚。

2. 司法解释

《最高人民法院、最高人民检察院关于办理盗窃刑事案件适用法律若干问题的解释》(法释〔2013〕8号)

第一条　盗窃公私财物价值一千元至三千元以上、三万元至十万元以上、三十万元至五十万元以上的,应当分别认定为刑法第二百六十四条规定的"数额较大"、"数额巨大"、"数额特别巨大"。

各省、自治区、直辖市高级人民法院、人民检察院可以根据本地区经济发展状况,并考虑社会治安状况,在前款规定的数额幅度内,确定本地区执行的具体数额标准,报最高人民法院、最高人民检察院批准。

在跨地区运行的公共交通工具上盗窃,盗窃地点无法查证的,盗窃数额是否达到"数额较大"、"数额巨大"、"数额特别巨大",应当根据受理案件所在地省、自治区、直辖市高级人民法院、人民检察院确定的有关数额标准认定。

盗窃毒品等违禁品,应当按照盗窃罪处理的,根据情节轻重量刑。

第三条 二年内盗窃三次以上的,应当认定为"多次盗窃"。

非法进入供他人家庭生活,与外界相对隔离的住所盗窃的,应当认定为"入户盗窃"。

携带枪支、爆炸物、管制刀具等国家禁止个人携带的器械盗窃,或者为了实施违法犯罪携带其他足以危害他人人身安全的器械盗窃,应当认定为"携带凶器盗窃"。

在公共场所或者公共交通工具上盗窃他人随身携带的财物的,应当认定为"扒窃"。

第四条 盗窃的数额,按照下列方法认定:

(一)被盗财物有有效价格证明的,根据有效价格证明认定;无有效价格证明,或者根据价格证明认定盗窃数额明显不合理的,应当按照有关规定委托估价机构估价;

(二)盗窃外币的,按照盗窃时中国外汇交易中心或者中国人民银行授权机构公布的人民币对该货币的中间价折合成人民币计算;中国外汇交易中心或者中国人民银行授权机构未公布汇率中间价的外币,按照盗窃时境内银行人民币对该货币的中间价折算成人民币,或者该货币在境内银行、国际外汇市场对美元汇率,与人民币对美元汇率中间价进行套算;

(三)盗窃电力、燃气、自来水等财物,盗窃数量能够查实的,按照查实的数量计算盗窃数额;盗窃数量无法查实的,以盗窃前六个月月均正常用量减去盗窃后计量仪表显示的月均用量推算盗窃数额;盗窃前正常使用不足六个月的,按照正常使用期间的月均用量减去盗窃后计量仪表显示的月均用量推算盗窃数额;

(四)明知是盗接他人通信线路、复制他人电信码号的电信设备、设施而使用的,按照合法用户为其支付的费用认定盗窃数额;无法直接确认的,以合法用户的电信设备、设施被盗接、复制后的月缴费额减去被盗接、

复制前六个月的月均电话费推算盗窃数额;合法用户使用电信设备、设施不足六个月的,按照实际使用的月均电话费推算盗窃数额;

(五)盗接他人通信线路、复制他人电信码号出售的,按照销赃数额认定盗窃数额。

盗窃行为给失主造成的损失大于盗窃数额的,损失数额可以作为量刑情节考虑。

第七条 盗窃公私财物数额较大,行为人认罪、悔罪、退赃、退赔,且具有下列情形之一,情节轻微的,可以不起诉或者免予刑事处罚;必要时,由有关部门予以行政处罚:(一)具有法定从宽处罚情节的;(二)没有参与分赃或者获赃较少且不是主犯的;(三)被害人谅解的;(四)其他情节轻微、危害不大的。

第八条 偷拿家庭成员或者近亲属的财物,获得谅解的,一般可不认为是犯罪;追究刑事责任的,应当酌情从宽。

3. 规范性文件

《最高人民法院、最高人民检察院关于常见犯罪的量刑指导意见(试行)》(法发〔2021〕21号)

四、常见犯罪的量刑

(十一)盗窃罪

1. 构成盗窃罪的,根据下列情形在相应的幅度内确定量刑起点:

(1)达到数额较大起点的,两年内三次盗窃的,入户盗窃的,携带凶器盗窃的,或者扒窃的,在一年以下有期徒刑、拘役幅度内确定量刑起点。

(2)达到数额巨大起点或者有其他严重情节的,在三年至四年有期徒刑幅度内确定量刑起点。

(3)达到数额特别巨大起点或者有其他特别严重情节的,在十年至十二年有期徒刑幅度内确定量刑起点。依法应当判处无期徒刑的除外。

2. 在量刑起点的基础上,根据盗窃数额、次数、手段等其他影响犯罪构成的犯罪事实增加刑罚量,确定基准刑。

多次盗窃,数额达到较大以上的,以盗窃数额确定量刑起点,盗窃次数可作为调节基准刑的量刑情节;数额未达到较大的,以盗窃次数确定量刑起点,超过三次的次数作为增加刑罚量的事实。

3. 构成盗窃罪的,根据盗窃的数额、次数、手段、危害后果等犯罪情节,综合考虑被告人缴纳罚金的能力,在一千元以上盗窃数额二倍以下决定罚金数额;没有盗窃数额或者盗窃数额无法计算的,在一千元以上十万元以下判处罚金。

4. 构成盗窃罪的,综合考虑盗窃的起因、数额、次数、手段、退赃退赔等犯罪事实、量刑情节,以及被告人主观恶性、人身危险性、认罪悔罪表现等因素,决定缓刑的适用。

(三)思路解析

1. 周某某应明知其存单资金流动一事

盗窃罪即以非法占有为目的,秘密窃取他人财物,数额较大的。故若所谓的受害人对其财产流动一事系明知的,则行为人并不构罪,因此本案首先应确定周某某对其存单内资金流动一事是否明知。电子数据作为认定周某某对王某某办理其到期银行存单是否明知的关键证据,系最直白也系最客观的,故辩护人及时向法院提交了调取周某某手机通信记录(短信)的申请,但遗憾的是截止至辩护人向法院提交辩护意见之日,周某某手机的通信记录也并未提供给辩护人。其次,根据一般生活经验,非本人办理银行存单事宜时,不仅需要携带本人身份证、银行存单原件及办理人身份证,还需要知悉存单的密码,而身为保姆的王某某,若非周某某及其家人告知其系无法得知该密码的。而本案根据周某某的陈述可知,其曾让王某某办理过存单转存一事,故周某某存单密码系其自己告知王某某的,而王某某只是代其办理。由于存单转存必然涉及资金流动,故周某某对其账户内长达九个月的多次资金流动一事系知情的。

2. 在案言词证据是否具有证据能力及证明力

辩护人经阅卷得知,本案被害人陈述、证人证言对关键事项的陈述或相互矛盾,或前后不一致,包括周某某被盗的具体数额、能够打开存放存单柜子钥匙的存放地点、记载周某某流水开销的记账本是否丢失等。上述内容对认定案件基本事实至关重要,但对于上述内容,案涉陈述多具有推测性、主观臆断性且真伪不明,但无论是周某某抑或是其亲属,其所做陈述指向明确即意在证实上诉人实施了盗窃行为,而反观王某某,其多次所做供述稳定、一致且符合逻辑,即其称周某某因身体不便,出行时需乘坐轮椅进不去银行,故多次在周某某的授意下,或支取自己的工资或支取周某某的工资并交给周某某,加之案发时周某某年事过高(91岁)、其家属与案件处理结果有利害关系等因素,根据《刑事诉讼法》第五十条、第五十五条及《最高人民法院关于适用〈中华人民共和国刑事诉讼法〉的解释》第八十七条第(三)项的规定,办案机关审查上述证据时应持审慎的态度,且上述证据未经查证属实则不能作为定案依据。

3. 案涉款项无法确定最终流向

除周某某主观明知外,作为侵犯财产类型的犯罪,盗窃罪中被盗财产的最终流向至关重要。由于王某某一直坚称其并未实施过盗窃行为,故办案机关若认定其构罪,则应查清失窃款项的最终流向,但本案并无证据证实失窃款项的最终流向。

辩护人经阅卷得知,虽然王某某多次给其子转账共计 200200 元,但转账的时间、金额、次数与办案机关认定的所谓王某某"盗窃"周某某款项的时间、金额次数均不一致,故王某某转给其子的款项与周某某失窃款项并不具有同一性;同理,虽然办案机关在王某某的住所处查封了 2000 元,但在案并无证据证实该 2000 元与周某某失窃款项具有同一性。综上,由于办案机关认定的失窃款项的最终流向与实际失窃的款项并无关联性,故所谓的案涉"被盗资金"最终流向不清。

(四)盗窃罪出罪类案检索

1. 证据尚未达到确实、充分的标准类

邵某恩盗窃罪案①

【裁判要旨】公诉机关起诉书指控被告人邵某恩 2015 年 5 月 10 日、8 月 21 日从自动取款机上取款数额与取款明细均不相符,经庭审查明,何某荣、冯某丽、冯某慧的 3 张银行卡于 2015 年 5 月 10 日实际被取走人民

---

① 案件来源:(2016)云 07 刑终 119 号。

币共计 5.4 万元，起诉书指控的是 6 万元；于 2015 年 8 月 21 日实际被取走人民币 4.7 万元，起诉书指控的是 5.3 万元。现有证据证实金达公司于 2015 年 4 月发现丢失 8 张银行卡，起诉书指控的是 2015 年 5 月的一天，被告人邵某恩将金达公司放于办公室的 6 张银行卡盗走。庭审查明，2015 年 5 月 4 日，何某荣、冯某丽、冯某慧的 3 张银行卡被人持卡在自动取款机上各取款一次，但无证据证明被告人在 2015 年 5 月 4 日前到金达公司领取解聘通知书，且被告人供述的银行卡张数、密码与李某某陈述不一致，本案最重要的直接证据银行卡、赃款下落不明，随案移送的作案人取款时所穿衣物与取款视频里取款人所穿衣物也不一致，被告人翻供，辩解侦查机关取证违法，经审查讯问被告人的同步视频、侦查人员在第一次讯问被告人时确有提示、诱供言词，被告人所作的有罪供述，应当依法予以排除。本案其他证据均系间接证据，现有证据不具有唯一性，应按存疑无罪处理原则，故邵某恩无罪。

张某林诈骗罪案①

【裁判要旨】 被害人王某与丈夫李某某及朱某某、杨某、周某、王某某五户人合伙做苗圃生意，因资金周转困难遂委托张某林办理贷款。贷款办理下来以后，为方便还贷，李某某将借贷存折交给张某林并请其代办每月偿还银行利息等事宜。后张某林以各种理由将王某、朱某某、王某某的存折收为己有。待王某等人向银行存钱后，张某林利用自己手中的存折取款，共计 109 万元，随后将转取的赃款用于购车、私人还款和其他购物等消费。后查明张某林系苗圃合伙人且同李某某存在债权债务关系。虽然张某林利用帮忙还息时留在手里的银行存折，转走 109 万元是事实，但是其目的到底是以这笔钱作为谈判筹码来解决债权债务纠纷（属于"私力救济"）还是秘密窃取非法占有，根据证据体系不能得出唯一结论。故张某林犯盗窃罪的事实不清、证据不能达到"确实、充分"的要求，应当以证据不足，认定张某林犯盗窃罪的罪名不能成立。

---

① 案件来源：(2016) 川 1102 刑初 294 号。

黄某雪盗窃罪案①

【裁判要旨】被害人雷某桃位于某镇的房屋被人潜入屋内盗窃,被盗的财物有人民币、美元、港币。该住宅房间西面有一扇窗户,铁窗柱被剪断两根,露出一个洞口,屋内多处被翻。本案指控被告人犯盗窃罪的证据不足,罪名不成立。本案中能够直接、独立证明案件事实的证据是在案发现场提取的红包袋包装纸上的指印,该指印为被告人黄某雪所留,但是该证据不能足以证明被告人黄某雪于案发当天到案发现场进行盗窃,理由如下:一是案发现场所提取的红包袋包装纸上留有两枚指印,一枚鉴定是被告人黄某雪所留,另一枚并非被告人黄某雪所留,至于该枚指印属于谁所留的目前未能查清;二是侦查机关在现场提取到指印的红包袋包装纸本身作为一种流通使用的物品,其流动性很大,可能有其他人包括被告人黄某雪接触或者使用过,将黄某雪与本案联系在一起的证据不充分,因此,本案不能排除其他人作案的合理怀疑;三是根据被害人的陈述及证人的证言证实,被害人平时在大江医院下班后,也会有很多患者到其家中就诊,什么地方的人均有,这说明被害人家中平时都有很多人来往,人员也比较复杂,该红包袋包装纸留在现场,不能排除有其他人带到现场的可能性;四是关于作案工具的问题,本案的现场照片显示现场的窗户铁柱被剪断,明显存在有作案工具,但侦查机关未能查清是被何种工具所剪断,对作案工具的问题也未能说明;五是被告人黄某雪的亲属证明被告人黄某雪没有作案时间。综上,本案中现有证据无法形成能够证实被告人黄某雪于案发当天到案发现场实施盗窃行为的完整证据链。因本案能够证实被告人黄某雪实施盗窃的证据不足,故不予认定,指控的罪名不能成立。

2. 行为人进入的场所并非盗窃罪规定的"户",偷走数额未达到入罪标准类

刘忠某盗窃罪案②

【裁判要旨】刘忠某多次进入被害人赵某车库,将赵某存放于车库内的一条绒裤(价值人民币90元)、两双鞋装入拎兜内,此时在二楼居室内的赵某听到车库内声响而喝问,刘忠某携其装入拎兜内的上述物品离开。

---

① 案件来源:(2014)江台法刑重字第3号。
② 案件来源:(2018)黑0102刑初509号。

赵某住宅位于其车库上面二层，有单元门可以出入赵某住宅，在车库东北角吊铺上面的天花板（亦系赵某住宅卧室地板）自行抠开一个方形洞口，洞口加有地板扣盖，该洞口使卧室与车库相通。进入车库后，从吊铺西墙搭设的梯子可以上到吊铺，从吊铺向东可以走到洞口下，通过吊铺上洞口下的踏板可以上达卧室。赵某车库虽然与其楼上卧室相通，但因联通口处于车库顶部，且有纱帘遮挡，按照生活常识，很难让人理解为卧室入口。而且，其车库内部功能亦非"户"的功能。根据《最高人民法院、最高人民检察院关于办理盗窃刑事案件适用法律若干问题的解释》第三条第二款"非法进入供他人家庭生活，与外界相对隔离的住所盗窃的，应当认定为'入户盗窃'"的规定，赵某车库虽然与外界相对隔离并与卧室相通，但该车库既不具有像用于生活的渔船那样的生活起居功能，亦不具有人们对封闭院落与生活居室自然相通成为一体的一般生活感知，其车库不能定义为"户"。因被害人赵某的车库并非用于生活起居的"户"，故刘忠某的行为不能评价为入户盗窃，其行为不构成盗窃罪。

（五）关于王某某不构成盗窃罪的辩护意见

王某某涉嫌盗窃罪一案，王某某的姐姐王某甲委托内蒙古蒙益律师事务所并指派田永伟律师担任其二审期间的辩护人，辩护人接受委托后，仔细阅卷并查阅相关法律条文，详细研判后认为王某某不构成盗窃罪。

本案认定上诉人"以非法占有为目的，秘密窃取他人财物"的事实不清，在案证据尚未形成完整的证据链条，未达到证据确实、充分的证明标准，被害人财物被盗与上诉人行为之间无法建立因果关系，具体理由如下：

1.根据周某某的陈述可知系其授权上诉人多次办理存单转存一事，故本案认定上诉人"秘密窃取"系事实认定不清

上诉人成立盗窃罪需其"秘密"窃取周某某的财物，即周某某对其银行账户内的资金流动一事并不知情。而根据起诉书认定的事实可知，自2020年1月21日至2020年9月19日，上诉人曾多次用周某某的存单取款并占为己有，但根据一般生活经验及常识，非本人持存单取款时不仅需

知悉密码,还应携带存单原件、本人身份证及取款人身份证。上诉人是否能在周某某不知情的前提下私自取得周某某身份证、存单暂且不论;就密码而言,若非周某某或其家属亲自告知,身为保姆的上诉人也难以知悉。根据周某某的陈述可知,其曾让上诉人办理过存单转存的事(刑事侦查卷宗P43)。由此可知,上诉人系在周某某的授意下帮助其更换到期存单的,也正是因为如此上诉人才能知悉存单密码,故周某某对其存单内资金流动一事应系明知的。综上,仅凭在案证据认定上诉人"秘密窃取"了周某某的存款系事实认定不清。

2.本案无直接证据证实上诉人实施了秘密窃取的行为,而间接证据之间无法相互印证

第一,周某某陈述、证人证言对同一事项的陈述相互矛盾且多为推测性语言,故本案无法形成封闭的证据链条。

本案中,周某某及其家属对其丢失的具体数额、钥匙的存放地点、记账本是否丢失等陈述相互矛盾,但上述内容对认定上诉人是否有实施盗窃行为的事实、能力、机会等至关重要。对于丢失数额,周某某女儿周某军称系23.4万元;但周某某称其实际丢失了18.9万元,23.4万元系其女儿看错了。对钥匙的存放地点,周某某多次均称放在床上,没有刻意藏起来(刑事侦查卷宗P29、P41);而其女儿却多次称钥匙挂在其父亲的裤腰带上(刑事侦查卷宗P47、P49),但双方均称上诉人系趁周某某不注意拿走钥匙打开柜门拿走了存单。周某某和其女儿对钥匙存放地点所述不一致暂且不论,即便钥匙在床上,也无直接证据证实系上诉人拿走了钥匙;而若钥匙在周某某的裤腰带上,身为保姆的上诉人更无法趁其不注意拿走钥匙。对于记账本是否丢失一事,周某军称2021年3月份其父亲定期存单不见时记账本也不在了(刑事侦查卷宗P48);但根据在案录音可知2021年5月24日,王某甲找周某某时,周某某为了说明自己的钱丢失一事拿出了记账本(刑事一审正卷P28)。由于实际上记账本并未丢失,故周某军所作陈述系虚假陈述。

综上,由于周某某及其家属所做的对认定案件基本事实的证言真伪不明且具有推测性、主观臆断性,根据《刑事诉讼法》第五十条的规定,上述证言因未经查证属实故不得作为认定上诉人入罪的证据。

第二,被害人部分陈述前后矛盾且无法排除合理怀疑,不能作为认定

上诉人入罪的依据。

辩护人经阅卷得知,当家里人问周某某赊欠上诉人几个月工资时,其称因其岁数大了记不好了,好像欠了两个月。当周某某被问是否委托上诉人去银行存款时,其先称因身体原因确实委托过(刑事侦查卷P19),但随后又矢口否认(刑事侦查卷P41)称从未委托过。周某某所做的截然相反的两次陈述究竟哪一次为真难以考证,但由于周某某年龄偏大、记忆力衰退,其对赊欠上诉人的具体工资、是否委托上诉人去银行代为取款等关键内容的陈述矛盾重重,尚未排除一切合理怀疑,故根据《刑事诉讼法》第五十五条的规定,其证言不能作为认定上诉人入罪的依据。相反,上诉人对其是否替周某某取款一事陈述稳定且一致,即其称周某某因身体不便,出行时需乘坐轮椅进不去银行,故其多次在周某某的授意下,或支取自己的工资或支取周某某的工资并交给周某某。显然,上诉人所述系符合一般生活经验及常识的。

综上,周某某因年龄问题记忆力减退,对同一关键事项的陈述前后矛盾,故对其证言的采信应持审慎的态度。而本案证人与案件的处理结果均有利害关系且其证言均为间接证据,多具有推测性、主观臆断性,根据《最高人民法院关于适用〈中华人民共和国刑事诉讼法〉的解释》第八十七条第(三)项的规定,审判机关对该类证言应着重审查、审慎采信,且证人证言前后矛盾、指向明确,即意在证实上诉人实施了盗窃行为,故根据《刑事诉讼法》第五十条、第五十五条的规定,该类证言未经查证属实不得作为认定上诉人入罪的证据。

3. 认定上诉人入罪的证据尚不能形成完整的证据链条,办案机关认定的被上诉人所用款项与周某某丢失款项不具有同一性

除周某某主观明知外,作为侵犯财产类型的犯罪,盗窃罪中被盗财产的最终流向至关重要。由于本案上诉人一直称其并未实施过盗窃行为,故办案机关若认定其构罪,则应查清失窃款项的最终流向。法院认定本案的事实分三部分:第一,上诉人分七次秘密窃取周某某 189000 元;第二,检察机关认定其秘密窃取周某某财产期间陆续给其子转账 200200 元;第三,公安机关对上诉人住所进行搜查后,扣押了人民币 2000 元,但在案证据并不能证实 189000 元与 200200 元、2000 元之间具有关联性,即本案的资金流向不明,理由如下:

第一，审理机关认定的上诉人支取周某某款项的时间、金额、次数与上诉人转给其子款项的时间、金额、次数不一致。

根据起诉书的内容可知，检察机关认定2020年1月21日至2020年9月19日，上诉人分七次秘密窃取被害人189000元；2020年1月16日至2020年12月20日，上诉人多次给其子转账共计200200元。依据审理机关的观点，上诉人给其子所转的款项系其盗窃周某某的款项，但首先上诉人给其子转账的时间、数额、次数与审判机关认定其秘密窃取周某某款项的时间、数额、次数均不相同；其次，根据上诉人的供述，其给其子所转款项系其平时积攒所得，上诉人在案发前一直都在工作并有收入，故其主张系符合逻辑经验的。由于审判机关除列举两类转账发生的时间与金额外，并未提供其他证据证实两类转账之间存在关联，故上诉人给其子所转款项与周某某丢失的款项并无关联。

第二，无证据证实查封的2000元与本案失窃款项的同一性。

人民币作为种类物，若非有确实、充分的证据，便无法证实不同地点存放的数额相同的两笔款项具有同一性。本案根据搜查笔录的记载，除搜查到该2000元外并未搜查到其他物品，而侦查机关已经将该2000元默认为上诉人盗窃所得款项，但根据在案证据并无法证实该2000元的来源，故即便周某某的款项被盗，其被盗的款项与该2000元也无关联性，故审判机关将该2000元作为认定上诉人入罪的证据有主观归罪之嫌。

综上，由于上诉人系在周某某的授意下多次为其办理到期银行存单的转存事宜，故周某某对其银行卡内资金流动一事应系明知的。且本案无直接证据证实上诉人"秘密窃取"了周某某的存款，而间接证据之间又矛盾重重、不能相互印证，无法形成完整的证据链条，且案涉"被盗资金"的最终流向不清，故仅凭在案证据无法证实上诉人实施了"秘密窃取"的行为。综上，由于全案的证据不足以形成完整的证明体系，故无法得出"上诉人以非法占有的目的，实施了盗窃行为"的唯一性结论。

另，根据《刑事诉讼法》第四十一条之规定，辩护人认为在侦查、审查起诉期间公安机关、人民检察院收集的证明犯罪嫌疑人、被告人无罪或者罪轻的证据材料未提交的，有权申请人民检察院、人民法院调取。根据"两高三部"发布的《关于依法保障律师执业权利的规定》第十八条规定，辩护律师申请人民检察院、人民法院收集、调取证据的，人民检察院、人民法院应当在三日以内作出是否同意的决定,并通知辩护律师。辩护律师书面提出有关申请时,办案机关不同意的,应当书面说明理由;辩护律师口头提出申请的,办案机关可以口头答复。辩护人自 2022 年 1 月 28 日递交证据调取申请,至今未收到贵院任何口头书面回复。

恳请贵院本着实事求是、认真负责的态度,依法对王某某作罚当其罪的判决!

(六)钱叶六老师点评

刑事诉讼的证明标准是案件事实清楚,证据确实、充分。"案件事实清楚",主要是指构成犯罪的各种事实情节或者定罪量刑所依据的各种事实情节,都必须是真实、清楚的。而"证据确实、充分"需要同时符合以下三个要件:(1)定罪量刑的事实都有证据证明;(2)据以定案的证据均经法定程序查证属实;(3)综合全案证据,对所认定事实已排除合理怀疑。辩护人主要对本案展开了证据之辩。

首先,关于本案中的被害人陈述和证人证言等言词证据的审查与运用。第一,被害人是案件的亲历者,其对案件事实是最为清楚的,具有不可替代性,但由于被害人对案件处理带有天然的利害关系,其陈述在很大程度上会存在夸张性和倾向性。因此,实践中对被害人陈述的审查要格外谨慎。第二,本案被害人年事已高(已经 91 岁),记忆、认知能力衰退,对其陈述需要审慎对待,不可偏听偏信。第三,本案中,证人均是被害人的近亲属,与本案具有利害关系,其陈述可能存在不利于上诉人的倾向,应予审慎采信。第四,根据意见证据规则,证人猜测性、评论性、推断性的证言,不能作为证据使用,但是根据一般生活经验判断符合事实的除外。本案中,证人所做的证言带有推测性,且各证人间的证言相互矛盾,不符一般生活经验(例如案件中证人对作为作案工具的钥匙来源的证言)。相反,上诉人的供述前后一致,没有反复,其辩解内容符合案情和常理,不存在矛盾。所以上诉人的供述具有较大的可信性。

其次,公安机关虽然查封了 2000 元,但是未能查明被查封的 2000 元的具体来源,证据的关联性不强,不能据此认定该款项系上诉人盗窃所得。

最后,对上诉人向其儿子转账的情节,与本案涉嫌盗窃的行为存在时间、次数和数额的不同,无法得出"上诉人实施了盗窃行为的唯一结论",存在合理怀疑。

主要基于以上几点理由,辩护人得出结论:本案认定上诉人盗窃的事实不清,在案证据尚未形成完整的证据链条,未达到证据确实、充分的证明标准,难以认定上诉人构成盗窃罪。应当说,在本案的辩护中,辩护律师充分运用证据规则对案件做了较为有力的辩护。

十七、拾得遗忘物不构成盗窃罪

（一）案情概述

某日，傅某某与妻子带孩子到某区某游乐场游玩，在孩子玩蹦床期间，傅某某发现靠近墙角处有一部手机，在确认无人领取的情况下（大概间隔十几分钟），傅某某将手机拾得后离开。晚间，傅某某接到电话，打电话的人称其系手机机主，傅某某便称次日将手机送回。次日，傅某某将手机送至某市公安局某区分局，办案人员以其涉嫌盗窃罪为由对其立案侦查。

（二）盗窃罪法律及相关规定

详见本书"十六、盗窃罪'被害人'是否明知的判断及证据认定"部分。

（三）思路解析

1.盗窃罪的构成要件

构成盗窃罪要求行为人客观上实施了排除他人对财物的支配而建立起新的支配关系的行为，主观上要求行为人认识到其所窃取的是他人占有的财物且具有非法占有的目的。

2.如何判断财物是遗忘物还是他人占有的财物

明显属于他人支配、管理的财物,即使他人短暂遗忘或离开,但只要财物处于他人支配力所能及的范围,他人可以毫无障碍地取回财物,就应认定系他人占有的财物。例如某学生用自己的电脑在食堂占座,离开时忘记拿电脑,但只要时间比较短暂,就应认定该学生仍占有该电脑。即财物是否在被害人身边、是否处于被害人支配的空间范围内等对占有判断的影响不是绝对的。

判断财物是遗忘物还是他人占有的财物,要以行为人行为时的状态为基础进行判断,即应当以行为人取得财物时被害人在时间上、空间上与财物的距离作为判断依据,而不是以被害人事后发觉的时间为基准进行判断。例如,被害人离其手提包只有15米时,被行为人拿走,但被害人在事发后半个小时才想起自己的手提包,此时仍应认定手提包由被害人占有而非遗忘物,行为人拿走手提包的行为当然成立盗窃罪。

3.手机脱离原所有权人占有后,游乐场管理者未建立新的占有关系

管理者是否能与案涉手机建立新的占有关系,成为实际支配人,需要从经营场所的密闭程度、管理人对场所的支配管理状态、遗忘财物的形状、状态等角度综合判断。

就本案而言,游乐场的经营属于松散型经营,其系面对社会不特定的公众开放的,即便在疫情防控的背景下,人员也仅需进行简单的登记即可进出,故该场所实质上系非密闭的场所。而对管理者而言,基于游乐场人流量大的特征,要求该空间的管理者对每一个人员的私人财物进行有效的管理和控制是几乎不可能实现,故该空间的管理人员只能是对秩序进行维护。而针对遗忘物而言,其本身较小,与面积较大的游乐场形成鲜明对比,该手机置于游乐场内系石沉大海,让管理者时刻关注该手机的状态显然强人所难。故即便手机被原所有权人遗忘在游乐场中,游乐场的管理者对该手机也未建立起新的占有关系。

4.傅某某不构成侵占罪

侵占罪是指将代为保管的他人财物非法占为己有,数额较大,拒不退还,或者将他人的遗忘物、埋藏物非法占为己有,数额较大,拒不交出的行为。本案中,案涉手机的价值是否达到侵占罪所规定的"数额较大"的标

准暂且不论,傅某某拾得他人遗忘物后,经失主联系后并未"拒不交出",更不能以傅某某将手机送交至公安机关为由认定其"拒不交出",故傅某某并未将他人的遗忘物占为己有、拒不交出。根据罪刑法定原则,傅某某断不构成侵占罪。

(四)盗窃罪出罪类案检索

详见本书"十六、盗窃罪'被害人'是否明知的判断及证据认定"部分。

(五)关于傅某某不构成盗窃罪的辩护意见

傅某某涉嫌盗窃一案,傅某某委托内蒙古蒙益律师事务所并指派田永伟律师担任其侦查阶段的辩护人。根据《刑法》第二百六十四条的规定,盗窃罪是指以非法占有为目的,秘密窃取数额较大的公私财物或者多次秘密窃取公私财物的行为。成立盗窃罪,客观上要求行为人违反被害人的意志,将被害人占有的财物转移为自己或第三者(包括单位)占有;主观上要求行为人认识到其窃取的财物是他人占有的财物且具有非法占有的目的。辩护人接受委托后,多次询问傅某某捡拾手机的过程、时间、位置、其离开游乐场的时间、失主联系其索要手机的时间等关键信息,并查阅相关法律及司法解释的规定,详细研判后认为傅某某的行为不符合盗窃罪的构成要件,对其应作出罪化评价,不应立案侦查,具体理由如下:

1. 从客观表现看,傅某某捡拾手机的行为系拾得遗忘物的行为,故不符合盗窃罪的构成要件

所谓遗忘物,系非基于他人本意而脱离他人占有,偶然(不是基于委托关系)由行为人占有或者占有人不明的财物。而刑法上的占有,是指一种对财物事实上的支配关系,但该种事实上的支配关系并非一种事实的判断,而系一种规范的判断,应以一般人的观念为基础。具体到本案中,该手机系处于非基于他人本意而脱离他人占有的状态,傅某某对该手机正系偶然的占有,故该手机为遗忘物,具体理由如下:

就手机的原所有权人而言,该手机实质上已经脱离了原所有权人实

际能支配的范围。辩护人经询问傅某某后得知,该手机被傅某某拾得后,其在现场等待了一段时间后才将手机带离,而这段时间内,原所有权人并未以任何方式(例如返回现场、打电话等)寻找该手机,故无论是从时间、空间上,抑或是从原所有权人的心理状态等角度剖析,该手机均已实质上脱离了原所有权人的占有和控制。

就游乐场的管理者而言,案涉手机脱离了原所有权人的实际占有后,管理者并未对该手机建立新的占有关系。管理者是否能与案涉手机建立新的占有关系,成为实际支配人,需要从经营场所的密闭程度(若银行营业大厅则另当别论)、管理人对场所的支配管理状态、遗忘财物的形状、状态等角度综合判断。就本案而言,游乐场的经营属于松散型经营,其系面对社会不特定的公众开放的,即便在疫情防控的背景下,人员也仅需进行简单的登记即可进出,故该场所实质上系非密闭的场所。而对管理者而言,基于游乐场所人流量大的特征,要求该空间的管理者对每一个人员的私人财物进行有效的管理和控制几乎不可能实现,故该空间的管理人员只能是对秩序进行维护。而针对遗忘物而言,其本身较小,与面积较大的游乐场所形成鲜明对比,该手机置于游乐场内系石沉大海,让管理者时刻关注该手机的状态显然强人所难。综上,该手机丢失后管理者并未建立新的占有关系。

根据盗窃罪的定义可知,本罪是指以非法占有为目的,利用平和手段取得他人财物的行为,即本罪系排除他人对财物的支配状态并建立新的支配状态,侵犯的对象系能够被他人控制和占有的公私财物,而正如上文所述,案涉手机系遗忘物,故该手机不属于盗窃罪的对象,傅某某捡拾该手机的行为并未排除他人的支配状态,当然不能被盗窃罪所涵摄。综上,根据罪刑法定原则,对傅某某作出罪评价为宜。

2. 从主观目的看,傅某某并无窃取他人占有财物及非法占有的目的

本案根据在案证据可知,傅某某发现手机后并未立即拾得离开,而是在现场等待了一段时间,但因仍未获悉遗忘者任何信息遂离开,且其在捡拾当晚接到失主的电话时,当即承诺予以返还并于第二日将手机送至公安局。根据傅某某的表现可知,其并无窃取他人占有财物的目的,且在遗忘者遗忘手机的时间内,系傅某某将该手机从无人看管的危险状态变更为代为看管的稳定状态,极大地降低了该手机灭失或处于失控状态的风险。

非法占有的目的,即排除权利人,将他人的财物作为自己的财物进行支配,并遵从财物的用途进行利用、处分的意思,即非法占有的目的不仅要求行为人具有排除意思,还要求其具有利用意思。本案中,上文已经充分论述该手机系遗忘物,故傅某某捡拾该手机的行为并未排除权利人的实际占有或控制;且傅某某在得知失主后的短暂时间内,便将手机送至公安机关,并未造成财物的损耗,故傅某某既不具有排除意思亦不具有利用意思。

综上,傅某某客观上并未违反被害人的意志,将他人占有的财物转移为自己或第三者占有,主观上亦无窃取他人占有财物并非法占有的目的,故其行为并不具备盗窃罪犯罪构成的该当性,更无须讨论违法性和有责性。

在此需要指出的是,傅某某的行为亦不符合侵占罪的构成要件。侵占罪是指将代为保管的他人财物非法占为己有,数额较大,拒不退还,或者将他人的遗忘物、埋藏物非法占为己有,数额较大,拒不交出的行为。本案中,案涉手机的价值是否达到侵占罪所规定的"数额较大"的标准暂且不论,傅某某拾得他人遗忘物经失主联系后并未"拒不交出",更不能以傅某某将手机送交至公安机关为由而认定其"拒不交出",故傅某某并未将他人的遗忘物占为己有、拒不交出。综上,根据罪刑法定原则,傅某某的行为断不会构成侵占罪。

综上所述,傅某某拾得他人遗忘物并经失主联系后,便将遗忘物送交至公安机关,其客观上并未实施秘密窃取他人财物归自己或第三人占有的行为或拾得遗忘物拒不交出的行为;主观上亦无窃取他人占有财物并非法占有的目的或占有遗忘物拒不交出的犯意,故根据罪刑法定原则及刑法的三阶层理论,对傅某某作出罪评价为宜。《人民检察院刑事诉讼规则》(2012年修订,现已失效,此处案件需要,故列举)第五百五十三条、第五百五十四条规定:被害人及其法定代理人、近亲属或者行政执法机关,认为公安机关对其控告或者移送的案件应当立案侦查而不立案侦查,或者当事人认为公安机关不应当立案而立案,向人民检察院提出的,人民检察院应当受理并进行审查。人民检察院负责控告、申诉检察的部门受理对公安机关应当立案而不立案或者不应当立案而立案的控告、申诉,应当根据事实、法律进行审查。故辩护人恳请贵院本着对案件负责、对当事人负责的态度,根据罪刑法定原则,结合案件的实际情况及先客观后主观的刑事判断逻辑,认真研判此案并采纳辩护人的法律意见,对傅某某作出罪化评价,同时敦促某市公安局某分局撤案为盼!

(六)张明楷老师点评

由于盗窃罪的行为对象必须是他人占有的财物,故认定傅某某是否构成盗窃罪的核心点为"案涉手机是否是他人占有"。盗窃罪中的占有指事实上的支配,对占有的判断应将相关事实作为判断依据,以社会的一般观念为标准,而不能将物理的事实本身作为判断标准。判断财物是遗忘物还是他人占有的财物时,应当以行为人取得财物时被害人在时间上、空间上与财物的距离作为依据。

从辩护意见可知,傅某某发现手机后并未立即拾得离开,而是在现场等待了一段时间,但遗忘者仍未返回现场。可见遗忘者离该手机的距离很远,根据一般的社会观念,遗忘者对该手机不再享有事实上的支配,亦即,该手机已经脱离遗忘者的占有。由于游乐场并非密闭空间,人流量大,手机被落下后不易被游乐场管理者发现,故管理者也未对该手机建立新的占有,因此该手机属于遗忘物。傅某某拾得的手机系遗忘物而非他人占有的财物,故其不构成盗窃罪。

十八、诈骗罪中"非法占有目的"的认定

(一)案情概述

2017年末,杨某某的表姐夫王某某和王某甲、姜某某因非法制造枪支被追诉,杨某某的表姐李某某找到杨某某,让杨某某找找关系"平事",并分三次给杨某某共计8万元(第一次3万元,第二次4万元,第三次1万元),双方约定就该款项多退少补,但杨某某未能"平事"。2018年6月29日,王某甲的妻子王某敏报案称被杨某某诈骗,王某敏称案涉8万元中有其支付的款项,侦查机关于当日以杨某某涉嫌诈骗罪为由立案侦查。2020年11月5日,杨某某主动到侦查机关说明情况,且杨某某在对侦查机关立案不知情的前提下,于2018年7月20日通过其哥哥杨延某将案涉款项退还。

(二)诈骗罪法律及相关规定

详见本书"十二、民间借贷与刑事诈骗之界限"部分。

(三)思路解析

1. 行为人在客观上存在一定形式虚构事实、隐瞒真相的行为不一定构成诈骗罪

即便行为人在客观上存在一定形式的虚构事实、隐瞒真相的欺骗行

为,但只要该行为并非基于非法占有的目的实施的,则对行为人不能作入罪化评价,需要具体情况具体分析。首先,应审查所隐瞒的真相、虚构的事实是对个别事实的欺骗、隐瞒还是对全部事实的欺骗、隐瞒;其次,在审查行为人是否具有非法占有目的时,应审查其隐瞒真相、虚构事实的行为是通过促成合同的成立取得与之相应的利益,还是在不签订合同或极少履行合同义务的前提下直接骗取对方的财产处分。若行为人虽然存在一定的欺骗行为,但该欺骗行为所指向的对象系通过积极履行义务从而获取的相应利益,而非在不履行或极少履行义务的前提下直接获取对方的财产处分并非法占有处分行为所指向的财物,则此时该行为的本质便系牟利而不是非法占有。简言之,即便行为人在促成合同成立的过程中,对合同相对方存在一定的欺骗行为,但只要行为人的主观目的系牟利而非直接非法占有财物,不是以非法占有为目的、无对价的直接骗取合同相对方因陷入错误认识而自愿交付的财物,则根据主客观相一致的原则及先形式后实质的刑事司法判断逻辑,行为人的行为当然不构成诈骗罪。

赵某某涉嫌诈骗罪案[①]

【裁判要旨】(1)赵某某主观上不具有非法占有的目的。非法占有目的的判断,虽然属于行为人主观心理事实认定的范畴,但必须结合案件的客观事实来综合判定。本案在案证据证实,1992年至1993年,赵某某承包经营的集体所有制某铆焊加工厂,与全民所有制企业东北风冷轧板公司建立了持续的冷轧板购销业务往来,赵某某多次从东北风冷轧板公司购买数量不等的冷轧板,并通过转账等方式多次向东北风冷轧板公司支付货款。实际交易中,提货与付款不是一次一付、一一对应的关系,即提货与付款未一一对应符合双方的交易惯例,双方亦是按照该交易惯例持续进行交易。

赵某某在被指控的四次提货行为发生期间及发生后,仍持续进行转账支付货款,并具有积极履行支付货款义务的意思表示。事实上,赵某某也积极履行了大部分支付货款的义务,从未否认提货事实的发生,更未有逃匿行为。

(2)赵某某未实施诈骗行为。虽然在案证据证实某铆焊加工厂在与

[①] 案件来源:(2018)最高法刑再6号。

东北风冷轧板公司的交易过程中,存在四次"提货未结算"的情况,但不能把此种情况简单地等同于诈骗手段。本案中,赵某某四次提货未结算,属于符合双方交易惯例且被对方认可的履约行为。四次提货前,赵某某均已向东北风冷轧板公司财会部预交了支票,履行了正常的提货手续。东北风冷轧板公司负责开具发货通知单的员工刘某甲证实,其在开具发货通知单之前,已向财会部确认了赵某某预交支票的情况,并经财会部同意后才给赵某某开具了发货通知单。根据交易流程,东北风冷轧板公司提货所用发货通知单有三联,其中一联留存于销售部、一联留存于成品库、一联(结算联)交回财会部。赵某某四次提货后,虽然未将发货通知单结算联交回财会部履行结算手续,但另两联仍在销售部和成品库留存,东北风冷轧板公司完全可以通过对账发现以上未结算情况。事实上,东北风冷轧板公司亦正是通过留存的发货通知单发现赵某某四次未结算的相关情况。因此,赵某某四次未结算的行为不是虚构事实、隐瞒真相的行为,东北风冷轧板公司相关人员亦未陷入错误认识,更没有基于错误认识向赵某某交付冷轧板。

(3)原二审判决混淆了经济纠纷与刑事犯罪的界限。经济纠纷是平等主体的自然人、法人和非法人组织之间因人身和财产权益发生的权利冲突,当事人可以自愿选择和解、调解、仲裁等方式予以解决,也可以通过民事诉讼方式保护其合法权益。而刑事诈骗犯罪是行为人采取虚构事实、隐瞒真相的手段以非法占有他人财产为目的的危害社会行为,受害人一方难以通过单一的民事诉讼方式来实现其权益,必须请求国家公权力动用刑事手段来保护其财产权益。在经济活动中,刑事诈骗与经济纠纷的实质界限在于行为人是否通过虚假事实来骗取他人财物并具有严重的社会危害性。刑事诈骗行为超越了民事法律调整的范围和界限,本身具有必须运用刑罚手段予以制裁的必要性。因此,对于市场经济中的正常商业纠纷,如果通过民事诉讼方式可以获得司法救济,就不应动用刑罚这一最后救济手段。

2. 王某敏不是实际被害人

本案中,杨某某并不认识王某敏,起诉意见书所称的"平事"系杨某某接受李某某的委托,帮助李某某的丈夫王某某减轻刑事处罚,但是杨某某并不认识同案的其他两人,也并未表示要给其余两人提供帮助,李某某亦未明确要求杨某某给其他两人提供帮助,且杨某某知道李某某给其的8万元中有王某敏款项的时间为杨某某得知其实际未能帮助王某某减轻刑事处罚后。而对于王某敏内心确信杨某某能帮助其丈夫王某甲办事也系来自李某某的说辞,对于此事杨某某既不知情,亦未授意李某某要求王某敏出钱。故,王某敏即使陷于错误认识,也系陷入对李某某说辞的错误认识,与杨某某并无关系,故王某敏并非本案的被害人。

3. 杨某某不构成诈骗罪

本案中,杨某某收李某某款项的目的系帮王某某"平事",而非欺骗李某某,使李某某陷入错误认识向杨某某无对价的支付财物,且杨某某确实认识有能力处理该事的石某某、钱某,其收款后为王某某多次奔波,积极与石某某、钱某协商并承诺给予其钱财,但石某某、钱某既未同意杨某某请求亦未收取杨某某财物。杨某某在知道自己无法通过石某某、钱某平事后,未及时退款是因为其想再继续找其他人,加之杨某某当时不在本地,想回本地后当面跟李某某等人说清楚"其的确找人了也花钱了但事没办成"后再退款,且杨某某在确认其并无能力"平事"后便将财物返还。综上,杨某某客观上并未通过虚构事实或隐瞒真相等行为欺骗李某某,主观上亦无非法占有涉案财物的目的,故杨某某的行为并不构成诈骗罪。

(四)诈骗罪出罪类案检索

详见本书"十二、民间借贷与刑事诈骗之界限"部分。

(五)关于杨某某不构成诈骗罪的辩护意见

内蒙古蒙益律师事务所依法接受犯罪嫌疑人杨某某的委托,指派田永伟律师作为其涉嫌诈骗罪一案的辩护人。该案现已移送审查起诉。通过对案卷材料进行详细地研究,辩护人细致研判后认为杨某某没有犯罪事实,且案涉财物均已返还,故杨某某的行为不构成诈骗罪,具体理由如下:

1. 就客观表现而言,杨某某并未实施虚构事实、隐瞒真相的行为

根据诈骗罪相关法律及司法解释的规定可知,构成诈骗罪,客观上需要行为人实施虚构事实、隐瞒真相的行为,且该行为必须引起被害人的错误认识,从而自愿交付财物,即欺骗行为与错误认识之间必须存在因果关系。在诈骗行为的逻辑关系中,被骗人与财产处分人通常是同一的。依侦查机关认定的罪名分析,本案中,证人李某某与嫌疑人杨某某具有亲属关系,在王某某涉嫌刑事犯罪被追诉之后,基于对杨某某的信任,李某某主动求助杨某某,希望其能找找人让王某某减轻处罚,杨某某答应给问问但可能得花点儿钱,此处符合常理及一般人认知。李某某及王某某强调"杨某某称能彻底摆平王某某案子",此话出自李某某之口,而王某某系听李某某转述。言词证据因带有强烈的主观色彩,而传来证据有再加工的可能,故均不具有客观性。由于李某某及王某某的证言缺乏其他证据佐证,且不能排除李某某理解错误或者夸大其词的可能,故根据存疑时有利于被告人的原则,不能直接将李某某及王某某的证言作为认定杨某某入罪的依据,故本案并没有证据证实杨某某确实存在虚构事实或隐瞒真相的欺骗行为。更为核心的是,李某某对于给付杨某某的款项是用于给他人送礼一事系明知的,也是其内心积极追求的,且在杨某某的行为中,李某某起主导及积极推动的作用。本案系因杨某某未能替王某某"平事"故被李某某埋怨而发生矛盾所起,又由于当时杨某某身在外地,没能第一时间退钱给李某某导致矛盾激化。整个过程中,李某某起主导作用,故其即便自称被骗了 5 万元,也不能必然得出其陷入错误认识交付财物的结论。

2. 就主观目的而言,杨某某没有非法占有他人财物的目的

诈骗罪中的非法占有目的,是一种为自己非法牟利的目的,而且必须是与被害人财产损失相同性质的利益。非法占有目的是行为人主观的心理状态,任何人均无法深入其内心来确认这种状态,只能通过外在的表现及行为来推断行为人的主观心理状态。杨某某与证人李某某系表姐弟关系,在熟人之间判断行为人的行为是否构成诈骗罪时,应准确认定行为人是否具有非法占有目的。具体而言,应确定行为人是否有逃避偿还款项的行为,例如取得款项后是否携款逃匿;是否将款项转移、隐匿,拒不返还;是否将款项用于赌博、挥霍等致使无法返还。

具体到本案,王某敏报案时间为 2018 年 6 月 29 日,侦查机关虽已立

案侦查,但除了对王某敏做过一次询问笔录、对李某某以证人身份做过一次询问笔录外,并未向嫌疑人杨某某调查核实情况,直至 2020 年 11 月 5 日杨某某主动到侦查机关说明情况。且,杨某某在对侦查机关立案并不知情的前提下,已经于 2018 年 7 月 20 日通过其哥哥杨延某将 8 万元退还给了李某某。同时,杨某某确实认识有能力处理该事的石某某、钱某,其收款后为王某某多次奔波,积极跟石某某、钱某协商并承诺给予其钱财,但石某某、钱某既未同意杨某某请求亦未收取杨某某财物。杨某某在知道自己无法通过石某某、钱某平事后,未及时退款是因为其想再继续找其他人,加之杨某某当时不在本地,想回本地后当面跟李某某等人说清楚"其的确找人了也花钱了但事没办成"后再退款。综上,杨某某未逃避偿还案涉款项,亦未藏匿、挥霍案涉款项,故其并不具有非法占有他人财物的目的,其行为当然不应被评价为诈骗罪。

另,由于大部分款项系李某某通过微信转给杨某某的,故即便杨某某不归还,李某某也可以以不当得利为由通过民事途径主张返还,根据刑法的谦抑性原则,案涉纠纷通过民事途径足以救济的,便无须上升到刑法的高度。

3. 杨某某与报案人王某敏并无交集,王某敏并非实际意义上的被害人

综合全案证据可知,杨某某并不认识王某敏,起诉意见书所称的"平事"系帮助王某某减轻刑事处罚,对于同案其他两人,杨某某既不认识,也并未表示要给其余两人提供帮助,李某某亦未明确要求杨某某给其他两人提供帮助,且杨某某知道李某某给其的 8 万元中有王某敏款项的时间为杨某某得知其实际未能帮助王某某减轻刑事处罚后。而对于王某敏内心确信杨某某能帮助其丈夫王某甲办事也系来自李某某的说辞,杨某某既不知情,亦未授意李某某要求王某敏出钱。故,王某敏即使陷于错误认识,也系陷入对李某某说辞的错误认识,与杨某某无关。既然杨某某根本不知道王某敏的存在及王某敏欲通过其给王某甲"平事",又何来杨某某诈骗王某敏一说?

4. 侦查机关起诉意见书认定的数额与事实严重不符

侦查机关指控杨某某涉嫌诈骗的数额为 15000 元，该数额与案件事实严重不符。首先，本案报案人只有王某敏，但辩护人前面已论述过王某敏并非实质意义上的被害人，故无论其是否存在损失，该损失都不应由杨某某承担。其次，李某某系作为证人而非被害人提供证言，其所称的转给杨某某的数额不能作为犯罪数额直接予以认定，且李某某在本案中起主导作用，故其自称陷入错误认识从而支付价款的说辞难以自圆其说。最后，姜某某的亲属认为其并未被骗，即未陷入错误认识，故该笔款项当然也不能认定系杨某某诈骗所得。综上，侦查机关直接将案涉数额予以累加的行为存在本质错误，以此方式认定的数额严重脱离实际，该数额是否系杨某某诈骗所得根据在案证据尚未达到确实、充分的标准，故根据《刑事诉讼法》第五十五条之规定，当然不能以该数额为依据将杨某某入罪。

综上，杨某某客观上未实施虚构事实或隐瞒真相的行为，主观上亦不具备非法占有案涉款项的目的，故其行为不符合诈骗罪的构成要件。请贵院从保障人权的角度出发，根据先客观后主观的刑事司法判断逻辑及罪刑法定原则，认真评判杨某某的行为，再考虑其已退还全部案涉财物的情节，认定其不构成犯罪为盼。

（六）门金玲老师点评

被告人接受请托人基于谋取非法利益（本案的"平事"）的请托，收到钱财后有履行承诺的行为，但没有成功，遭受请托人要回钱财诉求后，未能及时退还钱财，不构成诈骗罪。本案杨某某是否构成诈骗罪的核心辩点在于：杨某某接受钱财后有没有履行承诺的具体行为？收到要求退回钱财的诉求后，有没有同意返还的意思表示？如果有证据证明杨某某有履行承诺的具体行为，收到钱财后也有同意返还的意思表示，则表明杨某某没有欺骗行为也没有非法占有的故意，当然，杨某某可能涉嫌其他与贿赂有关的犯罪。

接受谋取非法利益的请托，与合同行为无关，因此不予考虑是否构成合同诈骗罪。

十九、新农合商业保险补偿金（大病补偿金）之辨析

（一）案情概述

某法院称经审理查明：2013年，王某某带女儿到北京甲医院治疗时，在厕所墙壁上发现能够办理农村合作医疗病历的电话，遂提供某村村民张某某的个人信息并支付人民币1000元，购买了张某某在某医院住院的虚假病例，后用该病历到农村牧区合作医疗管理办公室报销，骗取新农合补偿金和新农合商业保险补偿金（大病补偿金）。至案发时，王某某以同样的方式购买虚假病历并冒用住院病历报销，六次骗取新农合补偿金及新农合商业保险补偿金（大病补偿金）共计556330.93元。综上，王某某的行为已构成合同诈骗罪。本案系因给王某做假病历的上线李某被举报而案发，公安机关在侦查过程中发现了李某给王某制作假病历核销一事遂传唤王某，王某如实进行了供述。

（二）诈骗罪法律及相关规定

详见本书"十二、民间借贷与刑事诈骗之界限"部分。

（三）思路解析

1. 如何准确理解新农合商业保险补偿金（大病补偿金）

新农合商业保险补偿金（大病补偿金）又称"新农合二次报销"，参与

农民无须再交钱,从新农合资金结余中划拨,即农民交的新农合费用中包含了大病保险理赔费用。

一般情形下,办理新农合商业保险补偿金(大病补偿金)的为保险公司,申请人应携带新农合补偿金报销的票据及相关材料到保险公司进行二次申请。只要申请人新农合补偿金报销成功,保险公司就能看到报销的农合保险,一般保险公司不再额外审核。对此《某市新型农村牧区合作医疗工作方案》(以下简称《方案》)也有规定,该《方案》第六条指出大病保险管理系统与新农合信息系统、定点医疗机构信息应无缝对接实施数据共享(证据卷二 P68)。但由于该《方案》规定2014年新农合大病保险暂不招标确定商业保险机构进行承办,由新农合管理经办机构承办,因此省略了申请人携带票据去保险公司申请新农合商业保险补偿金(二次报销)的步骤。基于此,新农合管理经办机构应尽到告知申请人其具有申请新农合商业保险补偿金(大病补偿金)的义务,但本案负责审核的人员并未告知。

2. 王某某成立自首

《最高人民法院关于处理自首和立功若干具体问题的意见》指出自首强调自愿性和主动性,即经传唤后主动到案并如实供述自己的犯罪事实。具体到本案,一方面,本案系因王某某提供虚假病历的上线因涉嫌诈骗被侦查后才案发的,王某某在被传唤后主动到公安机关接受调查,传唤不是强制措施,故王某某系自愿置于公安机关的控制之下的;另一方面,在王某某被问因为什么事被传唤时,其如实供述了自己的犯罪事实,故王某某应依法被认定为自首。

(四)相关类案检索

1. 新农合商业保险补偿金(大病补偿金)应到保险公司办理报销类万某某诈骗罪案[①]

【证据采信】 大病保险报销凭证;证实2015年12月16日,被告人万某某利用在某县农医局新农合诈骗来的医保基金虚假报销凭证复印

---

① 案件来源:(2017)赣0124刑初333号。

件,在中国人寿保险股份有限公司某分公司骗取大病保险二次补偿费用35346.22元。

许大某诈骗罪案①

【证据采信】某县新农合外地住院补助审核表、大病保险住院补偿结算单、商业保险公司大病保险报销情况单、报销领款凭证和某县新型农村合作医疗患者住院补助登记表等证明:2016年,被告人许大某报销并领取新农合补偿金107514元和中国人寿保险股份有限公司某分公司大病补偿金23293元。

2. 犯罪嫌疑人被传唤到案后如实供述自己的罪行应认定为自首类

王某明盗窃罪案②

【裁判要旨】根据《刑法》第六十七条和《最高人民法院关于处理自首和立功具体应用法律若干问题的解释》(以下简称《解释》)第一条的规定,犯罪以后自动投案,如实供述自己的罪行的,是自首。司法实践中,经常遇到公安机关根据被害人的举报,认为犯罪嫌疑人可能构成犯罪,但对犯罪嫌疑人尚未进行讯问,也未采取强制措施,而是用打电话或者捎口信的形式传唤犯罪嫌疑人到案,犯罪嫌疑人到案后即如实交代了自己的犯罪行为。这种情况是否应认定为自首,往往有争议。本案审理过程中,对于被告人王某明的行为是否认定自首,就存在着不同意见。

我们认为,对于公安机关传唤到案,并如实供述自己罪行的,是否应认定为自首,关键在于犯罪嫌疑人经传唤到案是否属于自动投案。根据《解释》第一条第(一)项的规定,自动投案,是指犯罪事实或者犯罪嫌疑人尚未被司法机关发觉,或者虽被发觉,但犯罪嫌疑人尚未受到讯问、未被采取强制措施时,主动、直接向公安机关、人民检察院或者人民法院投案。犯罪嫌疑人经公安机关口头传唤到案的情况,符合上述《解释》的规定,应视为自动投案。

首先,传唤不属于强制措施。被传唤后归案符合《解释》第一条第

---

① 案件来源:(2019)豫1524刑初133号。
② 参见《【第354号】王春明盗窃案——犯罪嫌疑人被公安机关传唤到案后,如实供述自己的罪行的,能否认定为自首》,载庭立方网(网址:https://www.scxsls.com/knowledge/detail?id=146306),访问日期:2022年8月5日。

(一)项规定的"在未受到讯问、未被采取强制措施"之前的时间范围。传唤和拘传不同,传唤是指使用传票通知犯罪嫌疑人在指定的时间自行到指定的地点接受讯问的诉讼行为,它强调被传唤人到案的自觉性,且传唤不得使用械具。而拘传则是强调犯罪嫌疑人依法到案接受讯问的一种强制措施。通常情况下,拘传适用于经过依法传唤,无正当理由拒不到案的犯罪嫌疑人。可见,传唤与拘传有着本质的不同,法律并未将传唤包括在强制措施之内。

其次,经传唤归案的犯罪嫌疑人具有归案的自动性和主动性。犯罪嫌疑人经传唤后,自主选择的余地还是很大的,其可以选择归案,也可拒不到案甚至逃离,而其能主动归案,就表明其有认罪悔改、接受惩罚的主观目的,即具有归案的自动性和主动性。《解释》中尚有"犯罪后逃跑,在被通缉、追捕过程中,主动投案的"视为自动投案的规定,而仅仅受到传唤便直接归案的,反而不视为自动投案,于法于理都不通,也不符合立法本意。

综上,犯罪嫌疑人被公安机关口头或电话传唤后直接到案,并如实供述自己的罪行的,应当认定为自首。

(五)关于王某某构成诈骗罪但应重新计算数额的辩护意见

王某某涉嫌诈骗罪一案,王某某委托内蒙古蒙益律师事务所并指派田永伟律师担任其辩护人。经过会见、阅卷等,辩护人认为王某某虽然构成诈骗罪但应重新计算数额并减轻处罚,具体理由如下:

1. 王某某客观上并未实施诈骗新农合商业保险补偿金(大病补偿金)的行为,主观上并无非法占有该商业保险补偿金的目的,故其不具有诈骗犯罪构成的该当性

成立诈骗罪需要行为人客观上通过采取虚构事实、隐瞒真相的方法实施了骗取较大的公私财物的行为;主观上要求行为人具有非法占有该财物的目的,而王某某主观只具有非法占有新农合补偿金的目的,并不具有非法占有新农合商业保险补偿金(大病补偿金)的目的,理由如下:

新农合商业保险补偿金(大病补偿金)系二次报销,若申请人符合申请该商业保险补偿金的条件,医疗办工作人员在办理新农合核销时会予

以告知,且一般情形下办理该商业保险补偿金的单位系保险公司,申请人应携带新农合补偿金报销的票据及相关材料到保险公司进行二次申请。只要申请人新农合补偿金报销成功,保险公司就能看到报销的农合保险,对此《某市新型农村牧区合作医疗工作方案》第六条指出大病保险管理系统与新农合信息系统、定点医疗机构信息应无缝对接实施数据共享(证据卷二 P68),故申请人新农合补偿金核销完毕后保险公司便能直接获取到相关信息。

但本案的特殊之处在于王某某的行为自 2013 年开始至 2016 年结束,而《某市新型农村牧区合作医疗工作方案》规定 2014 年新农合大病保险暂不招标确定商业保险机构进行承办,由新农合管理经办机构承办。上述规定证实了新农合商业保险补偿金的本质系商业保险,只是不另行招标确定报销该商业保险的保险公司,同时省略了申请人携带材料去保险公司申请新农合商业保险补偿金(二次报销)的步骤。根据王某某的当庭供述,其报销的新农合补偿金所返单据中只有具体的报销数额但没有具体的分项,根据一般生活经验及常识,其无法知悉自己申请报销的款项中是否包含新农合商业保险补偿金,更无法知悉新农合补偿金和新农合商业保险补偿金各报销多少。基于此,本案新农合管理经办机构工作人员应尽到告知王某某其具有申请新农合商业保险补偿金资格的义务,但根据工作人员陈玲甲的证言可知工作人员在为王某某办理新农合补偿金的事宜时并未告知其符合申请新农合商业保险补偿金的条件,也未告知其医疗办能负责并直接办理新农合商业保险补偿金,故王某某对其能申请、办理新农合商业保险补偿金一事并不知情。

经查询王某某的银行流水可知,新农合补偿金与新农合商业保险补偿金是在不同时间分别打入王某某账户的,但王某某主观上没有诈骗新农合商业保险补偿金的故意,其系对具体报销事项产生了认识错误,即其主观上误以为仅能报销新农合补偿金但客观上新农合商业保险补偿金也属于可报销的范围。新农合商业保险补偿金打入王某某账户系国家政策原因导致的,且工作人员在为王某某办理新农合补偿金时并未告知其可以报销新农合商业保险补偿金一事,故不能将该商业保险补偿金打入王某某及其控制账户的结果归责于王某某的诈骗行为。

综上,由于王某某的主观目的系骗取新农合补偿金,而新农合商业保险补偿金打入其账户系因国家政策的原因,换言之,其申报新农合补偿金的行为与其账户打入新农合商业保险补偿金之间并不存在法律上的因果关系,故新农合大病保险补偿金的数额应从王某某诈骗所得的数额中排除。

2. 认定王某某获利数额的书证存在重大瑕疵且未作出合理解释或补正,故对应数额不应计入其诈骗所得中。

根据王某某的供述,王某某以张桂甲的名义办理第二次报销手续时留存的银行卡尾号为7877,用户名为王某某。但辩护人经阅卷得知与该次报销相对应的两笔账款分别于2014年9月4日转入王洪甲尾号为5436的账户57135.54元(证据卷一P119);2015年2月25日转入王某某尾号为9299的账户20401.87元(证据卷一P166),但某旗医疗保障局出具的《旗外住院患者补偿登记表》显示王某某代张桂甲办理此次住院补偿手续的日期为2016年8月3日(证据卷三P94),即该书证上显示的办理日期迟于相应的补偿金打入账户的日期且打入账户与王某某供述的账户并不一致,这属于重大的证据瑕疵,由于保障局未作出合理的解释与补正,故辩护人对上述两笔款项的性质存疑。

综上,首先本案并无法确认转入王某某尾号为9299的账户的20401.87元的性质,即便该款项系新农合商业保险补偿金,根据上文所述不应计入王某某诈骗所得数额中;其次,根据存疑时有利于被告人的原则,由于根据现有证据难以证明转入王洪甲尾号为5436的账户中57135.54元的性质,故该款项也不应计入王某某诈骗所得数额中。

3. 王某某接受传唤后主动到案并如实供述自己的犯罪事实,系自首

根据《最高人民法院关于处理自首和立功具体应用法律若干问题的解释》的立法本意,认定行为人的行为是否属于自首应着重审查其投案的自愿性和主动性。一方面,本案系因侦查机关根据为王某某提供虚假病历的李某等人诈骗医保基金案的线索,发现王某某涉嫌凭借虚假病历到新农合医疗办公室申请核销而案发的,而王某某系经公安机关传唤到案的,由于传唤不属于强制措施,故王某某系自愿置于公安机关的控制之下并接受调查的;另一方面,根据询问笔录的记载可知当王某某被问因为什么事被传唤时,其便如实供述了自己的犯罪事实且多次供述内容一致,故其系自愿、主动供述自己的犯罪事实的。

综上,王某某在接到不具有强制执行力的传唤后主动到案并如实供

述了自己的犯罪事实,其并未拒不到案或逃跑且没有隐瞒自己的犯罪事实,故其行为属于自动投案,应成立自首。

4. 一审判决量刑畸重,具体理由如下

首先,一审法院认定的王某某诈骗所得数额系事实认定错误。上文指出由于王某某不具有诈骗新农合商业保险补偿金的故意,故认定王某某诈骗所得数额时不应计算因国家政策调整打入其账户的新农合商业保险补偿金的金额;且证明王某某第二次使用张桂甲虚假病历申请报销新农合补偿金的过程、数额的证据存在重大瑕疵,故该笔数额也不应计入王某某诈骗所得数额中,即一审法院将上述款项全部认定为王某某诈骗所得数额系事实认定错误。根据已有证据,将具有商业保险性质的新农合商业保险补偿金及性质不明的数额排除后,王某某诈骗所得的实际数额为287975.9元,根据《最高人民法院、最高人民检察院关于办理诈骗刑事案件具体应用法律若干问题的解释》第一条的规定,287975.9元属于数额巨大的情形;根据《刑法》第二百六十六条的规定,诈骗数额巨大应判处三年以上十年以下有期徒刑。

其次,王某某存在法定或酌定减轻处罚的情节。王某某在接受讯问和庭审中均自愿认罪认罚并表示愿意退赃,故其认罪态度良好且积极悔罪;又根据王某某的询问笔录可知其取得报销款后将款项一部分用于日常开销,另一部分用于村里支出,结合诈骗罪系经济类犯罪的特征可知王某某的行为造成的社会危险性较小,故根据罪责刑相适应的原则,对王某某减轻处罚为宜。

综上所述,王某某虽然构成诈骗罪,但其主观上只具有骗取新农合补偿金的故意,且其在办理申报手续时不存在知悉其补偿金款项包含具有商业保险性质的新农合商业保险补偿金的可能性,故不能将因国家政策原因打入其账户的新农合商业保险补偿金计算到其诈骗所得数额中;且由于部分资金性质不明、证据存在重大瑕疵且未作出合理补正或解释,故上述两笔款项均不属于王某某诈骗所得数额;且王某某接到传唤后自愿到案并如实供述自己的犯罪事实,结合其自愿认罪认罚、愿意退赃且对社会造成的危险性较小等情节,对其减轻处罚为宜。以上法律意见恳请贵院参考并采纳!

（六）钱列阳律师点评

法律上要讲公平正义，要讲究良心。作为律师面对当事人时，我们要尽可能保护当事人的合法权益，求得其合法利益的最大公约数。比如，当公诉机关指控的是 A 罪名，但我们确实认为他不是 A 罪名，而应该是无罪，这个时候我们应该怎么做。笔者认为我们除了从整体出发，还可以对罪名进行细化，将罪名与案情联系起来拆框分析，分析构成该行为的内部原因是否还具有不属于本罪的事由。

本案中辩护人首先从构成罪名的内在原因入手，深入分析新农合商业保险补偿金（大病补偿金）之含义，并从相关机构信息对接的角度充分论证行为人不知情的原因；其次又在程序上从自首角度分析强制措施的符合性与行为人自首的自愿性；最后通过以案释法充分论证其辩护观点的合理性，同时在法律的边界范围内，辩护人以新农合商业保险补偿金打入王某某账户是否具有合法性、王某某主观上是否具有非法占有的故意、是否具有国家政策原因以及对于证据收集过程而言是否具有客观性等层面，论证王某某是否具有诈骗行为，整个辩护过程体系完备，结构完整，辩护思路逻辑严密，论述深刻。

纵观案件，我们作为律师是一个持法律之枪维护委托人合法权益的战士，任何时候都要把武器用到极致，既要维护司法公正，又要维护当事人的合法权益，所以摆在我们面前的是一个无止境的、高不见顶的山峰，大家需要共同去攀登。

二十、诈骗罪中刑法谦抑性原则的适用

（一）案情概述

2021年，张姗甲、李春甲、贾珊甲、杨翠甲想在某小区（隶属于甲房产）购买房产，遂找到在丙中介公司任职的王某某（丙中介公司与甲房产无合作关系），王某某又找到该小区售楼处经理盛某某，要求将这四人挂靠到与甲房产有合作关系的中介公司以赚取佣金，后盛某某将四人挂靠到许某某的乙中介公司（乙中介公司与甲房产有合作关系），并获得甲房产售房佣金合计27136元，许某某转给盛某某24966元，盛某某转给王某某，王某某将其中的6400元转给了杨翠甲。后王某某将售房佣金合计27136元退还给甲房产。同年4月份，许某某得知刘某某要在某小区买房，遂将刘某某的相关信息发给了盛某某，让盛某某找人接待，后刘某某在该小区购买了房产，甲房产给许某某支付了3000.34元佣金，其扣除税款后将剩余佣金给了盛某某。甲房产发现上述情形后以公司受到损失为由报案，王某某、盛某某、许某某遂以诈骗罪被公安机关立案侦查。

（二）诈骗罪法律及相关规定

详见本书"十二、民间借贷与刑事诈骗之界限"部分。

（三）思路解析

1. 房产销售中"飞单"在不考虑数额的前提下，涉嫌职务侵占罪而非诈骗罪

"吃里扒外"为赚更多佣金 房产销售"飞单"带来牢狱之灾①

【案情概述】2015年12月，昆山某置业有限公司在昆山市花桥镇开发的一处楼盘开盘，由裕华房地产综合服务有限公司（以下简称"裕华公司"）以现场销售和代理销售两种模式进行销售。现场销售模式在业务成交后，销售业务员可获得房屋成交总价的0.5%作为佣金（自2016年1月1日起可获得1%作为佣金）；代理销售模式则由代理公司将客户带至售楼处后介绍给销售业务员接待，成交后代理公司可获得房屋成交总价的3%作为佣金，现场销售业务员可获得500元至800元/套的报酬。

2015年12月至2016年3月，荆某在担任该项目销售经理期间，为了谋取更高的佣金，想到了"飞单"。他分别伙同多名销售业务员利用职务上的便利，将现场销售模式伪造为代理销售模式，并通过代理公司以代理销售的结佣方式向裕华公司申请佣金。其中，荆某参与将122笔现场销售业务伪造成代理销售业务，欲骗昆山某置业有限公司多支付佣金452.4万余元（其中50余万元已通过代理公司结算）；其他业务员则分别参与了11笔至36笔不等的"飞单"伪造行为。而房产中介的杨某明知上述几人通过自己经营的房产中介门店将现场销售业务改为代理销售业务骗取佣金仍旧给予配合，帮助荆某等人从公司佣金结算。后裕华公司发现问题后报警。

【裁判结果】荆某等八名被告人结伙以非法占有为目的，利用职务上的便利骗取公司佣金，八名被告人的行为均已构成职务侵占罪。据此，分别判处八被告有期徒刑十一个月至四年六个月不等。

---

① 参见叶自强、蔡磊：《"吃里扒外"为赚更多佣金 房产销售"飞单"带来牢狱之灾》，载名城新闻网（网址：http://news.2500sz.com/doc/2018/10/13/348803.shtml），访问日期：2022年6月21日。

【法官提醒】"飞单"系指销售业务员拿到本属于任职单位的订单后,将订单交由其他公司或中介办理的现象,在银行理财、房产销售等行业较为多见,其本质上不仅会有损消费者权益,而且也会损害任职单位的权益,属于违法行为。

2."套取佣金"行为的本质

"套取"佣金:小心偷鸡不成蚀把米①

【裁判要旨】房产销售中,买方与中介或中介之间相互串通"套取"开发商佣金的行为,本质系民事诚信缺失的不当行为而非刑事违法行为,开发商可以通过民事途径予以救济。

【案情概述】原告陈某某与被告伍某某都是销售代理服务的业内人员。有一天,被告伍某某找到原告陈某某并提出,其手上有一位已经到过现场的客户,希望登记为原告陈某某公司所推介的客户,原告陈某某当即答应了此事,并在平台登记为其公司推介的客户,预领了11万多元的佣金。原告陈某某领了佣金后,向被告支付了8万多元,被告收到佣金后,又返还给客户38000元。

结果在结算时,被开发商识破,该客户属于之前自行到现场的客户,不符合支付佣金的条件。所以要求原告陈某某退还预付的佣金,陈某某退还后,提起本案诉讼,要求被告伍某某返还佣金。

销售代理服务的业内人员基本清楚有效代理服务的业内规则,其中一条就是,如果推介的客户,在被推介之前自行到访过销售现场,则不属于有效推介,不能获得佣金。该规则的目的,就是避免中介为了套取佣金,对于已经自行到现场的客户补办中介推介登记。

【案件审理】对于该案件,双方均表示属于业内的普遍现象,他们一般利用开发商在甄别中存在的各种漏洞,在业内形成了这种套取佣金的业务链,他们认为只要不被"唔好彩"识别出,就能顺利获得佣金,甚至客户也参与其中,以便从中分得"返佣"的好处。诉讼过程中,原、被告都认为自己无过错,只是认为这属于"唔好彩"的经营风险。最后本案法官

---

① 参见《"套取"佣金:小心偷鸡不成蚀把米》,载澎湃网(网址:https://baijiahao.baidu.com/s?id=1731296395609801360&wfr=spider&for=pc),访问日期:2022年6月21日。

指出了双方当事人均存在诚信缺失的不当行为，双方亦当庭认识到自身做法的错误，且均同意返还套取的不当佣金。

（四）诈骗罪出罪类案检索

详见本书"十二、民间借贷与刑事诈骗之界限"部分。

（五）关于王某某等人不构成诈骗罪的辩护意见

内蒙古蒙益律师事务所依法接受犯罪嫌疑人王某某的委托，并指派田永伟律师、郝世新律师担任其涉嫌诈骗罪一案的辩护人，通过对案卷材料进行详细地研究，辩护人认为王某某等人不构成诈骗罪，具体理由如下：

1. 王某某不具备诈骗犯罪该当性，不符合诈骗罪的犯罪构成

（1）王某某不存在欺诈行为。

通过阅卷可知，杨翠甲、张姗甲在找到王某某前未到过售楼处，且交易房屋的前提条件是价格需要比售楼处便宜，因此找到的王某某。李春甲、贾珊甲二人系因售楼处销售房产时需捆绑车位，为了不购买捆绑的车位才找到王某某。并且此时，售楼处没有与四人签订过包括但不限于意向购房合同等的任何协议，售楼处没有与四人直接签订购房合同的可能，因此四人非自行购房客户（侦查卷宗P134、P139—P140、P148、P154）。进而王某某、盛某某、许某某没有向甲房产隐瞒交易的关键事实或重要事项，不存在任何欺诈行为。

（2）甲房产未受到任何损失。

诚然，王某某等人促成的四笔交易，可以分为两类，第一类是杨翠甲与张姗甲获得的佣金优惠，杨翠甲与张姗甲在去售楼处前已经先与王某某取得了联系，同时其二人购买房产的前提条件是价格要比售楼处的便宜，因此王某某将许某某应获得的佣金返还给二人是促成本次交易的前提条件，且其二人获得的款项也仅是佣金数额，并没有超出佣金额，在甲房产处获得其他不法利益。第二类是贾珊甲、李春甲二人不想购买捆绑的车位。首先，甲房产销售房产捆绑车位本身就属于国家明令禁止的违

法行为,不受法律保护。其次,《某房产中介销售服务合同》中亦未要求丙中介公司在销售房产时必须捆绑车位进行销售,同时根据《某房产中介销售服务合同》第5.8条可知,若甲房产给予的优惠价格低于销售底价时,丙中介公司是不会获得佣金的,也就不存在佣金怎么处理的问题,因此从这一点也可以看出,甲房产在销售房产时,每一套房产买卖流程下来都有底价,其未受到任何损失。

2.甲房产系实质上的获益者而非被害人,对王某某等人的行为作出罪化评价为宜

评价行为人的行为是否构成诈骗犯罪,应就案件基本事实进行整体性的规范解释。除了在形式上将欺骗行为定为虚构事实或隐瞒真相,还需要结合财产法益的目标对欺骗行为作出进一步的实质界定。本案看似行为人存在欺骗行为,但该欺骗是否必然应当评价为刑法上的诈骗则要结合本案事实作进一步解释。本案中,所谓的被害人甲房产认为,杨翠甲等四名客户并非系乙中介公司推荐的客户,其基于错误的认识支付了本不该支付的佣金,受到了欺诈,应追究王某某、盛某某等人的刑事责任。虽然侦查机关也这样认为,但事实并非如此。

本案中,杨翠甲通过朋友介绍找到王某某,张姗甲的丈夫朱海甲系王某某的员工,对通过中介获取佣金一事明确且主动求助王某某。贾珊甲和李春甲二人虽自行去过售楼处,但结合全案证据可以证实,二人因对售楼处捆绑销售不满,拒绝在售楼处购买案涉房产,之后二人通过朋友找到王某某,要求王某某为其提供帮助。上述四人与王某某虽未签订委托代理合同,但在实质意义上达成代理合意。事实上,此时案涉四人并未与甲房产达成房屋买卖合意,案涉购房款非甲房产的必得利益。王某某在有利于案涉四人的前提下,有权选择通过中介购买,还是直接在售楼处购买。乙中介公司是否真正地提供中介服务并不影响本案结果的认定。王某某帮助案涉四人通过乙中介公司购买案涉房产,甲房产系购房款的受益方,而非佣金的损失方。即如果没有王某某的介绍帮助,案涉四人并不必然在售楼处购买房产,购房款非甲房产的囊中之物,又何来佣金的损失?相反,因为王某某的帮助行为,甲房产增加了销售量,同时也获得了相应的利润。乙中介公司将四人的佣金扣除税费后通过盛某某返还给王某某,王某某全额退还给杨翠甲和张姗甲的丈夫朱海甲,系对上述佣金的

自由处分。故甲房产非案涉购房款的必得利益方,认定其存在佣金损失缺乏事实依据,行为人的行为不应作入罪评价。

3. 起诉意见书指控王某某等人的行为构成诈骗罪,混淆了民事经济纠纷与刑事诈骗犯罪的界限

在经济活动中,刑事诈骗与民事经济纠纷的实质界限在于行为人是否具有非法占有目的,是否通过虚假事实来骗取他人财物并具有严重的社会危害性。由于刑事诈骗行为超越了民事法律调整的范围和界限,本身具有必须运用刑罚手段予以制裁的必要性。因此,对于市场经济中的正常商业纠纷,如果通过民事诉讼方式可以获得司法救济,就不应动用刑罚这一最后救济手段。将能够通过民事途径救济的骗取财物行为排除在诈骗犯罪之外,也符合刑法的谦抑性原则。

基于本案事实,即便如甲房产所述,案涉四人并非乙中介公司的实际客户,其是在基于错误认识的情况下支付的佣金,但其所述的错误认识也仅是在客户的归属上,而非购房合同等实质问题上的错误。且上文也多次指出,如若没有王某某的介绍,案涉四人也不会必然按照甲房产的捆绑销售方式在此购房,故案涉四人交付的购房款并非甲房产必然可得的利益,故即便认为王某某采用了欺骗手段,但在欺骗程度上其并没有使甲房产达到无对价交付财物的程度。非法占有目的是指永久性地非法掌握、控制他人财物的意图,它是人的一种主观心态,除行为人本人承认外,只能通过其客观表现进行判断。本案中,王某某的行为无论是在对所支付佣金的处置上(将佣金返还给购房人)还是在事后的补救措施上(将佣金全部返还给甲房产),都说明其不具有非法占有目的。事实上,本案行为人只是在取得财物时利用了销售模式的漏洞,并非骗取行为,应属民事纠纷毫无争议。甲房产可通过寻求民事救济的途径要求返还不当得利(王某某确已将佣金全部返还),而非主观臆断王某某等人是在实施刑法上的诈骗行为。

本案系经济类纠纷案件,在处理时应厘清民事欺诈与刑事诈骗的界限,不能把任何存在隐瞒真相或虚构事实的民事不法行为均认定为刑法上的犯罪,否则既有违刑法谦抑性的要求,也会对正常的市场行为产生桎梏。实质解释是用于出罪,而非用于入罪。只要坚持形式入罪、实质出罪,就不会破坏罪刑法定原则。认定诈骗罪的关键在于被害人是否存在

财物上的损失,若存在损失才具有实质上的刑事可罚性,仅具有构成犯罪要件符合性的,不能进行刑事处罚。以上辩护意见,望贵院审查采纳为盼!

(六)关于盛某某等人不构成诈骗罪的辩护意见

内蒙古蒙益律师事务所依法接受犯罪嫌疑人盛某某的委托,并指派彭晓晴律师、郭百达律师担任其涉嫌诈骗罪一案的辩护人,通过对案卷材料进行详细的研究,辩护人认为盛某某等人不构成诈骗罪,具体理由如下:

1. 盛某某不具有非法占有他人财物的故意,其行为不符合诈骗罪的犯罪构成,不应作入罪评价

诈骗罪是指以非法占有为目的,虚构事实或隐瞒真相,被害人基于错误认识交付财产,行为人获取财产,被害人遭受财产损失,以上要件缺一不可。诈骗罪是典型的目的犯,构成诈骗罪不仅要求行为人实施"虚构事实或隐瞒真相"的欺骗行为、主观上具备诈骗故意,同时要求行为人具有非法占有的目的。作为取得型犯罪的一种,诈骗罪要求行为人在取得财物之前就产生了非法占有的故意,财物的转移占有是在非法占有故意的支配下进行的。尽管在客观领域,非法占有财物作为诈骗罪的现实终点,但在主观意识领域,非法占有目的应当作为犯罪活动的逻辑起点,否则行为人不构成诈骗犯罪,甚至不构成犯罪。

根据在案证据,王某某找到盛某某后,称其有四个亲戚想要优惠购房,并经盛某某介绍将这四个客户挂到与甲房产售楼处有合作关系的渠道上。整个过程中,盛某某只是按照王某某的要求为其找了一家与甲房产有合作关系的乙中介公司,其提供帮助的目的明确,即为了完成甲房产下达的销售指标任务。同时,盛某某在收到乙中介公司给付的佣金后,第一时间通过微信转给了王某某。综上,盛某某没有非法占有他人财物的目的,不符合诈骗罪的犯罪构成要件是毋庸置疑的。继续评价盛某某的行为是否构成犯罪,关键要看王某某的行为如何评价,是否受其牵连。

2. 甲房产系实质意义上获益者而非被害人,王某某等人的行为作出罪化评价为宜

评价行为人的行为是否构成诈骗犯罪,应就案件基本事实进行整体

性的规范解释。除了在形式上将欺骗行为定为虚构事实或隐瞒真相,还需要结合财产法益的目标对欺骗行为作出进一步的实质界定。本案看似行为人存在欺骗行为,但该欺骗是否必然应当评价为刑法上的诈骗则要结合本案事实作进一步解释。本案中,所谓的被害人甲房产认为,杨翠甲等四名客户并非系乙中介公司推荐的客户,其基于错误的认识支付了本不该支付的佣金,受到了欺诈,应追究王某某、盛某某等人的刑事责任。虽然侦查机关也这样认为,但事实并非如此。

首先,王某某等人不存在欺诈行为。

通过阅卷可知,杨翠甲、张姗甲在找到王某某前未到过售楼处,且交易房屋的前提条件是价格需要比售楼处便宜,因此找到的王某某。李春甲、贾珊甲二人系因售楼处销售房产时需捆绑车位,为了不购买捆绑的车位才找到王某某,此时,售楼处也没有与四人签订过包括但不限于意向购房合同等的任何协议,且售楼处没有与四人直接签订购房合同的可能,因此四人非自行购房客户(侦查卷宗 P134、P139—P140、P148、P154),进而王某某、盛某某,许某某没有向甲房产隐瞒交易的关键事实或重要事项,因此不存在任何欺诈行为。

其次,甲房产非案涉佣金的必得利益者,其自称欺诈损失系认识错误。

承接前文,王某某的推介行为不属于隐瞒事实的欺诈行为,无王某某的推介,四人不会购买涉案房产。杨翠甲通过朋友介绍找到王某某,张姗甲的丈夫朱海甲系王某某的员工,对通过中介获取佣金一事明确且主动求助王某某。贾珊甲和李春甲二人虽自行去过售楼处,但结合全案证据可以证实,二人因对售楼处捆绑销售不满,拒绝在售楼处购买案涉房产,之后二人通过朋友找到王某某,要求王某某为其提供帮助。上述四人与王某某虽未签订委托代理合同,但在实质意义上达成代理合意。事实上,此时案涉四人并未与甲房产达成房屋买卖合意,案涉购房款非甲房产的必得利益。王某某在有利于案涉四人的前提下,有权选择通过中介购买,还是直接在售楼处购买。乙中介公司是否真正提供中介服务并不影响本案结果的认定。王某某帮助案涉四人通过乙中介公司购买案涉房产,甲房产系购房款的受益方,而非佣金的损失方。即如果没有王某某的介绍帮助,案涉四人并不必然在售楼处购买房产,购房款非甲房产的囊中之物，又何来佣金的损失？相反，因为王某某的帮助行为，甲房产增加了销售量，乙中介公司将四人的佣金扣除税费后通过盛某某返还给王某某，王某某全额退还给杨翠甲和张姗甲的丈夫朱海甲，系对上述佣金的自由处分。

再次，甲房产未受到任何损失。

诚然，王某某等人促成的四笔交易，可以分为两类，第一类是杨翠甲与张姗甲获得的佣金优惠，杨翠甲与张姗甲在去售楼处前已经先与王某某取得了联系，同时其二人购买房产的前提条件是价格要比售楼处的便宜，因此王某某将许某某应获得的佣金返还给二人是促成本次交易的前提条件，且其二人获得的款项也仅是佣金数额，并没有超出佣金额，在甲房产处获得其他不法利益。第二类是贾珊甲、李春甲二人不想购买的捆绑车位。首先，甲房产销售房产捆绑车位本身就属于国家明令禁止的违法行为，不被法律保护；其次，《某房产中介销售服务合同》中亦未要求丙房地产经纪有限公司在销售房产时必须捆绑车位进行销售，同时根据《某房产中介销售服务合同》第5.8条可知，若甲房产给予的优惠价格低于销售底价时，丙中介公司是不会获得佣金的，也就不存在佣金怎么处理的问题，因此从这一点也可以看出，甲房产在销售房产时，每一套房产买卖流程下来都有底价，其未受到任何损失。故甲房产非案涉购房款的必得利益方，认定其存在佣金损失缺乏事实依据，行为人的行为不应作入罪评价。

3. 起诉意见书指控王某某、盛某某等人的行为构成诈骗罪，混淆了民事经济纠纷与刑事诈骗犯罪的界限

在经济活动中，刑事诈骗与民事经济纠纷的实质界限在于行为人是否具有非法占有目的，是否通过虚假事实来骗取他人财物并具有严重的社会危害性。由于刑事诈骗行为超越了民事法律调整的范围和界限，本身具有必须运用刑罚手段予以制裁的必要性。因此，对于市场经济中的正常商业纠纷，如果通过民事诉讼方式可以获得司法救济，就不应动用刑罚这一最后救济手段。将能够通过民事途径救济的骗取财物行为排除在诈骗犯罪之外，也符合刑法的谦抑性原则。

基于本案事实，即便如甲房产所述，案涉四人并非乙中介公司的实际客户，其是在基于错误认识的情况下支付的佣金，但其所述的错误认识也

仅是在客户的归属上，而非购房合同等实质问题上的错误，且上文也多次指出，如若没有王某某的介绍，案涉四人也不必然按照甲房产的捆绑销售方式在此购房，故案涉四人交付的购买款并非甲房产必然可得的利益。王某某仅仅是利用了销售模式的漏洞，可以评价他存在诚信缺失，但本案实质上仍属于民事纠纷，甲房产完全可以通过民事救济的途径要求返还不当得利（王某某确已将佣金全部返还），而非主观臆断王某某等人是在实施刑法上的诈骗行为。

4. 中介公司工作人员是否按约定陪同看房系形式要件瑕疵，将此认定为虚构事实或隐瞒真相的诈骗构成要件有悖于法理

许某某在侦查机关做的笔录称中他跟盛某某介绍说，刘某某是他介绍的想购买案涉小区房产的客户，因担心刘某某不通过其公司去案涉小区买房子，所以不方便派人跟着刘某某去看房子，盛某某以为这个客户是许某某公司推荐的。在刘某某去案涉小区售楼处看房前，许某某联系盛某某要求帮忙接待，且将刘某某的信息录入金蝶系统。盛某某有理由相信该客户是通过正常程序成为许某某中介公司的客户，按约应支付佣金。补充证据关于获得刘某某购房佣金系许某某事后的自由处分行为，盛某某存在认识错误，但无非法占有他人财物的目的。至于甲房产称，中介公司未按约定陪同看房，存在合同履行瑕疵，民法上的合同制度即可解决，不需要动用刑法来加以调整。

本案系经济类纠纷案件，在处理时应厘清民事欺诈与刑事诈骗的界限，双方均表现为谋取一定的利益，但民事欺诈行为存在于交易这种民事行为中，而刑事诈骗则是民事行为以外的行为，不能把任何存在隐瞒真相或虚构事实的民事不法行为均认定为刑事上的犯罪，否则既有违刑法谦抑性的要求，也会对正常的市场行为产生桎梏。实质解释是用于出罪，而非用于入罪。只要坚持形式入罪、实质出罪，就不会破坏罪刑法定原则。认定诈骗罪的关键在于被害人是否存在财物上的损失，若存在损失才具有实质上的刑事可罚性，仅具有构成犯罪要件符合性的，不能进行刑事处罚。以上辩护意见，望贵院审查采纳为盼！

（七）关于许某某等人不构成诈骗罪的辩护意见

内蒙古蒙益律师事务所接受许某某的委托，指派王宇航律师、方琪律师担任其涉嫌诈骗罪一案的辩护人，经过多次会见犯罪嫌疑人、认真阅卷，详细研判后，辩护人认为许某某不构成犯罪，具体理由如下：

首先，就杨翠甲、张姗甲、李春甲、贾珊甲四人与甲房产成立的四笔买卖合同而言，许某某等人的行为不构成诈骗罪。

1.同案犯罪嫌疑人王某某不具备诈骗罪的该当性，进而，许某某的帮助行为亦不构成诈骗罪

（1）王某某不存在欺诈行为。

通过阅卷可知，杨翠甲、张姗甲在找王某某前未到过案涉小区售楼处，且二人购买房屋的前提条件是价格比售楼处便宜，因此二人找到王某某希望得到更优惠的价格。李春甲、贾珊甲二人虽然到过售楼处，但被告知在售楼处购买房产须捆绑购买车位，为了买到不捆绑车位的房屋才找到王某某，而上述四人找到王某某时，案涉小区售楼处并未与四人签订过包括但不限于意向购房合同等的任何协议，由于售楼处没有与四人直接签订购房合同的可能性，因此四人非自行购房客户（侦查卷宗 P134、P139—P140、P148、P154）。进而王某某、盛某某、许某某没有向甲房产隐瞒交易的关键事实或重要事项，即不存在任何欺诈行为。

（2）甲房产未因陷入错误认识向乙中介公司支付佣金。

承接第(1)点，王某某的推介行为不属于隐瞒事实的欺诈行为，没有王某某的推介，四人不会购买案涉房产。乙中介公司将四人的信息录入系统，且四人均购买了房产，此时，许某某根据法律规定及《某房产中介销售服务合同》的约定有权获得佣金，且其并未获得除佣金之外的任何好处，而甲房产也没有基于错误认识支付佣金，至于是否有中介人员陪同看房以及许某某收到佣金后将该款项转给盛某某的行为均属于许某某的商业履约问题及自由处分行为。

（3）甲房产未受到任何损失。

王某某等人促成的四笔交易可以分为两类，第一类是杨翠甲与张姗甲获得的佣金优惠，杨翠甲与张姗甲在去售楼处前已经与王某某取得了

联系,同时其二人购买房产的前提条件是价格上要比售楼处的便宜,因此王某某将许某某应获得的佣金返还给二人是促成本次交易的前提条件,且其二人获得的款项也仅是佣金数额,并没有超出佣金额,在甲房产处获得其他不法利益;同时根据《某房产中介销售服务合同》第5.8条可知,若甲房产给予的优惠价格低于销售底价,则乙中介公司不会获得佣金,此时也就不存在如何处理佣金的问题,因此从该点也可以看出,甲房产在销售上述房产时并未受到任何损失。

第二类是贾珊甲、李春甲,根据贾珊甲等人的陈述可知,二人之所以未直接在案涉小区售楼处买房是因为在售楼处买房必须同时购买车位,但二人并无购买车位的意愿。此时,售楼处已经丧失与二人交易的机会,虽然《某房产中介销售服务合同》中亦未要求乙中介公司在销售房产时必须捆绑车位销售,但是根据盛某某的讯问笔录可知,在售楼处单独买房需要经过案涉小区售楼处所属公司和相关领导的同意,且都是领导口头或其他方式同意,没有书面报批手续(卷宗 P130),故甲房产一方面对外宣称买房必须同时购买车位,另一方面又通过非正常途径给予部分购房人以单独买房的权利。

基于此,贾珊甲、李春甲在售楼处单独买房没有实现可能性的前提下,找到在中介公司工作的王某某单独购买房屋的行为无可厚非。此时,促成案涉购房合同成立的中介方是谁在所不问,只要其有能力满足贾珊甲、李春甲二人的合法要求并促成购房合同的成立,则其所获取的佣金即为甲房产的必要支出;且由于甲房产捆绑出售车位的行为本身违反法律的禁止性规定,故这样的期待利益不应受到法律的保护,因此甲房产没有任何损失,相反地,甲房产反而因案涉购房合同的成立而获取了卖房利益。若买方自愿购买车位而中介公司促成仅单独购买房屋合同成立,此时中介公司的行为可能会导致甲房产的财产受损,但由于贾珊甲、李春甲并不愿购买车位,故甲房产获得的单独购买房屋的价款已系其全部的合法收入,甲房产当然不能以许某某未捆绑销售车位为由主张其财产受损。综上,甲房产向四人出售房屋系通过中介公司成立的且只能通过中介公司成立,另外,在合同成立且有效的基础上,甲房产获得了全部合法的购房款,故其向许某某支付的佣金系必要支出,即甲房产的财产并未受到任何损失,反而因许某某等人促成案涉销售合同成立的行为获利。

综上所述，由于王某某等人并不存在虚构事实、隐瞒真相的欺诈行为，甲房产也并非因陷入错误认识而交付佣金，且甲房产的财产并未受损。故许某某等人的行为并不符合犯罪构成的该当性，换言之，许某某的行为不构成诈骗罪。

2.许某某与甲房产的纠纷实质上系民事纠纷，不应由刑事法律规范调整

根据询问笔录可知，案涉四人均做出不会在售楼处直接购房的意思表示（侦查卷宗 P134、P140、P148），故售楼处并无与张姗甲等人直接签订房屋买卖合同的现实可能性，而盛某某作为甲房产的售楼处经理，其并不会将在售楼处购买房产的客户信息主动提供给许某某。许某某以签订《某房产中介销售服务合同》的方式，将张姗甲等人挂靠到乙中介公司并与甲房产完成案涉购房合同，该行为本就不被《某房产中介销售服务合同》所约束，同时，这一行为虽然被甲房产的内部制度所禁止，但许某某与盛某某所签订的《某房产中介销售服务合同》中对此并无约定，故甲公司并未禁止许某某实施该行为。案涉四人被合法地录入系统后，乙中介公司作为中介服务公司仅是在后续服务中未尽到《某房产中介销售服务合同》约定的"陪看义务"，未按照《某房产中介销售服务合同》的要求服务客户，但该违反《某房产中介销售服务合同》约定的行为系民事违约而非刑事违法，根据法秩序统一原理，通过民事途径足以解决案涉纠纷时便无须上升到刑罚高度，否则既有违刑法谦抑性的要求，亦会对正常的市场行为产生桎梏。

其次，就刘某某与甲房产成立的买卖合同而言，许某某的行为亦不构成诈骗罪，可能涉及职务侵占罪，但数额尚未达到入罪标准。

1.许某某向盛某某介绍刘某某的行为并不被《某房产中介销售服务合同》所禁止，且二者的行为亦不符合诈骗罪的构成要件

根据《某房产中介销售服务合同》的约定，乙中介公司能够向案涉小区售楼处或甲房产推荐客户，但案涉小区售楼处或甲房产不能向乙中介公司推荐购买案涉小区的客户（即盛某某不能向许某某推荐购买案涉小区的客户，证据卷 P102）。根据许某某的供述及张慧甲的证言可知，2021年3月份，刘某某与他人通话称想在案涉小区买房一事被许某某偶然听到，故许某某将该消息告知盛某某并嘱咐盛某某安排专人接待，由于担心

乙中介公司派人与刘某某同去售楼处,会导致刘某某另找中介,故许某某未派人同去(证据卷P105—P106);而刘某某在案涉小区购房的时间为其第三次去售楼处的时间,即2021年3月份(补充证据卷P14—P15)。综上,刘某某想在案涉小区买楼的信息是许某某透漏给盛某某的而非盛某某透漏给许某某的,刘某某也确实是在去过乙中介公司后(即许某某告知盛某某刘某某要在案涉小区买房一事后)才在案涉小区买房的。

根据张慧甲的陈述可知,刘某某前两次去案涉小区售楼处均是通过不同中介公司介绍的,且其在第三次去售楼处之前,又找到了乙中介公司,刘某的上述行为足以证实其不想直接在售楼处买房,故本案亦不存在"飞单"的可能性。且若没有许某某将刘某某购房信息告知盛某某的行为,则刘某某与甲公司的购房合同是否能成立存疑,故案涉购房合同的成立是许某某与盛某某的行为共同促成的。另外,在案证据无法确定刘某某前两次未购买房屋的原因,根据证据裁判原则及存疑时有利于被告人的原则,对于该原因并不能作出不利于许某某、盛某某的推断。

综上,该购房合同的成立意味着许某某和盛某某在《某房产中介销售服务合同》允许的范围内为甲公司创造了卖房利益,而并非以隐瞒真相、虚构事实的方式骗取甲公司的佣金。并且上文已经指出,即便刘某某第三次看房时乙公司的人未履行"陪看义务",但该行为系形式瑕疵,充其量仅构成民法层面上的违约,且基于合作关系,许某某已经委托盛某某派人接待,故不能将"接待刘某某时乙公司的人没有陪同"认定为"刘某某不是乙公司推荐的",更不能以此将许某某入罪,否则有违实质判断的初衷。相应地,甲公司当然并非基于错误认识从而支付该笔佣金,其支付佣金系《某房产中介销售服务合同》的应有之义。换言之,许某某、盛某某共同促成刘某某与甲公司购房合同的成立与二者获得佣金具有对价性,故根据罪刑法定原则,许某某的行为并不构成诈骗罪。

2. 即便认定许某某介绍刘某某的行为构成犯罪,可能涉及职务侵占罪,但数额尚未达到追诉标准

若认为盛某某与许某某(乙中介公司)为谋取更高的佣金,而将现场销售业务伪造为代理销售模式,并通过乙中介公司以代理销售的结佣方式向甲房产申请佣金,其应该系以非法占有为目的,利用盛某某职务上的便利(主要指:盛某某为甲房产的售楼处经理,是张慧甲的直属领导)骗取

甲房产的佣金，系职务侵占罪的犯罪行为，但根据《贪污贿赂司法解释》第一条及第十一条可知，职务侵占罪中关于数额较大的标准为3万元以上，但盛某某与许某某二人利用盛某某职务上的便利共同骗取甲房产的数额仅为3000余元，尚未达到追诉标准。

综上所述，许某某等人的行为不符合诈骗罪的构成要件，亦不符合职务侵占罪的构成要件，即便其与甲房产存在经济纠纷，该纠纷通过民事途径足以解决，故根据刑法的三阶层理论及法秩序统一原理，对许某某作出罪化处理为宜。以上辩护意见，恳请贵机关采纳为盼！

（八）朱桐辉老师点评

本案诸位辩护人对同一案件中行为有关联、地位又有所不同的三名被告人辩护，均能紧紧围绕构成要件进行"实打实"的实体辩护，并最终取得不起诉的有效辩护结果，实属难能可贵。

首先，对三被告的辩护均抓住了关键要件进行论证和辩护，即被害单位并没有遭受损失，甚至还是实质上的获益人，其自称遭遇了损失是认识错误；被告人没有"非法占有"的目的，指控混淆了民事经济纠纷与刑事诈骗犯罪的界限；被告人没有虚构事实或者隐瞒真相，等等。这些都是短兵相接的构成要件争夺。

其次，针对每名被告人的行为和地位，又有专门的辩护意见。例如，针对许某某，专门论证了其介绍刘某某的行为即使可能涉及职务侵占罪，但数额尚未达到追诉标准，因此也不应入罪。

最后，本案对三被告人的有效辩护，不仅显示了田永伟律师率领的团队的合作精神，还体现出了他们勇于学习、善于思考的品质。例如，他们将更上一层的"法秩序统一"原理、"形式入罪、实质出罪"原则等作为论证和辩护依据，既增加了说服力度，也彰显了理论高度和法治情怀。

二十一、如何处理刑民交叉类案件

（一）案情概述

某公诉机关指控称：2015年，姜某为承包某棚户区改造工程，与何某、吉某注册甲防水工程有限责任公司（以下简称"甲公司"），姜某为法定代表人。2015年至2017年，甲公司从乙防水工程有限公司（以下简称"乙公司"）购买防水材料用于工程建设（甲公司为乙公司在某区域的经销商），并与其他分包商签订分包合同，收取工程材料款，各分包商在结算后再将材料款汇入甲公司和姜某、何某的个人账户。在此期间，姜某占有了甲公司资金共计381万元。后姜某与乙公司经理周某某协商一致，让姜某向乙公司出具一张姜某个人欠款381万元的欠条，落款日期为2016年，用以抵顶甲公司拖欠乙公司的防水材料款。某公诉机关以姜某涉嫌职务侵占罪为由诉至法院，某法院经审理认定姜某的行为构成挪用资金罪。

（二）挪用资金罪、职务侵占罪法律及相关规定

1. 挪用资金罪法律及相关规定

（1）法律

《刑法》（2020修正）

第二百七十二条 【挪用资金罪】公司、企业或者其他单位的工作人

员,利用职务上的便利,挪用本单位资金归个人使用或者借贷给他人,数额较大、超过三个月未还的,或者虽未超过三个月,但数额较大、进行营利活动的,或者进行非法活动的,处三年以下有期徒刑或者拘役;挪用本单位资金数额巨大的,处三年以上七年以下有期徒刑;数额特别巨大的,处七年以上有期徒刑。

【挪用公款罪】国有公司、企业或者其他国有单位中从事公务的人员和国有公司、企业或者其他国有单位委派到非国有公司、企业以及其他单位从事公务的人员有前款行为的,依照本法第三百八十四条的规定定罪处罚。

有第一款行为,在提起公诉前将挪用的资金退还的,可以从轻或减轻处罚。其中,犯罪较轻的,可以减轻或者免除处罚。

(2)司法解释

《最高人民法院、最高人民检察院关于办理贪污贿赂刑事案件适用法律若干问题的解释》(法释〔2016〕9号)

第五条 挪用公款归个人使用,进行非法活动,数额在三万元以上的,应当依照刑法第三百八十四条的规定以挪用公款罪追究刑事责任;数额在三百万元以上的,应当认定为刑法第三百八十四条第一款规定的"数额巨大"。具有下列情形之一的,应当认定为刑法第三百八十四条第一款规定的"情节严重":

(一)挪用公款数额在一百万元以上的;

(二)挪用救灾、抢险、防汛、优抚、扶贫、移民、救济特定款物,数额在五十万元以上不满一百万元的;

(三)挪用公款不退还,数额在五十万元以上不满一百万元的;

(四)其他严重的情节。

第六条 挪用公款归个人使用,进行营利活动或者超过三个月未还,数额在五万元以上的,应当认定为刑法第三百八十四条第一款规定的"数额较大";数额在五百万元以上的,应当认定为刑法第三百八十四条第一款规定的"数额巨大"。具有下列情形之一的,应当认定为刑法第三百八十四条第一款规定的"情节严重":

(一)挪用公款数额在二百万元以上的;

(二)挪用救灾、抢险、防汛、优抚、扶贫、移民、救济特定款物,数额在一百万元以上不满二百万元的；

（三）挪用公款不退还，数额在一百万元以上不满二百万元的；

（四）其他严重的情节。

第十一条第二款 刑法第二百七十二条规定的挪用资金罪中的"数额较大""数额巨大"以及"进行非法活动"情形的数额起点，按照本解释关于挪用公款罪"数额较大""情节严重"以及"进行非法活动"的数额标准规定的二倍执行。

(3) 规范性文件

《立案追诉标准（二）》（公通字〔2022〕12号）

第七十七条【挪用资金案(刑法第二百七十二条第一款)】公司、企业或者其他单位的工作人员，利用职务上的便利，挪用本单位资金归个人使用或者借贷给他人，涉嫌下列情形之一的，应予立案追诉：

（一）挪用本单位资金数额在五万元以上，超过三个月未还的；

（二）挪用本单位资金数额在五万元以上，进行营利活动的；

（三）挪用本单位资金数额在三万元以上，进行非法活动的。

具有下列情形之一的，属于本条规定的"归个人使用"：

（一）将本单位资金供本人、亲友或者其他自然人使用的；

（二）以个人名义将本单位资金供其他单位使用的；

（三）个人决定以单位名义将本单位资金供其他单位使用，谋取个人利益的。

2. 职务侵占罪法律规定

详见本书"五、涉嫌数罪时的精准化量刑"部分。

（三）思路解析

1. 挪用资金罪的构成要件

根据挪用资金罪的法律规定及司法解释可知，成立本罪，在客观上要求公司、企业或者其他单位的工作人员（行为人）利用其经手、主管本单位资金的便利条件，私自实施将本单位的资金挪作自己使用或者借贷给他人使用的行为；在主观方面系故意，即行为人明知自己利用了职务上的便利挪用本单位资金,仍故意为之。本罪所侵害的客体是公司、企业或者其他单位资金的使用收益权,对象系本单位的资金。根据法律及司法解释的规定可知,成立职务侵占罪,客观上要求行为人要有基于职务或业务非法占有本单位财物的行为,主观上行为人妄图在经济上取得对本单位财物的占有、收益、处分的权利。职务侵占罪与挪用资金罪主要区别在于行为人是否具有非法占有的目的。

2. 如何处理刑民交叉类案件

处理刑民交叉案件应充分考虑法秩序统一原理,要遵循法秩序的统一,就要防止将前置法上不具有违法性的行为,在刑法上认定为犯罪。法秩序统一原理要求在处理某一件事情时,所有的规范秩序不能相互矛盾,如果民法上合法的行为在刑法上被认定为犯罪,公众就不知道该如何行事。法秩序统一原理是处理不同部门法之间的矛盾时应遵守的基本规则,具有不可动摇的性质,所有部门法的执行都应当贯彻该原则。对于法秩序统一原理绝对不能偏离的规则是:在民法上合法的行为,不可能成为刑法上的犯罪。

3. 就案涉381万元而言,姜某处于何种身份地位

本案中根据在案证据可知,姜某曾向乙公司借款并得到了乙公司的同意,若没有该借款行为,即便案涉资金转移到了姜某名下,也是甲公司要归还给乙公司的进货款,姜某只是债务履行辅助人,此时如果姜某不将进货款转给乙公司、私自挪用,若同时符合犯罪构成的其他要件,则有可能涉嫌挪用资金罪。但正是由于"姜某向乙公司借款且已经得到乙公司同意"这一事实的存在,导致就该381万元而言,姜某的身份地位已经从债务履行辅助人转换为债务人。

4. 案涉381万元资金的法律性质为何

由于本案包含了姜某个人向乙公司的借款行为,故其中的法律关系较为复杂,看起来案涉381万元在转移至姜某名下后,没有再进一步转账至乙公司名下,但其实已经实现了相应的债务清偿之法律效果(甲公司向乙公司结清了该381万元进货款)。从理论上分解来看,姜某作为甲公司的履行辅助人应向乙公司返还材料款,但其个人又与乙公司另行订立了借款合同,姜某与乙公司的交付方式系指示交付,即乙公司

告诉甲公司的履行辅助人（实际上就是告诉姜某）将该381万元直接交给姜某。

本案稍微有点特别的是，乙公司告诉甲公司的履行辅助人直接向另一借款人履行，这里的履行辅助人与另一借款人实际上是同一人，即乙公司将对甲公司的还款请求权让与姜某，恰好姜某也是甲公司的履行辅助人。因此，涉案的381万元资金虽然并未先从姜某名下转至乙公司名下，再由乙公司名下转至姜某名下，但实际上已经完成了这一观念交付。现有证据都非常清楚地指明乙公司已经在记账单中核减了甲公司需要偿还的381万元材料款，且同意姜某以个人名义向乙公司借款381万元，乙公司在核算甲公司的债务时已经将欠条中的381万元扣除，这意味着双方对账时乙公司已经认可甲公司偿还了该笔381万元的材料款，即案涉381万元已经完成了从甲公司欠乙公司的材料款到姜某个人向乙公司借款性质的转换。

5. 姜某不构成挪用资金罪、职务侵占罪

姜某向乙公司借款一事系经过乙公司同意的，且乙公司在核对材料款时已经将该381万元核减，乙公司的行为意味着其已经将该381万元视为其对姜某个人的借款。换言之，就案涉381万元而言，其已经完成了从甲公司应支付给乙公司的进货款到姜某个人应清偿给乙公司借款的转换。本案的特殊之处在于，乙公司是通过指示交付的方式将借款直接给予姜某的，即甲公司收到进货款后，省略了甲公司给乙公司、乙公司再给姜某的过程，而甲公司直接根据乙公司的指示将款项给予姜某，由于该给付方式（即指示交付）同样被民法所承认，故当然不能以款项未转至乙公司为由否认指示交付方式的合法性。故姜某与乙公司的纠纷实际系民法上的债权债务纠纷，根据法秩序统一原理，姜某的行为被前置法即民法认为是合法行为的前提下，后置法即刑法当然不能对其作入罪评价。

（四）挪用资金罪、职务侵占罪出罪类案检索

1. 挪用资金罪
事实不清、证据不足类
张某甲等诈骗罪、单位行贿罪、挪用资金罪案①
【裁判要旨】 原判认定张某甲伙同他人共谋挪用某康公司 4000 万元资金申购新股谋利，后又用 5000 万元过账还款予以掩盖的事实清楚，证据确实。但认定张某甲伙同陈某甲、田某甲挪用某康公司资金归个人使用、为个人谋利的事实不清、证据不足。在案书证显示，涉案资金均系在单位之间流转，反映的是单位之间的资金往来，无充分证据证实归个人使用，且无充分证据证实挪用资金为个人谋利。

2. 职务侵占罪
职务侵占罪出罪类案检索详见本书"五、涉嫌数罪时的精准化量刑"部分。

（五）关于姜某不构成职务侵占罪、挪用资金罪的辩护意见

姜某涉嫌职务侵占罪、挪用资金罪一案，委托内蒙古蒙益律师事务所并指派田永伟律师、庞颖慧律师担任其辩护人。辩护人经过认真阅卷、听取姜某自述，结合庭审举证、质证环节，辩护人认为其不构成职务侵占罪、挪用资金罪，理由如下：

首先，职务侵占罪（《刑法》第二百七十一条）是指公司、企业或者其他单位的人员，利用职务上的便利，将本单位财物非法占为己有，数额较大的行为。成立本罪，在客观上要求行为人要有基于职务或业务非法占有本单位财物的行为，主观上行为人妄图在经济上取得对本单位财物的占有、收益、处分的权利，但姜某的行为并不构成职务侵占罪，具体理由如下：

---

① 案件来源：（2018）最高法刑再 3 号。

（1）姜某占有使用的 381 万元非甲公司所有，即姜某不具备职务侵占罪的主体身份。

从卷宗材料分析发现，姜某为甲公司负责人，甲公司为乙公司在某区域的经销商（甲公司成立之前，姜某一直为乙公司在某区域的经销商，且甲公司由姜某推动成立）。卷宗材料显示，其收取客户款项后转给乙公司，由乙公司发货至甲公司，再由甲公司进行分销配送。2015 年某月，姜某因资金周转困难，在与乙公司负责人周某某沟通后，经其同意借给姜某四百万左右。故姜某陆续收取材料款 381 万元后，并未直接将此款转至乙公司，而是依据与周某某的约定留为己用，这并不是说姜某占用了本属于甲公司的钱款，而是正常的借贷行为，只是少了将钱打入乙公司、乙公司再将钱款转给姜某的步骤，而姜某在收到钱款后为乙公司出具欠条，借款的主体为姜某个人而非甲公司，欠条中约定还款及违约条款。故乙公司与姜某个人的借贷关系已经成立，该资金流转在形式上虽为姜某直接留为己用，但实质上是经过乙公司认可的，证人周某某、徐某某的证言等证据均可证明。根据货币所有与占有一致的原则，涉案 381 万元的所有权人已经变为姜某。

起诉书中指控姜某利用职务便利侵占本公司财产，混淆了公司财产与个人债务、乙公司材料款与甲公司财产的界限，姜某的行为应系其个人行为，其与乙公司暂时使用材料款的行为系民事法律意义上的普通债权关系，其占有使用的款项亦为乙公司的款项，与甲公司无任何关联，在乙公司保障材料及时供给的情况下，其与乙公司仅存在民事法律意义上的材料款不及时给付的情形，在乙公司不主张权利时，不会出现民事法律层面的违约，更谈不上刑事法律上的犯罪。原最高人民检察院检察长张军多次在保护民营企业家会议上强调"慎捕慎诉，保护民营企业家，更不能将民事纠纷上升为刑事犯罪"，此案恳请贵院裁决时慎之又慎，以最大限度保护姜某合法权益。

（2）姜某的行为并不符合职务侵占罪的客观表现，其与乙公司的法律关系为个人债务，其行为不具备犯罪构成的该当性。

职务侵占罪的客观方面要求必须达到数额较大的程度，如果仅有非法侵占公司、企业及其他单位财物的行为，但没有达到数额较大的标准，也不能构成本罪。通过表述及此罪归属于财产类犯罪不难看出，职务侵占罪为结果犯，成立本罪要求行为人须给公司造成了财产损失。就本案而言，姜某占有使用了乙公司财物，是其在与乙公司的负责人（即经理周某某）沟通后，将此笔债务归于自己，并给乙公司出具了欠条，承诺此笔借款与甲公司无关，由其个人偿还。最为关键的是，乙公司在清算甲公司借款时已将欠条中的381万元扣除，所以此笔钱款是乙公司与姜某个人之间的合法借款，与甲公司无关。在借款发生期间，乙公司未因借款而中断供货，甲公司亦未因此而对客户违约。因此，姜某占有使用乙公司钱款的行为并未给甲公司造成损失。

（3）姜某是否构成职务侵占罪的核心点在于，其行为是否侵犯了甲公司的合法权益，姜某占有使用的款项是否为甲公司的财物。

辩护人经仔细阅读卷宗材料得知，姜某的占有使用行为系经过与乙公司周某某沟通后，占有使用本应属于乙公司的材料款，此款与甲公司无任何关系，甲公司股东之一何某所称姜某侵占公司财物构成职务侵占罪，据目前的证据看无法证实姜某存在私吞公司财产的行为，故其行为亦不具备入罪的要件，即不具备犯罪构成要件的该当性，更谈不上违法性和有责性。

（4）姜某主观上有偿还乙公司借款的意愿。

成立职务侵占罪，要求行为人具有非法占有的目的，但从姜某的讯问笔录中不难发现，姜某并没有非法占有的目的，其在取得款项后为乙公司出具了欠条，在此之后其不但没有恶意逃避债务，还积极承包工程，为将来的还款做准备，并且其还打算找乙公司的相关人员商谈还款事宜，又通过其个人资金状况也可知，姜某完全具有偿还此笔借款的能力，其并非想非法占有案涉款项。故姜某并不具备非法占有此笔借款的目的，而仅仅是借贷的主观心理。最为重要的是，此笔借款与甲公司无关，即使姜某未偿还也无须甲公司承担责任。

庭审过程中公诉人始终在强调姜某为何未偿还乙公司的借款，辩护人认为公诉人职责为代表国家出庭公诉，代表国家行使国家层面的公诉权，而非民事意义上的私权保护。另外，辩护人认为，此案的核心为381万元款项的性质即所有权，进阶论即乙公司若提起诉讼向谁主张的问题，在有欠条且出具人为姜某的情况下，当然姜某为唯一的被告，此种情形下认定姜某构成职务侵占罪违背罪刑法定原则。

其次，挪用资金罪（《刑法》第二百七十二条）指公司、企业或者其他单位的工作人员，利用职务上的便利，挪用本单位资金归个人使用或者借贷给他人，数额较大、超过三个月未还的，或者虽未超过三个月，但数额较大、进行营利活动的，或者进行非法活动的。成立本罪，在客观上要求公司、企业或者其他单位的工作人员（行为人）利用其经手、主管本单位资金的便利条件，实施私自将本单位的资金挪作自己使用或者借贷给他人使用的行为；在主观方面系故意，即行为人明知自己利用了职务上的便利挪用本单位资金，仍故意为之，但姜某的行为并不构成挪用资金罪，具体理由如下：

（1）将姜某以挪用资金罪定罪处罚混淆了第三人履行合同与刑法的界限。

①法秩序统一原理应贯穿于本案始终。

清华大学法学院院长周光权老师，针对此案于2021年7月14日在《法治日报》发表专属文章《第三人履行合同与挪用资金罪》，全面客观分析了该案不能入罪只能以民事角度剖析的理由。周教授强调，对于法秩序统一原理，在与本案有关联的意义上绝对不能偏离的规则是：在民法上合法的行为，不可能成为刑法上的犯罪；唯有民法所要反对的行为，才有可能成为犯罪行为。① 因此，对于涉案381万元资金的性质必须回归民法规定进行理解，而不能在刑法上想当然地进行民事法律关系设定。

②本案"由第三人履行的合同"的特点明显。

第一，针对381万元的借款合同在债权人（姜某）、债务人（乙公司）之间订立，他们才是合同当事人，第三人（甲公司）不是合同当事人。第三人（甲公司）向获得借款的债权人（姜某）履行债务的具体原因如何以及姜某是否实施了违反公司法的背信行为，均不影响由第三人履行合同的成立和生效。

第二，合同标的是第三人（甲公司）向债权人（姜某）的履行行为。根据合同相对性的原则，第三人（甲公司）虽不是合同双方，该合同对其没有约束力，但其一旦向债权人（姜某）履行合同，其和具有供销关系的债权人

---

① 参见周光权：《"刑民（行）关系与犯罪认定"之十二　第三人履行合同与挪用资金罪》，载《法治日报》2021年7月14日，第09版。

(出借381万元的债权人)乙公司之间的债权债务关系就归于消灭。

第三,第三人(甲公司)履行合同后,债权人(姜某)即对资金出借人乙公司承担还款义务。

就本案姜某与乙公司借款合同的履行而言,该笔381万元的资金从甲公司转到姜某名下,且乙公司在与甲公司核算债务时已经将欠条中的381万元扣除,这意味着双方对账时乙公司已经认可甲公司偿还了该笔货款,其实质就是乙公司指令作为第三人的甲公司直接向债权人履行债务。因此,涉案资金虽然并未先从甲公司名下转至乙公司名下,再由乙公司转至姜某名下,但实际上已经通过"由第三人履行的合同"完成了借款过程。

③甲公司对财物未失去控制更未造成损失。

本案一审法院是立足于合同必须"直接履行"这一点对姜某定罪。但是,民法上所认可的合同履行方式除了由债务人直接向债权人履行之外,还有为了减少交易成本的"由第三人履行的合同"的方式。因此,对本案的定性必须考虑的是:根据《民法典》第五百二十三条的规定,甲公司自履行"由第三人履行的合同"之日起,其和乙公司的债权债务即告消灭,即便姜某未来不履行该还款义务,乙公司也无权再向甲公司主张该笔款项。本案对姜某不予定罪与《民法典》第五百二十三条的内在精神相一致,既然乙公司已经同意借款381万元给姜某,该款实质上就是乙公司向姜某发放借款;甲公司向姜某交付381万元的同时其与乙公司之间的相应债权债务履行完毕。甲公司实质上的付款行为谈不上使其对381万元失去控制,更谈不上其由此遭受财产损害。

(2)姜某在主观上并无挪用资金或侵占本单位资金的目的。

姜某在借款时并未认识到此笔款项可能属于甲公司,而是坚信此笔款项是要交付给乙公司的,钱款应属于乙公司,并向乙公司的负责人表达了借款意愿,在达成合意后扣留了相应款项,并为此出具了欠条。相应地,挪用资金的行为人通常表现为掩饰挪用了资金的行为以尽量不让公司发现,姜某却出具了欠条,故其无隐瞒的故意,进而无挪用资金的故意。

(3)三位刑法专家论证本案的结论为无罪。

姜某涉嫌挪用资金罪一案,在某人民法院作出刑事判决书(以下简称"判决书")后,为保障姜某的合法权益、保障法律的正确实施,内蒙古蒙益律师事务所在北京邀请我国三位著名刑事法专家,就本案事实认定和法律适用上的焦点问题进行了咨询论证。

①定性为民事权利义务关系而不具备刑事违法性。

经过近两个小时的激烈讨论，与会专家一致认为该案应优先考虑法秩序统一原理，刑事违法以前置违法即民事上的违法为前提，姜某与乙公司之间签订的欠条真实有效，涉案的381万元资金虽然并未先从姜某名下转至乙公司名下，再由乙公司名下转至姜某名下，但实际上已经完成了这一观念交付。乙公司在核算甲公司的债务时已经将欠条中的381万元扣除，这意味着双方对账时乙公司已经认为甲公司偿还了该笔381万元的进货款。该笔资金由乙公司出借后，属于姜某所有，姜某没有挪用甲公司资金的行为，也没有挪用资金罪的主观故意，其行为不构成挪用资金罪。

②一审判决书确定381万元的性质存在三点瑕疵应予纠正。

第一，狭隘地理解民法上的交付方式，机械强调现实交付，认为涉案的381万元资金必须转出再转入才能既实现甲公司向乙公司的债务清偿，又实现姜某个人向乙公司的借款之法律效果。

所谓的现实交付，是指一方将物的占有移转给另一方的事实，这是通常意义的交付。本案中如果姜某先将涉案的381万元资金从个人账户转入乙公司账户，再向乙公司借款，由乙公司将该笔381万元再转入姜某个人账户，姜某本人完全不可能构成犯罪，公安机关甚至都不会去立案。一审判决书的定罪逻辑是建立在现实交付的基础上，即认为姜某没有进行现实交付，涉案的381万元没有作为材料款先行转入乙公司名下。然而，民法上所认可的交付方式除现实交付外，还有观念交付。观念交付是法律为了交易便捷而规定的一些变通方式，包括简易交付、指示交付、占有改定等。可以说，观念交付的出现本身就是替代现实交付的，因此也被称为"替代交付"，即不是在现实中移转物的占有，只是在观念中完成交付过程，以求迅捷。在刑民交叉案件中，要贯彻法秩序统一原理，就要防止将前置法上不具有违法性的行为，在刑法上认定为犯罪。民法上现实交付、观念交付都是合法的交付方式，无论采取何种方式都不会认为违法，但刑法若采取区分评价的立场，认为现实交付的情形不构成犯罪，观念交付的情形构成犯罪，这实际上违背了法秩序统一原理。

第二，实践中观念交付的做法司空见惯，一大笔资金转出又转入，耗时耗力,而且还有两个来回的手续费,固守表面的转账动作根本不符合实践通常做法。

本案中,既然乙公司已经同意给姜某借款 381 万元,该笔资金已经转到姜某名下,那么就没必要让款项先转入乙公司名下,再由乙公司转入姜某名下,这在一般人看来会觉得多此一举,乙公司只需要相应扣除甲公司所欠的 381 万元进货款即可。

第三,姜某与乙公司之间签订的欠条是真实有效的,欠款的主体是姜某个人,与甲公司无任何关联,甲公司不存在任何经济损失。

既然姜某给乙公司出具了欠条,乙公司也承认这一出借行为,那么欠条就是真实有效的,如将来因违约问题提起诉讼,法官也会认为欠条是有效的,姜某需履行还款义务及支付相应违约金。姜某因经济能力所限无法立即清偿欠款,与乙公司可以向姜某主张 381 万元的债权是两码事,乙公司对姜某的 381 万元的债权请求权一直存在,乙公司记账单中核减了甲公司需要偿还的 381 万元进货款,其也不可能向甲公司讨要该笔款项,这于法无据。所以,姜某的借款行为不会给甲公司造成任何经济损失,甲公司又谈何追究姜某挪用资金之责?

综上,根据先客观判断后主观判断及先形式判断后实质判断的方法,将姜某的行为认定为普通的民间借贷合乎法律规定。辩护人认为,姜某出具欠条的行为系合法的民法意义上的借贷关系的确认,其并未触及刑法底线,该行为不具备刑法违法性和社会危害性,乙公司当然可以随时主张权利,而姜某也有义务随时进行还款,不能因未还款而直接将其入罪,若如此处理则既违背了罪刑法定原则,又违反了法秩序统一原理。辩护人认为,根据判断罪与非罪关键点:即"民事看关系,刑事看行为"的司法原则,本案当然为民事范围调整,而非上升为刑事犯罪,恳请贵庭研判后作出无罪判决为盼。

(六)周光权老师点评

姜某是否构罪,无非是从案涉资金的性质(进阶至法秩序统一原理)及犯罪构成角度剖析。首先,就案涉资金的法律性质而言,姜某与乙公司签订欠条所指向的对象正系案涉款项,而乙公司通过指示交付使案涉款项完成了从材料款到借款法律性质的转换,甲公司实现了对乙公司材料款清偿之效果,记账单中也核减了甲公司应向乙公司偿还的该笔款项(即该行为不会给甲公司招致任何不利后果)。在双方对该欠条均知情且认可的前提下,当然不能因缺少虽常规但冗杂的现实交付流程就否认指示交付的合法性,而在民法上合法的行为,当然不能成为刑法上的犯罪。其次,姜某的行为并不符合犯罪构成的该当性,由于案涉资金的法律性质系借款,故姜某系对自己财产的处分而非挪用甲公司的资金;且,姜某主观上坚信案涉资金系乙公司给其的借款而非甲公司的材料款(实际情况亦是如此),故姜某并无挪用资金的主观故意。

综上,正如辩护意见所言,根据法秩序统一原理及先客观后主观的刑事判断逻辑,姜某当然不构成挪用资金罪。

二十二、事出有因不构成寻衅滋事罪

（一）案情概述

某公诉机关指控称，赵某、王洪甲在甲电玩城打工，梁树甲（已判决）在甲电玩城玩游戏期间，与该电玩城工作人员发生矛盾后离开。当日，梁树甲纠集张甲（已判决）、吕甲（已判决）、小辉（自然信息不详）持铁棒、镰刀、叉子等工具，返回甲电玩城，将该电玩城的游戏机砸损后驾车逃离。该电玩城经营者王某得知上述情况后赶到现场，纠集赵某、王洪甲携带枪刺、镐把等工具驾车追赶梁树甲等人并截停，王某、赵某、王洪甲下车后，持枪刺、镐把与梁树甲等人打斗，梁树甲、吕甲、小辉弃车逃跑，王某、赵某、王洪甲将被害人张甲抓住并对其进行殴打，致被害人顶部头皮挫裂伤、双手及右前臂皮肤挫裂伤、腰部及右大腿软组织挫伤。随后王某等人将张甲与梁树甲等人所弃车辆一起强行带回甲电玩城，发现梁树甲等人所弃车辆内有一自制转轮手枪，遂报警。综上，应当以寻衅滋事罪追究王某的刑事责任。

（二）寻衅滋事罪法律及相关规定

1. 法律

《刑法》（2020 修正）

第二百九十三条　【寻衅滋事罪】有下列寻衅滋事行为之一，破坏社

会秩序的,处五年以下有期徒刑、拘役或者管制:

(一)随意殴打他人,情节恶劣的;

(二)追逐、拦截、辱骂、恐吓他人,情节恶劣的;

(三)强拿硬要或者任意损毁、占用公私财物,情节严重的;

(四)在公共场所起哄闹事,造成公共场所秩序严重混乱的。

纠集他人多次实施前款行为,严重破坏社会秩序的,处五年以上十年以下有期徒刑,可以并处罚金。

2. 司法解释

《最高人民法院、最高人民检察院关于办理寻衅滋事刑事案件适用法律若干问题的解释》(法释〔2013〕18号)

第一条 行为人为寻求刺激、发泄情绪、逞强耍横等,无事生非,实施刑法第二百九十三条规定的行为的,应当认定为"寻衅滋事"。

行为人因日常生活中的偶发矛盾纠纷,借故生非,实施刑法第二百九十三条规定的行为的,应当认定为"寻衅滋事",但矛盾系由被害人故意引发或者被害人对矛盾激化负有主要责任的除外。

行为人因婚恋、家庭、邻里、债务等纠纷,实施殴打、辱骂、恐吓他人或者损毁、占用他人财物等行为的,一般不认定为"寻衅滋事",但经有关部门批评制止或者处理处罚后,继续实施前列行为,破坏社会秩序的除外。

第八条 行为人认罪、悔罪,积极赔偿被害人损失或者取得被害人谅解的,可以从轻处罚;犯罪情节轻微的,可以不起诉或者免予刑事处罚。

3. 规范性文件

《立案追诉标准(一)》(公通字〔2008〕36号)

第三十七条 【寻衅滋事案(刑法第二百九十三条)】寻衅滋事,破坏社会秩序,涉嫌下列情形之一的,应予立案追诉:

(一)随意殴打他人造成他人身体伤害、持械随意殴打他人或者具有其他恶劣情节的;

(二)追逐、拦截、辱骂他人,严重影响他人正常工作、生产、生活,或者造成他人精神失常、自杀或者具有其他恶劣情节的;

(三)强拿硬要或者任意损毁、占用公私财物价值二千元以上,强拿硬要或者任意损毁、占用公私财物三次以上或者具有其他严重情节的；

(四)在公共场所起哄闹事,造成公共场所秩序严重混乱的。

(三)思路解析

寻衅滋事罪的构成要件

寻衅滋事罪的犯罪动机是逞强争霸,显示威风；发泄不满情绪,报复社会；开心取乐,寻求精神刺激,获取某种精神上的满足。本罪侵犯的客体是社会公共秩序,本罪侵害的对象是不特定的,成立本罪须行为情节恶劣、情节严重或者造成公共场所秩序严重混乱,对于情节轻微、危害不大的寻衅滋事行为,只能以一般违法行为论处,构成本罪的核心点系无事生非,事出有因而发生的殴打或索要财物的行为当然不构成本罪。

(四)寻衅滋事罪出罪类案检索

1.事出有因的行为不符合寻衅滋事罪的构成要件类

冯某、苏某某等与苏桂某、陈爱某寻衅滋事罪案[①]

【裁判要旨】根据现有证据证实,本案双方之所以发生打斗是因为被害方的多名村民带工具到涉案土地处,被害人苏某某先用锄头推倒围墙。上诉人苏桂某及相关证人的证言证实苏桂某是因苏某某用锄头推其所建围墙及见苏某某抡起锄头准备打向其女儿,才用木棍捅向苏某某,后双方人员发生打斗。因此,客观上苏桂某用木棍捅向苏某某的行为是事出有因,不属于随意殴打他人的行为,主观上不能认定苏桂某、陈爱某存在肆意挑衅的故意。同时,因涉案在建围墙的土地权属存在争议,认定属他人财物的证据不足,故亦不能认定上诉人的行为属于占用他人财物的行为。故苏桂某、陈爱某的行为不构成寻衅滋事罪。

---

① 案件来源:(2016)粤 12 刑终 210 号。

2. 行为人具有防卫性质，不具备寻衅滋事的主观故意类

黄甲寻衅滋事罪案①

【裁判要旨】纵观本案中双方发生的四次肢体冲突，前三次冲突均系被害人谭某主动挑衅，而黄甲一方仅一人，明显处于弱势及被动挨打状态；在黄甲父亲黄某虎到达现场后，双方发生最后一次冲突，该次冲突也系谭某等人率先冲上前对欲离开的黄甲实施围殴，待黄某虎持铁凳将谭某、盛某砸倒在地后，黄甲与倒地的盛某一对一进行扭打，黄某虎在旁与谭某及另一名男子互殴。根据与双方均无利害关系的证人杨某某的证言，结合现场监控录像及被告人黄甲及同案人黄某虎的供述可以印证，在黄某虎到达现场后，被告人黄甲与黄某虎并无详细交流，黄甲仅告知黄某虎其被人打了；当黄某虎持铁凳打砸谭某等人时，黄甲正被谭某等四人围殴其并不知情，在谭某瞬间被黄某虎打倒在地后，黄甲仍被盛某等人压在地上进行殴打。由此可见，黄甲在遭到被害人一方多次围殴的情况下所采取的有限反击行为，具有防卫性质，不具备寻衅滋事罪所要求的借故生非、无端滋事、逞强斗狠的主观故意。

3. 行为系正当防卫类

梁某辉寻衅滋事罪案②

【裁判要旨】梁某辉向乙村委租赁的土地于2007年12月31日合同期届满后，按合同约定其在同等条件下享有优先承包权，在其没有明确放弃承包权的前提下，乙村委不应收回其土地另行租赁给其他人。乙村委以梁某辉没有缴纳地租而决定收回的理由不成立，梁某辉曾多次到乙村委缴地租，但乙村委没有及时收取，才造成梁某辉没有及时续缴地租。乙村委若因公益事业建设需要收回该土地的，也应通过协商方式解决并赔偿梁某辉的青苗费及其他损失，在协商不成的情况下，必须通过法定途径依法实现其合法权益，因此，乙村委擅自组织干部、保安及临时雇佣人员进入梁某辉的果园强行铲掉林木是违法的。梁某辉在其妻子黄某音被强行铲林者粗暴控制和果树被铲掉之后，持刀驱离毁树人员，其主观上不符

---

① 案件来源：(2018)沪0112刑初1260号。
② 案件来源：(2017)粤51刑终47号。

合为"寻求刺激、发泄情绪、逞强耍横""无事生非""借故生非"等寻衅滋事行为的构成要件,不能认定为"持凶器随意殴打他人",其行为不符合寻衅滋事罪规定的"随意殴打他人,情节恶劣的"的情形。梁某辉面对正在实施强拆毁林的不法侵害人员,且不法侵害将对其造成巨大损失,此时上诉人梁某辉有权采取必要的防卫措施。因此,其用刀驱离强拆毁林的人员并致一人轻微伤,没有明显超过必要限度并造成重大损害,其行为属正当防卫,不构成犯罪。

4. 证据不足类

王某、张某凯、孙某楠等寻衅滋事罪案①

【裁判要旨】在案证据显示,双方参与打架的共十人,其中五名被告人及被害人赵某未证明王某与张某凯有言语交流,被害方的刘某则证明王某在现场没有指使后来的人打王某甲等人。被害方的王某甲、梁某、夏某虽证明王某与张某凯有言语交流,但三人所证具体交流内容不一致,且梁某、夏某所证明王某的言辞是否为指使殴打之意,亦存在模糊。王某与王某甲发生矛盾后,王某甲明确告知王某其所在地址,二人均有殴斗之意。王某到饭店后,殴斗对象针对的是特定主体王某甲,其行为不符合寻衅滋事的客观表现。因此王某没有寻衅滋事的故意,在案证据也不能证明被告人王某与其余四名被告人有意思联络、纠集、指使四被告人殴打被害人。综上,被告人王某犯寻衅滋事罪的证据不足。

5. 未达到情节恶劣的入罪标准类

沈某宏寻衅滋事罪案②

【裁判要旨】沈某宏与被害人陶某因倒车发生争执,继而被害人陶某电话告知家人和朋友到场,双方发生肢体接触,系因偶发矛盾引起的纠纷,且根据本案视听资料证实被害方对矛盾的激化负有主要责任,被告人沈某宏致二被害人轻微伤的行为不属于情节恶劣,其行为不构成寻衅滋事罪。

---

① 案件来源:(2018)冀 1127 刑初 17 号。
② 案件来源:(2019)豫 0184 刑初 732 号。

（五）关于王某不构成寻衅滋事罪的辩护意见

内蒙古蒙益律师事务所接受王某的委托，指派本所田永伟律师、郑波律师担任其涉嫌寻衅滋事罪开庭审理期间的辩护人，辩护人经过详细阅卷，结合庭审发问、质证环节，认为王某追逐梁树甲等人并发生互殴事件不应评定为寻衅滋事罪，即王某的行为不应作入罪化处理，理由如下：

1. 王某的行为不符合寻衅滋事罪构成要件的该当性

《根据最高人民法院、最高人民检察院关于办理寻衅滋事刑事案件适用法律若干问题的解释》（法释〔2013〕18号）第一条对"寻衅滋事"给出了法律定义，即行为人为寻求刺激、发泄情绪、逞强耍横等，无事生非，实施《刑法》第二百九十三条规定的行为的，应当认定为"寻衅滋事"。从定义中发现此罪的核心为"无事生非"，其是能否认定"寻衅滋事罪"的关键，事出有因而发生的殴打或索要财物的行为，不属于无事生非，当然不构成本罪。

本案而言，王某的追逐行为系发生于梁树甲等人破坏本人财物基础上，追逐且发生互殴行为并非无中生有，更无主观上的寻求刺激之意，当然不具备寻衅滋事罪构成要件的符合性。即不能评价王某的行为构成寻衅滋事罪。

2. 王某的行为不具备寻衅滋事罪客观要件

结合庭审发问，通过王某全面系统回答的11个问题，得出王某的行为不具备寻衅滋事罪的任意客观要件。理由为：首先，人数上的对比。无论是笔录中，还是在当庭的发问环节，此案中人数占比为3∶4，梁树甲打砸方人数占绝对优势。其次，工具上的对比。在梁树甲等四人持有手枪的情况下，王某方无论持有什么工具都显得弱势。再次，暴力程度上的对比。双方发生争执后，王某在最后一个下车并被二指叉刺破手臂的情况下，仍然能够冷静地将张甲带至甲游戏厅，而非对其采取暴力殴打，由此可见王某追逐车辆的主观意愿是维权。最后，赵某与王洪甲参与原因。从案涉卷宗和发问环节均足以得出"王某并未要求赵某与王洪甲跟随追赶而是二人自主追随王某上车"的结论，他们无任何共同的犯意联络，以二人的行为构成犯罪便对王某的行为归罪违背罪刑法定原则。

3. 王某的行为不符合寻衅滋事罪主观要件

根据《最高人民法院、最高人民检察院关于办理寻衅滋事刑事案件适用法律若干问题的解释》的规定，寻衅滋事罪必须具有"流氓"动机，张明楷老师强调，此罪中的随意殴打他人不能具有大致说得通的理由，换句话说殴打行为的发生没有缘由，只为寻求刺激心理。当然侵害对象具备随意性，不具有特定性，而非同本案系梁树甲等具体的侵犯对象。另外，王某行为的动机并非侵犯梁树甲等人，经过庭审中对王某的发问结合公诉人出具的报警《情况说明》，不难发现，王某的先行报警，之后追逐系维权行为的延伸，若无梁树甲的打砸行为、若梁树甲驾驶车辆有车牌号，都不会出现追逐的行为，当然更不会发生争斗。故王某不具备寻衅滋事罪的主观要件，无逞强好胜之举，更无随意任意殴打他人之行为，不能作入罪处理。

4. 梁树甲的行为系本案发生的诱因且其应负主要责任

梁树甲带领三名无业人员的打砸致损行为系本案发生的诱因，梁树甲等人自带手枪、板斧砸坏机器并在王某喊报警后才驾车逃跑，王某发现梁树甲驾驶的车辆没有牌照，在拨打警报电话后追赶的行为当然属于维权范畴，综合分析为：首先，对梁树甲等人带枪打砸行为的评价。梁树甲等人的行为属于真正的无中生有、逞强耍横，评价为寻衅滋事罪正确，且其持有枪支亦应归类为非法持有枪支罪的范畴，因其被判处上述罪名故在此不作叙述。梁树甲的行为当然是引发王某行为的诱因，根据《最高人民法院、最高人民检察院关于办理寻衅滋事刑事案件适用法律若干问题的解释》第一条第二款的规定，矛盾系由被害人故意引发或者被害人对矛盾激化负有主要责任的除外，本案中恰恰如此。王某的行为系梁树甲在先的行为导致，故对王某当然不能评价为犯罪，否则违背罪刑法定原则。其次，对于王某带工具追逐行为的评价。王某携带工具防身是一种预防行为，是保护自己的合法权益不受不法侵害而做的防范准备。在对方人数众多且持有枪支的情况下，不能评价王某持有工具的行为具有违法性，而将其归为提前防卫类别。若梁树甲驾驶车辆的车牌号没有被摘下或者王某认识梁树甲，王某追逐的行为就不会发生，双方殴打的行为更不会存在，故其必然不被评价为犯罪。最后，对于赵某和王洪甲协助行为的评价。无论是当庭问询还是卷宗笔录，尤其是赵某和王洪甲的本人笔录，均可证明其系自行加入维权行为。即二人上车前与王某没有进行过任何的提前沟通和联络，且王某已明确告诉二人不用去。下车后二人的行为当然与王某不会产生任何事实上的因果关系和法律上的关联，即便二人因罪担责，二者与王某之间无必然的联系，故王某的行为应与二人行为割裂，而非以共同犯罪论处，即王某的行为不应评价为寻衅滋事罪。

综上所述，评价王某行为是否入罪时，应充分考虑刑法的实质解释，实质解释即讨论刑法罪刑规范以及个罪犯罪构成要件的解释，应当在坚持寻衅滋事侵害法益的前提条件下，根据是否达到值得处罚的程度来评价是否构成犯罪。

根据清华大学法学院院长周光权老师的论述，评价一行为是否上升至刑事犯罪，需要考虑行为的危险性是否在射程范围内，另外有无法益的受损和危险，均需将法律体系性思考运用于全案。除此，更需要考虑法秩序统一原理，即行政法能调整的不能纳入刑法考量。普通的寻衅滋事行为已然确定在《治安管理处罚法》第二十六条中，王某的维权过度行为是否上升为被刑法调整，取决于王某的行为是否达到严重破坏社会管理秩序和公共秩序的程度，尤其是将案发时的被害人转化为现在的被告人是否符合法的安定性，辩护人建议法庭充分考量。

综上，认定王某是否构成本罪，不仅要看行为人王某在客观上是否实施了寻衅滋事行为，还要考察行为人主观上有无寻求刺激、发泄情绪、逞强耍横等无事生非、借故生非的故意。本案中，矛盾由梁树甲引发且其负有主要责任，被告人的行为具有相当的正当性，故不宜认定其犯罪。以上辩护意见，恳请法庭充分考虑。

（六）王亚林律师点评

寻衅滋事罪规定的随意殴打他人要求行为人的动机系出于发泄或为满足不良情绪，特点表现为在殴打他人的起因、行为对象、手段上均具有相当程度的"随意"性，即为寻求精神刺激，毫无理由或者以微不足道的琐事、不能成立的理由为借口，挑起事端，殴打他人。判断行为人是否构成寻衅滋事罪，首先应当进行实质判断，分析具体案件中，对人的殴打是否属于"随意"。

本案中，王某实施了追逐、拦截、殴打梁树甲的行为，根据寻衅滋事罪保护的法益可知，将王某入罪系因其侵犯了梁树甲在公共生活、公共活动中的身体安全及行动自由和意思活动自由两类法益，但根据相关司法解释的规定，只有当行为人为寻求刺激、发泄情绪、逞强耍横等实施法律规定的寻衅滋事罪具体行为类型时，才有可能构成本罪。王某的行为显然不符合该罪的构成要件：一方面，王某追逐、拦截梁树甲的行为尚未达到情节恶劣的标准；另一方面，只有"随意"殴打他人才有可能构成本罪，而是否随意应基于客观事实作出判断。王某殴打梁树甲系事出有因，即王某系基于梁树甲毁坏其财物的前因殴打了梁树甲这一特定的人，显然，该前因系一般人按照犯罪人的理性可以"理解"和"接受"的，故王某殴打梁树甲的行为并不符合"随意"之标准。综上，王某的行为显然不构成寻衅滋事罪。

二十三、刑法三阶层理论的应用

（一）案情概述

江某某与贾某某签订《租羊合同》，约定贾某某向江某某租羊40只，3年后还给江某某80只。贾某某未能偿还，此期间贾某某又与其他人签订类似合同。后贾某某因涉嫌合同诈骗罪被当地公安机关刑事拘留。江某某得知后，找到孟某某（律师）让其去看守所会见贾某某，并委托孟某某让贾某某出具欠条。孟某某告知江某某会见贾某某需要授权，江某某遂找到贾某某父亲签订委托书移交给孟某某，孟某某会见贾某某时如实告知其会见动机，贾某某遂在孟某某代其书写的欠条上签字。后孟某某以涉嫌帮助毁灭、伪造证据罪被公安机关立案侦查。

（二）帮助毁灭、伪造证据罪法律及相关规定

1. 法律

《刑法》（2020修正）

第三百零七条　【妨害作证罪】以暴力、威胁、贿买等方法阻止证人作证或者指使他人作伪证的，处三年以下有期徒刑或者拘役；情节严重的，处三年以上七年以下有期徒刑。

【帮助毁灭、伪造证据罪】帮助当事人毁灭、伪造证据，情节严重的，处三年以下有期徒刑或者拘役。

司法工作人员犯前两款罪的,从重处罚。

《刑事诉讼法》(2018修正)

第五十四条 人民法院、人民检察院和公安机关有权向有关单位和个人收集、调取证据。有关单位和个人应当如实提供证据。

行政机关在行政执法和查办案件过程中收集的物证、书证、视听资料、电子数据等证据材料,在刑事诉讼中可以作为证据使用。

对涉及国家秘密、商业秘密、个人隐私的证据,应当保密。

凡是伪造证据、隐匿证据或者毁灭证据的,无论属于何方,必须受法律追究。

第六十一条 证人证言必须在法庭上经过公诉人、被害人和被告人、辩护人双方质证并且查实以后,才能作为定案的根据。法庭查明证人有意作伪证或者隐匿罪证的时候,应当依法处理。

2.司法解释

《最高人民法院、最高人民检察院关于办理虚假诉讼刑事案件适用法律若干问题的解释》(法释〔2018〕17号)

第六条 诉讼代理人、证人、鉴定人等诉讼参与人与他人通谋,代理提起虚假民事诉讼、故意作虚假证言或者出具虚假鉴定意见,共同实施刑法第三百零七条之一前三款行为的,依照共同犯罪的规定定罪处罚;同时构成妨害作证罪,帮助毁灭、伪造证据罪等犯罪的,依照处罚较重的规定定罪从重处罚。

(三)思路解析

1.帮助毁灭、伪造证据罪的构成要件

根据帮助毁灭、伪造证据罪的法律规定可知,本罪系危险犯,即行为人的行为需要对司法活动的客观公正性产生现实的危险且情节严重。帮助毁灭、伪造证据中的"帮助"是一种实害行为,指为当事人毁灭、伪造证据准备工具、扫除障碍、出谋划策、提供条件、撑腰打气、坚定其毁灭、伪造证据的信心等。"帮助"既可以表现为体力上的、物质上的帮助,也可以表现为精神上的、心理上的支持;而"伪造"证据是指制造不真实的证据,即编造、制定实际根本不存在的证据或者将现存证据加以篡改、歪曲、加工、整理以违背事实真相;"情节严重"主要是指多次进行帮助的、造成错案的、影响恶劣的等。本罪的主观方面是故意,即行为人明知对方是案件的当事人,但为了达到帮助当事人的目的仍决意实施帮助其伪造证据的行为。

2. 孟某某不构成帮助毁灭、伪造证据罪

首先,虽然孟某某协助江某某从贾某某处出具欠条,但最终贾某某并未因孟某某的行为而免于刑事追诉和免除民事退赔责任,即孟某某的行为并未妨害司法秩序,故并未达到刑法入罪的标准,更未造成实害性危险和结果,故根据罪刑法定原则,孟某某的行为并不构成帮助毁灭、伪造证据罪。

其次,根据犯罪嫌疑人的供述等内容可知,贾某某与江某某的《租羊合同》确实存在,而孟某某仅是在该合同合法且有效的基础上代贾某某书写了欠条内容,且该欠条系由贾某某签字的,贾某某与江某某也认可该欠条及《租羊合同》的真实性、自愿性,故孟某某并未实施"将根本不存在的证据或者将现存证据加以篡改、歪曲、加工、整理以违背事实真相"的行为。根据法秩序统一原理,孟某某为两位平等民事主体书写已经存在的欠条行为并未侵犯司法秩序,故其不构成帮助毁灭、伪造证据罪。

(四)帮助毁灭、伪造证据罪出罪类案检索

1. 尚未达到情节严重的标准类

来某甲涉嫌帮助伪造证据罪案[①]

【裁判要旨】本院认为被不起诉人来某甲虽存在帮助伪造证据的行为,但目前证据不能证实其行为达到情节严重标准,故本案尚不符合起诉条件。

姜某某涉嫌帮助伪造证据罪案[②]

【裁判要旨】法院对事实的认定并非全部依据证人证言,还包括单某

---

① 案件来源:上检公诉刑不诉〔2020〕Z369号。
② 案件来源:扎检一部刑不诉〔2020〕Z51号。

某的主张和李某某的自认事实,即以车抵债事实部分的证人证言并未对法院的民事判决产生决定性的影响,人民法院并未因此作出错误判决。因此被不起诉人姜某某的行为尚未达到帮助伪造证据罪情节严重的立案标准。

2. 证据不足、事实不清类

龙某等涉嫌妨害作证罪,帮助毁灭、伪造证据罪案①

【裁判要旨】第一,现有证据不足以证明龙某在民事诉讼中提交的3份《无息借用(续借)资金合同》是龙某指使杨某伟伪造的,杨某伟签订合同是为了帮助龙某伪造证据。第二,龙某确有在民事诉讼中提交与某实公司无关联的4000万元银行汇款凭证以及杨某伟签名的包含委托龙某汇款至某信公司的不实内容的《委托书》,根据上述两项书证不足以得出龙某故意指使杨某伟作伪证,杨某伟故意帮助龙某伪造证据的唯一结论。第三,现有证据不足以认定龙某在民事诉讼中提交的土地使用权证是龙某本人伪造或者其指使上诉人杨某伟伪造的。

朱某某涉嫌帮助伪造证据罪案②

【裁判要旨】认定朱某某参与伪造两本《标准施工合同》(2009年版)以及朱某某参与让谭某某、冯某某用其他财务票据冒充履约保证金的证据不足,退回侦查机关补充侦查后,本院仍然认为某市公安局某分局认定朱某某参与帮助伪造证据罪的犯罪事实不清、证据不足。

3. 证据存疑类

曲某甲涉嫌帮助伪造证据罪案③

【裁判要旨】依据在案证据,孙某某与李某某之间40万元借贷法律关系是否真实存在、被不起诉人曲某甲作为孙某某的放贷代理人是否向李某某实际交付了40万元借款均事实不清、证据不足。上述存疑事实影响对被不起诉人曲某甲伪造证据行为的犯罪动机、主观恶性和造成后果是否属于"情节严重"的认定,不符合起诉条件。

---

① 案件来源:(2016)粤18刑终237号。
② 案件来源:江检刑不诉〔2021〕39号。
③ 案件来源:莱检一部刑不诉〔2020〕12号。

4. 情节显著轻微、危害不大,不构成犯罪类①

阳某某涉嫌帮助伪造证据罪案

【裁判要旨】阳某某的行为,情节显著轻微、危害不大,不构成犯罪。

(五)关于孟某某不构成帮助毁灭、伪造证据罪的辩护意见

内蒙古蒙益律师事务所接受孟某某的委托,并指派本所田永伟律师、石磊律师担任其涉嫌帮助毁灭、伪造证据罪的一审辩护人,经过听取情况、复制查阅案卷内容、通过庭审证据出示及质证环节,辩护人认为孟某某不构成帮助毁灭、伪造证据罪,评价理由如下:

帮助毁灭、伪造证据罪的犯罪构成,根据《刑法》第三百零七条第二款规定的帮助毁灭、伪造证据罪,是指帮助当事人毁灭、伪造证据,情节严重的,处三年以下有期徒刑或者拘役。从刑法理论上分析,本罪应属于危险犯的范畴,即客观行为需要对司法活动的客观公正性产生现实的危险,同时本罪以情节严重为构成前提,行为人着手实施帮助毁灭、伪造证据的行为因客观原因难以实现即未毁灭、伪造证据的,则无法认定为情节严重,当然也就不能入罪。

帮助毁灭、伪造证据中的"帮助"是一种实害行为,与共犯中帮助犯的"帮助"不是同一含义。这里是指为当事人毁灭、伪造证据准备工具、扫除障碍、出谋划策、提供条件、撑腰打气、坚定其毁灭、伪造证据的信心等。此处"帮助"既可以表现为体力上的、物质上的帮助,也可以表现为精神上的、心理上的支持;"伪造"证据是指制造不真实的证据,如将与犯罪无关的物品改变成为证据的行为,就属于伪造。而根据张明楷老师的观点,如果行为人没有将确系伪造的证据提交公安、司法机关的,充其量只是本罪的预备行为,不应以犯罪论处。就本案而言,孟某某不构成帮助毁灭、伪造证据罪。

首先,孟某某的行为不具备刑法犯罪体系论中的客观归罪违法性的构成要件。

---

① 案件来源:鄂利检一部刑不诉〔2020〕101号。

帮助毁灭、伪造证据罪系"妨害司法罪"一节的罪名之一,其侵犯的法益为国家司法机关的正常司法秩序,当然包括侦查、审查起诉、审判及执行阶段的司法秩序。本案中,孟某某的行为并未给某旗公安局对贾某某犯罪事实的侦查行为有任何的侵犯、破坏或者阻碍,公安机关也并未因为孟某某的行为放弃对贾某某合同诈骗的违法犯罪行为进行刑事追究,而且通过某旗人民检察院的起诉书和某旗人民法院判决书中的证据部分即江某某的证言及判决内容可知,贾某某并没有因为孟某某协助出具欠条而免于刑事追诉和免除民事退赔责任,故孟某某的行为不具备客观归罪的要件。综上,孟某某协助江某某从贾某某处出具欠条的行为,并未妨害司法秩序即未达到刑法入罪的标准,更未造成实害性危险和结果,入罪勉为其难。

其次,孟某某的行为不符合帮助毁灭、伪造证据罪的构成要件,不具备该当性。

所谓帮助毁灭、伪造证据,是指帮助销毁、编造、制造实际上根本不存在的证据或者将现存证据加以篡改、歪曲、加工、整理,进而违背事实真相、破坏司法秩序、侵犯司法公正性的行为。根据贾某某一案的嫌疑人供述和被害人陈述都可以知道,孟某某是在接受委托后,代贾某某书写欠条内容,贾某某在欠款人处签名,欠条的内容是基于江某某的要求和贾某某的意愿形成的,也是根据贾某某、江某某二人的《租羊合同》形成,未掺杂任何孟某某的个人意见。又从笔录中可知贾某某、江某某二人均认可此欠条,也并未否认签名的真实性,所以此欠条真实有效。孟某某的行为并非帮助毁灭、伪造证据,其系对贾某某、江某某二人民事行为的再次确认,该欠条源于二人真实的民事行为和当事人意愿的真实意思表示。故,根据法秩序统一原理,孟某某为两位平等的民事主体书写民事事实已经存在的欠条行为,不侵犯司法秩序(第一层面已经作深入分析),不具备《刑法》第三百零七条第二款罪名的该当性。进一步讲,法秩序统一是从消极角度讲的,如果民商法、行政法认为该行为是合法的或者是要保护的,刑法上当然不能作为犯罪处理。

最后,公诉机关指控孟某某的行为妨害了司法秩序,从目前的证据中无从体现。

公诉人在举证时出示了与本案无关联的魏某某的三份笔录,在经审判长提示与本案无关的证据无须出示的情况下,公诉人强调了正是因为孟某某的行为而导致了江某某报案、贾某某如实供述,但同为被骗人魏某某的询问笔录中,却没有贾某某涉嫌犯罪的内容,而在孟某某会见后才出现了报案和如实供述,故孟某某不构成帮助毁灭、伪造证据罪。辩护人认为欠条的形成固定了贾某某犯罪证据,而此份欠条的形成应归功于孟某某,而非孟某某构成帮助毁灭、伪造证据罪。

某旗人民检察院起诉书指控称,在贾某某被羁押期间,江某某为了不使自己的财产遭受损失,遂找到某律师事务所律师被告人孟某某……该指控中主观归责的理论影响甚大。孟某某所书写的欠条是双方达成合意的字面体现,贾某某出具欠条与否并不影响江某某财产实际受到损失这一事实。

综上,辩护人认为孟某某于看守所代贾某某书写欠条的行为,并不构成公诉机关指控的犯罪。根据先客观判断后主观判断、先形式判断后实质判断的刑法客观分析方法,特恳请贵院采纳辩护人意见为盼。

(六)江溯老师点评

帮助毁灭、伪造证据罪侵犯的法益是司法活动中证明过程的客观真实性,进而妨害司法活动的客观公正性,但是如果行为人没有将伪造的证据提交公安、司法机关的,充其量只是本罪的预备行为,不应以犯罪论处;且成立本罪以情节严重为前提,包括帮助伪造重大案件的证据、帮助伪造重要证据、帮助伪造多项证据、多次帮助伪造证据、帮助多名当事人伪造证据、帮助伪造证据造成严重后果等。

帮助毁灭、伪造证据罪属于危险犯,不要求帮助行为已经产生妨害司法活动的客观公正性的侵害结果,只要求具有妨害司法活动客观公正性的现实危险。根据辩护意见可知,贾某某与江某某之间的借贷关系是真实存在的,二者之前未签订书面欠条的原因在所不问,在贾某某与江某某对出具欠条一事达成合意的前提下,孟某某受委托代为书写欠条内容的行为当然不具有妨害司法活动客观公正性的现实危险可能性,故孟某某的行为并无科处刑罚的必要,且孟某某虽然书写了欠条,但公安机关并未因该欠条而放弃对贾某某合同诈骗罪的侦查;审理机关亦未受到该欠条的影响进而认定贾某某不构成合同诈骗罪或判令免除贾某某对江某某的民事退赔,故孟某某的行为尚未达到帮助毁灭、伪造证据罪所要求的情节严重之标准。

综上内容,诚如辩护人强调,孟某某的行为不构成帮助毁灭、伪造证据罪。

二十四、掩饰、隐瞒犯罪所得、犯罪所得收益罪的构成要件

（一）案情概述

某公诉机关指控称：2021年9月李鹏某找到徐某，以租赁徐某的钩机（案发基准日市场价为3.72万元）干活为由，取得徐某的信任向其支付定金5000元后，将该车以2.8万元出售给高某某，高某某购买后将该车以3.35万元出售给于佳某；2021年10月初，李鹏某找到魏玉某，以租赁魏玉某装载机（案发基准日市场价为6.23万元）使用为由，取得魏玉某信任向其支付首月租金1.3万元后，将其装载机以5.2万元出售给高某某，高某某购买后以6.75万元出售给崔晓某；2021年10月20日左右，李鹏某找到王文某，以租用王文某的吊车（案发基准日市场价为3.78万元）干活为由，取得王文某信任向其支付1万元后，将王文某的吊车以2.7万元出售给高某某，高某某取得该车后以4.6万元出售给李某；2021年10月末，李鹏某找到曹立某，以租用曹立某装载机（案发基准日市场价为12.48万元）干活为由，取得曹立某信任向其支付1.3万元后，将曹立某的装载机以7.3万元出售给高某某，高某某取得该车后以8.7万元出售给崔晓某；2021年11月1日，李鹏某找到王金某，以租用王金某装载机（案发基准日市场价为10.76万元）干活为由，取得王金某信任向其支付1.3万元后，将王金某的装载机以6.3万元出售给高某某，高某某取得该车后以7.2万元出售给刘亚某（拒不到案接受询问），刘亚某以7.4万元将该车出售给李长某、隋成某，李长某、隋成某又将该车以7.4万元出售给李守

某。截至案发，高某某获利 6.3 万元，其行为应当以掩饰、隐瞒犯罪所得、犯罪所得收益罪追究刑事责任。

（二）掩饰、隐瞒犯罪所得、犯罪所得收益罪法律及相关规定

1. 法律

《刑法》（2020 修正）

第三百一十二条 【掩饰、隐瞒犯罪所得、犯罪所得收益罪】明知是犯罪所得及其产生的收益而予以窝藏、转移、收购、代为销售或者以其他方法掩饰、隐瞒的，处三年以下有期徒刑、拘役或者管制，并处或者单处罚金；情节严重的，处三年以上七年以下有期徒刑，并处罚金。

单位犯前款罪的，对单位判处罚金，并对其直接负责的主管人员和其他直接责任人员，依照前款的规定处罚。

2. 司法解释

《最高人民法院关于修改〈关于审理掩饰、隐瞒犯罪所得、犯罪所得收益刑事案件适用法律若干问题的解释〉的决定》（法释〔2021〕8 号）

自本决定实施之日起，《关于审理掩饰、隐瞒犯罪所得、犯罪所得收益刑事案件适用法律若干问题的解释》（法释〔2015〕11 号）第一条第一款第（一）项、第二款和第二条第二款规定的掩饰、隐瞒犯罪所得、犯罪所得收益罪的数额标准不再适用。人民法院审理掩饰、隐瞒犯罪所得、犯罪所得收益刑事案件，应综合考虑上游犯罪的性质、掩饰、隐瞒犯罪所得及其收益的情节、后果及社会危害程度等，依法定罪处罚。

《最高人民法院关于审理掩饰、隐瞒犯罪所得、犯罪所得收益刑事案件适用法律若干问题的解释》（法释〔2015〕11 号）（已被修改，但该部分案件适用需要，故列举）

为依法惩治掩饰、隐瞒犯罪所得、犯罪所得收益犯罪活动，根据刑法有关规定，结合人民法院刑事审判工作实际，现就审理此类案件具体适用法律的若干问题解释如下：

第一条 明知是犯罪所得及其产生的收益而予以窝藏、转移、收购、代为销售或者以其他方法掩饰、隐瞒，具有下列情形之一的，应当依照刑

法第三百一十二条第一款的规定,以掩饰、隐瞒犯罪所得、犯罪所得收益罪定罪处罚:

(一)掩饰、隐瞒犯罪所得及其产生的收益价值三千元至一万元以上的;

(二)一年内曾因掩饰、隐瞒犯罪所得及其产生的收益行为受过行政处罚,又实施掩饰、隐瞒犯罪所得及其产生的收益行为的;

(三)掩饰、隐瞒的犯罪所得系电力设备、交通设施、广播电视设施、公用电信设施、军事设施或者救灾、抢险、防汛、优抚、扶贫、移民、救济款物的;

(四)掩饰、隐瞒行为致使上游犯罪无法及时查处,并造成公私财物损失无法挽回的;

(五)实施其他掩饰、隐瞒犯罪所得及其产生的收益行为,妨害司法机关对上游犯罪进行追究的。

各省、自治区、直辖市高级人民法院可以根据本地区经济社会发展状况,并考虑社会治安状况,在本条第一款第(一)项规定的数额幅度内,确定本地执行的具体数额标准,报最高人民法院备案。

司法解释对掩饰、隐瞒涉及计算机信息系统数据、计算机信息系统控制权的犯罪所得及其产生的收益行为构成犯罪已有规定的,审理此类案件依照该规定。

依照全国人民代表大会常务委员会《关于〈中华人民共和国刑法〉第三百四十一条、第三百一十二条的解释》,明知是非法狩猎的野生动物而收购,数量达到五十只以上的,以掩饰、隐瞒犯罪所得罪定罪处罚。

3.规范性文件

《最高人民法院、最高人民检察院关于常见犯罪的量刑指导意见(试行)》(法发〔2021〕21号)

(十九)掩饰、隐瞒犯罪所得、犯罪所得收益罪

1.构成掩饰、隐瞒犯罪所得、犯罪所得收益罪的,根据下列情形在相应的幅度内确定量刑起点:

(1)犯罪情节一般的,在一年以下有期徒刑、拘役幅度内确定量刑起点。

(2)情节严重的,在三年至四年有期徒刑幅度内确定量刑起点。

2.在量刑起点的基础上,根据犯罪数额等其他影响犯罪构成的犯罪事实增加刑罚量,确定基准刑。

3.构成掩饰、隐瞒犯罪所得、犯罪所得收益罪的,根据掩饰、隐瞒犯罪所得、犯罪所得收益的数额、犯罪对象、危害后果等犯罪情节,综合考虑被告人缴纳罚金的能力,决定罚金数额。

4.构成掩饰、隐瞒犯罪所得、犯罪所得收益罪的,综合考虑掩饰、隐瞒犯罪所得、犯罪所得收益的数额、危害后果、上游犯罪的危害程度等犯罪事实、量刑情节,以及被告人的主观恶性、人身危险性、认罪悔罪表现等因素,决定缓刑的适用。

(三)思路解析

1.掩饰隐瞒犯罪所得、犯罪所得收益罪的构成要件

根据上述法律及司法解释的规定可知,成立本罪,客观上需要行为人实施包括"窝藏、转移、收购、代为销售或者以其他方法掩饰、隐瞒"的行为。其中,窝藏,是指为犯罪分子提供藏匿犯罪所得及其收益的处所,有隐匿、保管的主观故意。转移,是指为犯罪分子搬动、运输其犯罪所得及其收益;收购,主要为"低价购进、高价卖出"的行为,司法实践中主要是针对以收购废品为名大量收购赃物的行为,是指有偿购入,然后再高价出卖的情况;代为销售,是指受犯罪分子委托,帮助其销售犯罪所得及犯罪所得收益的行为;掩饰,是通过改变物体的外部形状的方式达到与原赃物相区别,而避免被司法机关追缴的目的;隐瞒即通过隐匿、谎称等方式,在不改变外部形状的情况下,使犯罪所得及犯罪所得收益处在不为人知的地点,避免被司法机关追缴,主观上要求行为人明知系犯罪所得、犯罪所得收益(区别于违法所得)。

2.如何理解违法性认识错误及违法性认识的可能性

违法性认识错误应注意以下三点:①刑法立场坚持以知法推定为主、例外情况为辅,防止行为人任意以不知法为由推脱罪责;②在认识范围方面,应当宜宽不宜严,一般不要求行为人对违法性认识达到明确、具体的

程度,只要行为人知道或者应当知道其所实施行为不合法,即应认定其具有违法性认识;③在证明责任方面,违法性认识错误属于辩护性理由,应当由被告人举证证明其欠缺现实的违法性认识且其违法性认识错误不可避免。

违法性认识错误能否成为有责性的阻却事由,应从违法性认识的可能性入手分析,如果行为人实施违法行为不具有违法性认识的可能性,即没有认识到自己行为的违法性,且该违法性认识错误是难以避免的、不具有避免发生的可能性,此时不能对行为人进行法的非难。

(四)掩饰、隐瞒犯罪所得、犯罪所得收益罪出罪类案检索

1. 事实不清、证据不足类

伊某海掩饰、隐瞒犯罪所得、犯罪所得收益罪案①

【裁判要旨】某粮油公司与某米业公司之间存在高达 14 亿余元的大豆交易,在上游犯罪嫌疑人伊某某不在案的情况下,无法确定被告人伊某海涉案钱款是否属于伊某某犯罪所得。认定掩饰、隐瞒犯罪所得、犯罪所得收益罪,应以上游犯罪事实成立为前提,目前无法查证上游犯罪是否属实,故公诉机关指控伊某海犯掩饰、隐瞒犯罪所得、犯罪所得收益罪事实不清,证据不足。

王某某掩饰、隐瞒犯罪所得、犯罪所得收益罪案②

【裁判要旨】公诉机关提交的会计鉴定报告证明陈某庚共计流入资金 5554 万元(其中吸收 3834 万元,放贷收回本金 998 万元,收回利息 722 万元),但根据报案人报案笔录、民事判决、欠条等证据证明陈某庚借款吸收金额为 2847.7 万元,这与会计鉴定报告中认定的吸收金额 3834 万元,存在 986.3 万元的差额,这部分差额是陈某庚的合法收入还是非法收入?公诉机关指控的 325 万元是否包含在这 986.3 万元以内?本院认为该案事实不清,证据不足,因而不予支持。故被告人王某某犯掩饰、隐瞒犯罪所得、犯罪所得收益罪不能成立。

---

① 案件来源:(2018)黑 0103 刑初 345 号。
② 案件来源:(2016)赣 1126 刑初 4 号。

江某某涉嫌掩饰、隐瞒犯罪所得、犯罪所得收益罪案①

【裁判要旨】经本院审查并一次退回补充侦查,本院仍然认为某市公安局认定的犯罪事实不清、证据不足,在案证据仅能证实2021年11月3日某市公安局森林警察大队在某加油站厨房冰箱内查获一只白马鸡死体,但不能证实江某某构成了掩饰、隐瞒犯罪所得、犯罪所得收益罪或其他犯罪,不符合起诉条件。

2. 行为不符合掩饰、隐瞒犯罪所得、犯罪所得收益罪的构成要件类

何瑞某、陆某俊掩饰、隐瞒犯罪所得、犯罪所得收益罪案②

【裁判要旨】上诉人李某出售自己银行卡,上诉人何瑞某、陆某俊、程某某、庞某某、惠某收买他人银行卡并出售的行为均发生在诈骗犯罪之前,系上游行为,其出售银行卡时诈骗犯罪尚未发生,尚未有犯罪所得或者犯罪所得收益,不可能对犯罪所得或者犯罪所得收益进行掩饰、隐瞒,不符合掩饰、隐瞒犯罪所得、犯罪所得收益罪的构成要件,不构成掩饰、隐瞒犯罪所得、犯罪所得收益罪。上诉人李某出售自己银行卡的行为具有一定的社会危害性,但不具有刑事违法性和应受刑罚处罚性,根据罪刑法定原则该行为不应按犯罪处理。

3. 在案证据无法证实行为人主观明知其所收购物品系赃物类

夏建某、李某智盗窃罪,掩饰、隐瞒犯罪所得、犯罪所得收益罪案③

【裁判要旨】夏建某与李某智在交易截止前并不认识,李某智也并未告知夏建某交易的6枚戒指系偷盗而来,两人以23500元成交,而该价格高于戒指鉴定价12800元。所以,夏建某的收购行为不符合《最高人民法院关于审理洗钱等刑事案件具体应用法律若干问题的解释》(法释〔2009〕15号)第一条关于主观明知的规定,不应认定其主观明知是赃物而收购,其行为不符合掩饰、隐瞒犯罪所得、犯罪所得收益罪的犯罪特征。

---

① 案件来源:香检刑不诉〔2022〕6号。
② 案件来源:(2019)豫16刑终697号。
③ 案件来源:(2017)云28刑再1号。

（五）关于高某某不构成掩饰、隐瞒犯罪所得、犯罪所得收益罪的辩护意见

高某某涉嫌掩饰、隐瞒犯罪所得、犯罪所得收益罪一案，高某某委托内蒙古蒙益律师事务所并指派田永伟律师、庞颖慧律师担任其辩护人。根据《刑法》第三百一十二条之规定，掩饰、隐瞒犯罪所得、犯罪所得收益罪即明知是犯罪所得及其产生的收益而予以窝藏、转移、收购、代为销售或者以其他方法掩饰、隐瞒的。辩护人经详细阅卷，结合相关的法律规定及司法解释，详细研判后认为高某某的行为并不构成掩饰、隐瞒犯罪所得、犯罪所得收益罪，具体理由如下：

1. 从客观表现看，高某某并未实施窝藏、转移、收购、代为销售或者以其他方法掩饰、隐瞒犯罪所得及犯罪所得收益的行为

成立掩饰、隐瞒犯罪所得、犯罪所得收益罪，客观上要求行为人实施了"窝藏、转移、收购、代为销售或者以其他方法掩饰、隐瞒犯罪所得及收益"的行为，且该行为足以影响司法秩序、妨害司法活动。其中，窝藏即为犯罪分子提供藏匿犯罪所得及收益的场所；转移即为犯罪分子搬动、运输其犯罪所得及收益，窝藏和转移均要求其犯罪程度达到足以影响司法机关正常查明犯罪、追缴犯罪所得及收益的程度；收购主要指将犯罪所得有偿、低价购入，再高价出卖以赚取差价；代为销售即接受犯罪分子的委托，帮助其销售犯罪所得及收益。

根据在案证据，高某某并未实施过上述任何一种行为：第一，高某某既未给案涉机械车提供藏匿场所，也未搬动、运输案涉机械车。第二，高某某并未接受李鹏某委托，帮助其销售犯罪所得。第三，高某某虽然实施了买入并卖出机械车的行为，但其获利价格尚未达到法律所规定的"低价购入、高价出卖"的标准。根据李鹏某的供述可知，其向高某某出卖机械车之前已经打听过二手车的价格，且其出售给高某某的车辆均符合市场交易行情（详见证据卷P37）；证人李长某平时从事二手机械车的交易活动，其称"若二手机械车高于5万元转手利润为1万元左右；若低于5万元转手利润为5000元左右（证据卷P114）"，而根据审理机关查明的事实可知，高某某买进徐工牌80型号的钩机价格低于案发日市场价0.92万

元(以下简称"市场价"),出售获利 0.55 万元(市场价 3.72 万元);买进柳工牌 50 型号的装载机低于市场价 1.03 万元,出售获利 1.55 万元(市场价 6.23 万元);买进龙工牌吊车低于市场价 1.08 万元,出售获利 1.9 万元(市场价 3.78 万元);买进雷沃牌 50 型号装载机低于市场价 5.18 万元,出售获利 1.4 万元(市场价 12.48 万元);买进临工牌装载机低于市场价 4.46 万元,出售获利 0.9 万元(市场价 10.76 万元)(详见文书卷 P6—P7)。

综上,虽然高某某买入价格低于案发日市场价,但由于机械车系二手车,而不同二手车的瑕疵、消耗、磨损程度、剩余使用年限等均不同,故其买入价格在市场价基础上有所下浮系符合常理的;结合其转卖的价格可知,其所获利润大部分在市场价范围内,且其出售临工牌装载机所获利润明显低于根据市场价转售所得利润。综合而言,其虽然赚取了差价但数额在合理范围内。另外,二手交易市场本身就系不够规范的市场,不能以二手市场买卖双方对交易物品的价格与市场价存在差距,就认定其是以明显低于市场的不合理的价格进行的收购行为,故高某某并未实施"低价买入、高价卖出"的行为,其行为也未侵犯司法机关的正常活动,不具有犯罪构成的该当性。

2. 从主观要件看,高某某对其购入的案涉机械车系犯罪所得一事并不知情,其没有掩饰、隐瞒的故意

成立掩饰、隐瞒犯罪所得、犯罪所得收益罪,主观要求行为人必须是明知,对于本罪的明知有两个方面:一是明知的内容,行为人要明知该物品可能是犯罪所得或犯罪所得收益;二是明知的程度,行为人明知的程度必须达到知道是他人的犯罪所得或犯罪所得收益,而不能是一般违法所得。

本案中,暂且不论李鹏某缴纳部分定金后出售机械车的行为是否构成犯罪,根据高某某的供述可知,其虽然在李鹏某处购买了案涉机械车,但其对"机械车系李鹏某以违法或犯罪手段取得"一事并不知情,换言之,其对案件事实产生了认识错误,其以为购买的机械车系李鹏某合法取得的,故高某某并无明知购入机械车系违法所得仍购买并转售的主观故意,理由如下:

第一,根据李鹏某的供述,其向高某某出卖车辆时均称车辆系其购买的(详见证据卷 P37);而根据高某某的供述,其在交易初期曾与李鹏某确认过案涉机械车的来源,也亲自去交易现场确认过情况,而李鹏某称机械

车均系其购买的,且高某某也看见有人驾驶机械车干活而李鹏某在与驾驶员交流(详见证据卷 P9)。故高某某在与李鹏某达成交易前,已经完成了审查义务。根据一般人社会经验及常识,高某某能确信李鹏某系通过合法途径购进机械车的。

第二,直至 2021 年 11 月 4 日至 5 日,案涉机械车的实际车主之一上门找高某某索要机械车时,其才知悉李鹏某所卖车辆"来路不正"。

第三,不能仅以高某某与李鹏某交易时未出具相关手续为由推定高某某知情,根据案涉被害人李守某、隋成某的证言可知,二手机械车交易时不出具手续系符合交易市场习惯的,且李守某与隋成某在购买转让车辆时也未一直坚持索要手续(详见证据卷 P92、P99)。

综上,高某某在购买涉案机械车时,对机械车系违法或犯罪所得一事并不知情,且综合全案证据可知,其根本无法认识到李鹏某取得机械车的方式系不合法的,即其不具有违法性认识的可能性,故当然不能评价高某某具有为李鹏某掩饰、隐瞒犯罪所得的主观目的。

3. 仅以高某某涉嫌掩饰、隐瞒犯罪所得数额为依据认定其入罪系事实不清、证据不足

起诉意见书认定高某某构罪的依据为其掩饰、隐瞒犯罪所得收益 6.3 万元,但《最高人民法院关于审理掩饰、隐瞒犯罪所得、犯罪所得收益刑事案件适用法律若干问题的解释》(法释〔2021〕8 号)规定自该解释实施之日起,《最高人民法院关于审理掩饰、隐瞒犯罪所得、犯罪所得收益刑事案件适用法律若干问题的解释》(法释〔2015〕11 号)第一条第一款第一项、第二款和第二条第二款规定的掩饰、隐瞒犯罪所得、犯罪所得收益罪的数额标准不再适用。人民法院审理本类案件时,应综合考虑上游犯罪的性质,掩饰、隐瞒犯罪所得及其收益的情节、后果及社会危害程度等,依法定罪处罚。但本案认定高某某入罪的证据仅为其买入并卖出机械车后所得收益,并未结合上游犯罪的性质、本罪的情节、后果、社会危害程度等综合考量,故根据《刑事诉讼法》第五十五条的规定,本案尚未达到证据确实、充分的标准,仅凭在案证据便认定高某某入罪有违罪刑法定原则。

综上,高某某客观上并未实施窝藏、转移、收购、代为销售或者以其他方法掩饰、隐瞒犯罪所得及犯罪所得收益的行为,其虽然买进并转卖了案涉机械车,但其转卖所得差价在机械车市场交易差价允许范围内且并未

妨害司法管理秩序;高某某主观上对其购入的机械车系违法所得一事并不知情,故其转卖当然不能解释为具有掩饰、隐瞒犯罪所得的主观意愿,即因其不具有违法性认识的可能性,故其不具备犯罪构成的有责性。

综上所述,辩护人认为根据先客观后主观的刑事司法逻辑,结合证据裁判原则,对高某某作出罪处理为宜。以上辩护意见,诚望贵院采纳为盼。

(六)王新老师点评

在体系性位置上,掩饰、隐瞒犯罪所得、犯罪所得收益罪处于妨害社会管理秩序罪中的妨害司法罪中,该罪不仅妨害了司法机关追诉上游犯罪,也使得犯罪所形成的违法财产状态得以继续存在。对于掩饰、隐瞒犯罪所得、犯罪所得收益罪的司法认定,上游犯罪该如何进行认定是关键点之一。

从客观构成要件看,上游犯罪所产生的所得和收益,是掩饰、隐瞒犯罪所得、犯罪所得收益罪成立的对象条件。辩护人在对案件分析时,辨析了上游犯罪事实是否存在,后又将掩饰、隐瞒犯罪所得、犯罪所得收益罪中的项下条款进行拆解分析,判断犯罪嫌疑人有无实施窝藏、转移、收购、代为销售或者以其他方法掩饰、隐瞒犯罪所得及收益的行为。

从主观方面看,在《刑法》第三百一十二条的罪状表述中,使用了"明知"的术语。在"两高两部"印发的《关于依法查处盗窃、抢劫机动车案件的规定》(公通字〔1998〕31号)中,最为重要的内容就是解决掩饰犯罪中"明知"的认定问题。从认定的一般原则看,该规定沿袭了我国司法实务所坚持的客观推定立场,又加入"但有证据证明确属被蒙骗的除外"的"除却规定",允许被告人进行反驳,以便有效防止客观推定的绝对化,由此形成了"可反驳的客观推定"的司法解释范式。这主要是出于科学、严谨和审慎方面的考虑,以避免因绝对化表述而可能伤及无辜、引起客观归罪或者有罪推定。据此,辩护人从主观方面切入,重点分析行为人是否明知犯罪所得及其产生的收益,是否具有掩饰、隐瞒的故意,并且结合行为人的认知能力、接触他人犯罪所得的情况、犯罪所得的种类、数额、犯罪所得转换、转移方式以及被告人供述、证人证言等。

综上,辩护意见强调静态法律规范与动态司法适用的交叉结合运用,对保持刑法罪责刑相适应的司法理念具有重要意义。

二十五、非法采矿罪违法所得的认定

(一)案情概述

某公诉机关指控称:2017年至2018年,某矿业有限责任公司(以下简称"某矿业公司")与徐某某(徐某某系某矿业公司的法定代表人)在未取得采矿许可证及相关审批手续的情况下,在某乡非法开采玄武岩矿石并进行加工销售。某矿业公司使用甲矿业公司废弃石料加工生产玄武岩碎石2万吨左右,后相继出售,销售金额为24.2505万元;后某矿业公司建筑土建设施并安装生产玄武岩碎石设备生产线,在设备安装调试过程中,使用甲矿业公司废弃石料加工生产玄武岩碎石1万吨左右并出售,销售金额70万元。经某地质调查研究院鉴定,某矿业公司非法采出建筑用石料玄武岩矿资源量为23756.42立方米,造成矿产资源破坏价值人民币38.79万元,其行为应当以非法采矿罪追究刑事责任。案发后,徐某某妻子张某某主动上缴某矿业公司出售玄武岩碎石所得收益94.2505万元。

(二)非法采矿罪法律及相关规定

1.法律

《刑法》(2020修正)

第三百四十三条第一款 【非法采矿罪】违反矿产资源法的规定,未取得采矿许可证擅自采矿,擅自进入国家规划矿区、对国民经济具有重要价值的矿区和他人矿区范围采矿,或者擅自开采国家规定实行保护性开采的特定矿种,情节严重的,处三年以下有期徒刑、拘役或者管制,并处或者单处罚金;情节特别严重的,处三年以上七年以下有期徒刑,并处罚金。

第三百四十六条 【单位犯破坏环境资源罪的处罚规定】单位犯本节第三百三十八条至第三百四十五条规定之罪的,对单位判处罚金,并对其直接负责的主管人员和其他直接责任人员,依照本节各该条的规定处罚。

2. 司法解释

《最高人民法院、最高人民检察院关于办理非法采矿、破坏性采矿刑事案件适用法律若干问题的解释》(法释〔2016〕25号)

第三条 实施非法采矿行为,具有下列情形之一的,应当认定为刑法第三百四十三条第一款规定的"情节严重":

(一)开采的矿产品价值或者造成矿产资源破坏的价值在十万元至三十万元以上的;

(二)在国家规划矿区、对国民经济具有重要价值的矿区采矿,开采国家规定实行保护性开采的特定矿种,或者在禁采区、禁采期内采矿,开采的矿产品价值或者造成矿产资源破坏的价值在五万元至十五万元以上的;

(三)二年内曾因非法采矿受过两次以上行政处罚,又实施非法采矿行为的;

(四)造成生态环境严重损害的;

(五)其他情节严重的情形。

实施非法采矿行为,具有下列情形之一的,应当认定为刑法第三百四十三条第一款规定的"情节特别严重":

(一)数额达到前款第一项、第二项规定标准五倍以上的;

(二)造成生态环境特别严重损害的;

(三)其他情节特别严重的情形。

第七条 明知是犯罪所得的矿产品及其产生的收益,而予以窝藏、转移、收购、代为销售或者以其他方法掩饰、隐瞒的,依照刑法第三百一十二条的规定,以掩饰、隐瞒犯罪所得、犯罪所得收益罪定罪处罚。

实施前款规定的犯罪行为,事前通谋的,以共同犯罪论处。

第八条 多次非法采矿、破坏性采矿构成犯罪,依法应当追诉的,或者二年内多次非法采矿、破坏性采矿未经处理的,价值数额累计计算。

第九条 单位犯刑法第三百四十三条规定之罪的,依照本解释规定的相应自然人犯罪的定罪量刑标准,对直接负责的主管人员和其他直接责任人员定罪处罚,并对单位判处罚金。

第十条 实施非法采矿犯罪,不属于"情节特别严重",或者实施破坏性采矿犯罪,行为人系初犯,全部退赃退赔,积极修复环境,并确有悔改表现的,可以认定为犯罪情节轻微,不起诉或者免予刑事处罚。

第十一条 对受雇佣为非法采矿、破坏性采矿犯罪提供劳务的人员,除参与利润分成或者领取高额固定工资的以外,一般不以犯罪论处,但曾因非法采矿、破坏性采矿受过处罚的除外。

第十二条 对非法采矿、破坏性采矿犯罪的违法所得及其收益,应当依法追缴或者责令退赔。

对用于非法采矿、破坏性采矿犯罪的专门工具和供犯罪所用的本人财物,应当依法没收。

第十三条 非法开采的矿产品价值,根据销赃数额认定;无销赃数额、销赃数额难以查证,或者根据销赃数额认定明显不合理的,根据矿产品价格和数量认定。

矿产品价值难以确定的,依据下列机构出具的报告,结合其他证据作出认定:

(一)价格认证机构出具的报告;

(二)省级以上人民政府国土资源、水行政、海洋等主管部门出具的报告;

(三)国务院水行政主管部门在国家确定的重要江河、湖泊设立的流域管理机构出具的报告。

第十四条 对案件所涉的有关专门性问题难以确定的,依据下列机构出具的鉴定意见或者报告,结合其他证据作出认定:

(一)司法鉴定机构就生态环境损害出具的鉴定意见;

(二)省级以上人民政府国土资源主管部门就造成矿产资源破坏的价值、是否属于破坏性开采方法出具的报告;

(三)省级以上人民政府水行政主管部门或者国务院水行政主管部门

在国家确定的重要江河、湖泊设立的流域管理机构就是否危害防洪安全出具的报告；

（四）省级以上人民政府海洋主管部门就是否造成海岸线严重破坏出具的报告。

3. 规范性文件

《最高人民检察院、公安部关于公安机关管辖的刑事案件立案追诉标准的规定（一）的补充规定》（公通字〔2017〕12号）

十一、将《立案追诉标准（一）》第六十八条修改为：【非法采矿案（刑法第三百四十三条第一款）】违反矿产资源法的规定，未取得采矿许可证擅自采矿，或者擅自进入国家规划矿区、对国民经济具有重要价值的矿区和他人矿区范围采矿，或者擅自开采国家规定实行保护性开采的特定矿种，涉嫌下列情形之一的，应予立案追诉：

（一）开采的矿产品价值或者造成矿产资源破坏的价值在10万元至30万元以上的；

（二）在国家规划矿区、对国民经济具有重要价值的矿区采矿，开采国家规定实行保护性开采的特定矿种，或者在禁采区、禁采期内采矿，开采的矿产品价值或者造成矿产资源破坏的价值在5万元至15万元以上的；

（三）二年内曾因非法采矿受过两次以上行政处罚，又实施非法采矿行为的；

（四）造成生态环境严重损害的；

（五）其他情节严重的情形。

在河道管理范围内采砂，依据相关规定应当办理河道采砂许可证而未取得河道采砂许可证，或者应当办理河道采砂许可证和采矿许可证，既未取得河道采砂许可证又未取得采矿许可证，具有本条第一款规定的情形之一，或者严重影响河势稳定危害防洪安全的，应予立案追诉。

采挖海砂，未取得海砂开采海域使用权证且未取得采矿许可证，具有本条第一款规定的情形之一，或者造成海岸线严重破坏的，应予立案追诉。

具有下列情形之一的，属于本条规定的"未取得采矿许可证"：

（一）无许可证的；

（二）许可证被注销、吊销、撤销的；
（三）超越许可证规定的矿区范围或者开采范围的；
（四）超出许可证规定的矿种的（共生、伴生矿种除外）；
（五）其他未取得许可证的情形。

多次非法采矿构成犯罪，依法应当追诉的，或者2年内多次非法采矿未经处理的，价值数额累计计算。

非法开采的矿产品价值，根据销赃数额认定；无销赃数额，销赃数额难以查证，或者根据销赃数额认定明显不合理的，根据矿产品价格和数量认定。

矿产品价值难以确定的，依据价格认证机构，省级以上人民政府国土资源、水行政、海洋等主管部门，或者国务院水行政主管部门在国家确定的重要江河、湖泊设立的流域管理机构出具的报告，结合其他证据作出认定。

（三）思路解析

1. 非法采矿罪的构成要件

非法采矿包括无证采矿、擅自在没有批准的矿区内采矿、擅自开采保护性的矿种、越界采矿四种情形，上述情形均须达到情节严重的程度才构罪；该罪的责任形式为故意，且单位也系构成非法采矿罪的主体，即本罪系双罚制。

2. 某矿业公司使用甲矿业公司废弃的石料加工成玄武岩碎石销售所得价款不是违法所得

根据案涉《土地租赁合同》及《临时用地协议书》的约定，合同及协议生效后，由某矿业公司继承甲矿业公司的债权债务及与矿山相关的权利，而"与矿山的相关权利"当然包括甲矿业公司废弃的矿渣和毛石。根据起诉意见书的指控可知，某矿业公司共出售玄武岩碎石23756.42立方米，但是，其中的3万吨左右碎石系某矿业公司使用甲矿业公司废弃的石料加工的，销售数额总计94.2505万元，即该部分玄武岩碎石并非某矿业公司违法开采后加工所得而系继受后加工所得。根据非法采矿罪的犯罪构成可知，行为人仅有出售行为而无实际违法采矿行为的并不构成该罪，故根据罪责刑相适应的原则，该部分碎石的销售数额不属于徐某某违法所得数额。

本案起诉意见书将某矿业公司使用甲矿业公司废弃石料加工的玄武岩碎石出售所得数额一并计入了徐某某违法所得数额。但辩护人指出，根据罪责刑相一致的原则，该部分销售所得并非徐某某的违法所得，审理机关最终采纳了辩护人的意见，在判决中将徐某某违法所得数额核减近30万元，极大地减轻了徐某某的刑罚。

3. 如何认定"供犯罪所用的本人财物"

对《刑法》第六十四条规定的应予没收"供犯罪所用的本人财物"的认定，应结合财物与犯罪的关联程度、是否损害他人合法民事权利等因素，综合衡量财物价值与犯罪情节的相当性作出认定。

首先，"供犯罪所用的本人财物"应是与犯罪有经常性或密切性联系、对犯罪实施具有重要作用的财物，主要应考量财物对于犯罪的作用大小、联系紧密程度等因素。其次，没收的财物应为本人所有且没收对第三人的合法权利不会造成损害。最后，坚持相当性原则衡量拟没收财物的价值是否与犯罪的危害性相当，如果拟没收的财产价值明显超过犯罪危害性质和危害程度所对应的惩罚程度，说明没收会与社会基本认知和普遍价值判断产生冲突，以反向证明没收的不合理性。

4. 案涉手机不是"供徐某某犯罪所用的本人财物"

根据司法实践可知，供犯罪所用财物应是与犯罪有经常性或密切性联系、对犯罪实施具有重要作用的财物，但应合理确定供犯罪所用的本人财物的外延，避免将与犯罪联系不紧密的财物视为供犯罪所用的本人财物而予以没收。本案中，手机与徐某某的犯罪行为并没有经常性或密切性的联系，未对犯罪结果或犯罪实施起到明显的促进作用，且该手机并非仅供犯罪使用，而是被广泛地应用于日常生活中，故该手机与徐某某所触犯的非法采矿罪之间并无关联性。徐某某客观上并未通过手机完成非法采矿的行为；主观上亦无明知该手机对犯罪具有关键性作用，仍积极主动地使用该手机的故意，故案涉手机仅系徐某某日常生活的必需品而非实施犯罪行为的必需品。综上，根据罪责刑相一致的原则，该手机并不属于

"供犯罪所用的本人财物"。

（四）非法采矿罪出罪类案检索

1. 尚未达到构罪的数额标准类

万某某、张某等非法采矿罪案①

【裁判要旨】《最高人民法院、最高人民检察院关于办理非法采矿、破坏性采矿刑事案件适用法律若干问题的解释》规定，非法采矿罪的标准为开采的矿产品价值或者造成矿产资源破坏的价值在10万元至30万元以上，被告人盗采砂石的价值是13896元，未达到构成非法采矿罪的数额标准，其行为属一般违法行为，故不构成犯罪。

2. 事实不清，证据不足类

魏某初、罗某星非法采矿罪案②

【裁判要旨】定案重要证据未搜集，导致犯罪对象不明；部分证据相互矛盾；定案的部分重要证据存在重大瑕疵，不能采信；评估报告未加盖公章，无鉴定评估人员签名；鉴定人资质存疑；鉴定过程有违常理，鉴定程序违反法律规定；上述鉴定意见虽经有关机关多次补正和补充说明，但在程序和实体上仍存在不能解决的瑕疵，鉴定意见缺乏科学性、严谨性，不能作为定案的依据。

3. 提供一般劳务的行为人不符合非法采矿罪的构成要件类

李某创非法采矿罪案③

【裁判要旨】李某创受雇为非法采矿犯罪提供劳务，根据杨某、任某某等人的证言及李某创在侦查、起诉、审理阶段的供述，现有证据无法证明李某创入股或参与了砂场利益分成及彼此事前通谋。李某创为拉砂车辆开票，是基于杨某的指派，便于杨某和卡车司机结算费用，属一般劳务行为，是雇佣关系的体现。2017年某省采矿业人均年工资为56661

---

① 案件来源：(2018)陕0118刑初89号。
② 案件来源：(2015)益法刑一终字第197号。
③ 案件来源：(2018)豫0403刑初176号。

元,某市 2017 年非私营单位在岗职工年平均工资为 52728 元,李某创的雇佣月工资仅 3000 元,在该行业和该地区均达不到人们心里接受的高额固定工资的认知程度。李某创在公安侦查、审查起诉、开庭审理阶段的多次供述连续、稳定、自然,且与杨某、任某某等人的证人证言相互印证。综上,李某创受雇为非法采矿犯罪提供劳务,没有参与利润分成或领取高额固定工资,且没有曾因非法采矿、破坏性采矿受过处罚,没有与非法采矿行为人杨某事前通谋,现有证据不足以证实其有刑法意义上的非法采矿的目的,故李某创的行为不符合非法采矿罪的构成要件。

(五)关于徐某某构成非法采矿罪但应重新计算数额的辩护意见

内蒙古蒙益律师事务所接受被告人徐某某妻子的委托,指派田永伟律师、陈淑英律师担任某矿业公司涉嫌非法采矿罪,该公司法定代表人徐某某一审阶段的辩护人。辩护人接受委托后,经过多次会见被告人,详细分析卷宗材料,查阅法律及司法解释的规定,结合庭审质证发问等,在尊重徐某某认罪认罚意愿的基础上对其作罪轻辩护,具体内容如下:

1. 起诉意见书指控的某矿业公司与徐某某开采数量与违法所得数额畸高,有违罪责刑相适应的原则

首先,就案涉建筑用石料的单价而言,根据起诉意见书可知办案机关系以某市场监督管理局出具的《关于对建筑用石料(玄武岩毛石)的价格认定结论》(某市监价认字〔××××〕××号)为依据认定的,但该认定书中并未明确写出认定价格适用的程序。根据《最高人民法院关于适用〈中华人民共和国刑事诉讼法〉的解释》第一百条之规定,因无鉴定机构,或者根据法律、司法解释的规定,指派、聘请有专门知识的人就案件的专门性问题出具的报告,可以作为证据使用。对前款规定的报告的审查与认定,参照适用本节的有关规定。据此可知,价格认定结论的使用应与法定证据的使用程序相同,即价格认定只有符合《刑事诉讼法》第五十条规定的"必须经过查证属实"后才具备证据能力,但本案价格认定的程序是否合法无从查证,导致该价格认定书并不具有证据能力,故据此得出的案涉建筑用石料每立方米 16.33 元的价格,辩护人及徐某某均不予认可。

其次,就案涉建筑用石料的数量及违法所得数额而言,根据案涉《土

地租赁合同》及《临时用地协议书》的约定,合同及协议生效后,由某矿业公司继承甲矿业公司的债权债务及与矿山相关的权利,而"与矿山相关的权利"当然包括甲矿业公司废弃的矿渣和毛石。根据起诉意见书的指控可知,某矿业公司共出售玄武岩碎石 23756.24 立方米,但是,其中 3 万吨左右碎石系某矿业公司使用甲矿业公司废弃的石料加工所得,销售数额总计 94.2505 万元,即该 3 万吨左右的玄武岩碎石并非某矿业公司违法开采后加工所得而系其继受后加工所得。庭审中,公诉机关出具的部分证人证言亦能与此相印证。根据非法采矿罪的犯罪构成可知,行为人仅有出售行为而无实际违法采矿行为并不构成该罪,故根据罪责刑相适应的原则,该 3 万吨玄武岩碎石销售所得数额不属于徐某某违法所得数额。

本案中,公诉机关之所以指控徐某某非法开采了 23756.42 立方米的建筑用石料,是因为其将徐某某实际开采石料的数量与甲矿业公司废弃石料的数量混为一谈,径行将二者简单相加并全部认定为徐某某非法开采所得,该认定方式不但与"存疑有利于被告人"的司法原则相左,而且也不符合罪责刑相适应的原则。即便经最终审理认定石料单价为 16.33 元,徐某某的违法所得也不会高达 94.2505 万元之多。故恳请贵院将某矿业公司使用甲矿业公司废弃石料加工而成的玄武岩碎石出售所得数额予以核减后,再行确定徐某某违法所得数额。

2. 在对某矿业公司已判处 30 万元罚金的前提下,不应再另行对徐某某判处罚金

《刑法》第三十一条规定,单位犯罪的,对单位判处罚金,并对其直接负责的主管人员和其他直接责任人员判处刑罚。本法分则和其他法律另有规定的,依照规定。依据该规定,单位犯罪下对单位判处罚金毫无疑问,但在单位已判处罚金的前提下,是否还需要对直接负责的主管人员和其他直接责任人员处以罚金?对此,《刑法》第三十一条并未明确规定,而辩护人持否定态度,具体到本案中,在对某矿业公司已经判处罚金 30 万元的基础上,不应再对其法定代表人徐某某另处罚金 10 万元,具体理由如下:

刑法所规定的罚金刑主要用于经济犯罪和贪利性犯罪,是对犯罪主体通过犯罪获得的非法经济利益的惩罚和教育,目的系不能使其在经济上占到便宜。因此,是否适用罚金主要应以行为人是否通过犯罪在经济

上获得收益为前提。本案中,徐某某的妻子在案发后及时上缴了包括徐某某违法所得在内的94.2505万元,即徐某某不但没有获利反而多上缴了财产,徐某某犯罪后积极采取补救措施并"超额"补缴的行为不但能够证实其认罪态度良好,而且也意味着其并未在犯罪中获利。故,本案若在对单位判处罚金的基础上又对徐某某判处罚金,不但有违罪刑法定原则,而且与教育和惩罚相结合的刑罚理念背道而驰。

3. 结合其他量刑情节,对徐某某减轻处罚为宜

一方面,从保护民营企业发展的角度考量,对徐某某减轻处罚为宜。2017年,中共中央、国务院印发的《关于营造企业家健康成长环境弘扬优秀企业家精神更好发挥企业家作用的意见》第二点明确规定"营造依法保护企业家合法权益的法治环境";2022年4月20日,最高人民法院发布助力中小微企业发展的12个典型案例都在强调"保护民营企业"。徐某某作为一名企业家,其不仅懂经营、会管理,而且还认真贯彻国家政策,承担社会责任。在疫情的大背景下,中小企业能克服困难生存下来十分不易,而作为公司的创始人、实际经营负责人,徐某某对公司的稳固发展至关重要,故对其应减轻处罚。另一方面,根据卷宗材料及庭审现场可知,徐某某在坦白、认罪认罚的基础上主动缴纳了包括非法获利在内的共计94.2505万元,且其在羁押期间表现良好,故对其减轻处罚为宜。

综上,公诉机关所认定的徐某某非法开采的矿石中有3万吨左右系甲矿业公司废弃的石料,即便徐某某有加工后出售的行为,但该行为尚不符合非法采矿罪构成要件的该当性,根据犯罪构成的三阶层理论,该部分矿石不应计入徐某某非法开采的数额中。为保障民营企业的稳定发展及民营企业家的合法权益,贯彻落实宽严相济的刑事司法理念及罪责刑相适应的原则,结合徐某某积极悔罪、自愿认罪认罚的情节,对徐某某减轻处罚为宜,以上辩护意见望贵院采纳为盼!

(六)钱列阳律师点评

根据《刑法》第三百四十三条第一款之规定,非法采矿罪要求行为人实施无证采矿、擅自在没有批准的矿区内采矿、擅自开采保护性的矿种、越界采矿的行为且情节严重,本罪的主观责任形式为故意,侵犯的法益系

矿产资源及其合理利用以及国家对矿产资源的财产所有权。

根据案情概述可知,就定性而言,本案认定徐某某构成非法采矿罪并没有问题,但从维护当事人合法权益的角度,辩护意见提出的两个要点的确值得审理机关高度重视:首先,就某矿业公司出售甲矿业公司约3万吨废弃石料加工的玄武岩碎石的行为而言,某矿业公司只有出售行为而无非法开采的行为,其单纯出售该部分获利的行为当然不符合非法采矿罪构成要件的该当性,故该部分石料不应计入某矿业公司非法开采的数量之内;其次,正如辩护意见所称,罚金刑主要用于经济犯罪和贪利性犯罪,由于刑法未明文规定非法采矿罪构成单位犯罪时对直接负责的主管人员和其他直接责任人员应处以罚金,故根据罪刑法定原则,对徐某某当然无须处以罚金。

某矿业公司单纯出售废弃石料加工形成的玄武岩碎石的数量并非某矿业公司非法开采矿石的数量。在国家大力提倡保护民营企业、民营企业家发展的大背景下,结合徐某某系民营企业家的身份、积极认罪悔罪且认罪认罚等情节,为充分发挥刑法人权保障功能,实现刑法惩罚犯罪、预防犯罪、保护公民合法权益的立法目的,对徐某某减轻处罚为宜。

二十六、组织卖淫罪与容留卖淫罪的证据标准

（一）案情概述

某公诉机关指控称：某洗浴生活馆法人、实际经营者薛某某通过时任该洗浴生活馆经理刘某某联系丁某（真名栾志某，在逃），并与丁某共谋，由丁某负责招募、纠集女技师到某洗浴生活馆从事卖淫服务，对女技师提供服务所得钱财五五分成。丁某安排蓝某多对女技师的相关卖淫活动从事管理工作。2020年6月末至2020年9月，在薛某某经营的某洗浴生活馆内，丁某招募多人多次向客人提供性服务。期间，薛某某制作微信、支付宝二维码收取嫖资，并安排季宇某负责休息大厅女技师卖淫服务的收款以及相关记录工作。薛某某定期与蓝某多核对服务费用，并按其与丁某的约定将全部服务所得钱款的五成付给蓝某多；蓝某多负责对丁某招募的女技师进行管理、"加钟"登记等工作。至案发，薛某某取得犯罪所得人民币30万元，其行为应当以组织卖淫罪追究刑事责任。

（二）组织卖淫罪、容留卖淫罪法律及相关规定

1. 法律

《刑法》（2020修正）

第三百五十八条 【组织卖淫罪】【强迫卖淫罪】组织、强迫他人卖淫的，处五年以上十年以下有期徒刑，并处罚金；情节严重的，处十年以上有

期徒刑或者无期徒刑,并处罚金或者没收财产。

组织、强迫未成年人卖淫的,依照前款的规定从重处罚。

犯前两款罪,并有杀害、伤害、强奸、绑架等犯罪行为的,依照数罪并罚的规定处罚。

第三百五十九条 【引诱、容留、介绍卖淫罪】引诱、容留、介绍他人卖淫的,处五年以下有期徒刑、拘役或者管制,并处罚金;情节严重的,处五年以上有期徒刑,并处罚金。

第三百六十一条 【特定单位的人员组织、强迫、引诱、容留、介绍卖淫的处理规定】旅馆业、饮食服务业、文化娱乐业、出租汽车业等单位的人员,利用本单位的条件,组织、强迫、引诱、容留、介绍他人卖淫的,依照本法第三百五十八条、第三百五十九条的规定定罪处罚。

前款所列单位的主要负责人,犯前款罪的,从重处罚。

2. 司法解释

《最高人民法院、最高人民检察院关于办理组织、强迫、引诱、容留、介绍卖淫刑事案件适用法律若干问题的解释》(法释〔2017〕13号)

第一条 以招募、雇佣、纠集等手段,管理或者控制他人卖淫,卖淫人员在三人以上的,应当认定为刑法第三百五十八条规定的"组织他人卖淫"。

组织卖淫者是否设置固定的卖淫场所、组织卖淫者人数多少、规模大小,不影响组织卖淫行为的认定。

第二条 组织他人卖淫,具有下列情形之一的,应当认定为刑法第三百五十八条第一款规定的"情节严重":

(一)卖淫人员累计达十人以上的;

(二)卖淫人员中未成年人、孕妇、智障人员、患有严重性病的人累计达五人以上的;

(三)组织境外人员在境内卖淫或者组织境内人员出境卖淫的;

(四)非法获利人民币一百万元以上的;

(五)造成被组织卖淫的人自残、自杀或者其他严重后果的;

(六)其他情节严重的情形。

第三条 在组织卖淫犯罪活动中,对被组织卖淫的人有引诱、容留、介绍卖淫行为的,依照处罚较重的规定定罪处罚。但是,对被组织卖淫的人以外的其他人有引诱、容留、介绍卖淫行为的,应当分别定罪,实行数罪并罚。

第七条 根据刑法第三百五十八条第三款的规定,犯组织、强迫卖淫罪,并有杀害、伤害、强奸、绑架等犯罪行为的,依照数罪并罚的规定处罚。协助组织卖淫行为人参与实施上述行为的,以共同犯罪论处。

根据刑法第三百五十八条第二款的规定,组织、强迫未成年人卖淫的,应当从重处罚。

第八条 引诱、容留、介绍他人卖淫,具有下列情形之一的,应当依照刑法第三百五十九条第一款的规定定罪处罚:

(一)引诱他人卖淫的;

(二)容留、介绍二人以上卖淫的;

(三)容留、介绍未成年人、孕妇、智障人员、患有严重性病的人卖淫的;

(四)一年内曾因引诱、容留、介绍卖淫行为被行政处罚,又实施容留、介绍卖淫行为的;

(五)非法获利人民币一万元以上的。

利用信息网络发布招嫖违法信息,情节严重的,依照刑法第二百八十七条之一的规定,以非法利用信息网络罪定罪处罚。同时构成介绍卖淫罪的,依照处罚较重的规定定罪处罚。

引诱、容留、介绍他人卖淫是否以营利为目的,不影响犯罪的成立。

引诱不满十四周岁的幼女卖淫的,依照刑法第三百五十九条第二款的规定,以引诱幼女卖淫罪定罪处罚。

被引诱卖淫的人员中既有不满十四周岁的幼女,又有其他人员的,分别以引诱幼女卖淫罪和引诱卖淫罪定罪,实行并罚。

第九条 引诱、容留、介绍他人卖淫,具有下列情形之一的,应当认定为刑法第三百五十九条第一款规定的"情节严重":

(一)引诱五人以上或者引诱、容留、介绍十人以上卖淫的;

(二)引诱三人以上的未成年人、孕妇、智障人员、患有严重性病的人卖淫,或者引诱、容留、介绍五人以上该类人员卖淫的;

(三)非法获利人民币五万元以上的;

（四）其他情节严重的情形。

第十条 组织、强迫、引诱、容留、介绍他人卖淫的次数，作为酌定情节在量刑时考虑。

3. 规范性文件

《立案追诉标准（一）》（公通字〔2008〕36号）

第七十五条 【组织卖淫案（刑法第三百五十八条第一款）】以招募、雇佣、强迫、引诱、容留等手段，组织他人卖淫的，应予立案追诉。

第七十八条 【引诱、容留、介绍卖淫案（刑法第三百五十九条第一款）】引诱、容留、介绍他人卖淫，涉嫌下列情形之一的，应予立案追诉：

（一）引诱、容留、介绍二人次以上卖淫的；

（二）引诱、容留、介绍已满十四周岁未满十八周岁的未成年人卖淫的；

（三）被引诱、容留、介绍卖淫的人患有艾滋病或者患有梅毒、淋病等严重性病。

（四）其他引诱、容留、介绍卖淫应予追究刑事责任的情形。

（三）思路解析

1. 如何区分组织卖淫罪与容留卖淫罪

根据法律及司法解释的规定可知，成立组织卖淫罪要求行为人客观上实施了组织、策划、指挥他人卖淫的行为，主观上具有"组织"多人卖淫的故意，该罪侵犯的法益系社会治安管理秩序、他人的人身权利和社会道德风尚；构成本罪的核心在于管理、控制。而成立容留卖淫罪，要求行为人在客观上为他人卖淫提供场所或者其他便利条件；主观上明知自己是在实施容留他人卖淫的行为，并且明知这种行为会造成危害社会的结果，而希望或追求该结果的发生。该罪侵犯的法益仅系社会治安管理秩序，不要求行为人与卖淫人员之间存在管理与被管理、控制与被控制的关系。而区分容留卖淫罪与组织卖淫罪的关键在于容留者或组织者与卖淫人员之间是否存在管理与被管理、控制与被控制的关系。

2. 薛某某不构成组织卖淫罪

根据在案证据可知，薛某某仅系为卖淫人员提供了便利条件即场所,其并未参与实施引进、介绍、培训、安排卖淫人员的行为,且其对卖淫女的名字、住址、联系方式等一无所知,对卖淫人员系如何卖淫一事亦不知情,卖淫人员的人身自由也不受限,即薛某某既未管理、组织卖淫人员,亦未限制卖淫人员的人身自由,未强制影响卖淫人员的心理。故,薛某某容留他人卖淫的社会危害性与刑法意义上组织严密、分工明确的组织卖淫行为的社会危害性相差甚远,且侵犯的法益也不尽相同。因此,根据罪刑法定及罪责刑相适应的原则,将薛某某的行为评价为容留卖淫罪为宜。

(四)组织卖淫罪出罪、变更为容留卖淫罪类案检索

1. 事实不清,证据不足类

马某某涉嫌组织卖淫罪案①

【裁判要旨】经本院审查并退回补充侦查,本院仍然认为现有证据无法证实马某某有参与组织卖淫的相关行为,某市公安局某分局认定马某某涉嫌组织卖淫罪事实不清、证据不足,不符合起诉条件。

任某某涉嫌组织卖淫罪案②

【裁判要旨】经本院审查并退回补充侦查,不符合起诉条件,某市公安局认定的任某某涉嫌组织卖淫犯罪,经查任某某组织他人"推油"(手淫)是否为刑法范畴卖淫等方面,事实不清,证据不足。

2. 组织卖淫罪变更为容留卖淫罪类

南某某涉嫌组织卖淫罪案③

【裁判宗旨】南某某容留卖淫人员在其经营场所进行卖淫活动,其无视国家法律,为卖淫活动提供场所,长期容留他人卖淫,非法获利人民币5万元以上,情节严重,其行为已构成容留卖淫罪,依法应予惩处。原判认定事实清楚,证据确实、充分,审判程序合法,但定性有误,依法应予改判。

---

① 案件来源:威环检一部刑不诉〔2021〕Z129号。
② 案件来源:黑密检一部刑不诉〔2021〕Z16号。
③ 案件来源:(2018)粤02刑终330号。

（五）关于薛某某应构成容留卖淫罪的辩护意见

内蒙古蒙益律师事务所接受薛某某的委托，指派田永伟律师、李伟律师担任其涉嫌组织卖淫罪二审的辩护人。组织卖淫罪即以招募、雇佣、纠集等手段，管理或者控制他人卖淫，且卖淫人员在3人以上的，由此可知组织卖淫罪的核心在于管理、控制。辩护人经过详细阅卷、多次会见上诉人、庭审质证等环节，详细研判后认为本案认定上诉人构成组织卖淫罪的证据尚未达到确实、充分的标准；且认定其构成组织卖淫罪系定性错误、适用法律错误，综合全案证据上诉人应定性为容留卖淫罪，具体理由如下：

1. 认定薛某某构成组织卖淫罪的证据尚未达到确实、充分的标准

成立组织卖淫罪要求行为人实施了组织、策划、指挥他人卖淫的行为。虽然本案公安机关指控薛某某通过刘某某联系了丁某，再由丁某负责带女技师到某洗浴生活馆进行卖淫服务，但该指控仅依据薛某某提供的言词证据，刘某某、丁某并未提供有效的证据证实上述内容，故本案尚未形成完整的证据体系。根据《刑事诉讼法》第五十五条的规定，只有上诉人的供述而没有其他证据的，不能认定上诉人有罪和处以刑罚。且，辩护人经过阅卷得知整个卷宗均显示本案系刘某某提出引进女技师、提出联系介绍丁某并由丁某带女技师到案涉洗浴生活馆从事卖淫服务的，该过程中薛某某仅对收入五五分成，对女技师即卖淫人员具体是如何服务的其并不知情。既然薛某某并不熟悉卖淫人员，又何谈管理、控制卖淫人员？综上，由于全案证据不能证明薛某某系案涉人员从事卖淫服务的管理者、控制者，故根据《刑事诉讼法》第五十五条的规定薛某某并不构成组织卖淫罪。

2. 认定薛某某构成组织卖淫罪系适用法律错误

首先，从客观表现看，薛某某并未实施任何管理或控制他人卖淫的行为。无论是辩护人会见时对薛某某的问询、还是案件卷宗证据中薛某某的供述，抑或是薛某某在庭审中的陈述，无一例外表达的内容均为：其对卖淫女的名字、住址、联系方式等一无所知，自2012年丁某将几名卖淫人员招揽至案涉洗浴生活馆后，薛某某虽然就获利进行了五五分成，但其并

未以任何方式控制过卖淫人员,更未以任何形式管理过卖淫人员。此处需要说明的是组织卖淫罪的构成要件核心为控制卖淫者、招揽嫖娼者,其中"控制"系通过对卖淫人员施加物理的或者心理的影响,进而左右卖淫人员的意志,使卖淫人员难以摆脱行为人的影响。但就本案而言,卖淫人员能自由活动于案涉洗浴生活馆,这足以证明案涉卖淫人员具有选择的自由,故薛某某既未限制卖淫人员的人身自由也未对其心理进行强制影响。

其次,从主观目的看,薛某某并不具有组织多人卖淫的故意。组织多人卖淫的核心在于"组织",进而细化为管理或控制,上文已经指出根据在案证据可知薛某某并未管理或控制案涉卖淫人员,其只是在丁某安排卖淫人员从事卖淫服务时为卖淫人员提供服务场所,事后与丁某五五分成卖淫所得收益。在上述过程中,薛某某并未对卖淫人员本身卖淫所得收入、卖淫的时间与对象等事项进行控制或管理,即其未对卖淫人员的人身自由或心理进行限制或强制干预,故其并不具有"组织"多人卖淫的故意。

综上,薛某某客观上并未实施任何管理或控制他人卖淫的行为,主观上也无组织多人卖淫的故意,根据先客观后主观的司法逻辑判断顺序,本着罪责刑相适应和罪刑法定的原则,对薛某某的行为不宜评价为组织卖淫罪。

最后,薛某某在丁某安排卖淫人员从事卖淫活动的前提下,为卖淫人员提供卖淫场所并从中获利的行为应评价为容留卖淫罪。

容留卖淫罪是指以金钱、物质或者其他利益为手段,为他人卖淫提供场所的行为。虽然容留卖淫罪与组织卖淫罪在表现形式上会具有一定的重合性,但这两项罪名不可一概而论,具体理由如下:

若行为人仅为卖淫人员提供卖淫场所,则其仅涉嫌容留卖淫罪;而组织卖淫的行为人在提供卖淫场所的同时必然伴随着招募、管理等其他组织卖淫的行为,此时提供场所的行为仅是附随的,系可有可无的。虽然容留卖淫罪与组织卖淫罪在"提供场所"的行为上具有一定的重合,但容留卖淫中的卖淫人员是自由的,其人身不受限制且选择自由,即其来去自由并有权选择提供卖淫服务的时间、对象等,且容留人员一般不直接干预卖淫活动的具体实施;而组织卖淫罪中的行为人不但对卖淫活动进行干预,而且会对卖淫人员进行实质上的控制,包括管理或者控制卖淫人员及其卖淫行为、为卖淫活动提供除活动场所之外的其他帮助。综上，区分容留卖淫罪与组织卖淫罪的关键在于容留者或组织者与卖淫人员之间是否存在管理与被管理、控制与被控制的关系。

3. 薛某某究竟是构成组织卖淫罪还是容留卖淫罪，焦点在于薛某某是否实施了管理或控制他人从事卖淫活动的行为

辩护人经阅卷等得知薛某某并未实施控制、管理他人的组织卖淫行为，其行为仅系为他人卖淫提供便利即提供场所，具体理由如下：

第一，薛某某仅实施了为他人卖淫提供场所这一单一行为。根据在案证据可知，虽然薛某某开设了案涉洗浴生活馆并与丁某就卖淫所得收益五五分成，但案涉卖淫人员系在丁某的安排下进行色情服务的，薛某某仅仅是为卖淫人员从事卖淫服务提供场所、创造条件，其并不直接参与管理或控制卖淫活动。

第二，虽然组织卖淫行为中可能包含容留卖淫的行为，但此时卖淫人员系在组织人员的控制、管理之下进行卖淫活动的，即在组织者管控下卖淫人员对卖淫场所并无选择自由。本案中，薛某某并未控制或管理卖淫人员，即其并未限制卖淫人员的身体自由，也未对其进行心理上的强制影响，卖淫人员可以自由选择自己是否在案涉洗浴生活馆从事卖淫服务，故薛某某与卖淫人员之间并不存在着管理与被管理、控制与被控制的关系。薛某某仅为卖淫人员提供场所的行为符合容留卖淫罪的行为特征。

第三，根据罪责刑相适应的原则，将薛某某的行为认定为容留卖淫罪与其社会危害性、侵犯的法益相当。组织卖淫罪侵犯的法益系社会治安管理秩序、他人的人身权利和社会道德风尚；而容留卖淫罪侵犯的法益系社会治安管理秩序。前文多次论述薛某某仅为卖淫人员提供了场所，其并未控制或管理案涉卖淫人员、并未侵犯其人身权利，故其容留他人卖淫的社会危害性与刑法意义上组织严密、分工明确的组织卖淫行为的社会危害性相差甚远，且侵犯的法益也不尽相同。据此，若认定薛某某构成组织卖淫罪有悖于罪责刑相适应的原则。

综上所述，薛某某虽然在丁某的安排下，实施了为卖淫人员提供场所并与丁某五五分成所得利益的行为，但其客观上并未实施实际控制、管理案涉卖淫人员的行为；主观上也无组织（即控制、管理）多人卖淫的故意，故其并不构成组织卖淫罪。由于薛某某与卖淫人员之间不存在管理

与被管理、控制与被控制的关系,其仅仅是为他人组织卖淫、从事卖淫服务提供了场所,故根据罪责刑相适应的原则,对薛某某的行为评价为容留卖淫罪为宜。以上辩护意见,诚望贵院采纳!

(六)钱列阳律师点评

卖淫嫖娼行为毒化社会风气,使个人生活腐化、家庭感情遭受破坏,是公认的伤风败俗的行为。现虽有个别国家或地区将卖淫行为合法化,但我国法律明令禁止卖淫行为,违者将会受到行政处罚。

本案中的争议焦点在于,薛某某的行为构成组织卖淫罪还是容留卖淫罪。组织卖淫罪比容留卖淫罪的社会危害性更大,只有正确区别组织卖淫罪与容留卖淫罪的界限才能准确适用法律。

组织卖淫罪的客观方面表现为以招募、雇佣、强迫、引诱等手段,控制多人从事卖淫的行为。容留卖淫罪在客观方面表现为容留他人卖淫,即提供场所或者便利条件以容纳、收留他人卖淫。容留卖淫罪的中"容留"仅仅是卖淫活动的一种辅助性的行为,提供协助者一般不直接干预卖淫活动的具体实施。尽管实践中,提供场所或便利条件的协助者会向卖淫或嫖娼人员索取一定的经济回报,但其本质上对卖淫嫖娼活动并未进行任何的干预,特别是对卖淫人员没有进行控制、管理行为。

简而言之,是否构成组织卖淫罪应分析认定提供场所或便利条件者是否对卖淫活动进行强制干预、是否实际控制卖淫人员等。本案中,薛某某并没有管理控制卖淫人员,其行为应同辩护意见所述,构成容留卖淫罪。

本案辩护亮点在于如何准确区分容留卖淫罪与组织卖淫罪。

二十七、"纯感情投资"不构成受贿罪的溯及力

（一）案情概述

某法院称：2006年至2012年，薛某某利用担任某镇镇长、某旗煤炭局局长、某镇党委书记的职务便利，接受他人的请托，为他人谋取利益，非法收受煤矿企业主等被管理对象的财物，共计折合人民币264.6747万元，财物金额异常明显，不存在相互馈赠的情形，不属于正常的感情投资，且可能影响职权的行使，应该视为其承诺为被管理人员谋取利益，其行为已经构成受贿罪。但辩护人经阅卷得知，一方面，某监察委以薛某某涉嫌违纪立案侦查并采取留置措施，即监察委的立案理由系职务违法而非犯罪，而对薛某某涉嫌犯罪的取证工作均系在薛某某自书交代后展开的。另一方面，上述指控的数额中合计有39项共计214.6747万元，为被管理对象过年过节给予，事前、事中、事后均无请托事项。

（二）受贿罪法律及相关规定

1. 法律

《刑法》（2020修正）

第三百八十五条　【受贿罪】国家工作人员利用职务上的便利，索取他人财物的，或者非法收受他人财物，为他人谋取利益的，是受贿罪。

国家工作人员在经济往来中，违反国家规定，收受各种名义的回扣、

手续费,归个人所有的,以受贿论处。

第三百八十六条 【受贿罪的处罚规定】对犯受贿罪的,根据受贿所得数额及情节,依照本法第三百八十三条的规定处罚。索贿的从重处罚。

2. 司法解释

《最高人民法院、最高人民检察院关于办理贪污贿赂刑事案件适用法律若干问题的解释》(法释〔2016〕9号)

第二条 贪污或者受贿数额在二十万元以上不满三百万元的,应当认定为刑法第三百八十三条第一款规定的"数额巨大",依法判处三年以上十年以下有期徒刑,并处罚金或者没收财产。

贪污数额在十万元以上不满二十万元,具有本解释第一条第二款规定的情形之一的,应当认定为刑法第三百八十三条第一款规定的"其他严重情节",依法判处三年以上十年以下有期徒刑,并处罚金或者没收财产。

受贿数额在十万元以上不满二十万元,具有本解释第一条第三款规定的情形之一的,应当认定为刑法第三百八十三条第一款规定的"其他严重情节",依法判处三年以上十年以下有期徒刑,并处罚金或者没收财产。

第十三条 具有下列情形之一的,应当认定为"为他人谋取利益",构成犯罪的,应当依照刑法关于受贿犯罪的规定定罪处罚:

(一)实际或者承诺为他人谋取利益的;

(二)明知他人有具体请托事项的;

(三)履职时未被请托,但事后基于该履职事由收受他人财物的。

国家工作人员索取、收受具有上下级关系的下属或者具有行政管理关系的被管理人员的财物价值三万元以上,可能影响职权行使的,视为承诺为他人谋取利益。

3. 规范性文件

《全国法院审理经济犯罪案件工作座谈会纪要》(法发〔2003〕167号)

三、关于受贿罪

(二)"为他人谋取利益"的认定

为他人谋取利益包括承诺、实施和实现三个阶段的行为。只要具有其中一个阶段的行为,如国家工作人员收受他人财物时,根据他人提出的具体请托事项,承诺为他人谋取利益的,就具备了为他人谋取利益的要件。明知他人有具体请托事项而收受其财物的,视为承诺为他人谋取利益。

(三) 思路解析

1. 无请托事项的"纯感情投资"构成受贿罪的演变

受贿犯罪的认定在国家改革开放以后的几十年中,经历了数次变化。最初的权钱交易是八九十年代一方给钱另一方为其办事。后来,到了 2003 年,最高人民法院在重庆召开会议并发布了《全国法院审理经济犯罪案件工作座谈会纪要》(法发〔2003〕167 号),该纪要中关于受贿罪"为他人谋取利益"的认定上了一个台阶,即国家工作人员只要承诺、答应为他人谋取利益,即便什么都没做,也视为为他人谋取利益。2016 年 4 月 18 日,最高人民法院和最高人民检察院针对《刑法修正案(九)》中的调整,出台了《贪污贿赂司法解释》(法释〔2016〕9 号),该解释中关于受贿罪"为他人谋取利益"的认定,再次上升了新高度,规定为只要收受有管理和被管理关系、收受具有上下级关系的下属或者具有行政管理关系的被管理人员的财物价值 3 万元以上可能影响职权行使的,没有具体的诉求也视为承诺为他人谋取利益。自此,感情投资从之前被认为的灰色地带直接上升为黑色地带。

2.《贪污贿赂司法解释》对 2016 年 4 月 18 日之前的感情投资无溯及力

能不能将 2016 年 4 月 18 日之前的感情投资认定为受贿犯罪,也即《贪污贿赂司法解释》有无溯及力是本案最大的一个难点,因为本案中的受贿行为实际上均是发生在 2016 年 4 月 18 日之前,而这些行为在 2003 年的规定中没有认定为犯罪,2016 年 4 月 18 日以后才被认定为犯罪。关于《贪污贿赂司法解释》是否适用本案中发生在 2016 年 4 月 18 日之前的行为,则应当看两条。

第一条是 2001 年 12 月 17 日施行的《最高人民法院、最高人民检察院关于适用刑事司法解释时间效力问题的规定》(高检发释字〔2001〕5 号)指出,"三、对于新的司法解释实施前发生的行为,行为时已有相关司法解释,依照行为时的司法解释办理,但适用新的司法解释对犯罪嫌疑人、被告人有利的,适用新的司法解释",该规定体现了从旧兼从轻的原则。接着,在关于"为他人谋取利益"的规定上,《贪污贿赂司法解释》出台之前,在2003年的《全国法院审理经济犯罪案件工作座谈会纪要》中已经有相关的司法解释。因行为时已经有旧的规定,而且适用新的规定对被告人是不利的。按照从旧兼从轻的原则,则只有对被告人有利才可以适用新的规定,也就是说本案应当适用旧的规定。

第二条则是在2021年2月份出版的《纪检监察干部必备核心技能》①一书,第二章"法律适用能力"中专门讲到的关于追溯时效和溯及力问题,对于感情投资型受贿的溯及力的适用范围,纯正的感情投资条款系法律拟制,属于新规定的犯罪行为,故纯正的感情投资型受贿不能溯及既往。对于《贪污贿赂司法解释》施行之前纯正的感情投资行为,不应作为犯罪处理。也即,《贪污贿赂司法解释》之前的司法解释规定,将存在具体请托事项的收受财物行为推定为承诺为他人谋取利益,而《贪污贿赂司法解释》规定,收受上下级、被管理关系者的财物、可能影响职权行使的,视为承诺为他人谋取利益。由此可见,《贪污贿赂司法解释》出台前后,不同的司法解释对"承诺为他人谋取利益"的规定是截然不同的。《贪污贿赂司法解释》对"承诺为他人谋取利益"的认定实际上是《刑法修正案(九)》讨论期间,被广泛讨论的"收受礼金罪"的变形,该规定与以往的理论和实践掌握的标准完全不同。另于2016年9月22日在杭州举办的法官培训会议中有法官提出,"感情投资型受贿司法解释的效力不溯及2016年4月18日之前"。

3. 如何认定准自首

《最高人民法院关于处理自首和立功具体应用法律若干问题的解释》第二条明确规定,根据《刑法》第六十七条第二款的规定,被采取强制措施的犯罪嫌疑人、被告人和已宣判的罪犯,如实供述司法机关尚未掌握的罪行,与司法机关已掌握的或者判决确定的罪行属不同种罪行的,以自首论。

从现有证据材料看,某区监察委员会在立案之初,并未掌握薛某某涉

---

① 参见王聪等:《纪检监察干部必备核心技能》,中国法制出版社2021年版,第333页。

嫌受贿罪的部分事实。其以薛某某涉嫌违纪违法立案侦查,需要强调的是本案的立案理由是职务违法而非职务犯罪,二者是不同的概念。职务违法是指触犯宪法、法令、行政法规等法律但未达到刑法规定犯罪追诉标准的。《监察法》第十一条第三款规定,对违法的公职人员依法作出政务处分决定。只有涉嫌职务犯罪的,才将调查结果移送人民检察院审查起诉。被告人薛某某被采取强制措施系因涉嫌违纪违法而非职务犯罪。公诉机关指控的受贿罪犯罪事实,均是在司法机关尚未掌握之前薛某某本人自书交代,公诉机关对薛某某的讯问及对相关证人的询问均在其自书交代之后,故其行为应属准自首行为,应认定为自首。

(四)受贿罪出罪类案检索

1. 无具体请托事项,亲友间礼尚往来不构成犯罪类

祁某功受贿罪案①

【裁判要旨】①非法收受他人财物,同时具备"为他人谋取利益"的,才能构成受贿罪。许某、黄某、吴某等人证言证实只是想利用祁某功的职权寻求照顾并没有向祁某功表达,送给祁某功现金时,没有具体的请托事项,也没有充分的证据证明祁某功收钱后对他们有所照顾。②在单位内部实行工程承包,承包者对获得的超额利润有权自行分配,工程承包过程中因祁某功给予承包者一些指导帮助,获得的报酬不应以受贿罪认定。③辩护意见(法院采纳):原审判决认定许某、吴某等4人送予祁某功的现金数额远远超出一般亲友间正常的礼节性交往数额没有法律依据,其4人所送予的钱财系女儿结婚及儿子盖房时送的贺礼和赞助款,属亲友之间的礼尚往来,并未因此为其4人利用职权谋取利益。

2. 无证据证明有具体请托事项、利用职务之便为他人谋取利益类

张某某受贿罪案②

【裁判要旨】①公诉机关未能提供鲁某某有明确的请托事项的证据及证明张某某为鲁某某谋取利益的证据,也没有证据证明张某某利用职

---

① 案件来源:(2011)冀刑再终字第16号。
② 案件来源:(2015)冀古刑初字第187号。

务或影响力之便为王某某谋取利益。因此,对张某某收受二人财物的行为不应认定是受贿。②过年、过节之际给予的财物系单纯的情感维系。

3. 审批手续系通过正常渠道办理的,行为人给请托人的款项系请托人的工资或对正常开销的报销类

李俊某、刘某某等受贿罪案①

【裁判要旨】①李俊某为刘某某、高某某办理审批手续系通过正常渠道办理的,刘某某、高某某给其的款项是劳务费,李俊某为刘某某、高某某跑手续,刘某某、高某某给李俊某开工资系合情合理的。②涉案所谓"行贿款项"系李俊某在给刘某某、高某某办理审批手续过程中支付的加油费用、餐费及刘某某、高某某支付给李俊某的工资。③虽刘某某、高某某请李俊某协调,但相关部门决议"待超出部分土地取得土地证合并后,再进行处罚和补批",故刘某某、高某某并未"谋取不正当利益",李俊某并未"为请托人谋取不正当利益"。

4. 没有利用职务便利为他人谋取利益的行为类

周某某受贿罪案②

【裁判要旨】①周某某因工作需要与某设施厂发生业务往来,该厂为感谢某市公安局交通警察支队车管科(以下简称"某车管科")对其工作的支持,经集体研究决定分5次将4.2万元作为福利送给某车管科,将钱交与科长周某某手中,属于单位对单位,该厂的行为不应认定为行贿。②本案主要争点为客观上周某某是否具有利用职务上的便利和为他人谋取利益的行为。③周某某将收到某设施厂钱款一事告知过副科长周某甲,其中的大部分款也用于了公务,尚未处分的剩余款项为8178元以及被"双规"当天某设施厂所送的1万元(原审及原二审均未认定为受贿款),由纪委从周某某汽车后备箱中收缴,由此认定周某某未将8178元上缴,据为己有的理由不充分,认定为受贿罪的证据不足。④就某设施厂与某车管科的关系而言,周某某也不符合利用职务上的便利,为该设施厂谋取利益的法律特征。

---

① 案件来源:(2018)冀0304刑初9号。
② 案件来源:(2013)鄂刑监一再终字第00029号。

5. 证据不具有客观性、唯一性、排他性类

原审被告人白某某犯受贿罪案①

【裁判要旨】原公诉机关指控白某某受贿 5 万元的证据不够确实、充分，未形成完整的证据链条，不具有证明或佐证白某某受贿 5 万元的客观性和唯一性。根据《全国法院审理经济犯罪案件工作座谈会纪要》中关于受贿罪"为他人谋取利益"的认定，没有证据证明白某某具有"承诺、实施和实现"三个阶段的行为，不具备为他人谋取利益的犯罪要件。原公诉机关指控白某某受贿 5 万元的证据材料不具有排他性，不能充分得出指控犯罪事实的唯一结论，无法满足确实、充分的证据规则要求。根据疑罪从无的原则，仅凭上述证据不能认定原审被告人白某某有罪。

6. 受贿数额未达到追诉标准类

罗承某犯贪污罪、受贿罪案②

【裁判要旨】关于罗承某收受贿赂 19000 元、硬盒中华香烟 4 条、五粮液白酒 2 瓶构成受贿罪的问题，由于《贪污贿赂司法解释》已将受贿罪定罪数额标准确定为 3 万元，且罗承某不具有该《贪污贿赂司法解释》规定的受贿金额达 1 万至 3 万即予以定罪的特殊情节。综上，罗承某收受的财物未达到 3 万元，依"从旧兼从轻"的刑法适用原则，其并不构成受贿罪。

（五）关于薛某某构成受贿罪但应重新计算数额的辩护意见

内蒙古蒙益律师事务所依法接受被告人薛某某亲属的委托，指派田永伟律师、彭晓晴律师作为薛某某涉嫌受贿罪一案的一审辩护人。接受委托后，辩护人通过会见被告人询问案情；对案卷材料进行细化整理、分析研判；经过针对性的庭审发问等，辩护人认为公诉机关指控的薛某某部分犯罪行为成立，而对部分行为定性错误，且薛某某应成立自首，现就具体内容发表如下辩护意见，请合议庭裁决时参考。

---

① 案件来源：(2017) 辽 03 刑再 2 号。
② 案件来源：(2015) 温泰刑初字第 222 号。

1. 被告人薛某某案涉行为应认定为准自首，应依法予以从轻或减轻处罚

公诉机关指控被告人薛某某成立受贿罪的证据，均源自被告人薛某某的自书材料，或者说若非被告人薛某某自己主动交代，此案将无法进入司法程序，无法以受贿罪追究薛某某的刑事责任。《最高人民法院关于处理自首和立功具体应用法律若干问题的解释》第二条明确规定："根据刑法第六十七条第二款的规定，被采取强制措施的犯罪嫌疑人、被告人和已宣判的罪犯，如实供述司法机关尚未掌握的罪行，与司法机关已掌握的或者判决确定的罪行属不同种罪行的，以自首论。"

从现有证据材料看，调查机关在立案之初，并未掌握薛某某涉嫌受贿犯罪的部分事实。通过庭审过程中被告人陈述以及辩护人对被告人的发问都可以明确得出，被告人薛某某系因其他违纪行为被立案调查，即李某某骗取贷款罪系被告人薛某某事发的起因，而非因受贿犯罪被立案调查，起诉书认定的薛某某42项受贿事实，均为薛某某本人自书交代。

调查机关于2021年5月12日以薛某某涉嫌违纪违法立案侦查，并于2021年5月13日对薛某某采取留置措施。需要强调的是调查机关的立案理由是职务违法而非职务犯罪，二者是不同的概念。职务违法是指触犯宪法、法令、行政法规等法律但未达到刑法规定的犯罪追诉标准。《监察法》第十一条第（三）项规定，对违法的公职人员依法作出政务处分决定。只有涉嫌职务犯罪的，才将调查结果移送人民检察院审查起诉。被告人薛某某被采取强制措施系因涉嫌违纪违法而非职务犯罪。公诉机关指控的受贿罪犯罪事实、对薛某某的讯问及相关证人的询问均是在司法机关尚未掌握犯罪事实之前薛某某本人自书交代，故薛某某的行为应属上述司法解释规定的准自首行为，进而对薛某某应依法从轻或者减轻处罚。

2. 在法律没有规定收受礼金罪的情况下，国家工作人员接受缺乏具体请托事项的感情投资不能认定为受贿罪，其收受的相应数额应在受贿数额中予以减除

公诉机关指控薛某某收受礼金等共39项合计214.6747万元，基本上均为逢年过节看望或日常维系情感，送礼者均未向薛某某提出任何具体的请托事项，而是或出于礼节或为了维护与薛某某的关系，对这种缺乏

具体请托事项的收受礼金的行为,也就是纯正的感情投资,不宜认定为受贿罪。

受贿犯罪的认定在国家改革开放以后的几十年中,经历了数次变化。最初的权钱交易是在八九十年代一方给钱另一方为其办事。后来,到了2003年,最高人民法院在重庆召开会议并发布了《全国法院审理经济犯罪案件工作座谈会纪要》(法〔2003〕167号)。该纪要中关于受贿罪"为他人谋取利益"的认定上了一个台阶,该纪要规定国家工作人员只要承诺、答应为他人谋取利益,即便是什么都没做,也视为为他人谋取利益。2016年4月18日出台的《贪污贿赂司法解释》(法释〔2016〕9号),关于受贿罪"为他人谋取利益"的认定再次上升了新高度。《贪污贿赂司法解释》规定收受具有上下级关系的下属或者具有行政管理关系的被管理人员的财物价值3万元以上可能影响职权行使的,没有具体的诉求也视为承诺为他人谋取利益。自此感情投资从之前被认为的灰色地带,直接上升为黑色地带。

在本案的认定中,能不能将2016年4月18日之前的感情投资认定为是受贿犯罪,也即该司法解释有无溯及力是一个的最大难点,因为本案中的受贿行为实际上均是发生在2016年4月18日之前。而这些行为在当时2003年的规定中没有被认定为犯罪,2016年4月18日以后才被规定为犯罪。而关于《贪污贿赂司法解释》是否适用本案中发生在2016年4月18日之前的行为,则应当看两条。

第一条是2001年12月17日施行的《最高人民法院、最高人民检察院关于适用刑事司法解释时间效力问题的规定》(高检发释字〔2001〕5号),该规定指出,对于新的司法解释实施前发生的行为,行为时已有相关司法解释,依照行为时的司法解释办理,但适用新的司法解释对犯罪嫌疑人、被告人有利的,适用新的司法解释。该规定体现了从旧兼从轻的原则。接着,在关于"为他人谋取利益"的规定上,2016年《贪污贿赂司法解释》出台之前,在2003年的《全国法院审理经济犯罪案件工作的座谈会纪要》中已经有相关的司法解释。因行为时已经有旧的规定,而且适用新的规定对被告人是不利的。按照从旧兼从轻的原则,则只有对被告人有利才可以适用新的规定,也就是说本案应当适用旧的规定。

第二条则是在 2021 年 2 月份出版的《纪检监察干部必备核心技能》①一书,第二章"法律适用能力"中专门讲到的关于追溯时效和溯及力问题,对于感情投资型受贿的溯及力的适用范围,纯正的感情投资条款系法律拟制,属于新规定的犯罪行为,故纯正的感情投资型受贿不能溯及既往。对于《贪污贿赂司法解释》施行之前纯正的感情投资行为,不应作为犯罪处理。也即,《贪污贿赂司法解释》之前的司法解释规定,将存在具体请托事项的收受财物行为推定为承诺为他人谋取利益,而《贪污贿赂司法解释》规定,收受上下级、被管理关系者的财物、可能影响职权行使的,视为承诺为他人谋取利益。由此可见,《贪污贿赂司法解释》出台前后,不同的司法解释对"承诺为他人谋取利益"的规定是截然不同的。《贪污贿赂司法解释》对"承诺为他人谋取利益"的认定实际上是《刑法修正案(九)》讨论期间,被广泛讨论的"收受礼金罪"的变形,与以往的理论和实践掌握的标准完全不同。另于 2016 年 9 月 22 日在杭州举办的法官培训会议中有法官提出,"感情投资型受贿司法解释的效力不溯及 2016 年 4 月 18 日之前"。对于《纪检监察干部必备核心技能》这本实务书及杭州会议的讲话内容,辩护人认为都体现了党的刑事政策,在没有相反的内容来否定的情况下,都是应该要遵照执行的。因为在司法实践中,党的刑事政策必须正确贯彻执行,是绝对不可以在个案中发生扭曲适用的!

故,辩护人认为在本案中最主要的是要分清楚是否有具体请托事项,没有具体请托事项的纯粹感情投资的行为如果是发生在 2016 年 4 月 18 日之前,则不应当认定为犯罪,更不应该作犯罪处理。本案中,薛某某接受的 39 项合计 214.6747 万元礼金,行为人事前、事中和事后均未提出任何具体请托事项,证明双方之间属于一种缺乏具体请托事项而是纯粹为了拉近或者维护关系的感情投资,感情投资由于缺乏具体的请托事项,无法满足成立受贿犯罪所要求的"为他人谋取利益"的要件,当然不能认定为受贿罪。且上述款项收受时间均发生在 2006 年至 2011 年之间,即在《贪污贿赂司法解释》之前,根据当时的法律规定以及司法实践,没有具体请托事项的单纯的感情投资按一般党纪违纪处理,在现行刑法没有规定单纯的收受礼金罪的情况下,当然不能将此类行为类推为受

---

① 参见王聪等:《纪检监察干部必备核心技能》,中国法制出版社 2021 年版,第 333 页。

贿罪。故，上述财物折合数额总计214.6747万元，应在受贿数额中予以减除。

3. 被告人薛某某收受礼金后，被管理对象无任何请托事项，收受者当然对请托事项无从知晓，无钱权交易不能以受贿罪论

本案中，对于被告人薛某某的行为是否构成犯罪，要根据《贪污贿赂司法解释》的内容认真分析：其接受39笔款项的行为对象是否为有管理和被管理关系、有上下级关系人员；是否收受了3万元以上；还有最重要的是是否影响职权行使。而通过庭审的相关证据，辩护人发现39笔款项都不在此序列，没有任何请托事项、没有任何钱权交易、没有任何事前承诺或事后感谢、更没有影响职权的行使，故当然不能对被告人薛某某进行入罪化评价。

另，提请法庭注意的是，辩护人提及的不应评价为受贿罪数额的39笔款项，均为过年过节普通的看望，且都发生于2006年至2011年之间。此处有必要说明一下受贿类犯罪的连续犯问题，连续犯即基于同一或者概括的犯罪故意，连续实施数个独立成罪的行为。此类情形较为简单，即《刑法》已经明确规定，"犯罪行为有连续或者继续状态的，从犯罪行为终了之日起计算"。结合本案，39个被管理对象并非出于谋取利益，即便有谋取未来利益的可能，但请托事项不够具体明确，被告人薛某某对此更无从得知，当然更不可能存在受贿的故意，此类情形下，对于无犯罪故意的薛某某，必须作出罪化处理方符合罪刑法定原则。对于薛某某多次收受礼金的行为，每个被管理对象的每次数额均不等，即使考量入罪化处理，如何计算合计的金额，抑或如何计算合计金额的起算点，均为司法审判过程中的难点。而本案中，在薛某某的收受礼金的行为不能作入罪化处理的前提下，司法机关当然不能对全部数额简单地相加而不考虑上述因素，直接作入罪化处理。

以上辩护意见，诚望贵院予以采纳，准确厘清违纪违法，给被告人一个公正的判决！

（六）周光权老师点评

薛某某的行为虽构成受贿罪，但具体数额的认定对其量刑至关重要。

受贿罪的成立,必须证明行贿行为与职务行为之间存在权钱交易的对价关系,而薛某某接受的情感维系的礼金数额(214.6747万)由于无具体的请托事项,故不应认定为受贿数额,主要理由如下:

首先,根据2016年《贪污贿赂司法解释》第十三条第二款之规定,基于"感情投资"的索取、收受他人财物的行为必须具备以下"三要件"才能"视为承诺为他人谋取利益":①索取、收受财物的对象是具有上下级关系的下属或者具有行政管理关系的被管理人(对象要件);②索取、收受的财物价值3万元以上(数额要件);③可能影响职权行使(实质要件)。由于单纯的情感投资缺乏具体的请托事项,故并不符合受贿罪"为他人谋取利益"的构成要件。

其次,根据从旧兼从轻的原则及有利于被告人的原则,案涉214.6747万元亦不应认定为薛某某的受贿数额。薛某某收受214.6747万元的时间为《贪污贿赂司法解释》出台前,根据《最高人民法院、最高人民检察院关于适用刑事司法解释时间效力问题的规定》第三条之规定,存在新旧司法解释时,应采取从旧兼从轻的原则,而本案行为当时,主要适用的司法解释及最高法发布的指导性案例中,均无一例外地强调了具体请托事项在认定贿赂犯罪时不可或缺。

笔者认为,由于薛某某收受上述礼金时并不存在具体的请托事项,故在法律未明文规定收受礼金罪的前提下,根据罪刑法定及从旧兼从轻的原则,案涉214.6747万元不应认定成薛某某的受贿数额。

二十八、收受礼金与受贿罪的区分

(一) 案情概述

某公诉机关指控称:2014年至2017年,张某某先后任某区副区长、某市高新区党工委委员、管委会副主任、某市某区委副书记、政府代区长、政府区长、某市某区委书记、某市委常委、政府副市长、某区住建厅党组成员、副厅长,在此期间,其利用职务便利,为他人在承揽工程、协调工程款结算、结算贷款利息等方面谋取利益,非法收受100家单位和个人共计1461.2万元,其行为应当以受贿罪追究刑事责任。

(二) 受贿罪法律及相关规定

详见本书"二十七、'纯感情投资'不构成受贿罪的溯及力"部分。

(三) 思路解析

1. 受贿罪的构成要件

成立受贿罪,要求国家工作人员利用职务上的便利,索取他人财物,或者非法收受他人财物,为他人谋取利益(利益是否正当在所不问)。受贿罪侵犯了国家工作人员职务行为的廉洁性及公私财物所有权,该罪严重影响国家机关正常职能的履行,损害国家机关的形象、声誉,同时也侵犯了一定的财产关系,该罪在客观方面表现为利用职务便利索取他人财物,或非法收受他人财物为他人谋取利益;在主观方面表现为故意,目的是非法占有公私财物。

2.《贪污贿赂司法解释》生效前,单纯收受的礼金不应计入张某某的受贿数额

张某某在《贪污贿赂司法解释》生效前收受的并无具体请托事项的礼金不属于其受贿数额,案涉提供者逢年过节送给张某某的礼金,属于单纯的感情维系,提供者并无具体、明确的请托事项,而张某某亦在事前无承诺,事中无实施,事后无兑现,提供者给予张某某礼金及张某某接受礼金的行为均在情谊的范围内,根据《最高人民法院、最高人民检察院关于适用刑事司法解释时间效力问题的规定》第三条的规定(即从旧兼从轻原则),该部分数额不应作入罪评价。

(四)受贿罪出罪类案检索

详见本书"二十七'纯感情投资'不构成受贿罪的溯及力"受贿罪出罪类案检索部分。

(五)关于张某某构成受贿罪但应重新计算数额的辩护意见

张某某涉嫌受贿罪一案,张某某的亲属委托内蒙古蒙益律师事务所并指派田永伟律师担任其辩护人。辩护人在三次向公诉机关递交应认定张某某为自首及立功的申请的基础上,与公诉人面对面地交流沟通,今天庭审感谢公诉人对于张某某行为认定为自首和立功,也感谢合议庭因辩护人自身原因多次推迟开庭的人情化做法。

回到本案中,经过多次会见、阅卷及庭审发问,辩护人认为虽然张某某构成受贿罪,但数额应扣除2016年4月18日前的705.5万元,另行扣除2016年4月18日之后发生的未有请托事项的礼金67万元,即受贿金额应为686万元,非起诉书中所指控的1461.2万元(起诉书中数额计算错误,实际为1458.5万元)。以2016年4月18日为期限节点的理由为:

根据《全国法院审理经济犯罪案件工作座谈会纪要》第三部分第二项之内容，"为他人谋取利益包括承诺、实施和实现三个阶段的行为，只要具有其中一个阶段的行为，如国家工作人员收受他人财物时，根据他人提出的具体请托事项，承诺为他人谋取利益的，就具备了为他人谋取利益的条件"，根据《全国法院审理经济犯罪案件工作座谈会纪要》之精神，受贿人须明知行贿人谋求合法或非法之利益，同时承诺、实施及实现三阶段符合之一即可，即请托事项需要明确具体；2016年4月18日《贪污贿赂司法解释》第十三条规定，具有下列情形之一的，应当认定为"为他人谋取利益"，构成犯罪的，应当依照刑法关于受贿犯罪的规定定罪处罚……国家工作人员索取、收受具有上下级关系的下属或者具有行政管理关系的被管理人员的财物价值达到3万元以上，可能影响职权行使的，视为承诺为他人谋取利益。根据此司法解释此条文之精神，对于受贿罪入罪处理的符合性，更改为推定承诺。本案中张某某的行为没有请托事项的达588笔合计772.5万元，而2016年4月18日前发生的感情投资达543笔合计705.5万元。现辩护人就定罪和量刑部分，逐步展开进阶分析。

1. 公诉机关指控张某某受贿罪定罪部分

辩护人经阅卷得知，2016年4月18日前，张某某单纯收受他人礼金共计705.5元，该款项是否应被纳入张某某的受贿数额？需要根据文首部分之内容，结合刑法教义学进行分析。

（1）为他人谋取利益在犯罪论体系中的体系性地位问题需要在案中明确。为他人谋取利益是主观违法要素，即为他人谋取利益是构成要件要素而非责任要素，是应当在三阶层论或二阶层论中第一层面考察的内容，行为人没有为他人谋取利益的意图，受贿罪的构成要件要素不具备，也就无需要讨论这段时间是否有受贿故意的问题，亦即无须进一步开展行为人违法和有责的问题。

（2）在法律未规定"收受礼金罪"的情况下，张某某的行为不应作入罪化评价。2016年4月18日《贪污贿赂司法解释》第十三条规定，并非所有基于"感情投资"的索取、收受他人财物的行为均属于"为他人谋取利益"的行为。在法律并未规定"收受礼金罪"的前提下，"为他人谋取利益的行为"应符合《贪污贿赂司法解释》规定的"三要件"：一是索取、收受财物的对象是具有上下级关系的下属或者具有行政管理关系的被管理人

(对象要件);二是索取、收受的财物价值3万元以上(数额要件);三是可能影响职权行使(实质要件),上述三要件均具备才能"视为承诺为他人谋取利益",从而认定收受人构成受贿罪。

(3)在无具体请托事项、未影响职权行使的情况下,张某某的行为不应作入罪化评价。对于上述《贪污贿赂司法解释》中"可能影响职权行使"的认定,应以《全国法院审理经济犯罪案件工作座谈会纪要》规定的"(明知他人)有具体请托事项"为判断基准,不能仅仅根据行为人具有期待关照、照顾的内心意图来推定,即感情型投资成立受贿罪的前提系行为人具有明确、具体且外化于行动或语言的请托事项而非抽象、模糊、泛泛的请托事项,且对该请托事项收受者系明知的。基于此,辩护人曾多次在会见时询问且在庭审中也再三询问张某某,包括庭审过程中通过对张某某的发问,在人情社会的中国,逢年过节收受礼金时,是否承诺为具有上下级关系的人或者行政管理对象谋求利益,其回答均为否定。又问,不同的行为人在给予其礼金当时或之后是否影响职权的行使,张某某的回答系稳定且一致的,即没有。既然张某某在收受礼金之时或过后,行为人均未向张某某表示有具体的请托事项,故张某某事前无承诺,事中无实施,事后无兑现,对此部分礼金作入罪化处理,将扩大打击面,将不应入罪的行为作入罪化处理,违背罪刑法定原则。正如陈兴良教授所言:"送钱人仅仅抽象地提出予以关照但并没有提出具体请托事项,国家工作人员也没有提供实际帮助,就认定为承诺为他人谋取利益,这是对《全国法院审理经济犯罪案件工作座谈会纪要》的误读。"[1]

(4)在遵循关于司法解释时间效力的前提下,张某某的行为不应作入罪化评价。本案值得注意的问题是,张某某收受礼金的行为大多发生于《贪污贿赂司法解释》生效前,那么张某某对该《贪污贿赂司法解释》生效前收受的并无具体请托事项的礼金,是否能适用上述规定认定不属于受贿数额呢?答案是肯定的。因为2001年出台的《最高人民法院、最高人民检察院关于适用刑事司法解释时间效力问题的规定》第三条明确指出,对于新的司法解释实施前发生的行为,行为时已有相关的司法解

---

[1] 陈兴良:《为他人谋取利益的性质与认定——以两高贪污贿赂司法解释为中心》,载《法学评论》2016年第04期。

释,依照行为时的司法解释办理,但适用新的司法解释对犯罪嫌疑人、被告人有利的,适用新的司法解释,即从旧兼从轻的原则。综上,案涉705.5万元的礼金系提供者过年过节时给与,属于单纯的感情维系,提供者并无具体、明确的请托事项,提供者给予张某某礼金及张某某接受礼金的行为均在情谊的范围内,故张某某收受的705.5万元当然不应作入罪评价。

(5)在无明确、具体请托事项的情况下,张某某的行为不应作入罪化评价。没有具体、明确请托事项的收受礼金的行为若发生在《贪污贿赂司法解释》出台前,司法机关应将该行为作出罪化处理。例如,在刘某东受贿案中,法院判决中明确认定刘某东没有给送钱人谋取实际利益,而且送钱人在当时也没有提出具体请托事项,在此情况下尽管原判依照法律规定的最低刑罚对刘某东判刑,仍显过重。据此可知,无论是法律规定抑或是司法实践,都认定没有具体、明确请托事项的收受礼金的行为不应作入罪化处理。

综上,根据不同法律文件的精神要义,因张某某收受案涉705.5万元礼金时,行为人并无具体、明确的请托事项,属于单纯的感情投资,且刑法并未将单纯的感情投资规定为犯罪,故案涉705.5万元礼金并不在刑法规定的犯罪射程范围内,由于该705.5万元并不具有刑事上的违法性,故无须讨论其违法性和有责性。

综上所述,张某某逢年过节收受礼金的行为不应作入罪化评价,尤其是2016年4月18日以前收受的礼金的行为,更不能作有罪评价。在法律未设定"收受礼金罪"的情况下,不能虚化或降低"为他人谋取利益"在受贿罪构成要件中的地位。另于2016年9月22日在杭州举办的法官培训会议中有法官提出,"感情投资型受贿司法解释的效力不溯及2016年4月18日之前"。故,本案中张某某的收受礼金的行为不应作入罪化处理,其于2016年4月18日前收受的705.5万元礼金应当在受贿金额中扣除,同时,2016年4月18日后发生的无请托事项的45笔合计67万元,亦应从受贿金额中扣除,即本案评价张某某受贿金额应为1458.5万元(公诉机关计算1461.2万元有误请予以核实)-772.5万元=686万元。

2. 公诉机关指控张某某受贿罪量刑部分

如上文所述,根据罪刑法定原则及刑法的谦抑性,扣除案涉纯粹的"感情投资",张某某实际受贿所得款项系686万,根据《贪污贿赂司法解释》第三条第一款的规定,此时张某某的量刑起点应为 11 年为宜;由于张某某不具备《关于常见犯罪的量刑指导意见(试行)》(以下简称《量刑指导意见》)中所规定的影响基准刑的 12 种法定情节,故在此不论;庭审中,公诉机关称张某某具备自首、立功、坦白、积极退赃等情节,且辩护人经了解得知其羁押期间表现良好,在庭审中又认罪认罚、积极悔罪,但根据《量刑指导意见》的规定,认罪认罚与自首、坦白、当庭自愿认罪、退赃退赔、赔偿谅解、刑事和解、羁押期间表现好等量刑情节不作重复评价,故影响张某某的量刑情节包括公诉人认定的立功及自首,根据《量刑指导意见》的规定,一般立功可以减少基准刑 20% 以下;自首可以减少基准刑 30% 以下,故张某某的宣告刑应为:11 年×12 个月×(1-20%-30%)= 66 个月,故综上而言对张某某判处有期徒刑 5 年 6 个月为宜。

综上,《贪污贿赂司法解释》出台前,单纯收受礼金的行为系纯粹的情感维系,符合人之常情,且不具有明确、具体的请托事项,故不具有刑事违法性,结合本案实际情况可知,张某某收受 772.5 万元礼金的行为未影响到其职权行使,故其受贿数额应为 686 万元。而根据《量刑指导意见》的规定,因其到案后不仅有立功及自首的情节,而且有积极退赔退赃、羁押期间表现良好、当庭认罪等情节,故根据罪责刑相适应及宽严相济的刑事司法政策,对其处 5 年 6 个月有期徒刑为宜。以上辩护意见,恳请贵院予以采纳为盼!

(六)毛立新老师点评

自认罪认罚从宽制度实施以来,认罪认罚的适用率超过了 80%。这些案件,律师介入进来,辩护的主要内容是量刑而非定罪;主要方式是协商,而非对抗。这对于刑事辩护律师提出了新的挑战和要求。

此案的被告人张某某即属上述情况,在开庭前已经做了认罪认罚,基于上述情况,辩护人也选择了做罪轻辩护,主要是从犯罪数额的核减上着手。围绕这一辩护目标,辩护人主要从四个方面切入:一是,为他人谋取利益是构成要件要素,即唯有存在为他人谋取利益的意图时才能构成本罪;二是,根据《贪污贿赂司法解释》的规定,行为人要构成本罪需同时满足三个条件:上下级关系的下属或具有行政管理关系的被管理人、3 万元以上、可能影响职权行使;三是,没有具体请托事项的纯粹感情投资不能被认定为行贿;四是,司法解释时间效力问题。基于上述几点,辩护人非常成功地将受贿金额由原来指控的 1461.2 万元降低到了 686 万元,另外又为当事人争取认定了立功和自首,可以说是罪轻辩护的成功案例。辩护意见中关于受贿金额核减问题的阐述,也为其他类似受贿案罪轻辩护提供了有益的参考。

二十九、受贿罪、行贿罪中"可能影响职权行使"的认定标准

（一）案情概述

某出庭检察员发表意见称：李某某于2002年至2006年担任某市某镇卫生院院长；2019年1月至3月担任某市某区妇幼保健计划生育服务中心主任；2019年8月至案发担任某市中医院党委副书记、院长，其在职期间为了谋取不正当利益，给予国家工作人员人民币60万元；利用职务便利，非法收受他人财物共计人民币70.1万元，其行为已经构成行贿罪、受贿罪。

（二）受贿罪、行贿罪法律及相关规定

1. 受贿罪法律规定

详见本书"二十七、'纯感情投资'不构成受贿罪的溯及力"部分。

2. 行贿罪法律规定

详见本书"五、涉嫌数罪时的精准化量刑"部分。

（三）思路解析

1. 构成受贿罪、行贿罪的考量因素

行贿罪与受贿罪作为对合犯，从两罪的行为角度出发，有行贿才有受贿存在，有受贿必有行贿存在，但从犯罪构成的角度而言两者的对合关系

不是绝对化的,即构成行贿罪不一定构成受贿罪,反之亦然。在一般情形下,认定行为人是否构成行贿罪、受贿罪时,应考虑以下因素:

行为人所谓的"行贿行为"与请托人的职务行为是否存在对价关系(行贿与赠与的界限);行为人的行为是否侵犯国家机关的正常管理或公职人员职务行为的不可收买性;行为人给予请托人财物的时间是否系特殊时间(春节、中秋、婚礼、葬礼等)及行为人是否有具体的请托事项等。请托人接受财物的行为与其履职行为是否具有关联性;是否会影响职权的行使;请托人是否利用职务便利为行为人谋取不正当利益;请托人接受的财物是否系行为人对其正常支出的补偿或给其的劳务费、工资等。

2. 李某某不构成受贿罪、行贿罪

对于受贿部分,一审法院认定的上诉人收受李某甲的贿赂并无证据证实,故不能认定上诉人收受了李某甲的贿赂款,而一审法院认定的上诉人收受的其他款项,或为上诉人与他人之间基于人之常情的单纯的"情感维系",或在"一对一"的证据体系下,仅凭证人证言与上诉人供述无法得出"上诉人接受贿赂后利用职权上的便利为他人谋取利益"的唯一结论。对于行贿部分,上诉人赠与曹某某 60 万元的行为系单纯的情感维系,上诉人没有具体的请托事项,也并未影响曹某某的职权行使,根据在案证据难以认定上诉人给予曹某某财物的行为与曹某某职务行为的对价性、关联性。

(四)受贿罪、行贿罪出罪类案检索

1. 受贿罪

详见本书"二十七、'纯感情投资'不构成受贿罪的溯及力"受贿罪类案检索部分。

2. 行贿罪

(1)事实不清,证据不足类

宋某某涉嫌行贿罪案[①]

【裁判要旨】经本院审查并退回补充侦查,本院仍然认为某市公安局

---

① 案件来源:鞍东检刑不诉〔2019〕14 号。

认定的犯罪事实不清、证据不足,不符合起诉条件。依照《刑事诉讼法》第一百七十五条第四款的规定,决定对宋某某不起诉。

高某甲涉嫌行贿罪案①

【裁判要旨】经本院审查并退回补充侦查,本院仍然认为某市公安局认定的犯罪事实不清、证据不足,不符合起诉条件。依照《刑事诉讼法》第一百七十五条第四款的规定,决定对高某甲不起诉。

(2)被索贿且未谋取不正当利益类

程某某涉嫌行贿罪案②

【裁判要旨】原判认定上诉人程某某为获得审计报告向潘某某行贿8万元,仅有程某某供述,没有其他证据印证;为获取审计报告,上诉人程某某送给审计人员吴某某5万元,系被索贿,但在案证据不能证明程某某是谋取了不正当利益,其行为不符合行贿罪的构成要件,原判认定上诉人程某某犯行贿罪的事实不清、证据不足。

(3)未达到刑法规定的追诉标准

鲍某涉嫌行贿罪案③

【裁判要旨】本院审理期间刑法及相关司法解释对认定构成行贿犯罪的数额进行了调整,上诉人行贿的数额未达到刑法所规定的追诉标准,故依法对其宣告无罪。

(五)关于李某某不构成行贿罪、受贿罪的辩护意见

李某某涉嫌行贿罪、受贿罪一案,委托内蒙古蒙益律师事务所并指派田永伟律师、庞颖慧律师担任其二审的辩护人。辩护人接受委托后,仔细阅卷并及时与李某某沟通,详细研判后认为李某某并不构成行贿罪、受贿罪。根据法律规定,"感情投资型"行贿罪、受贿罪成立的实质要件为可能影响职权行使,结合《刑事诉讼法》第五十五条的规定,证实上诉人构罪的证据应达到确实、充分的标准,以排除合理怀疑,但本案综合全案证据,无

---

① 案件来源:鞍东检刑不诉〔2019〕15号。
② 案件来源:(2014)黔南刑二终字第94号。
③ 案件来源:(2015)扬刑二终字第00116号。

法确定上诉人给予或接受他人财物的行为,可能影响职权行使或系上诉人利用职务之便为他人谋取利益。若仅凭在案证据便认定上诉人构罪系认定行为人构成行贿罪、受贿罪的扩大化,有违罪刑法定的原则,具体理由如下:

1. 对于行贿罪部分,上诉人赠与曹某某财物的行为与曹某某职务行为并不存在对价关系

根据《贪污贿赂司法解释》第十三条第二款对受贿罪的规定,并非所有基于"感情投资"的索取、收受他人财物的行为均构成受贿罪,而是必须具备《贪污贿赂司法解释》规定的"三要件",才能"视为承诺为他人谋取利益";一是索取、收受财物的对象是具有上下级关系的下属或者具有行政管理关系的被管理人(对象要件);二是索取、收受的财物价值3万元以上(数额要件);三是可能影响职权行使(实质要件)。行贿罪与受贿罪作为对合犯,"可能影响职权行使"也应为在"感情投资"的大前提下判断行为人是否符合行贿罪的标准,且"可能影响职权行使"应以2003年《全国法院审理经济犯罪案件工作座谈会纪要》规定的"(明知他人)有具体请托事项"为判断基准,不能仅仅根据行为人具有期待关照、照顾的内心意图来推定。

(1)上诉人在2019年8月赠与曹某某50万元的行为并未侵犯国家机关的正常管理或公职人员职务行为的不可收买性。

行贿罪作为具体危险犯,成立本罪要求贿赂行为与职务行为之间的对价关系是明确的,即职务行为受到了确切的影响,保护的法益(即国家机关的正常管理和公职人员的职务行为的不可收买性)受到了实在的侵害。

具体到本案中,2019年8月上诉人未赠与曹某某50万元之前,其本身就任区中医院党委副书记,综合其之前担任过卫生院医生、院长、党支部书记等工作履历及工作年限等事实,可知其完全具有担任区中医院院长的条件与能力,故其从党委副书记调动为院长属正常的职位调动,该职位调动与上诉人赠与曹某某50万元的行为之间并无关联性,并不是"权钱交易"的结果。由于是正常的职位调动,上诉人对曹某某并无具体的请托事项,即其赠与曹某某50万元的行为并不会影响到曹某某的职权行使,由于其赠与曹某某财物的行为在情谊的范围内,系合情合理的,故并无科处刑罚的必要性。

(2) 上诉人在 2017 年至 2020 年期间赠与曹某某共计 10 万元的行为系单纯的情感维系，其并无具体的请托事项。

在 2017 年至 2020 年期间，上诉人为了感谢领导在工作中的帮助及维系与领导的关系，分 7 次给曹某某 10 万元，该 10 万元或是上诉人在逢年过节所送，或是因曹某某家人过世所送，系单纯的"感情投资"，结合上诉人的讯问笔录可知，其在给予曹某某上述款项时并无具体的请托事项，仅仅是为了得到领导关照；甚至曹某某的爱人和父亲过世时，上诉人仅仅给予曹某某款项并未表现出希望其帮助和照顾的意思。"寻求保护"等仅仅是泛泛的内心期待，客观上并不存在表达于外的具体事项，上诉人给予曹某某 10 万元的行为完全系与曹某某职权无关的经济往来，曹某某作为区委书记，其地位的特殊性决定了李某某在特定时间节点送其款项系符合人之常情的。

陈兴良教授称，"送钱人仅仅抽象地提出予以关照但并没有提出具体请托事项，国家工作人员也没有提供实际帮助，就认定为承诺为他人谋取利益，这是对《全国法院审理经济犯罪案件工作座谈会纪要》的误读"①。即"可能影响职权行使"的司法认定基准应取决于行为人是否有具体的请托事项，而如前所述，针对案涉 10 万元，上诉人并无具体请托事项，且其并非每次送钱时都有"希望曹某某关照"的意思表示，故其给付曹某某的 10 万元仅仅为单纯的情感维系，系感情铺垫，若将该款项认定成行贿款有违罪刑法定的原则。

2. 对于受贿罪部分，上诉人接受财物的行为与其职务行为并无关联性

根据法律及相关司法解释的规定，成立受贿罪需要贿赂与职务行为之间具有关联性，即受贿方具有某种职务，已经、正在或能够实施某种职务行为，从而收受他人提供的贿赂。在处理涉嫌受贿类案件时，应明确区分收受贿赂与接受赠与的界限，即交付财物者是否有求于收受财物者的职务行为；所交付的财物是否属于职务行为的不正当报酬。本案根据在案证据，无法证实上诉人接受他人财物的行为与其职务行为具有关联性，故上诉人的行为应属于接受赠与，具体理由如下：

---

① 陈兴良：《为他人谋取利益的性质与认定——以两高贪污贿赂司法解释为中心》，载《法学评论》2016 年第 04 期。

①就郝某某的 30 万元。一审判决书指控称：2008 年至 2016 年期间，上诉人担任某镇卫生院院长期间，某药品有限公司副总经理郝某某为了抓住客户，扩大药品的销售量，送给上诉人药品返利好处费人民币 30 万元。首先，就数额而言，根据上诉人的交代材料等证据可知，郝某某分 3 次累计给其 29 万元（5 万元、16 万元、8 万元），而郝某某称其并不清楚每次给上诉人的数额，其虽然多次对销售药品所得数额使用了"左右"的描述，但却能说出返给上诉人好处费共 36.6 万元，根据其所称的计算方法（即以获利数额的 30%返好处费），在获利数额不清的前提下并不能准确计算出返好处费的数额，故根据存疑时有利于行为人的原则，上诉人收受的郝某某金额应认定为 29 万元。其次，根据现有证据无法认定案涉款项系上诉人受贿所得，辩护人经阅卷得知该部分认定上诉人构罪的直接证据只有上诉人的供述和郝某某的证言，这在客观上形成了证据的"一对一"。虽然郝某某称上诉人在其公司的药品销售上确实给予过帮助，但该证言只是郝某某的主观臆断，除郝某某证言及上诉人供述外再无其他直接或间接证据证实上诉人是否系因收受了所谓的"好处费"才一直保持与郝某某所属药品公司的合作关系，即在案证据尚未形成完整的证据体系证实"上诉人收受郝某某款项与上诉人利用职务之便与郝某某所属药品公司保持合作关系之间的对价性、关联性"。故仅凭在案证据认定"上诉人收受郝某某的款项系受贿所得"有违证据裁判原则。

②就白某某的 8 万元。一审判决书指控称：上诉人在担任某镇卫生院院长期间，白某某为了让自己的污水管网工程在某镇卫生院门口顺利施工，于 2010 年的一天，在某镇的一个饭店送给上诉人 8 万元好处费，上诉人予以收受。虽然白某某称为了让自己污水管网工程顺利施工而给上诉人 8 万元好处费，但该"好处费"并非经济受贿中所称的"好处费"。根据案件事实可知，案涉污水管网工程的施工并不在上诉人的职权范围内，即无论是否接受了白某某给予其的 8 万元，时任卫生院院长、党支部书记的上诉人并不具备利用职务之便帮助白某某工程顺利施工的客观条件与现实可能性，其无权决定涉案工程施工与否，故上诉人并未利用职务之便为白某某谋取利益，其收受白某某款项的行为也不应评价为收受行贿款的行为，否则无疑加大了刑法对受贿罪的打击力度。

③就赵某某的 11.3 万元。一审判决书指控称：上诉人担任某镇卫生

院院长期间,赵某某为了让其帮忙办理在某镇开办诊所(卫生室)的手续,于2013年3月的一天,在上诉人办公室送给上诉人存有10万元的银行卡一张。2015年,赵某某在上诉人的帮助下,在某镇开办了诊所。2016年至2020年间,赵某某为了继续跟上诉人搞好关系,联络感情以及争取上诉人在工作上的关照,先后给上诉人5笔钱,共计人民币1.3万元。首先,对赵某某给付上诉人的10万元,根据在案证据可知,赵某某因在某村开办诊所时人口较少,故想把诊所转到镇里,但转所需时任某镇卫生院院长的上诉人帮其办理相关手续,故其给予上诉人10万元并承诺少补、若有多余的算是其一点心意,即其给上诉人的10万元并非行贿而系正常的办证费用。据上诉人的交代材料可知,其办证花了8万元、自留2万元,故赵某某的行为并未影响上诉人的职权行使,上诉人办证时也并未利用其职务便利。由于上诉人成功帮助赵某某办理了相关手续,根据一般生活经验及常识,此时双方具有礼尚往来的基础,故该2万元不应评价为受贿款项而应视为赵某某对上诉人的赠与。其次,赵某某后续给上诉人1.3万元时并无具体请托事项,也没有立即要求回报,"寻求关照"只是一般的、抽象的请托事项,系单纯的情感维系,符合人之常情,且该行为并不会影响到上诉人的职权行使,故该1.3万元也不应认定为系上诉人受贿所得。综上,上诉人并未收受赵某某的贿赂。

④就耿某某的1.8万元、彭某某的1万元、范某的2万元。就耿某某而言,一审判决书指控称:上诉人担任某市中医院院长期间,耿某某为了让上诉人尽快结算某市中医院拖欠自己的X光胶片款,于2020年1月初的一天,在上诉人的办公室送给上诉人人民币1.8万元,上诉人收下钱后给耿某某结算了20万元的胶片款。就彭某某而言,一审判决书指控称:上诉人担任某市中医院院长期间,彭某某为了让上诉人尽快结清某市中医院拖欠自己的药品款,于2020年1月初的某一天,在上诉人办公室送给上诉人人民币1万元,上诉人收下后给彭某某结清了14万元的药品款。就范某而言,一审判决书指控称:上诉人担任某市中医院院长期间,范某为了让上诉人结清某中医院拖欠自己所在公司的药品款,于2020年5月的一天,在上诉人办公室送给上诉人人民币2万元。首先,就耿某某的数额而言,根据上诉人的交代材料可知耿某某给其1万元,由于在案证据无法确定耿某某给付的具体数额,故根据存疑时有利于行为人的原则,应认定耿某某给予上诉

人 1 万元。同理,就范某的 2 万元,虽然补充调查卷称范某给上诉人 2 万元,但上诉人在交代材料中称其只收受范某 1 万元,由于在案证据无法确定准确数额,根据存疑时有利于行为人的原则,应认定范某给予上诉人 1 万元。其次,根据耿某某、彭某某、范某的证言及上诉人的供述,耿某某、彭某某、范某之所以给予上诉人款项系为了让上诉人(时任某市中医院院长)尽快结算欠付三人公司的胶片款或药品款,但正如上文所述,在"一对一"的证据体系下,仅凭耿某某等人的证言与上诉人的供述尚不能证实三人的行为确实影响到了上诉人的职权行使,因为即便上诉人未收到上述款项,其也应在职权范围内尽快结算医院欠付三人所属公司的胶片款及药款,故不应将上诉人收受的耿某某、彭某某、范某三人的款项认定为上诉人收受的贿赂。

⑤就孟某某的 3 万元。一审判决书指控称:上诉人在担任某市中医院院长期间,孟某某为了让自己继续被某市中医院返聘以及在自己将来开诊所时让上诉人帮忙办理手续,于 2020 年 5 月的一天,在上诉人办公室送给上诉人人民币 3 万元。虽然判决书称上诉人收受孟某某 3 万元,但根据上诉人的交代材料可知孟某某仅给其 1 万元,但无论上诉人收受多少钱,均不应认定为系上诉人收受贿赂所得,因为据已查清的事实可知,孟某某在上诉人任院长的中医院下设诊所出诊时,不通过医院正常收费程序私自收钱,上诉人知悉后欲终止其返聘合同,并答应若孟某某出去开诊所会帮其办理执业许可证。由于孟某某存在过错,故上诉人想与其解除合同无可非议,而孟某某给上诉人的款项系为了让上诉人帮其办手续,该款项系正常支出,且上诉人无论是否为孟某某办理该手续均不会利用职务之便,故该款项不应被评价为给予上诉人收受的贿赂。

此外,就李某甲的 13 万元。一审判决书指控称:2008 年至 2012 年间,上诉人担任某镇卫生院院长期间,李某甲为了继续与某镇卫生院保持药品购销合作关系以及让上诉人尽早结清自己的药品款,在上诉人的办公室先后送给上诉人人民币共计 13 万元。上诉人收受钱款后同意与李某甲公司保持药品购销合作关系,并将拖欠李某甲的药品款结清。由于在案证据并无证实李某甲曾向上诉人行贿的证言,上诉人的供述及交代材料中也并未提及李某甲,故并不存在李某甲向上诉人行贿的事实。

综上,上诉人并未实施过行贿、受贿的行为。对于行贿部分,上诉人赠与曹某某 60 万元的行为系单纯的情感维系,李某某没有具体的请托事项,也并未影响曹某某的职权行使,根据在案证据难以认定上诉人给予曹某某财物的行为与曹某某职务行为的对价性、关联性;对于受贿部分,一审法院认定的上诉人收受李某甲的贿赂并无证据证实,故不能认定上诉人收受了李某甲的贿赂款,而一审法院认定的上诉人收受的其他款项,或为上诉人与他人之间基于人之常情的单纯的"情感维系",或在"一对一"的证据体系下,仅凭证人证言与上诉人供述无法得出"上诉人接受贿赂后利用职权上的便利为他人谋取利益"的唯一结论。故恳请贵院本着实事求是、认真负责的态度,依法对上诉人作出罪处理为盼!

(六)门金玲老师点评

在行贿、受贿犯罪中,谋取非法利益属于法定构成要件。区分单纯的"感情维系"而给予钱物、寻求"关照"而给予钱物、有具体的"请托"而给予钱物等情形,以便准确认定是否属于"谋取非法利益",成为律师辩护的焦点。且如果存在谋取利益,则所谋取的利益属于"非法"还是"合法"利益,也往往是案件的辩点;在受贿犯罪中,由于公务人员也是生活于世俗尘世的普通一员,也会有日常的人情交往和礼尚往来,因此,公务人员收受钱物的行为是否属于节假日、婚丧嫁娶的礼金及日常生活重大事项的救急等人情交往,理应是辩护律师辩护的焦点;行贿、受贿行为的隐秘性决定了在证据上往往只有一对一的主观证据,因此,收受钱物的行为是否有证据证明,以及是否达到证明标准,也成为辩护律师理应关注的焦点。前文李某某涉嫌构成行贿罪和受贿罪的案件中,辩护律师正是通过关注上述辩点并结合相关法律法规,展开辩护工作。

三十、玩忽职守罪与滥用职权罪的构成要件

（一）案情概述

某公诉机关指控称：贺某某担任某旗医保局局长期间，违法违规为不符合报销标准的参保人员签字报销医疗费，在非全市统一管理的协议医疗机构（非定点）住院报销医疗保险；异地转诊手续不合规报销医疗保险；急诊未备案报销医疗保险；外地探亲未备案报销医疗保险；政策外票据报销；授意某医保局工作人员为参保人员违规报销，以上违规报销涉及六百多人次共计八百多万元。贺某某作为国家机关工作人员，超越职权违法违规为不符合报销标准的人员报销医疗费，致使公共财产、国家和人民利益遭受重大损失，其行为应当以滥用职权罪追究其刑事责任。贺某某为不符合医保定点医疗机构资质的某旗甲医院和乙医养院给予了签批准入，从两家医院获得准入资格至退出定点医疗机构，共获医保资金拨款三百多万。在贺某某担任某医保局局长期间，某旗医保局存在违规报销医疗费问题，涉及一百多人次共二十多万元。贺某某身为国家机关工作人员，不正确履行工作职责，违规给予民营医院医保定点资质准入、违规签批报销医疗保险致使公共财产、国家和人民利益遭受重大损失，应当以玩忽职守罪追究其刑事责任。

（二）滥用职权罪、玩忽职守罪法律及相关规定

1. 法律

《刑法》（2020修正）

第三百九十七条　【滥用职权罪】【玩忽职守罪】国家机关工作人员滥用职权或者玩忽职守，致使公共财产、国家和人民利益遭受重大损失的，处三年以下有期徒刑或者拘役；情节特别严重的，处三年以上七年以下有期徒刑。本法另有规定的，依照规定。

国家机关工作人员徇私舞弊，犯前款罪的，处五年以下有期徒刑或者拘役；情节特别严重的，处五年以上十年以下有期徒刑。本法另有规定的，依照规定。

《社会保险法》（2018修正）

第二十八条　符合基本医疗保险药品目录、诊疗项目、医疗服务设施标准以及急诊、抢救的医疗费用，按照国家规定从基本医疗保险基金中支付。

2. 规范性文件

《最高人民法院、最高人民检察院关于常见犯罪的量刑指导意见（试行）》（法发〔2021〕21号）

三、常见量刑情节的适用

（十三）对于被告人在羁押期间表现好的，可以减少基准刑的10%以下。

《最高人民检察院关于人民检察院直接受理立案侦查案件立案标准的规定（试行）》（高检发释字〔1999〕2号）

二、渎职犯罪案件

（一）滥用职权案（第397条）

滥用职权罪是指国家机关工作人员超越职权，违法决定、处理其无权决定、处理的事项，或者违反规定处理公务，致使公共财产、国家和人民利益遭受重大损失的行为。

涉嫌下列情形之一的，应予立案：

1、造成死亡 1 人以上，或者重伤 2 人以上，或者轻伤 5 人以上的；

2、造成直接经济损失 20 万元以上的；

3、造成有关公司、企业等单位停产、严重亏损、破产的；

4、严重损害国家声誉，或者造成恶劣社会影响的；

5、其他致使公共财产、国家和人民利益遭受重大损失的情形；

6、徇私舞弊，具有上述情形之一的。

（二）玩忽职守案（第 397 条）

玩忽职守罪是指国家机关工作人员严重不负责任，不履行或者不认真履行职责，致使公共财产、国家和人民利益遭受重大损失的行为。

涉嫌下列情形之一的，应予立案：

1、造成死亡 1 人以上，或者重伤 3 人以上，或者轻伤 10 人以上的；

2、造成直接经济损失 30 万元以上的，或者直接经济损失不满 30 万元，但间接经济损失超过 100 万元的；

3、徇私舞弊，造成直接经济损失 20 万元以上的；

4、造成有关公司，企业等单位停产、严重亏损、破产的；

5、严重损害国家声誉，或者造成恶劣社会影响的；

6、海关、外汇管理部门的工作人员严重不负责任，造成巨额外汇被骗或者逃汇的；

7、其他致使公共财产、国家和人民利益遭受重大损失的情形；

8、徇私舞弊，具有上述情形之一的。

3. 地方性法规

《某自治区城镇基本医疗保险条例》（2015 年 11 月 25 日某自治区第十二届人民代表大会常务委员会第十九次会议通过）

第三十七条 参保人员在参保统筹地区以外就医，符合下列情形的，由基本医疗保险统筹基金予以支付：

（一）异地居住一年以上的退休人员、常驻异地工作的人员在参保地医疗保险经办机构备案后，可以在居住地、工作地定点医疗机构就医；

（二）因当地医疗条件所限、符合国家和自治区分级诊疗制度规定确需异地转诊就医的，在参保地医疗保险经办机构备案后，可以在异地定点医疗机构就医；

(三)因短期出差、学习培训、休假探亲期间或者学生寒暑假期间等在异地发生疾病需就地紧急诊治的,可以在当地就医。

(三)思路解析

1.滥用职权罪、玩忽职守罪的构成要件

第一,成立滥用职权罪或者玩忽职守罪,要求行为人系国家机关工作人员;第二,滥用职权罪要求行为人主观存在故意,而玩忽职守罪在主观方面多为过失,还包括间接故意;第三,两罪均要求其行为致使公共财产、国家和人民的利益遭受重大损失,即行为人滥用职权或玩忽职守的行为与重大损失之间存在刑法上的因果关系。

2.如何认定玩忽职守罪中的"重大损失"

"重大损失"作为认定贺某某是否构成玩忽职守罪客观方面的重要特征,是定罪量刑的重要依据。根据法律及相关司法解释的规定,"重大损失"系无可挽回的且本不应发生的损失。具体到本案中,首先,医保资金具有专用性,即无论是在统筹地区内或是在统筹地区外,只要参保人员住院治疗符合该统筹地区医保报销的条件,均由该统筹地区医保资金拨款;其次,案涉参保人员生病是客观事实,住院治疗产生费用亦是客观事实,若患者知悉案涉两家医院无法报销,其也会选择在其他定点机构治疗,即案涉医保资金的报销必然会发生。综上,将必然会发生的报销款项认定为贺某某构罪的"重大损失",有违立法本意与罪刑法定的原则。

3.如何界定工作失误与玩忽职守犯罪

玩忽职守罪作为结果犯,要求行为人的行为产生了危害结果才构罪,但并不是所有产生了危害结果的行为都能构成玩忽职守罪,因为工作失误也会导致某些危害结果的发生。显然,工作失误与玩忽职守犯罪之间存在明显的差异:首先,就客观表现而言,工作失误系不认真履行自己的职责,而玩忽职守罪系不履行或不正确履行工作职责;其次,工作失误系意志以外的因素导致的,包括但不限于政策的限制、管理弊端、工作能力及经验欠缺、文化水平低、多人参与时获取消息不同步等,而玩忽职守罪系有正确履行工作职责的条件、水平而极端不负责任、未正确履行职

责,导致发生了本不应发生的且无法挽回的重大损失。在实践中,应厘清工作失误与玩忽职守罪的界限,根据法秩序统一原理,能用民商法、行政法规制的行为便无须上升到刑事高度,以免过度扩大刑法的打击力度。

4. 形式要件瑕疵不必然导致行为人构成滥用职权罪

根据《某自治区城镇基本医疗保险条例》可知,当出现符合该规定的情形时,即便患者在非参保统筹地区以外就医,其医疗所产生的花销,基本医疗保险统筹基金也应予以支付,且因短期出差、学习培训等在异地因突发疾病确需就地急诊的,报销时均不要求以备案为审批条件。

参保人员急诊、探亲期间就医等情形均为突发事件,或系对政策不了解,或系对程序不清楚,或系因生病住院无暇顾及,在申请医保报销时材料不全,不符合形式要件属人之常情,但其生病住院发生医疗费用系不争的事实,故在法律明文规定"统筹基金应付部分不应因缺少形式要件而拒付"的前提下,即便形式要件存在瑕疵,该类报销也理应纳入医保资金报销的范畴,故该类医保基金的报销系正常、必要的支出而非"重大损失"。综上,即便行为人审核通过的报销缺少形式要件,也不必然导致其入罪。

(四)玩忽职守罪、滥用职权罪的出罪、定罪免刑类案检索

1. 行为人的行为与重大损失并不存在刑法上的因果关系类

施某丽犯玩忽职守罪案①

【裁判要旨】确认行为人是否正确履行职责首先需明确行为人的职责所在。在本案中,需查明施某丽是否对上报的危房改造实名制统计表负有审查、监管的职责。危房改造的流程是各项目农场先申报下一年度危房改造户数,市农垦科负责对数据进行汇总,上报省农垦局做计划,省农垦局确定市级危房改造指标,市政府再将危房改造指标分解到市农委等。项目农场按照危房改造投资计划,将有关危房改造政策内容、国家、省、市县补助标准等公告所有职工,由危房职工提出改建申请,农场职代会评议,评议结果张榜一周,公示无异议后,由农场安排计划,分批改造危

---

① 案件来源:(2016)辽1481刑再2号。

房。通过该《实施方案》可知,对危房改造资金的监管在后期资金的使用而非前期申报。施某丽在申报危房改造名单中确实有不负责任的地方,但该不负责任并不必然带来损失,国有财产的损失是由于实施阶段中监管缺失造成的,与施某丽的行为并无直接关系。综上,经研究决定判决施某丽无罪。

周某彦玩忽职守罪案①

【裁判要旨】针对抗诉机关提出的"周某彦的玩忽职守行为与非税收入损失间存在刑法上的因果关系,且曹某的挪用行为并未中断该因果关系"的抗诉意见,经查,周某彦的玩忽职守行为与曹某挪用公款行为相互独立,即周某彦的玩忽职守行为并不必然导致曹某挪用公款行为的发生,而仅是条件之一,故周某彦的玩忽职守行为与非税收入损失之间没有刑法上的因果关系。

2. 具有自首、弥补损失、悔罪表现等情节、犯罪情节轻微类

冯某、赵某某玩忽职守罪案②

【裁判要旨】被告人冯某在担任某中心副主任期间,作为负责参合农民县外非即时结报医疗机构就诊医疗费用报补复核工作的复核人,赵某某在担任某中心主任期间,作为负责参合农民县外非即时结报医疗机构就诊医疗费用报补批准工作的批准人,二人在对孙某甲利用购买的虚假医疗资料向某中心报销医疗补偿款的复核、批准过程中,对用于报销孙某乙在某军医大学住院治疗的医疗资料中存在出院记录未加盖医院印章、未附出院记录、骨髓穿刺术和骨髓活检术价格畸高、手术次数异常、住院号前后不一致、两份报补资料住院时间重叠等疑点和问题,未认真履行工作职责,致使孙某甲利用虚假资料在某中心通过复核、批准,非法骗取医疗补偿款共计715509元。二被告人的行为均已触犯刑律,构成玩忽职守罪。二被告人经侦查机关通知后主动到案,并如实供述了自己的罪行,庭审中自愿认罪,是自首,依法可以从轻或者减轻处罚;二被告人自愿共同缴纳了715509元,弥补了国家损失,具有悔罪表现,故二被告人的犯罪事实和情节轻微,可以不需要判处刑罚。

---

① 案件来源:(2017)湘09刑终62号。
② 案件来源:2017(皖)1823刑初174号。

（五）关于贺某某构成滥用职权罪但应重新计算数额的辩护意见

内蒙古蒙益律师事务所依法接受犯罪嫌疑人贺某某亲属的委托，指派田永伟律师、王安安律师作为贺某某涉嫌滥用职权罪、玩忽职守罪一案的辩护人。通过对案卷材料进行拆分剖析、详细研判，结合庭审调查，辩护人认为贺某某的行为不构成玩忽职守罪；公诉机关认定的部分数额不属于滥用职权范围，应依法在涉案损失数额中予以减除，理由如下：

1. 甲医院和乙医养院获得的医保基金拨款不属于"重大损失"范畴，贺某某的"失职行为"与上述医保拨款不构成刑法意义上的因果关系

调查机关认定贺某某不认真履行职责，为不符合医保定点医疗机构资质的甲医院和乙医养院给予签批准入，两家医院自2017年获得准入资格，至2018年3月退出定点医疗机构，共获得医保基金拨款3645567.4元。"致使公共财产遭受重大损失"是玩忽职守罪客观方面的一个重要特征，是定罪量刑的重要依据。重大损失一般表现为因不可抗力的原因致使公共财产遭受无法挽回的重大损失；因工作严重不负责任，致使公共财产被罪犯诈骗造成无法挽回的经济损失；以合法形式转移公共财产造成无法挽回的重大损失，多表现为债务人规避法律、逃避债务的情况；因玩忽职守致使公共财产灭失、毁坏等遭受的重大损失；因疏于管理或不履行管理职责致使本单位受到犯罪分子不法侵害而遭受的重大损失；通过法院诉讼程序仍无法挽回的重大损失。可见，重大损失是无法挽回的本不应发生的损失。医保基金的用途具有专项及专用性，即用于参保人员住院、门诊、急诊等政策内药品、诊疗项目及医疗服务设施的统筹基金支付部分。公诉人认定的医保局拨付给甲医院和乙医养院的医保基金拨款，不属于玩忽职守罪认定的公共财产遭受重大损失范畴，上述医疗基金拨款系用于本辖区参保人员生病住院应由统筹基金支付的部分。参保人员生病住院发生医疗费用系客观事实，上述两家医院若非医疗定点医院，涉及的参保人员亦会在其他医疗定点医院接受治疗，该部分医保基金系必然发生的费用，将合理合法范围内必然发生的费用认定为"重大损失"，以此认定贺某某构成玩忽职守罪，显然不符合罪刑法定原则，有违立法初衷。

分析案件，决不应孤立地只研究主体的行为与危害结果之间的因果关系，而应全面地研究各组成因素，研究内因与外因，才能根据条件以及它们之间的相互作用，科学地确定主体的行为是不是结果产生的原因以及它们对结果发生所起作用力的大小。辩护人认为判断玩忽职守行为与危害结果之间的因果关系时，主要考虑以下因素：一是行为人的工作职责；二是行为人是否有玩忽职守的行为。玩忽职守行为是对职责的背离，这种对职责背离的行为往往会表现为对某种潜在的危险转向现实的危险提供了客观帮助。不作为的玩忽职守行为，则多表现为对社会上现有的危险或潜在的危险不控制、不制止或未能合理监控危险源。玩忽职守行为由于违背法律义务和职责要求，减弱了国家管理应有的强度或者使社会管理的某个领域处于管理失控的状态，从而给行为对象带来了受侵害的危险。结合证据可以证实，本案存在多名国家机关工作人员先后实施多个玩忽职守行为导致同一危害结果发生的情况，具有专项审查职能的工作部门、工作人员对本案的发生负有直接责任，故而即使存在危害结果，亦不应直接归罪于负有领导责任的人。

2. 正确区分玩忽职守犯罪与工作失误，仅仅以造成危害结果要求贺某某承担刑事责任，有违立法原则

玩忽职守系结果犯，要求行为人玩忽职守的行为造成一定的危害结果才能评价为犯罪，但是不是可以笼统地理解为只要有危害结果发生，行为人一定构成玩忽职守犯罪呢？答案显然是否定的。工作失误往往也可能会给国家和人民的利益造成重大损失，这一点上与玩忽职守罪相同，但两者也有严格的区别。首先，客观表现不同。工作失误表现为行为人不认真履行自己的工作和义务。而玩忽职守犯罪表现为行为人不履行或不正确履行自己的工作职责和义务，有章不循、有法不依、有制度不执行、有规章不遵守等。其次，造成严重结果的原因不同，工作失误是行为人意志以外的原因，是由于制度不完善，一些具体政策界限不清，管理上存在弊端，以及由于国家工作人员文化水平、业务素质、工作经验方面有欠缺，因而在积极工作中出现错误，造成国家和人民利益遭受重大损失。而玩忽职守罪，则是违反工作纪律和规章，严重官僚主义，对工作极端不负责任等行为而造成国家和人民利益遭受重大损失。玩忽职守主要是行为人因为各种因素对履行的职责不满，采取消极的、不作为的态度对待工作，放

任严重后果的发生。玩忽职守以过失为主,但不排除间接故意。综合全案证据可知(证据卷第40卷,P28某医保局稽核股股长周某某证实;证据卷第40卷,P36某医保局稽核股工作人员刘某某证实),造成违规多报销医疗费的结果大部分系医保局工作人员在日常工作中计算错误或与审计部门对政策的理解不一致,究其原因系行为人由于政策不明确,业务能力和水平低等原因造成的利益损失,这在日常履行公务中无可避免,而非工作人员消极怠工,对工作极端不负责任造成的结果,即非工作人员因故意或重大过失而造成损害结果。调查机关仅以审计结果作为认定贺某某应承担的领导责任系玩忽职守犯罪明显背离事实。

且,第一部分辩护人已经论述甲医院和乙医养院的医保基金拨款非重大损失范畴,不应认定为玩忽职守犯罪,故而,审计部门认定的违规多报销医疗费121人次共225177.21元,即使认定为玩忽职守行为导致的损失,因不符合立案标准,应属一般玩忽职守行为,而非玩忽职守犯罪,不需要刑法调整。

结合"法秩序统一"原理,民法、行政法系前置法一次法,刑法为后置法二次法,能动用民法、行政法调整则不可运用刑法进行规范,否则将违背"法秩序统一"这一原则,就指控的玩忽职守罪深入研判贺某某的行为,其行为不具备危险性,结果的发生亦与贺某某的行为,未有直接的法律意义上的因果关系,即若不存在贺某某的签批行为,医患药费已经发生,正常程序报销亦从社会基金中的医保基金支出,故本案不存在"重大损失",即不存在医保基金的流失问题,对不存在损害后果的行为进行入罪评价,违背罪刑法定原则,故对玩忽职守罪部分应作出罪化处理。

3. 形式要件瑕疵不是认定非法的必要条件,调查机关认定的异地转诊转院手续不合规、急诊未备案、外地探亲未备案等情形非法定不可报销情形,不宜作犯罪评价

《社会保险法》第二十八条规定,符合基本医疗保险药品目录、诊疗项目、医疗服务设施标准以及急诊、抢救的医疗费用,按照国家规定从基本医疗保险基金中支付。《某自治区城镇基本医疗保险条例》第三十七条规定,参保人员在参保统筹地区以外就医,符合下列情形的,由基本医疗保险统筹基金予以支付:

(1)异地居住一年以上的退休人员、常驻异地工作的人员在参保地医

疗保险经办机构备案后,可以在居住地、工作地定点医疗机构就医;

(2)因当地医疗条件所限、符合国家和自治区分级诊疗制度规定确需异地转诊就医的,在参保地医疗保险经办机构备案后,可以在异地定点医疗机构就医;

(3)因短期出差、学习培训、休假探亲期间或者学生寒暑假期间等在异地发生疾病需就地紧急诊治的,可以在当地就医。

上述法律及地方性法规规定,只要符合基本医疗保险药品目录、诊疗项目、医疗服务设施标准以及急诊、抢救的医疗费用,均按照国家规定从基本医疗保险基金中支付。某自治区制定的城镇基本医疗保险条例仅仅规定确需异地转诊就医的,在参保地医疗保险经办机构备案后,可以异地定点医疗机构就医,急诊、外地探亲等均不要求备案作为医疗费报销的必要条件。《某市城镇居民基本医疗保险实施办法》《某市基本医疗保险住院及异地就医管理办法》《某市城镇居民基本医疗保险实施办法》等文件均为某市政府发布的规范性文件,而非法律法规范畴,且其上述规定限缩了参保人员法律规定下应报销部分,与上位法相悖,其不应作为认定具体行政行为是否合法的内容依据。未报备以及未及时报备,或者异地转诊转院手续不合规应属形式要件瑕疵,而非实质要件欠缺,予以补正并无不妥。参保人员急诊、探亲期间就医等情形均为突发事件,或对政策不了解,或对程序不清楚,或因生病住院,无暇他顾,在提供医保报销时材料不全,不符合形式要件属人之常情,其生病住院发生医疗费用系不争的事实,按照法律法规,统筹基金应付部分不应因缺少形式要件而拒付。故,调查机关起诉意见书认定的异地转诊转院不合规报销医疗保险涉及359人次,数额5397530.64元;急诊未备案报销医疗保险涉及50人次,数额754265.31元;外地探亲未备案报销医疗保险20人次,数额153299.64元(以上应减除项合计6305095.59元),因其属于统筹基金法定应付部分,应在滥用职权损失数额中予以减除。

综上所述,结合法律规定和基本法理常识,贺某某不构成玩忽职守罪,在其行为不具备犯罪该当性的前提下,当然不能对其进行第二层违法和第三层有责评价,否则违背罪刑法定原则。另外,公诉机关认定的形式要件瑕疵,故报销医疗费应在其滥用职权犯罪数额中予以减除。贺某某的行为违规不值得鼓励,但其目的在于保障民生及维稳,涉及千家万户的病患家庭,而非个人私利,其主要目的还在于工作的顺利开展,其主观恶性及社会危害性均相对较小,建议贵院在对贺某某案件的处理上予以充分考虑。

故,对贺某某的玩忽职守行为应当进行违规层面分析,而非直接绕过违规,避开违法,直接进行入罪化处理;对贺某某滥用职权涉及的六笔款项进行剥离,对其中二、三、四作出罪化处理,扣除金额为6305095.59元,入罪金额2383072.40元。结合贺某某在被羁押期间表现良好,可以减少基准刑的10%以下,加之公诉机关认定的坦白、认罪认罚等从轻、从宽情节,建议对贺某某处以有期徒刑一年六个月为宜。以上辩护意见,恳请贵院采纳为盼!

(六)张青松律师点评

玩忽职守罪虽系结果犯,要求行为人的玩忽职守行为造成一定的危害结果,才能评价为犯罪,但不能认为造成危害结果就一定构成玩忽职守罪,要注意玩忽职守与工作失误的区别,如行为仅系工作失误,那就不应以玩忽职守罪对行为人作入罪处理。根据罪责自负的要求,一个人对自己的危害行为及其造成的危害结果承担刑事责任。因此,当危害结果发生时,行为人需要对危害结果承担责任,除了坚持客观归责论外,还需查明行为人所实施的危害行为与危害结果之间是否具有刑法上的因果关系,这是认定行为人是否应负刑事责任的基础和必要条件。本案中贺某某的行为与医保基金拨款是否存在因果关系对本案定性至关重要。案涉参保人员生病住院发生医疗费确为客观事实,加之人本身具有趋利性,如若本案中两家医院非医疗定点医院,涉及的参保人员必然会选择其他医疗定点医院接受治疗,那么案涉医保基金拨款也就必然支出,换言之,贺某某的行为与医保基金拨款之间并没有因果关系。

此案而言,辩护人以贺某某的行为为分析案件起点,结果的发生与其有无关联为落脚点,梳理了贺某某的行为与损害结果之间不具有因果关系,得出其行为不具备玩忽职守犯罪的该当性,当然无须评价违法性与有责性的结论,进而归纳出贺某某的行为不构成玩忽职守罪的结论,如此精细的辩护进阶分析方法,应推广学习之。

三十一、司法责任制的理解与适用

（一）案情概述

某公诉机关指控称：李某某（一级员额法官）身为国家审判机关工作人员，在行使国家审判职权过程中，置国家法律于不顾，无视被告提出的辩解意见，在原告举证不能的情况下，以原告自认为依据，滥用审判职权，强行判决被告偿还原告人民币本金500万元及利息350万元，应当以滥用职权罪追究其刑事责任。戴某某身为国家审判机关工作人员，在行使审判职权过程中，严重不负责任，对李某某的错误裁判要点不予审核而随意签发判决书，给被告造成了巨大的经济损失，其行为应当以玩忽职守罪追究刑事责任。

（二）滥用职权罪、司法责任制法律及相关规定

1. 滥用职权罪法律及相关规定

详见本书"三十、玩忽职守罪与滥用职权罪的构成要件"部分。

2. 司法责任制规范性法律文件

《最高人民法院关于完善人民法院司法责任制的若干意见》（法发〔2015〕13号）

一、目标原则

1.完善人民法院的司法责任制，必须以严格的审判责任制为核心，以

科学的审判权力运行机制为前提,以明晰的审判组织权限和审判人员职责为基础,以有效的审判管理和监督制度为保障,让审理者裁判、由裁判者负责,确保人民法院依法独立公正行使审判权。

二、改革审判权力运行机制

(一)独任制与合议庭运行机制

6.独任法官审理案件形成的裁判文书,由独任法官直接签署。合议庭审理案件形成的裁判文书,由承办法官、合议庭其他成员、审判长依次签署;审判长作为承办法官的,由审判长最后签署。审判组织的法官依次签署完毕后,裁判文书即可印发。除审判委员会讨论决定的案件以外,院长、副院长、庭长对其未直接参加审理案件的裁判文书不再进行审核签发。

四、审判责任的认定和追究

(二)审判责任承担

29.独任制审理的案件,由独任法官对案件的事实认定和法律适用承担全部责任。

六、附则

45.本意见所称法官是指经法官遴选委员会遴选后进入法官员额的法官。

《最高人民法院关于进一步全面落实司法责任制的实施意见》(法发〔2018〕23号)

二、完善新型审判权力运动机制,切实落实"让审理者裁判"的要求

3.坚持一岗双责、权责一致。加强法院基层党组织建设,以提升组织力、强化政治功能为重点,深入推进人民法院基层党组织组织力提升工程,调整优化基层党组织设置,加强党支部标准化规范化建设,切实把基层党组织建设成为推进人民法院改革发展的坚强战斗堡垒。坚持抓党建带队建促审判,切实加强审判执行机构、审判执行团队的政治建设和业务建设,健全完善审判执行团队的党团组织,提升团队组织力和战斗力。各级人民法院领导干部要在严格落实主体责任上率先垂范,充分尊重独任法官、合议庭法定审判组织地位,除审判委员会讨论决定的案件外,院长、副院长、庭长不再审核签发未直接参加审理案件的裁判文书,不得以口头

指示等方式变相审批案件,不得违反规定要求法官汇报案件。严格落实《人民法院落实〈领导干部干预司法活动、插手具体案件处理的记录、通报和责任追究规定〉的实施办法》《人民法院落实〈司法机关内部人员过问案件的记录和责任追究规定〉的实施办法》,法官应当将过问、干预案件情况在网上办案系统如实记录,并层报上级人民法院。

13. 细化落实院长、庭长审判监督管理权责清单。院长、庭长审判监督管理权力职责一般包括:(1)配置审判资源,包括专业化合议庭、审判团队组建模式及其职责分工;(2)部署综合工作,包括审判工作的安排部署、审判或者调研任务的分配、调整;(3)审批程序性事项,包括法律授权的程序性事项审批、依照规定调整分案、变更审判组织成员的审批等;(4)监管审判质效,包括根据职责权限,对审判流程进行检查监督,对案件整体质效的检查、分析、评估,分析审判运行态势,提示纠正不当行为,督促案件审理进度,统筹安排整改措施,对存在的案件质量问题集中研判等;(5)监督"四类案件",对《最高人民法院关于完善人民法院司法责任制的若干意见》第24条规定的"四类案件"进行个案监督;①(6)进行业务指导,通过审理案件、参加专业法官会议或者审判委员会等方式加强业务指导;(7)作出综合评价,在法官考评委员会依托信息化平台对法官审判绩效进行客观评价基础上,对法官及其他工作人员绩效作出综合评价;(8)检查监督纪律作风,通过接待群众来访、处理举报投诉、日常监督管理,发现案件审理中可能存在的问题,提出改进措施等。各级人民法院要根据法律规定和司法责任制要求,分别制定院长、副院长、审判委员会专职委员、庭长、副庭长的审判监督管理权力职责清单。院长、庭长在权力职责清单范围内按程序履行监督管理职责的,不属于不当过问或者干预案件。院长、庭长应当履行监督管理职责而不履行或怠于履行的,应当追究监督管理责任。

14. 进一步完善"四类案件"识别监管制度。各高级人民法院应当细化"四类案件"监管范围、发现机制、启动程序和监管方式。立案部门负责

---

① "四类案例"即a.涉及群体性纠纷,可能影响社会稳定的;b.疑难复杂且在社会上有重大影响的;c.与本院或上级法院的类案判决可能会发生冲突的;d.有关单位或个人反映法官有违法审判行为的。

对涉及群体性纠纷、可能影响社会稳定等案件进行初步识别;承办法官在案件审理过程中发现属于"四类案件"范围的,应当主动向庭长、分管副院长报告;审判长认为案件属于"四类案件"范围的,应当提醒承办法官将案件主动纳入监督管理;审判管理机构、监察部门等经审查发现案件属于"四类案件"范围的,应当及时报告院长。探索"四类案件"自动化识别、智能化监管,对于法官应当报告而未报告的,院长、庭长要求提交专业法官会议、审判委员会讨论而未提交的,审判管理系统自动预警并提醒院长、庭长予以监督。院长、庭长对"四类案件"可以查阅卷宗、旁听庭审、查看案件流程情况,要求独任法官、合议庭在指定期限内报告案件进展情况和评议结果、提供类案裁判文书或者检索报告。院长、庭长行使上述审判监督管理权时,应当在办案平台标注、全程留痕,对独任法官、合议庭拟作出的裁判结果有异议的,可以决定将案件提交专业法官会议、审判委员会进行讨论,不得强令独任法官、合议庭接受自己意见或者直接改变独任法官、合议庭意见。

《最高人民法院关于全面深化人民法院改革的意见——人民法院第四个五年改革纲要(2014—2018)》(法发〔2015〕3号)

三、全面深化人民法院改革的主要任务

(四)健全审判权力运行机制

建立中国特色社会主义审判权力运行体系,必须严格遵循司法规律,完善以审判权为核心、以审判监督权和审判管理权为保障的审判权力运行机制,落实审判责任制,做到让审理者裁判、由裁判者负责。到2015年底,健全完善权责明晰、权责统一、监督有序、配套齐全的审判权力运行机制。

27.健全主审法官、合议庭办案机制。选拔政治素质好、办案能力强、专业水平高、司法经验丰富的审判人员担任主审法官。独任制审判以主审法官为中心,配备必要数量的审判辅助人员。合议制审判由主审法官担任审判长。合议庭成员都是主审法官的,原则上由承办案件的主审法官担任审判长。完善院、庭长、审判委员会委员担任审判长参加合议庭审理案件的工作机制。改革完善合议庭工作机制,明确合议庭作为审判组织的职能范围,完善合议庭成员在交叉阅卷、庭审、合议等环节中的共同参与和制约监督机制。改革裁判文书签发机制。

29. 健全院、庭长审判管理机制。明确院、庭长与其职务相适应的审判管理职责。规范案件审理程序变更、审限变更的审查报批制度。健全诉讼卷宗分类归档、网上办案、审判流程管控、裁判文书上网工作的内部督导机制。

（三）思路解析

1. 如何理解司法责任制

2015年9月21日，在最高人民法院召开的《最高人民法院关于完善人民法院司法责任制的若干意见》新闻发布会上，时任最高人民法院司法改革领导小组办公室主任贺小荣指出，在传统的审判模式下，审判权和审判管理权的权力边界不清，院长、庭长的审判管理权有时高于法官的审判权，有的甚至直接取代了审判权，违反了"以审判权为核心"的原则，导致"审者不判、判者不审、判审分离、权责不清"，由此引发了人们对审判管理权的简单否定和绝对排斥。事实上，现代社会公权力的运行均离不开必要的管理，人民法院的审判活动也不例外。如案件分配机制、审判长的指定、法官审理案件的期限、法官的回避、庭审和裁判文书的公开等一系列与当事人诉讼权利密切相关的程序性事项，都需要必要的管理活动来保障。在此应当强调的是，为了确保法官依法独立行使判断权和裁决权，审判管理权的对象一般限定于程序性事项的范围之内，任何与法官认定事实和适用法律相关的实体性事项，均不宜涵盖在审判管理的范畴之内。如证据能否采信、合同是否生效、罪与非罪、此罪与彼罪等案件实体问题，都不能通过审判管理来解决。这正是本轮司法改革在确定审判管理权时的一次重大转型，也是对传统审判模式下审判管理的一次新的革命。

审判权和审判管理权是人民法院内部为解决程序性事项而设定的一种决定与服从的垂直关系，而审判权与审判监督权便是为解决程序与实体事项而设定的一种相互制约、彼此独立的平行关系。审判权作为审判权力运行体系中的核心，不能直接被审判监督权所改变，但要受审判监督权所制约。

这次司法责任制改革赋予审判监督权全新的内涵：一是监督有序。审判监督权的行使必须受范围、程序、方式的严格限制。二是监督有度。

审判监督权必须保持必要的克制,院长、庭长不能直接否定和改变合议庭的意见,也不得要求合议庭改变意见,确保监督有度。三是监督有痕。院长、庭长的全部监督活动必须记录在案卷和办公平台上,为甄别和辨识审判责任奠定基础。四是失职有责。这次司法责任制改革,一方面明确了院长、庭长监督管理权的边界,同时又加重了院长、庭长的监督管理责任。《最高人民法院关于完善人民法院司法责任制的若干意见》明确规定,负有监督管理职责的人员等因故意或者重大过失,怠于行使或者不当行使审判监督权和审判管理权导致裁判错误并造成严重后果的,依照有关规定应当承担监督管理责任。

在传统的审判模式下,裁判文书的署名权和签发权相分离,即"法官署名、领导签发"。这次司法责任制改革分别明确了不同审判组织签署和签发裁判文书的不同方式,真正实现审理者、裁判者、署名者、签发者的高度统一,让审判权真正回归司法规律的本质要求。

审判责任的追责范围、承担方式和追责程序,强调法官应当对其履行审判职责的行为承担责任,在职责范围内对办案质量终身负责。

2. 戴某某不构成玩忽职守罪

第一,通过分析卷宗记载的××××号案件材料可知,认定李某某滥用职权的事实不清、证据不足,在认定行为人是否构成玩忽职守罪时,应厘清"受能力所限"与"刑事违法"的界限,严格依据罪刑法定原则认定行为人的行为是否具备刑事犯罪的该当性、违法性和有责性;第二,自"以审判权为核心、以审判监督权和审判管理权为保障"的审判权力机制运行后,未实际参加案件审理的庭长无须在文书上签字。由于戴某某并非××××号案件的审理法官,故根据审判责任制,身为庭长的戴某某本无须在该文书上签字,虽然戴某某签发了××××号文书,但其行使的系审判管理权而非审判权,且根据在案证据分析不难得出,其已充分履行了审判管理权。同时,由于戴某某并非××××号案的主审法官且未参加该案实体性事项的开庭审理,故其并无法了解案件的实体性事项,且自 2015 年司法责任制改革后,"欠条是何时开具的、张某某是否履行了给付义务"等实体问题均不再属于戴某某的审查范围。由于戴某某对××××号案享有的系审判监督权而非审判权,故即便经最终审理认定本案确实存在问题,但是,该责任的承担主体也并非戴某某。

(四) 玩忽职守罪出罪类案检索

详见本书"三十、玩忽职守罪与滥用职权罪的构成要件"部分。

(五) 关于戴某某不构成玩忽职守罪的辩护意见

戴某某涉嫌玩忽职守罪一案,被告人委托内蒙古蒙益律师事务所承办此案,并指派田永伟律师、庞颖慧律师担任其辩护人。辩护人接受委托后,经过认真阅卷、详细研判后认为戴某某不构成玩忽职守罪,戴某某涉嫌罪名是因李某某先前行为而引发,所以,辩护人有必要先对李某某的行为进行评价。首先,本案认定李某某滥用职权的证据体系存在严重缺陷,指控罪名必然不成立;其次,自"以审判权为核心、以审判监督权和审判管理权为保障"的审判权力机制运行后,未实际参加案件审理的庭长无须再在文书上签字。若系独任审理,则由实际审理案件的法官对案件的事实认定和法律适用承担全部责任,故判决中本院认为部分"戴某某在行使国家审判职权过程中,严重不负责任,对李某某造成的错误裁判要点不予审核而随意签发"不能成为认定戴某某入罪的理由;最后,公诉机关现有的证据无法证实戴某某构成玩忽职守罪,详细内容如下:

1.本案认定"李某某在行使国家审判职权过程中置国家法律于不顾,滥用审判职权"的证据体系存在严重缺陷,指控罪名必然不成立

根据庭审质证内容、李某某的询问笔录可知,李某某在审理案涉欠条时,针对庭审中出现的程序性问题应如何应对系认定其是否构罪的核心点。

首先,对董某某提出的追加当事人申请的主张,李某某认为张某某和董某某系欠条的相对人,而甲公司系案外人,甲公司与欠条属于不同的法律关系,甲公司不具备被告资格,故其驳回了董某某的申请,此举当然符合《民事诉讼法》的规定,若其反其道而行之,追加则属于枉法裁判之行为。同时,若董某某申请将甲公司作为第三人参诉,则李某某驳回董某某诉请系违法;但董某某系申请甲公司作为被告参加诉讼,故李某某驳回的

裁定并不违法。

其次,无论在案卷中还是在庭审中,李某某均称,其认为其适用简易程序审理××××号案件系正确的,且判决下达后,董某某将本案上诉至某市中级人民法院,此时,若一审程序违法,某市中级人民法院应发回重审,但某市中级人民法院作出的×××1号终审判决维持了某投资管理有限公司(董某某系该公司的法定代表人)偿还张某某1000万本金,撤销偿还800万利息之判决。在某市中级人民法院所作×××1号判决对××××号判决程序性事项予以维持。法律文书生效的前提下,必然不得亦不能确认李某某对××××号案件适用简易程序审理不妥,在其审理的××××号法律文书未经法定程序予以撤销时,不得以"认为"的方式确定法律文书无效,否则法律的权威性何在?

再次,在实体上,李某某称其对"董某某答辩欠条真实但张某某没有履行给付义务"的主张进行了审查。第一,其审查了1000万本金的来源,在庭审中张某某提供了董某某向其借款的证据及其向某投资管理有限公司打款的银行流水;第二,董某某并未提供证据证实其主张,李某某在法庭上多次询问其是否能提供相应的反证,但其均未提供,故当然应由其承担举证不能的后果。

综上,李某某在审理本案时,对给付行为是否实际发生这一要素进行了详细地审查,而根据董某某、张某某等人的表述可知,二者系合伙关系,董某某确实多次向张某某借款但对还款的约定混乱,包括对利息的约定既有三分利也有四分利且双方并未明确偿还的系哪笔借款;偿还的系本金还是利息等重要内容。而对于案涉1111万欠条(质证阶段对此欠条的形成已经详细阐述,此处不再论述),根据韩某某的陈述可知无论是韩某某,抑或是董某某,对该欠条出具的原因及经过均系知情且同意的(卷四P153),而张某某作为房地产开发商,其也确有出借给董某某1111万款项的能力。虽然李某某在董某某举证不能的前提下作出了不利于其的判决,但是由于该判决作出的时间系2016年,此时《最高人民法院关于民事诉讼证据的若干规定》尚未重新修订,而根据2002年4月1日起施行的旧《最高人民法院关于民事诉讼证据的若干规定》第二条,当事人对自己提出的诉讼请求所依据的事实或反驳对方诉讼请求所依据的事实有责任提供证据加以证明。没有证据或者证据不足以证明当事人的事实主张的,由负有举证责任的当事人承担不利后果。李某某所作判决系符合该规定的,故本案据此认定"李某某在行使国家审判职权过程中置国家法律于不顾,滥用审判职权"于法无据,在未确定法律文书实体或程序违法的前提下,直接确定其枉法裁判,违背刑法最基本的罪刑法定原则。

2. 戴某某并非××××号案件的审理法官,根据审判责任制,身为庭长的戴某某在该文书上签字不代表其对内容详知

首先,戴某某审理的××××号案件的程序性事项并无过错且其并不了解该案的实体性事项,此内容在庭审中的戴某某自行辩护期间已经详细阐述。

辩护人需要提请法庭注意的是,《最高人民法院关于完善人民法院司法责任制的若干意见》下发后,即文书签发机制改革后,庭长无须再签发其未参加审理的裁判文书。《最高人民法院关于完善人民法院司法责任制的若干意见》规定,独任法官审理案件形成的裁判文书由其直接签署。除审判委员会讨论决定的案件外,院长、副院长、庭长等对其未直接参加审理案件的裁判文书不再进行审核签发。《最高人民法院关于进一步全面落实司法责任制的实施意见》(以下简称《实施意见》)对该规定再次重申。《最高人民法院关于全面深化人民法院改革的意见》的"三、全面深化人民法院改革的主要任务……(四)健全审判权力运行机制"规定:"建立中国特色社会主义审判权力运行体系,必须严格遵循司法规律,完善以审判权为核心、以审判监督权和审判管理权为保障的审判权力运行机制,落实审判责任制,做到让审理者裁判,由裁判者负责。到2015年底,健全完善权责明晰、权责统一、监督有序、配套齐全的审判权力运行机制。"裁判文书签发机制的改革,促使员额法官对自己审理的案件自行制作、签发法律文书,改变了传统的由庭长、分管院长层层把关、审批的裁判文书签发模式,该规定作为法院司法责任制的总要求、总纲领,应在各级法院贯彻实施并普遍适用。辩护人经阅卷可知,李某某于2016年12月审理了××××号案件,此时正值文书签发改革期间,故该案的文书签发也应适用上述规定,即戴某某无须签发未经其审理的裁判文书。

虽然本案中戴某某签发了××××号文书,但自司法责任制改革后,其行使的系审判管理权而非审判权。2015年9月21日,在《最高人民法院关于完善人民法院司法责任制的若干意见》的新闻发布会上,时任最高人

民法院司法改革领导小组办公室主任的贺小荣称:"审判管理权的对象一般限定于程序性事项的范围之内,任何与法官认定事实和适用法律相关的实体性事项,均不宜涵盖在审判管理的范畴之内。如证据能否采信、合同是否生效、罪与非罪、此罪与彼罪等案件实体问题,都不能通过审判管理来解决。"这说明戴某某即便签发了案涉文书,但对于"张某某是否给付某投资管理有限公司约定的款项"等实体问题,并不在其审判管理权的涵摄范围内,且根据戴某某的供述及司法实践形成的惯例可知,2016年之前处理民间借贷纠纷一般都是按欠条的数额,只要欠条是真的就依欠条的数额审理。而辩护人经阅卷得知,案涉欠条确系某投资管理有限公司为获得张某某的出借款出具的,董某某与韩某某对此均知情并同意,故欠条的真实性不容置疑,且戴某某称张某某作为开发商,具有给付董某某等人借款的能力,加之二人曾合伙开发房地产,故双方存在债权债务纠纷系符合一般生活经验及常理的。上文已经指出,戴某某并非该案的主审法官且并未参加实体性事项的开庭审理,故无法了解案情事实,至于欠条是何时开具的、张某某是否履行了给付义务等均系实体问题,并不属于其审查范围。

综上,即便戴某某在该判决书发文稿纸上签了字,但其已充分履行了审判管理权,故其并不存在值得刑法苛责的过错。

其次,根据辩护人在庭审过程对戴某某的发问不难得出,其仅审查文理和字句通畅,对裁判内容在所不问,责任当然不能归咎其身。

审判责任制即"让审理者裁判,由裁判者负责",根据该制度,即便××××号案件存在滥用职权、玩忽职守的行为,其后果也应由独任审理该案且身为员额制法官的李某某负责。上文已经指出,根据现行法律规定,独任法官审理的案件形成的裁判文书由独任法官直接签署,庭长对其未直接参加案件审理的裁判文书不再进行审核签发。《最高人民法院关于完善人民法院司法责任制的若干意见》规定"独任制审理的案件,由独任法官对案件的事实认定和法律适用承担全部责任"。且,《实施意见》再次指出要全面落实"司法责任制",坚持"让审理者裁判,由裁判者负责",由于审理本案的法官系李某某,故其是本案司法责任的最终承担者,根据该《实施意见》的规定,院长、庭长等只在权力清单范围内按程序履行监督管理职责,包括配置审判资源;部署综合工作;审批程序性事项;

监管审判质效;监督"四类案件"(即涉及群体性纠纷,可能影响社会稳定的;疑难复杂且在社会上有重大影响的;与本院或上级法院的类案判决可能发生冲突的;有关单位或个人反映法官有违法审判行为的);进行业务指导;作出综合评价;检查监督纪律作风八类。院长、庭长应当履行监督管理职责而不履行或怠于履行的,应当追究监督管理责任,而根据上述内容可知,戴某某并未实施与权力清单项下相悖的行为。

3.通过庭审不难发现,公诉机关的证据体系无法架构,其证据与指控内容不具备关联性,更不具备证据能力和证明力,当然不能作为证据使用。

首先,庭审中,几名辩护人多次针对公诉人出示的各类证据提出异议,争议焦点为证据的关联性,亦即证据能力问题。无论是根据张某某与董某某合同纠纷的十几本案卷内容;还是根据董某某与乙公司、某县体育广播局等纠纷的判决书,对本案戴某某作入罪评价均无任何横向或纵向的证据印证,即无法据此类证据直接对戴某某作入罪化处理。

其次,根据玩忽职守罪构成要件的符合性可知,构成本罪必须有玩忽职守的行为,且"致使公共财产、国家和人民利益遭受重大损失",即本罪为结果犯且以"重大损失"为要件,而"重大损失"的标准需要以《最高人民法院、最高人民检察院关于办理渎职刑事案件适用法律若干问题的解释(一)》第一条规定的标准为前提,暂不评价戴某某签发文书有无过失,单就损失后果而言,截至辩论阶段,辩护人无法发现任何与此相关的证据支持,而公诉人出具的均系散乱堆砌与案件无关的所谓的证据,以此来推定戴某某入罪,该做法难以符合法理和程序法的相关规定。

《刑事诉讼法》第五十五条规定,证据达到确实、充分的标准,需要定罪量刑的事实都有证据证明,全案的证据需要经过法定程序查证属实,而对于认定的事实排除合理怀疑则最为关键,本案中无其他证据印证戴某某有玩忽职守的行为,其判决书之内容并未经过法院的执行程序,且判决在生效阶段并未经过任何的再审程序等而被予以撤销,此种情形下,仅依据董某某和韩某某的证言便直接对戴某某作入罪化处理,过于牵强的同时严重违背罪刑法定原则。

再次,董某某和韩某某的证言完全不符合日常生活经验和逻辑法则,比如在其证言中提及未收到款项便多次向张某某出具高额的欠条。辩护人认为,董某某和韩某某作为完全民事行为能力人同时具有商人的身份，对于出具欠条导致的法律后果应当完全自知，即便出具欠条没有收到款项的情况真实存在，在张某某起诉至戊旗人民法院时，作为被告人必然也一定会到法庭澄清事实，还原借款欠条真相，而不是在法庭三番五次通知开庭的前提下拒绝参加只派代理人参加庭审，且代理人在庭审中认可欠条事宜。此举不合常理有两处：一是额度如此巨大没有收到款项出具欠条不合常理；二是额度如此巨大若未发生不出庭不合常理。根据经验法则和在无其他证据印证的情况下，辩护人有理由推定董某某和韩某某陈述内容为虚假，在不能排除合理怀疑的情况下，当然不能作为证人证言出现在本案中，即其二人的证人证言不具备证据能力和证明力。

最后，案涉人民法院的执行人员姜某某、鲍某某、李艳某和李勇某的证人证言恰恰证明戴某某审理的已经生效的××××号民事判决未被执行，具体执行混乱问题在此不论，仅评价戴某某的裁判文书并未执行，便不可能亦不会给任何人造成重大损失。

综上，李某某在审理案件中是否存在过错在所不问，戴某某作为庭长，其并非本案的审理者，李某某出具判决前也并未与其商议，根据审判责任制戴某某无须在该判决书上签字，更无须对案件的事实认定和法律适用承担责任，且，戴某某在履行监督管理责任时并未失职，对本案程序性事项的裁定亦于法有据，故其并不存在玩忽职守的行为。更为核心的是，本案戴某某的行为并未造成严重损失。在玩忽职守罪为结果犯的前提下、在判决文书未被确定为无效或被撤销的情形下、在罪刑法定的司法原则下，相信贵院能本着实事求是、认真负责的态度，详细研判证据、正确适用法律，对戴某某作出罪化处理。以上辩护意见，诚望贵院采纳为盼！

（六）钱列阳律师点评

戴某某是否构罪，需弄清楚的就是戴某某作为庭长，签发案涉文书行使的究竟是审判权还是审判管理权。顾名思义，审判权是审判机关代表国家依法对案件进行审理和裁判的权利。而审判管理权的对象一般限于程序性事项，任何与法官认定事实和适用法律相关的实体性事项，均不宜涵盖在审判管理的范畴之内。

就本案而言，可以明确的是，案涉文书中所涉案件程序上并无不当,而戴某某签发案涉文书仅应对案件审理程序负责。另外,根据"让审理者裁判,由裁判者负责"的审判责任制度,本案戴某某并未实际参与案件审理,审理案件的法官系李某某,故李某某才是案件司法责任的最终承担者,而戴某某在整个签发文书的过程中行使的仅系审判管理权而非审判权。

综上,辩护意见抓住此突破点,立足于戴某某行使的系审判管理权,将案件事实进行归纳总结,并结合法律及相关文件,详细地阐述了戴某某行为不构成玩忽职守罪。辩护人探究出案件的焦点问题,辩护意见由面到点,再抓住具体的点全面论述,做到了由面到点再到面,该辩护思路是非常值得学习的。

本案辩护亮点是区分出审判权和审判管理权,为充分保障法官独立审判权,精准适用法律提供了一个很好的案例借鉴。